LES ASPECTS JURIDIQUES DE LA LUTTE CONTRE LA PÊCHE ILLICITE, NON DÉCLARÉE ET NON RÉGLEMENTÉE (INN) AU SÉNÉGAL

Fatou Diouf

Les aspects juridiques de la lutte contre la pêche illicite, non déclarée et non réglementée (INN) au Sénégal

Sénégal
L'Harmattan

10 VDN, SICAP Amitié 3, Lotissement Cité Police, DAKAR

http://www.librairieharmattan.com
diffusion.harmattan@wanadoo.fr
senharmattan@gmail.com

ISBN : 978-2-343-07309-5
EAN : 9782343073095

DÉDICACES

À mon frère Thierno DIOUF,

À ma fille,

À ma mère Adja Ndiaya DIOUF, une maman très protectrice et très dévouée à ses enfants et particulièrement à sa fille unique que j'ai la chance d'être. Que Dieu lui accorde une vie longue et heureuse, une santé solide et la récompense pour ses bonnes actions et son sens élevé de la famille.

À Moussa Diouf, mon époux pour sa grande affection, sa sollicitude, son soutien au quotidien et sa présence rassurante à mes côtés et à nos enfants Ahmadou Bamba, Ndéye Fatou et Adjia Ndiaya Diouf pour leurs marques d'affection, leur sens de la responsabilité devant mon indisponibilité et aussi leur participation à la saisie informatique de ce travail.

Remerciements

Sans le soutien, la collaboration et les conseils de certaines personnes, la réalisation de ce travail n'aurait pas été possible. C'est pourquoi je ne saurais le présenter sans leur manifester, auparavant, toute ma reconnaissance et ma gratitude.

Je souhaiterais tout d'abord remercier mon directeur de thèse, le Professeur Babacar Gueye pour sa disponibilité, sa courtoisie, sa rigueur intellectuelle, ses précieux conseils et les nombreuses relectures et corrections qui m'ont permis de finaliser ma thèse.

Mes remerciements vont aussi au Professeur Stéphane Doumbé Bille, mon directeur de thèse, pour ses nombreux conseils, son soutien sincère, ses exigences intellectuelles et surtout pour avoir toujours cru en nous.

Je remercie les membres du jury, les professeurs Saïdou Nourou Tall, Ibrahima Ly, Mactar Kamara et Pape Meissa Dieng, pour avoir accepté d'honorer de leur présence la soutenance de ma thèse et pour tout l'intérêt qu'ils ont bien voulu porter à cette étude.

Sans le soutien inconditionnel des membres de ma famille, la réalisation de ce travail n'aurait pas été évidente. Leurs encouragements, leurs prières, leur foi en moi et leur présence sincère à mes côtés m'ont aidé à prendre les décisions nécessaires dans de nombreuses circonstances et à surmonter beaucoup de situations. Je pense à mes parents Mass et Ndiaya Diouf, à mes frères Mbaye, Matar, Magueye et Moussa, à ma belle-sœur Awa Thiam, à mon cousin Gora Thiam, à mon neveu Mamadou Yacine et mes nièces Néné et aussi Rokhaya Diouf. Cette dernière s'est toujours beaucoup investie dans le déroulement de mes voyages d'études en France.

Dans cette rubrique, une mention spéciale revient, ici, à mon époux Moussa Diouf et à nos enfants Ahmadou Bamba, Ndéye Fatou et Adjia Ndiaya Diouf.

Mes remerciements s'adressent aussi à tous ceux que j'ai eu à connaître ou avec qui j'ai eu à collaborer dans le cadre de mes activités au niveau de l'administration sénégalaise et du secteur maritime en général et qui m'ont marqué par leur générosité intellectuelle, leur soutien ou encouragements. Je citerai le Ministre d'Etat, Djibo leity Ka ; Sidy Guèye et Youssoupha Diallo, anciens directeurs de cabinet ; le juge Tafsir Malick Ndiaye ; Aly Samb, ancien conseiller juridique du Ministère de la Pêche, Mamadou Moustapha Wade, Bassirou Diarra et Marie Joséphine Diène de la DPSP ; Sidya Diouf de la DPM ; Papa Amadou Sow de la CEP ; Ibou Diédhiou du PAD ; Doudou

Gueye de la DITP ; Ndiaga Gueye de la FAO ; Madame Ndiaye Ramatoulaye Dieng et Madame Sarr Sira Sané du MEPN ; Mme Sarr Bigué Ndiaye et mes anciens étudiants de l'Institut universitaire de pêche et d'aquaculture (IUPA).

Je suis particulièrement reconnaissante aux membres des personnels enseignant, administratif et d'appui de la Faculté qui, par leurs enseignements, encouragements, conseils et même prières, ont permis l'aboutissement de ce travail. Je citerai, à titre symbolique, mon collègue Moussa Diop pour ses suggestions dans le sens de l'amélioration de la présentation de ce travail, mais aussi pour la solidarité dont il a fait montre lorsque, en pleine année académique 2012, j'ai dû faire face à des soucis de santé. Je vais nommer aussi le Professeur Amadou Faye qui, grâce à son expertise, m'a permis de mieux cerner les nombreux aspects de droit pénal que comporte mon sujet de thèse. Je termine par adresser mes remerciements à tous les enseignants avec lesquels j'ai eu à partager l'équipe B de droit constitutionnel et celle de Finances publiques.

PRÉFACE

Tiré d'une thèse de doctorat d'État soutenue publiquement avec succès à l'Université Cheikh Anta DIOP de Dakar, cet ouvrage est sans doute une œuvre pionnière sur les instruments juridiques de la lutte contre la pêche illicite non déclarée et non réglementée (INN) au Sénégal.

Son auteur, Fatou DIOUF, qui de manière convaincante et démonstrative, a opté pour une approche à trois temps, instrumentale, comparative et inductive, conduit le lecteur aux confluents subtils et ambigus des différents aspects du dispositif juridique et institutionnel mis en place par le Sénégal dans sa politique de lutte contre la pêche INN. Avec mesure et équilibre, et sans excès de considérations théoriques, ni simplification dogmatique, l'auteur met en évidence la volonté exprimée par les décideurs à travers l'engagement du Sénégal aux différents instruments juridiques internationaux, mais contrariée à l'épreuve de la réalité par la faible effectivité dans la mise en œuvre de la législation. D'emblée, l'auteur met l'accent sur le fait que la pêche INN constitue un « des principaux obstacles à la gestion durable des ressources halieutiques » *ainsi que leur soutenabilité et, identifie les multiples conséquences sur la sécurité alimentaire, économique et, en conséquence, le développement. Cette pratique protéiforme a pris, au fil des décennies, une ampleur au point de devenir une préoccupation mondiale. Son* « cercle délictueux » *inclut diverses et variées activités de pêche non autorisée dans les zones maritimes : capture d'espèces juvéniles et protégées, utilisation d'engins prohibés, non-déclaration des prises, etc. L'auteur retrace également de fort belle manière la parturition d'un* « droit des pêches maritimes, dont la codification s'est réalisée en cinq étapes, influencées chacune par le contexte et les préoccupations de l'époque concernée ». *Le lecteur retrouvera aussi les débats et prises de position qui ont précédé l'élaboration de la Convention de Genève de 1958 sur la mer territoriale et la zone contiguë, un instrument juridique précurseur majeur du droit des pêches maritimes.*

Dans sa démonstration, l'auteur met en exergue le décalage entre la volonté affichée par les autorités sénégalaises à travers la ratification des instruments internationaux, régionaux et sous régionaux et l'environnement juridique national inadapté. L'inconsistance de celui-ci est mise en évidence et les pistes de réformes énoncées. En effet, Fatou DIOUF montre à quels points les instruments juridiques et le dispositif institutionnel sénégalais sont encore fragiles, face aux enjeux primordiaux et multidimensionnels liés à la lutte contre la pêche illicite non déclarée et non réglementée. Mais surtout, elle inspire des pistes de réformes du cadre global dans la perspective d'y apporter un nouveau souffle en faveur d'une gouvernance meilleure et d'une plus grande efficacité dans la lutte contre la pêche illicite non déclarée et non réglementée (INN).

Le Sénégal, avec sa situation géostratégique « du fait de sa triple qualité d'État côtier, d'État du pavillon et d'État du port », *a un rôle prépondérant à jouer dans la lutte contre la pêche INN. À ce titre, les travaux de Fatou DIOUF, qui ont le grand mérite de se nourrir d'exemples, constituent un outil pertinent d'aide à la prise de décisions pour* « combler les lacunes de la législation sénégalaise » *dans la lutte contre la pêche INN à travers, entre autres*, « la transposition des mesures internationales… ainsi que l'intégration complète des nouvelles exigences du marché international quant à la traçabilité et la certification de la licéité des captures destinées à l'exportation ». *Au surplus, l'amélioration et le renforcement de la législation nationale, en vue de la rendre plus performante dans la lutte contre la pêche INN, passe, selon l'auteur, par une garantie de* « l'effectivité de l'application des lois et règlements… pour renforcer la crédibilité » *de l'engagement du Sénégal.*

Fatou Diouf a traité avec une grande maturité, sans complaisance ce sujet « où les règles spécifiques et le droit commun tentent de se concilier, où le droit public et le droit privé s'affrontent, où l'influence du droit international progresse rapidement », *en le mettant régulièrement à l'épreuve d'une réalité protéiforme et complexe qu'est la situation du Sénégal. Ce livre est un réel bréviaire sur les aspects juridiques et institutionnels de la lutte contre la pêche illicite, non déclarée et non réglementée (INN), notamment au Sénégal de même qu'une alerte contre les* « pratiques de pêche irraisonnée, non planifiée, destructrice et compromettante ».

La communauté universitaire, les décideurs politiques, les chercheurs, les journalistes ainsi que les étudiants trouveront dans cette œuvre, une analyse des plus fines et profondes sur les aspects juridiques de la lutte contre la pêche INN. Le lecteur découvrira que le présent ouvrage, une réelle mine d'informations, repose sur de solides recherches soutenues par une grande qualité d'analyse.

BABACAR GUEYE
Professeur à l'université
Cheikh Anta Diop de Dakar

STÉPHANE DOUMBÉ BILLÉ
Professeur à l'université Jean Moulin de Lyon 3

Liste des abréviations, sigles et acronymes

AC : Autorité compétente

Accord de conformité : Accord visant à favoriser le respect par les navires de pêche en haute mer des mesures internationales de conservation et de gestion

Accord de New York : voir ANUP

ACP : Afrique Caraïbes Pacifique

AECP : Agence européenne de contrôle des pêches :

AGC : Agence de Gestion et de Coopération

AGNU : Assemblée générale des Nations unies

AIS : Automatic identification system, voir SIA

AJIL: American Journal of International Law

ANAM : Agence nationale des Affaires maritimes

ANSD : Agence nationale de la statistique et de la démographie

ANUP : L'Accord aux fins de l'application des dispositions de la Convention des Nations unies sur le droit de la mer du 10 décembre 1982 relatives à la conservation et à la gestion des stocks de poissons dont les déplacements s'effectuent tant à l'intérieur qu'au-delà de zones économiques exclusives (stocks chevauchants) et des stocks de poissons grands migrateurs

APP : Accord de partenariat dans le secteur de la pêche

APPD : Accord de partenariat pour une pêche durable

AVARNAV : Avis d'arrivée de navire

BCI : Budget consolidé d'Investissement

CCAMLR : Commission pour la conservation de la faune et de la flore marines de l'Antarctique

CCPR : Code de conduite pour une pêche responsable

CCRPL : Conseil Consultatif Régional de la Pêche Lointaine

CDI : Commission du Droit international

CEPIA : Caisse d'Encouragement à la Pêche et à ses Industries annexes

CICTA : Commission internationale pour la conservation des thonidés dans l'atlantique

CITES : Convention sur le commerce international des espèces de faune et de flore sauvages menacées d'extinction

CLP : Comités locaux de pêcheurs

CLPA : Conseils locaux de pêche artisanale

CCMA : Convention relative à la Détermination des Conditions d'Accès et d'Exploitation des ressources halieutiques au large des côtes des États membres

CMB : Convention de Montego Bay ou Convention des Nations unies sur le droit de la mer

CNUDM : Conférence des Nations unies sur le droit de la mer

CNUED : Conférence des Nations Unies sur l'environnement et le développement

COEP : Consultations officieuses des États parties

COFI : Comité des pêches

COMHAFAT : Conférence ministérielle sur la Coopération Halieutique entre les États africains riverains de l'Océan Atlantique

CPPOC : Commission des pêches pour le pacifique ouest et central

CRODT : Centre de Recherches Océanographiques de Dakar Thiaroye

CSD : Commission du Développement Durable

CSRP : Commission sous régionale des Pêches

CTOI : Commission des thons de l'océan indien

DITP : Direction des Industries de Transformation de la pêche

DOALOS : Division des affaires maritimes et du droit de la mer

DOPM : Direction de l'Océanographie et des Pêches maritimes

DPM : Direction des pêches maritimes

DPSP : Direction de la protection et de la surveillance des pêches

FAO : Organisation des Nations unies pour l'alimentation et l'agriculture

FEM : Fonds pour l'Environnement mondial

GDRH : Programme de Gestion durable des Ressources halieutiques

GIRMAC : Programme de Gestion intégrée des Ressources marines et côtières

ICTSD : International Centre for Trade and Sustainable Development

ITLOS : voir TIDM

INDNR : voir INN

INN (Pêche) : Illicite, non déclarée et non réglementée

ISRA : Institut sénégalais de Recherches agricoles

IUPA : Institut universitaire de pêche et d'aquaculture

IUU (Fishing) : voir INN

JOUE :	Journal officiel de l'Union européenne
LDRAC :	voir CCRPL
LPS-PA :	Lettre de Politique sectorielle des pêches et de l'aquaculture
MRAG :	Marine Resources Assessment Group
MREP :	Mesures du ressort de l'État du port
OCDE :	Organisation de coopération et de développement économique
OMI :	Organisation maritime internationale
ONU :	Organisation des Nations unies
ORGP :	Organisations régionales de gestion des pêches
ORP :	Organisations régionales des pêches
PAI – INN :	Plan d'action international visant à prévenir, à contrecarrer et à éliminer la pêche illicite non déclarée et non réglementée
PAN – INN :	Plan d'action national visant à prévenir, décourager et éliminer la pêche illicite, non déclarée et non réglementée
PCP :	Politique commune de la pêche
PFRDV :	Pays à Faible Revenu et à Déficit Vivrier
PHM :	Patrouilleur de haute mer
PIB :	Produit intérieur brut
PNUD :	Programme des Nations Unies pour le développement
PRAO :	Programme régional des Pêches en Afrique de l'Ouest
PSPS :	Projet de Protection et de Surveillance des Pêches
SCS :	Suivi, Contrôle et Surveillance
SDN :	Société des Nations
SIA :	Système d'identification automatique
TIDM :	Tribunal international du droit de la mer
UCOS :	Unité de coordination des opérations de surveillance
UE :	Union européenne
VMS :	Vessel Monitoring System
WARFP :	voir PRAO
WCPFC :	Western and Central Pacific Ocean Commission, voir CPPOC
ZEE :	Zone économique exclusive

« Le plus grand attentat contre la liberté de la pêche c'est de l'exercer de telle sorte que s'épuisent les richesses »

Déclaration du Professeur José Léon Suarez devant l'Assemblée de la Société des Nations[1] en 1927.

[1] SDN. - C 196 M 70 - CPD 195 (2) par Natacha Balinoff, in La liberté de pêche en haute mer n'est plus, Neptunus, 2005, vol. 11-1

INTRODUCTION

LA DIFFICILE GESTATION DU DROIT DES PÊCHES MARITIMES

La mer, définie par le droit international comme des espaces d'eaux salées en communication libre et naturelle sur toute l'étendue de la planète, a, de tout temps, été un objet de convoitise pour les hommes en raison des enjeux stratégiques et économiques qui s'y rattachent.

Les premiers théoriciens à s'être prononcés sur la question, issus pour l'essentiel des pays industrialisés qui disposent de grands armements ont, dans leur quasi-totalité, prôné le principe de la liberté des mers conçues comme un espace de communication destiné essentiellement à la navigation commerciale.

Déjà, dès le XVIe siècle, des juristes ont commencé à réfléchir sur les rapports entre l'homme et la mer d'une part ; et entre les États et les espaces maritimes, d'autre part. C'est ainsi que Francisco De Vitoria[2], un dominicain d'origine espagnole, tout en reconnaissant la souveraineté de L'État, admettait la primauté et la nécessité du « *jus inter gentes* » dont il ne faisait pas de différence d'avec le droit naturel d'application universelle. Ce droit naturel, selon lui, interdit l'appropriation privative des mers ; d'où l'idée de « *jus communicationis* »[3] qui garantit une liberté de circulation, chère à cet auteur, à travers des océans ouverts à tous. Il sera suivi en cela par Grotius[4], hollandais

---

2 Francisco De VITORIA (1492 env.-1546) est un dominicain espagnol qui, après de profondes études à Burgos et à Paris, enseigne à Paris d'abord, puis, à partir de 1526, à la « *chaire de prime* » de Salamanque, une des plus illustres d'Europe. Francisco de Vitoria introduit la pratique de l'étude de la *Somme théologique* de saint Thomas d'Aquin, cette étude se substituant ainsi au commentaire des *Sentences* de Pierre Lombard. Il est réputé pour sa clarté et ses dons d'exposition et il ne néglige pas le contexte politique dans lequel il vit : il soutient les efforts de Las Casas pour une politique coloniale inspirée des principes chrétiens, particulièrement pour la défense des Indiens. Vitoria est le premier théoricien moderne du "*jus inter gentes*" ou « *droit des gens* », qu'il tient pour issu du droit naturel ; niant au pape tout droit dans le domaine temporel des princes, il réfère la juridiction à la « *république humaine* », qui garantit le respect du droit ; son influence a profondément marqué les théories juridiques du XVIIe siècle. Voir : *http://www.universalis.fr/encyclopedie/francisco-de-vitoria/*

3 Cela signifie droit des communications

4 Grotius (1583 -1645) est Avocat, protestant, hollandais et érudit. Hugo Grotius, de son nom d'origine Huig de Groot ou Hugo de Groot, (Delft, 10 avril 1583- Rostock, 28 août 1645), est un juriste des Provinces-Unies (aujourd'hui Pays-Bas) qui posa les fondements du droit international, lui-même fondé sur le droit naturel. Il se situe au tout premier rang des

et chef de file de l'École du droit de la nature et du droit des gens, auteur du célèbre ouvrage « *Du droit de la guerre et de la paix* »[5] (1625) qui marqua la naissance du droit international public.

Grotius va théoriser avec méthode le concept de liberté des mers dans son ouvrage « *Mare liberum* »[6] paru en 1609, contribuant ainsi de façon décisive à sa cristallisation comme règle coutumière dès le début du XVIIe siècle.

Ceci démontre que la mer, espace de communication susceptible d'être utilisé à des fins commerciales ou stratégiques d'abord, et espace regorgeant d'importantes ressources biologiques et minérales de valeur que l'évolution des progrès scientifiques et techniques d'exploitation a permis de dévoiler ensuite, a toujours été au centre des préoccupations de l'humanité. Le principe de la liberté des mers, tant défendu par ses concepteurs, devra alors se concilier avec les prétentions économiques des États côtiers[7] qui, inévitablement, les a conduits à s'arroger des espaces maritimes ; d'où l'accentuation du phénomène d'emprise maritime de l'État côtier.

Tout ceci présuppose la difficile élaboration d'un droit des espaces maritimes qui, forcément, va se retrouver au cœur de préoccupations divergentes et difficilement conciliables.

En effet, les préoccupations commerciales et stratégiques ont, dès l'origine, imprégné tout le droit de la mer. À la fin du moyen âge et pendant la renaissance, les grandes puissances maritimes avaient prétendu exercer des compétences exclusives sur certaines parties de la mer en se basant sur des

---

penseurs de la science juridique et de la philosophie de l'État. Il a été conseiller de la compagnie néerlandaise des Indes orientales. Inspiré par Thomas Erastus, il a forgé une théorie de l'État et de la puissance civile dont il a présenté avec minutie et beaucoup de vigueur intellectuelle les articulations internes et internationales. Cf. *http://www.universalis.fr/encyclopedie/grotius/*

5 L'ampleur de son œuvre, le remarquable appareil de ses références aux auteurs grecs ou romains et aux théologiens qu'il utilise à l'appui de ses thèses, l'essor remarquable qu'il donne, au XVIIe siècle, à la doctrine du droit naturel et la relative résurgence de celle-ci au XXe placent l'auteur *De jure belli ac pacis ou* du *Droit de la guerre et de la paix* au tout premier rang des penseurs de la science juridique et de la philosophie de l'État. Cf. *http://www.universalis.fr/encyclopedie/grotius/*

6 Dans son livre *Mare Liberum* (De la liberté des mers) paru en 1609, il a formulé le nouveau principe selon lequel la mer était un territoire international et que toutes les nations étaient libres de l'utiliser pour le commerce maritime. Grotius, en proclamant les « *mers libres* » fournit une justification idéologique qui convenait à la rupture par les Hollandais de différents monopoles commerciaux à travers leur formidable puissance navale (et donc établissant leur propre monopole). Cf. *http://fr.wikipedia.org/wiki/ HugoGrotius*

7 G. Gidel, *le droit international public de la mer*, tome 1. P. 200 – Jean Pierre QUENEUDEC, « *la remise en cause du droit de la mer* », Actualités du droit de la mer, pp. 9-47. Voir également H. Graillot, « *Les mers, théâtre et enjeu des conflits internationaux* ». Revue française de Science politique, 1970, pp.720 – 735.

arguments tenant à des facteurs physiques tels que la contiguïté aux côtes[8] ou à des facteurs de puissance[9].

À partir de là, peuvent être notées les premières tentatives d'appropriation nationale de certains espaces maritimes avec une possibilité pour l'État riverain de tirer profit de leur utilisation. Ces prétentions, contraires aux intérêts des autres puissances ne vont pas prospérer ; du moins à l'origine. À cet effet, l'opposition doctrinale[10] entre Selden[11] (anglais) et Grotius (hollandais) va tourner en faveur de ce dernier ; d'où la consécration du principe de la liberté des mers ou « *mare liberum* » par le droit international.

Toutes ces considérations présagent de la difficile gestation du droit de la mer, et corollairement d'un droit des pêches maritimes, dont la codification s'est réalisée en cinq étapes, influencées chacune par le contexte et les préoccupations de l'époque concernée. Si les quatre premières étapes peuvent être ramenées à des codifications sectorielles portant sur des aspects précis du droit de la mer, la cinquième étape quant à elle, a permis de prendre en charge l'ensemble du droit de la mer et de poser des bases solides pour le développement du droit des pêches maritimes.

---

8 Cette position était défendue par l'Angleterre

9 Jadis, des prétentions étaient émises par certains princes européens qui invoquaient « *le milieu de la mer* » comme limite de leur souveraine puissance. C'est dans cette logique qu'il faut ranger les prétentions de Venise sur l'Adriatique, océan qui se trouve au large de la Yougoslavie. Cf. A. Reastad, La mer territoriale, Paris 1913 p. 32 et suivants.

10 L'Angleterre, grande rivale commerciale de la Hollande, s'opposa à cette idée de Mare liberum et proclama la souveraineté sur les mers entourant les îles Britanniques. La querelle aura ultérieurement d'importantes implications économiques. La Hollande soutint l'idée de commerce libre (même s'il imposait un monopole commercial spécial sur la noix de muscade et les clous de girofle dans l'archipel des Moluques). L'Angleterre adopta la loi de navigation (1651), interdisant à toutes les marchandises d'entrer en Angleterre sauf sur des bateaux anglais. La loi conduisit en conséquence à la Première Guerre anglo-néerlandaise (1652-1654). Voir *http://fr.wikipedia.org/wiki/Hugo_Grotius*. Cf. aussi Fulton, « *the sovereignty of the sea* », Londres 1911, p. 346, selon qui, le conflit entre les Pays bas et l'Angleterre dans la première moitié du 17ème siècle ne concernait pas seulement le monopole du commerce dans l'archipel des Mollusques, mais portait en même temps sur les pêcheries de harengs au large des côtes anglaises; cf. F. de Pauw, Grotius and the law o the sea, Edition de l'Institut de sociologie, Bruxelles 1965.

11 John Selden (1584-1654) est un juriste et humaniste anglais. Il étudie à l'université d'Oxford et devient avocat en 1612, mais plaide peu. Il est l'auteur de "Mare clausum" paru en 1635 qui est un traité contre la liberté des mers, opposé au Mare liberum de Grotius. *http://fr.wikipedia.org/wiki/John_Selden*. Cf. également Wolfgang Freidmann, « *Selden redivivus – toward a partition of the seas?* », AJIL 1971, pp. 757 – 770.

I – 1. Les codifications sectorielles

La première étape date du milieu du XIXème siècle avec la déclaration de Paris sur la guerre maritime de 1856[12] dont les règles ont ensuite été précisées par la deuxième convention de La Haye de 1907[13].

---

[12] La déclaration de Paris est une déclaration concernant le droit maritime européen en temps de guerre. Lors de la conclusion du traité de Paris du 30 mars 1856, qui mit fin à la guerre de Crimée (1853-1856), les plénipotentiaires signèrent également cette déclaration. Elle est le résultat d'un modus vivendi passé entre la France et le Royaume-Uni en 1854, qui concernait originellement la guerre de Crimée. Ces deux puissances avaient reconnu qu'elles n'opéreraient pas la saisie de biens ennemis sur des bateaux neutres ni de biens neutres sur des bateaux ennemis. Les belligérants avaient également déclaré qu'ils ne délivreraient pas de lettres de marques. La déclaration de Paris confirme ces règles et y rajoute le principe que les blocus, pour être obligatoires, doivent être effectifs. Pratiquement tous les États ont adhéré à cette déclaration. Les États-Unis, qui souhaitaient obtenir une exemption complète de prise en mer pour la propriété privée, ont retiré leur adhésion formelle, leur amendement n'ayant pas été accepté par toutes les puissances. En 1861, au début de la Guerre civile, les États-Unis ont pourtant annoncé qu'ils respecteraient les principes de la Déclaration pendant les hostilités. Ils ont fait de même en 1898 pendant la guerre contre l'Espagne, en affirmant que la politique du Gouvernement des États-Unis dans la conduite des hostilités serait de se conformer aux dispositions de la déclaration. Les règles contenues dans cette déclaration ont été considérées plus tard comme faisant partie du droit international général et même les États-Unis, qui n'y sont pas formellement Partie, ont suivi ses dispositions jusqu'au vote du September 11 Marque and Reprisal Actes of 2001, lequel a été mis en œuvre en 2007 en sous-traitant la lutte contre les pirates du golfe d'Aden à la société privée Pistris. Voir à ce propos : 1- Martens, Nouveau Recueil Général des Traités et autres Actes relatifs aux Rapports de Droit international, première série, Vol. XV, pp.791-792, 2- « *Washington lâche des corsaires dans l'océan Indien* » in Ouest-France, 3-4 novembre 2007. Le texte intégral de la déclaration est disponible sur *http://fr.wikipedia.org/wiki/Declaration_de_Paris*

[13] La seconde conférence de La Haye pour le désarmement et la prévention de la guerre est une conférence internationale organisée à La Haye du 15 juin au 18 octobre 1907 sous l'égide de la Cour permanente d'arbitrage.Lors de cette conférence, les dispositions de la Première convention de La Haye de 1899 du même nom furent révisées. Toutefois, les textes des deux conventions comportent peu de différences. Ces deux Conventions de la paix représentent aujourd'hui les règles de droit coutumier de première importance, même si entre-temps les Conventions de Genève de 1949 et leurs Protocoles additionnels de 1977 les ont considérablement élargies. Source : *http://fr.wikipedia.org/ wiki/Seconde_conf %C3%A9rence_de_La_Haye*

Une des raisons pour lesquelles la première Conférence internationale de la Paix de La Haye de 1899 fut convoquée était « *la révision de la Déclaration concernant les lois et coutumes de la guerre, élaborée en 1874 par la Conférence de Bruxelles et restée non ratifiée jusqu'à ce jour* » (Seconde circulaire russe du 30 décembre 1898/11 janvier 1899). La Conférence de 1899 adopta la Convention concernant la guerre sur terre à laquelle le Règlement concernant les lois et coutumes de la guerre sur terre fut annexé. La Convention et le Règlement furent révisés lors de la Deuxième Conférence internationale de la Paix de 1907. Les deux versions de la Convention et du Règlement ne comportent que de légères différences. Parmi les États qui ratifièrent la Convention de 1899, dix-sept n'ont pas ratifié la version de 1907 (Il s'agit de l'Argentine, de la Bulgarie, du Chili, de la Colombie, de la Corée, de l'Équateur, de l'Espagne, de la Grèce, de l'Italie, du Monténégro, du Paraguay, du Pérou, de la Perse, de la Serbie, de la Turquie, de l'Uruguay et du Venezuela). Ces Etats et

La deuxième étape que nous pouvons toujours relier à cet effort de codification du droit de la mer date de l'entre-deux-guerres avec l'inscription de la question de la mer territoriale à l'ordre du jour de la conférence de codification convoquée par la SDN à la Haye en 1930[14]. Malheureusement, les

---

les États successeurs restent formellement liés par la Convention de 1899 dans leurs relations avec les autres États Parties à la Convention. Dans les relations entre les Puissances contractantes de la Convention de 1907, cette Convention a remplacé celle de 1899 (voir l'article 4 de la Convention de 1907). Les dispositions des deux Conventions de 1899 et 1907, ainsi celles des règlements annexés, sont considérées comme faisant partie du droit international coutumier. De ce fait, elles lient également les États qui n'en sont pas formellement parties. Source CICR, disponible sur : http://www.icrc.org/dih/INTRO/195?OpenDocument

14 Les efforts déployés par les gouvernements pour favoriser la codification et le développement du droit international ont fait un nouveau pas en avant avec l'adoption, le 22 septembre 1924, d'une résolution de l'assemblée de la Société des Nations envisageant la création d'un organe permanent désigné sous le nom de comité d'experts pour la codification progressive du droit international, qui devait être composé de façon à représenter les grandes formes de civilisation et les principaux systèmes juridiques du monde. Ce comité composé de 17 experts était chargé de dresser une liste de matières dont la solution par voie d'entente internationale paraîtrait le plus souhaitable et réalisable, d'examiner les observations faites par les gouvernements au sujet de cette liste et de présenter un rapport sur les questions ayant atteint «*le degré de maturité suffisant*» et sur la procédure à suivre dans la préparation de conférences visant à résoudre ces questions. C'était là la première tentative faite à l'échelon international pour codifier et développer des branches entières du droit international et non plus simplement énoncer des règles touchant tel ou tel problème juridique. Après avoir procédé à des consultations avec les gouvernements et le conseil de la Société des Nations, l'assemblée a décidé, en 1927, de réunir une conférence diplomatique en vue de codifier trois des cinq matières qui, selon le comité d'experts, avaient atteint «*le degré de maturité suffisant*», à savoir : 1) Qualifications et nationalité. la nationalité; 2) Qualifications et nationalité. Les eaux territoriales; et 3) Qualifications et nationalité. la responsabilité des états en ce qui concerne les dommages causés sur le territoire à la personne ou aux biens des étrangers.
La préparation de la conférence fut confiée à un comité préparatoire composé de cinq membres qui devait non pas élaborer des projets de conventions comme l'avait proposé le comité d'experts, mais rédiger des rapports indiquant les points d'accord ou de désaccord pouvant servir de base aux discussions. Des représentants de quarante-sept gouvernements participèrent à la conférence de codification qui eut lieu à la Haye du 13 mars au 12 avril 1930; mais les instruments internationaux auxquels aboutirent les travaux ne portaient que sur la question de la nationalité. La conférence n'a pas été en mesure d'adopter de conventions relatives aux eaux territoriales ou à la responsabilité des États. Voir: « *la commission du droit international et son œuvre* », septième édition volume I, p. 3 et 4 Nations unies New York, 2009 publication des Nations unies numéro de vente : F.07.v.9 ISBN 978-92-1-233434-9, disponible sur: http://legal.un.org/avl/ILC/7th_F/Vol_I.pdf
À propos de la question des eaux territoriales, Cf. « *La conférence des Nations unies sur le droit de la mer (Genève, 24 février – 27 avril 1958)* », par Jaques PATEY, conseiller juridique adjoint du Ministère français des Affaires étrangères de l'époque, publié dans RGDIP de 1958, page 446 :Des questions aussi essentielles que le régime de la mer territoriale ou celui de la zone contiguë constituaient l'une des matières sur lesquelles la conférence de codification réunie à La Haye en 1930 s'était efforcée d'élaborer des règles communes, mais qu'il avait été impossible de rapprocher les points de vue divergents des gouvernements qui y étaient représentés.

différents représentants des gouvernements (délégués) ayant participé à la conférence n'ayant pas pu s'accorder sur des questions aussi importantes que la largeur de la mer territoriale, celle – ci se révéla être un échec.

La troisième étape, toujours dans cette œuvre de codification, va s'opérer au lendemain de la seconde guerre mondiale avec les perspectives d'une exploitation accrue et d'une mise en valeur des ressources biologiques, énergétiques et minérales de la mer. C'est dans cette logique qu'il faut inscrire la proclamation de TRUMAN[15] du 28 septembre 1945 sur les ressources biologiques de la mer et sur le plateau continental attribuant aux USA une zone de 200 Milles marins où ils s'arrogeaient le droit de réglementer unilatéralement la pêche.

Les États latino-américains vont emboiter le pas aux autorités américaines[16] en s'attribuant une zone de pêche, et certains d'entre eux[17] vont même, à partir de 1946, jusqu'à considérer cette bande de 200 Milles marins comme relevant de leur mer territoriale et, par voie de conséquence, de leur juridiction nationale.

Les risques de conflits inhérents à ces discordances de pratiques vont pousser les Nations unies à décider de prendre en charge la question de la codification du droit de la mer.

---

[15] AJIL., 1946, pp.45 et s. Le président des États unis, par cette proclamation relative aux pêcheries côtières dans certaines zones en haute mer entendait établir « les fondements d'un droit nouveau » en créant en haute mer des zones de protection et de conservation, dans lesquelles le gouvernement américain s'arrogeait le droit d'appliquer des mesures de conservation valables erga omnes, dans l'intérêt général de la communauté internationale.

[16] Voir aussi Jean Pierre Queneudec in Actualités du droit de la mer. A. Pedone, Paris 1973 : la déclaration de Truman relative aux pêcheries côtières, formulée également le 28 septembre 1945, représente ici aussi un précédent capital. Elle constituait une réponse au problème soulevé par l' « *invasion* » des pêcheurs étrangers dans les eaux de l'Alaska, l'industrie de la pêche dans cette zone ayant été menacée avant la guerre par la concurrence japonaise, notamment dans la baie de Bristol. Cette proclamation n'instituait cependant pas de réserve de pêche au profit des seuls nationaux américains, mais visait à établir une nouvelle doctrine relative à la liberté de pêche en haute mer, les États unis se bornant à revendiquer le droit de réglementer unilatéralement la pêche dans les zones de haute mer où la nécessité de mesures de protection se faisait sentir. Voulant se comporter en « *gérants d'affaires* » des intérêts de la communauté internationale, en raison de leur position dominante au lendemain de la guerre, les États-Unis ouvraient néanmoins la voie aux prétentions unilatérales qui se sont multipliées depuis. *Op. cit.*, note de bas de page N° 7

[17] Particulary the 1952 Declaration of Santhiago, whereby Chile, Ecuador and Peru proclaimed their exclusive sovereignty and jurisdiction over a maritime zone of flat 200 nautical miles including the fish, the subjacent soil and the soil. Cf. Christine Stewart « *legislating for property rights in fisheries* » for the development of law service. FAO legal office. In FAO legislative study n 83, 2004.

Ainsi dès 1948, le premier secrétaire général des Nations unies Monsieur Trygve Lie[18], invita la communauté internationale à s'engager dans cette direction en rédigeant un document intitulé « *Examen d'ensemble du droit international* »[19] et préparé à l'attention de la Commission du Droit international (CDI) [20] qui, à cette même date, l'inscrit à son ordre du jour. La CDI, dès sa première session[21], avait décidé de placer le régime de la haute mer et celui de la mer territoriale sur les quatorze matières choisies [22] par elle en vue de leur codification et de faire figurer le régime de la haute mer parmi les trois sujets devant être étudiés par elle en priorité. Lors de sa seconde session[23], elle avait décidé, sur recommandation de l'Assemblée générale des Nations unies (AGNU), d'ajouter le régime des eaux territoriales[24] sur la liste des matières prioritaires à codifier. Toujours dans cette logique de codification générale, l'Assemblée générale, lors de sa huitième session, en 1953, avait

---

18 Trygve Lie est de nationalité norvégienne et il est né le 16 juillet 1896 et il décédé le 30 décembre 1968. Il a été Secrétaire général de l'ONU du 2 février 1946 au 10 novembre 1952, date de sa démission.

19 Réf. Document:- A/CN.4/1/Rev. 10 février 1949 intitulée « *Examen d'ensemble du droit international en vue des travaux de codification de la Commission du droit international (mémorandum du Secrétaire général)* », Travail préparatoire conforme au paragraphe premier de l'article 18 du Statut de la Commission du droit international, Extrait de l'Annuaire de la Commission du droit international:- Publications des Nations unies Numéro de vente: 1948. V.1 (1), Téléchargé du site Internet de la Commission du Droit International. Disponible sur: *(http://www.un.org/law/french/ilc/index.htm)*

20 Créée le 21 novembre 1947 par l'Assemblée générale des Nations Unies (*résolution A/RES/174(II)*), la Commission du droit international a pour mission de favoriser le développement progressif et la codification du droit international. Le statut de la Commission est annexé à la résolution.
Composée de 34 membres élus par l'Assemblée générale pour un mandat de cinq ans, elle se réunit tous les ans. Ses membres, pris collectivement, représentent les principaux systèmes juridiques du monde. Ils siègent en qualité d'experts et à titre individuel et non en qualité de représentants de leur gouvernement. Ils couvrent un vaste éventail de sujets de droit international régissant les relations entre États.
Les travaux de la Commission du droit international consistent essentiellement à rédiger des projets d'articles sur des questions de droit international, dont certaines sont choisies par la Commission et d'autres par l'Assemblée générale. Lorsque la Commission a fini de rédiger un projet d'articles sur une question donnée, l'Assemblée générale convoque généralement une conférence de plénipotentiaires chargée d'incorporer ces articles dans une convention qui est ensuite ouverte à la signature des États, les États signataires s'engageant formellement à être liés par ses dispositions. Certaines de ces conventions forment la base même du droit régissant les relations entre États. Cf. *http://www.un.org/fr/aboutun/ structure/ilc.shtml*

21 Avril-juin 1949

22 Cf. « *La conférence des Nations unies sur le droit de la mer (Genève, 24 février – 27 avril 1958)* », par Jacques PATEY, conseiller juridique adjoint du Ministère français des Affaires étrangères de l'époque, publié dans RGDIP de 1958, page 446. , *op. cit.*, note de bas de page N° 14

23 Juin-juillet 1950

24 Cela se justifie par la complexité de la question si l'on sait que la détermination de la largeur de la mer territoriale a toujours constitué un point d'achoppement entre les parties en présence à l'occasion des rencontres précédentes.

insisté sur les liens étroits qui unissent les diverses questions traitées par la CDI et que sont la haute mer, les eaux territoriales, la zone contiguë et le plateau continental. Un rapport d'ensemble comportant 73 articles fut enfin élaboré par la CDI au cours de sa huitième session[25] et c'est ce rapport[26] que l'AG, par une résolution[27], a soumis comme base de ses travaux à la conférence internationale de plénipotentiaires qu'elle décida de convoquer.

Un élément qui concourt à donner à la conférence son importance particulière[28], est le fait qu'au-delà de codifier le droit existant, elle a également contribué au développement progressif du droit international, en proclamant des principes nouveaux ou en consacrant, par voie d'accords, des règles nouvelles qui avaient seulement, jusque-là, fait l'objet de déclarations unilatérales, non opposables à l'ensemble de la communauté internationale. Tel a été notamment le cas en matière de pêche et de conservation des ressources biologiques de la haute mer, ainsi que dans le domaine du plateau continental.

Dans les développements successifs, seront analysées les caractéristiques essentielles qui figurent dans ces conventions.

Ainsi, ce qui est flagrant dès la lecture de la Convention sur la mer territoriale et la zone contiguë est le fait qu'aucun article ne fixe la largeur de la mer territoriale. Certes, la première partie de la convention intitulée « *Mer*

---

25 Avril – juillet 1956

26 V. le rapport A/CN4/104, daté du 7 juillet 1956. Cf. Georges Fischer , Jacques Dehaussy , travaux de la CDI des Nations unies in « *organisations internationales générales* », Annuaire français de droit international Année 1956 Volume 2 Numéro 2 pp. 588-601. Disponible sur: *http://www.persee.fr/we b/revues/home/prescript /article/afdi_0066-3085_1956_num_2_1_1274*. La huitième session de la Commission – tenue à Genève du 23 avril au 4 juillet, sous la présidence de M.F.V. Garcia Amador – a présenté une particulière importance. Si, en effet, la CDI n'a consacré que quelques séances à l'étude du droit des traités, de la responsabilité internationale et des immunités diplomatiques et consulaires, elle a en revanche achevé ses travaux sur le droit de la mer. C'est donc, pour la première fois depuis sa création, un projet définitif qu'elle adresse, dans son rapport, à l'AG des Nations unies. Est-il besoin de rappeler l'ampleur des travaux consacrés par la Commission à l'étude du projet? Depuis 1950, il n'est pas d'année où elle ne se soit activement occupée du droit des espaces maritimes. Elle prit en outre l'initiative de réunir, en 1953, à La Haye, un comité d'experts qui suggéra des solutions techniques susceptibles de résoudre certains problèmes particulièrement délicats; surtout à plusieurs reprises, elle prit soin de consulter les gouvernements des États membres des NU, d'abord sur des questions particulières, puis sur l'ensemble du projet (de même furent consultées les organisations internationales s'occupant des questions maritimes: et bien des textes qui avaient provisoirement été adoptés, furent modifies, voire abandonnés à la lumière des observations – souvent contradictoires - ainsi suscitées.

27 Résolution N 1105 (XI) du 21 février

28 Cf. « *La conférence des Nations unies sur le droit de la mer (Genève, 24 février – 27 avril 1958)* », par Jacques PATEY, conseiller juridique adjoint du Ministère français des Affaires étrangères de l'époque, publié dans RGDIP de 1958, page 446. , *op. cit.,* Note de bas de page N° 14.

territoriale » comporte une Section II consacrée aux « *Limites de la mer territoriale* », mais la largeur de cette mer n'y est pas précisée. C'est là le point essentiel sur lequel la conférence a échoué.

Cette question, qui avait déjà été la pierre d'achoppement de la conférence de codification de La Haye de 1930, n'avait pu davantage être résolue par les sessions de la CDI qui avaient précédé la conférence.

Le projet de cette commission contenait bien un article 3 relatif à ce problème[29]. Toutefois, cet article était loin de trancher la question. La conférence s'est trouvée devant les mêmes difficultés que celles auxquelles s'étaient heurtés ses prédécesseurs. Sans entrer dans le détail des multiples propositions qui lui ont été soumises et qui ont d'ailleurs été souvent modifiées à plusieurs reprises par leurs auteurs, on peut dire qu'au stade ultime des négociations, la conférence avait à se prononcer entre quatre thèses principales[30] sur la largeur de la mer territoriale et sur les droits de pêche qui

---

29 Cet article 3 était ainsi rédigé : « *La commission reconnait que la pratique internationale n'est pas uniforme en ce qui concerne la délimitation de la mer territoriale.*
La commission estime que le droit international ne permet pas l'extension de la mer territoriale au-delà de douze milles marins. La commission, sans prendre aucune décision quant à la largeur de la mer territoriale en deçà de cette limite, constate, d'une part, que beaucoup d'Etats ont établi une largeur supérieure à trois milles et que beaucoup d'États ne reconnaissent pas une telle largeur lorsque leur mer territoriale a une largeur moindre.
La commission estime que la largeur de la mer territoriale doit être fixée par une conférence internationale ». Cf. Jacques PATEY, *op. cit.,* Note de bas de page N° 14.

30 « En premier lieu, une proposition du Canada révisée[30], visait à conférer à tout État le droit de fixer la largeur de sa mer territoriale jusqu'à six milles marins mesurés à partir des lignes de base prévue à la convention, et à lui reconnaitre en outre, dans une zone de pêche contiguë s'étendant jusqu'à douze milles à partir des mêmes lignes de base, les mêmes droits que dans sa mer territoriale en ce qui concernait la pêche et l'exploitation des ressources biologiques de la mer.
La première commission rejeta la première partie de cette proposition (six milles de mer territoriale) mais approuva la seconde (zone de pêche contiguë) qui fut donc seule soumise à l'Assemblée plénière où elle n'obtint que 35 voix contre 30, avec 20 abstentions, et fut, par suite, considérée comme repoussée, faute d'avoir recueilli la majorité qualifiée requise des deux tiers.
En second lieu, aux termes d'une proposition des États-Unis[30] révisée, la largeur de la mer territoriale était également fixée en six milles, et l'État riverain se voyait également octroyer, dans une zone contiguë d'une largeur maximum de douze milles, les mêmes droits de pêche que ceux prévus dans la proposition canadienne ; mais le projet américain subordonnait ces droits au droit de pêche, dans la partie de cette zone comprise entre six et douze milles à compter de la ligne de base, au profit de tout État dont les navires s'étaient livrés régulièrement à la pêche, dans la partie de cette zone ayant une ligne de base continue et située dans le même grand espace d'eau, pendant les cinq années immédiatement antérieures à la signature de la Convention, sous réserve du respect par ces navires des réglementations édictées en vertu de la Convention sur la pêche et la conservation des ressources biologiques de la haute mer[30] ainsi que les autres règles du droit international ; la proposition américaine comportait en outre une clause d'arbitrage obligatoire pour le règlement des litiges. Ce projet, qui différait essentiellement de la proposition canadienne par le respect des droits acquis et par la clause d'arbitrage, fut rejeté par 38 voix contre 36 avec 9 abstentions, mais,

lui sont corollaires. Il s'agissait des propositions émanant du Canada, des USA et de la Russie, d'une part ; et celle présentée collectivement par la Birmanie, la Colombie, l'Indonésie, le Mexique, le Maroc, l'Arabie Saoudite, la République Arabe Unie et le Venezuela ; d'autre part.

Cependant, aucun[31] de ces scrutins ne permit à la convention de comporter une disposition fixant la largeur de la mer territoriale même si, il faut le reconnaître, la proposition américaine était la mieux appréciée,[32] car constituant une véritable solution de compromis[33]. La pertinence de cette proposition américaine est encore d'actualité puisqu'une analyse des droits de pêche des différents États (riverains ou non) dans les zones relevant de la juridiction de l'État côtier obéit à ces principes de souveraineté de l'État côtier

---

repris quelques jours plus tard devant l'Assemblée plénière, il y recueillit 45 voix contre 33 voix avec 7 abstentions. Cette majorité n'atteignait toutefois pas les deux tiers des voix, et la proposition était rejetée.
Le troisième projet[30] sur lequel la conférence eut à se prononcer émanait de l'U.R.S.S. et tendait à autoriser chaque État à fixer la largeur de sa mer territoriale dans les limites de trois à douze milles « *compte tenu des conditions historiques et géographiques, des intérêts économiques, de la sécurité de l'État riverain et des intérêts de la navigation internationale* ». Il fut rejeté à la forte majorité de 47 voix contre 21 avec 17 abstentions.
La conférence était enfin saisie d'une proposition[30] émanant des huit États suivants : Birmanie, Colombie, Indonésie, Mexique, Maroc, Arabie Saoudite, République Arabe Unie et Venezuela. Aux termes de ce projet, tout État avait le droit de fixer la largeur de sa mer territoriale jusqu'à la limite de douze milles à partir de la ligne de base et, en outre dans le cas où cette largeur était fixée à moins de douze milles, il disposait jusqu'à la limite de douze milles, d'une zone de pêche contiguë analogue à celle prévue dans les propositions canadienne et américaine. Le projet « *des Huit* » n'obtint pas non plus la majorité des deux tiers, puisqu'il ne recueillit que 39 voix contre 38, avec 8 abstentions ». *Ibid.* Jacques PATEY, *op. cit.,* Note de bas de page 14.

31 Toutefois, on peut tirer les trois leçons suivantes de ce résultat négatif.
D'abord, s'il est exact qu'aucune des thèses en présence n'a définitivement triomphé, il n'en faut pas moins pour constater que seule la proposition américaine, a recueilli un nombre de voix important, et les scrutins successifs ont démontré que, sans arriver à s'imposer aux deux tiers des États représentés, elle avait gagné du terrain au fur et à mesure des développements de la conférence. On peut dire au surplus, qu'à la différence des autres, elle constitue une véritable solution de compromis.

32 Il convient d'indiquer que les Etats qui s'étaient ralliés, dans un esprit de conciliation, à la proposition américaine n'avaient pas manqué de souligner que le rejet de celle-ci impliquerait l'abandon pour eux des concessions qu'ils avaient consenties dans l'espoir d'un règlement d'ensemble. *Ibid.*Cf. Jacques PATEY, *op. cit.,*, note de bas de page

33 C'est sans doute la raison pour laquelle la France s'y est ralliée. En effet, pour les États attachés à la règle traditionnelle des trois milles, cette proposition comporte l'abandon de cette règle (à laquelle est substitué le principe d'une largeur de six milles) et l'acceptation d'une zone contiguë de pêche de six autres milles, cependant que, pour les puissances favorables aux droits de l'État riverain, le projet américain leur impose la limitation de ces droits pour tenir compte des intérêts des États qui, par l'exercice de la pêche au cours des dernières années ont eux-mêmes acquis des droits qu'il est légitime de faire respecter. Et encore ces droits acquis devront-ils s'incliner devant les réglementations que l'État riverain pourra prendre en application des autres instruments adoptés par la conférence. *Ibid.*Cf. Jacques PATEY, *op. cit.,* note de bas de page N° 14.

sur les ressources biologiques et de la possibilité, sous certaines conditions, de céder le reliquat inexploité par sa flotte nationale, à des navires étrangers[34].

Tout ceci démontre encore, si besoin en est, le caractère transversal des pêches maritimes qui intéressent la quasi-totalité des zones maritimes ainsi que les enjeux qui y sont attachés.

Ces développements précédents sur la largeur de la mer territoriale[35] se justifient par le fait que cette question a été intrinsèquement liée, par les plénipotentiaires, à celle de la détermination des zones de pêche, objet de notre étude.

La deuxième partie de la convention, composée du seul article 24, est relative à la zone contiguë et consacre l'existence d'une telle zone, dans laquelle l'État riverain peut exercer certaines compétences limitativement énumérées[36], et dont la largeur est limitée à douze milles marins à partir de la ligne de base servant à mesurer la largeur de la mer territoriale. Toutefois, parmi les compétences de l'État riverain ne figurent pas les droits de pêche[37].

Cependant, avant de consacrer les développements nécessaires à cette dernière convention, nous allons nous intéresser à la Convention sur la haute mer dont l'une des caractéristiques essentielles est sa nature déclaratoire. En effet, comme le soulignait son préambule, la plupart de ses dispositions tendent à consacrer des principes de droit préétablis, plutôt qu'à créer des règles de droit nouvelles[38]. Pour ce qui est de cette convention, nous

---

34 Voir l'article 62 de la convention de Montego Bay

35 Concernant la largeur de la mer territoriale, il faut cependant préciser qu'aucun accord n'a pu intervenir sur ce point, et certaines puissances avaient déjà estimé devoir reprendre leur liberté d'action et proclamer unilatéralement l'extension des limites de leurs eaux territoriales, extension dont la valeur juridique semble pour le moins douteuse. Ainsi doit-on considérer que la règle traditionnelle des trois milles, correspondant à la portée de tir d'un canon, demeure en vigueur pour les Puissances qui, avant la conférence, la reconnaissaient comme la seule règle obligatoire erga omnes, ce qui est le cas de la France. Ce qu'il faut rappeler c'est que le Sénégal était une colonie française à l'époque. Cf. Jacques PATEY, *op. cit.*, note de bas de page N° 14

36 Le concept de zone contiguë résulte notamment des lois américaines des années 1920 visant à faire respecter la prohibition de l'alcool. Selon l'article 24 alinéa 1 de la convention sur une zone de la haute mer contiguë à sa mer territoriale, l'État riverain peut exercer le contrôle nécessaire en vue : a) de prévenir et b) de réprimer les contraventions à ses lois de police douanière, fiscale, sanitaire ou d'immigration sur son territoire ou dans sa mer territoriale.

37 En effet, comme on l'a déjà vu, la Conférence n'a pas accepté les propositions américaine et canadienne qui admettaient l'existence d'une zone de pêche contiguë. Il est vrai qu'il est déjà largement tenu compte des intérêts de l'État riverain dans ce domaine, par les dispositions de la Convention sur la pêche et la conservation des ressources biologiques de la haute mer.

38 C'est sans doute ce qui explique qu'elles aient été votées par l'Assemblée plénière à des majorités très importantes, parfois, même à l'unanimité puisqu'elles ne font que codifier des pratiques existantes et qui ont fait l'objet de consensus. Cf. Jacques PATEY, supra, note de bas de page N° 14

retiendrons un point essentiel qui nous parait avoir un lien, même si non manifeste, avec cette étude.

En effet, une mention particulière doit être faite de la disposition[39] relative à la nationalité et à l'immatriculation des navires. Celle-ci affirme la nécessité de l'existence d'un lien, entre le navire et l'État. Il précise, à cet égard, les domaines (technique, administratif et social) dans lesquels « *notamment l'État doit exercer effectivement sa juridiction et son contrôle sur les navires battant son pavillon* ». Cet article est, certes, de nature à exercer une influence certaine sur la pratique des pavillons de complaisance, mais surtout, il crée un lien de rattachement du navire à un État déterminé, par le biais de la nationalité et, de ce fait impose un certain nombre d'obligations à cet État qui doit être le garant du « *bon comportement* » de ses navires en haute mer où règne le principe de la liberté. Ceci, présage de toute l'importance qui sera consacrée, par la suite et surtout maintenant[40] au rôle de l'État du pavillon dans la conversation des ressources biologiques de la haute mer et qui devrait permettre de lutter plus efficacement contre la pêche illicite, non déclarée et non réglementée dans cette zone. Cette thématique de la pêche est l'objet de la quatrième convention de Genève qui sera étudiée ci-après.

La Convention sur la pêche et la conversation des ressources biologiques de la haute mer[41] a consacré le principe du droit de pêche en haute mer et défini l'expression « *conservation des ressources biologiques de la haute mer* »[42] ; deux concepts indissociables. Cette convention établit un système assez complexe. Elle traite, d'abord, en général des droits des Etats dont les

---

[39] Selon l'*article 5 : «* 1. Chaque État fixe les conditions auxquelles il accorde sa nationalité aux navires ainsi que les conditions d'immatriculation et du droit de battre son pavillon. Les navires possèdent la nationalité de l'État dont ils sont autorisés à battre pavillon. Il doit exister un lien substantiel entre l'État et le navire; l'État doit notamment exercer effectivement sa juridiction et son contrôle, dans les domaines technique, administratif et social, sur les navires battant son pavillon.
2. Chaque État délivre aux navires auxquels il a accordé le droit de battre son pavillon des documents à cet effet ». cf. Convention de Genève du 29 avril 1958 sur la Haute Mer, disponible sur www. legal.un.org/.../francais/traites/8_ 1_**1958_haute _mer**_francais.pdf

[40] Voir les dispositions de l'Accord de Conformité de 1993 sur le rôle de l'Etat du pavillon, infra.

[41] Cf. « *La conférence des Nations unies sur le droit de la mer (Genève, 24 février – 27 avril 1958)* », par Jaques PATEY, conseiller juridique adjoint du Ministère français des Affaires étrangères de l'époque, publié dans RGDIP de 1958, page 455. *Op. cit.,* Note de bas de page N° 14.

[42] Aux termes de l'article 2 de la Convention, l'expression « *conservation des ressources biologiques de la haute mer* » s'entend de l'ensemble des mesures rendant possible le rendement optimal constant de ces ressources, de façon à porter au maximum les disponibilités en produits marins, alimentaires et autres. Les programmes de conservation doivent être établis en vue d'assurer, en premier lieu, l'approvisionnement en denrées alimentaires pour la consommation humaine.

nationaux se livrent à la pêche et des rapports que ces Etats entretiennent[43] ; ses articles 3[44], 4[45] et 5 y sont consacrés et son article 9 prévoit une procédure arbitrale en cas de défaut d'accord entre les parties sur les mesures à entreprendre dans une période de douze mois. Elle affirme, ensuite, en son article 6, le principe nouveau de l'« *intérêt spécial* »[46] reconnu à l'État riverain, et les conséquences tirées de ce principe.

Des précisions[47] peuvent être données sur les trois groupes de dispositions les plus saillantes de la convention.

Jusqu'ici, les rapports entre États ont été examinés indépendamment de tout droit particulier appartenant à l'État riverain. Mais avec cette convention, est apparu un principe nouveau, d'une importance capitale, et qui reconnaît à tout État riverain un « *intérêt spécial* »[48] au maintien de la productivité des

---

43 Articles 3, 4 et 5 de la Convention sur la pêche et la conversation des ressources biologiques de la haute mer

44 Cet article consacre la responsabilité de l'État du pavillon sur la gestion durable de ressources biologiques de la Haute mer.

45 Cet article pose le principe de la nécessaire coopération entre les États dont les navires s'y livrent à la pêche dans le cadre d'une exploitation rationnelle des ressources biologiques de la Haute mer.

46 Articles 6 et 7. A propos de l'intérêt spécial reconnu à l'État riverain, voir l'Accord de Conformité de 93 qui a repris ce concept et Natacha Balinoff « *La liberté de la pêche en haute mer n'est plus* », Neptunus, 2005, vol. 11-1

47 D'abord l'article 3 couvre le cas où, dans une région de la haute mer, les nationaux d'un État sont, en fait, les seuls en se livrer à la pêche d'un ou plusieurs stocks de poissons ou autres ressources biologiques de la mer. Dans cette hypothèse, l'État en cause « *doit, en cas de besoin* », adopter à l'égard de ces nationaux des mesures de conservation de ces ressources.
Ensuite, l'article 4 vise le cas où les nationaux de deux ou plusieurs États se trouvent en concurrence à l'égard du même stock dans une même région de la haute mer. Dans ce cas, à la demande de l'un d'eux, ces États doivent entamer des négociations sur les mesures de conservation à prendre et, faute d'accord dans les douze mois, chacun d'eux peut introduire la procédure arbitrale prévue à l'article 9 de la convention[47].
Enfin, l'article 5, concerne le cas où les nationaux d'autres États commencent à pêcher le même stock dans la même région de la haute mer, après que des mesures aient été adoptées conformément aux articles 3 et 4. Ces autres États doivent, sous certaines conditions et dans un certain délai, imposer à leurs nationaux le respect des mesures de conservation antérieurement adoptées. Au cas où ces États décident de ne pas accepter lesdites mesures, ils peuvent entamer des négociations avec les États qui les ont édictées et, faute d'accord dans les douze mois, chaque partie peut avoir recours à la procédure arbitrale de l'article 9 cité plus haut. Toutefois, les mesures de conservation demeurent obligatoires dans l'intervalle.

48 Une première conséquence de ce principe pour l'État riverain est qu'il a le droit de participer, sur un pied d'égalité, à toute organisation de recherches et à tout système de réglementation aux fins de la conservation des ressources biologiques de la haute mer de la zone considérée. Cette participation est de droit et découle de son intérêt spécial que lui confère son statut de riverain. Par conséquent, ce droit existe, que ses nationaux se livrent ou non à la pêche. En outre, tout État dont les nationaux se livrent à la pêche dans la zone considérée doit, à la demande de l'État riverain, engager des négociations avec lui pour prendre d'un commun accord des mesures de conservations nécessaires et il ne peut pas appliquer des mesures contraires à celles édictées par l'État riverain. Ces prérogatives de

ressources biologiques dans toute partie de la haute mer adjacente à sa mer territoriale.

Il ne faut pas, cependant, confondre cet « *intérêt spécial* » de l'État riverain avec un autre « *intérêt spécial* » visé à l'article 8. Aux termes de cette disposition, un État quelconque, à condition d'établir qu'il a un intérêt spécial à ce que des mesures de conservation soient prises dans une région de la haute mer non adjacente à ses côtes[49] et de prouver scientifiquement la nécessité de ces mesures, est en droit, que ses nationaux exercent ou non la pêche dans la région considérée, de requérir des États dont les nationaux s'y livrent à la pêche, de prendre de telles mesures. Il peut, s'il n'obtient pas satisfaction dans les douze mois, entamer la procédure arbitrale prévue à l'article 9.

De la conférence de Genève, découlent quatre conventions[50], un protocole[51] et neuf résolutions. Parmi celles – ci, nous retiendrons la résolution

---

l'État riverain, qui apportent des restrictions sérieuses au système prévu aux articles 3, 4 et 5, peuvent donner lieu à des litiges : là encore, faute d'accord dans les douze mois, chaque État intéressé pourra entamer la procédure arbitrale de l'article 9.

Une seconde conséquence, plus grave encore, de la reconnaissance de l'« intérêt spécial » de l'État riverain consiste dans le droit pour cet Etat d'adopter unilatéralement des mesures de conservation dans la partie de la haute mer adjacente à sa mer territoriale. Cette faculté ne peut toutefois s'exercer qu'après négociations avec les autres États intéressés et faute d'accord dans les six mois, et les mesures unilatérales ne s'imposent aux autres États que si elles ont un caractère d'urgence et un fondement scientifique et si elles ne sont pas discriminatoires. Si les autres États intéressés ne sont pas d'accord, ils peuvent recourir à la procédure arbitrale de l'article 9, mais les mesures prises par l'État riverain demeurent, en principe, en vigueur jusqu'à la solution du différend. Cf. Jacques PATEY, *op. cit.,* note de bas de page N° 30.

Cette évolution est confirmée par l'Accord du 4 août 1995 relatif à la conservation et à la gestion des stocks de poissons chevauchants (qui se trouvent à la fois dans la ZEE d'un État et dans la zone de haute mer adjacente) ou de grands migrateurs (B), étudié plus loin et qui consacre le concept d'intérêt préférentiel des États côtiers en haute mer. À ce propos, Natacha Balinoff a pu parler de nationalisme maritime. *Op. cit.,* note de bas de page N° 47

49 Ceci, par exemple en raison des conséquences qu'une pêche intensive dans cette région pourrait avoir dans une autre région ou pêchent ses nationaux. Cf. Jaques PATEY, *op. cit.,* note de bas de page n° 14.

50 Des quatre conventions peuvent être retenues les constatations suivantes.

Une première constatation consiste en l'importance du rôle joué par les travaux de la Commission du droit international (CDI) des Nations Unies. Les études très poussées auxquelles s'était livrée cette dernière ont grandement facilité la tâche des négociateurs de Genève qui, dans bien des cas, ont finalement repris purement et simplement, ou sous la seule réserve de légères de modifications, les projets préparés par cette commission.

La deuxième constatation est que cette œuvre de codification associe, d'une manière ou d'une autre, tous les États. En effet, qu'il soit riverains, qu'il se livrent à la pêche, qu'ils possèdent des flottes de guerre ou de commerce, tous les États intéressés à ces conventions, et sans exceptions, se voient conférer des droits et assument des obligations dont la somme constitue un ensemble harmonieux nécessaire à l'application sans heurts et des règles anciennes que la conférence a consacrées et des règles nouvelles qu'elle a instaurées. Ainsi, même si des lacunes sont notées, on peut dire, en tout cas, que, dans un grand nombre de domaines, la conférence a abouti des résultats très appréciables, aussi bien dans le sens de la

recommandant la convocation d'une nouvelle conférence pour étudier les problèmes non résolus à Genève. Cette résolution apparaît comme le précurseur de l'étape suivante dans cette fastidieuse œuvre de codification du droit de la mer et corollairement du droit des pêches maritimes.

La Quatrième étape consiste dans la convocation en 1960 de la deuxième conférence des NU sur le droit de la mer qui procède directement des lacunes des quatre conventions de Genève de 1958[52]. En effet, les règles de Genève, qui se sont révélées inadaptées[53] dans une très large mesure, appelaient à une refonte totale du droit de la mer. Une telle initiative a été amorcée par Monsieur Arvid PARDO, Ambassadeur de Malte[54] lors de la 22e session de

---

codification du droit existant, que de celui du développement progressif du droit international.

La troisième et dernière constatation consiste en la prise de conscience, dès cette époque, et à la mise en exergue de l'importance des mesures de conservation qui, seules, peuvent garantir une exploitation non destructrice des ressources biologiques de la mer dans son ensemble et garantir ainsi une possibilité d'approvisionnement et de satisfaction des besoins, en la matière, des générations futures. La communauté internationale a très tôt compris qu'une telle œuvre doit se faire sans exclusion, ni d'États ni de zones maritimes (mer côtière ou haute mer) en raison du caractère global et transversal des questions qu'elle soulève. Cf. Jaques PATEY, *op. cit.*, note de bas de page N° 14.

51 Il s'agit d'un protocole de signature facultative concernant le règlement obligatoire des différends.

52 Le paradoxe est que si la Convention sur la haute mer est entrée en vigueur en 1962 et les conventions sur la mer territoriale et le plateau continental en 1964, la Convention de 1958 sur la pêche n'est entrée en vigueur que le 20 mars 1966. Or tous ces textes conventionnels indiquent qu'une demande en révision ne peut intervenir qu'après expiration d'une période de cinq ans à partir de l'entrée en vigueur... En fait, il ne s'agit plus de réviser les conventions de 1958, mais de se lancer dans la voie des innovations. Cf. Jean Pierre Queneudec in Actualités du droit de la mer. A. Pedone, Paris 1973, pages 12 et 13, *op. cit.*, note de bas de page N° 7.

53 Daniel Bardonnet Annuaire français de droit international Année 1972 Volume 18 Numéro 18 pp. 123-180 « *La dénonciation par le gouvernement sénégalais de la Convention sur la mer territoriale et la zone contiguë et de la Convention sur la pêche et la conservation des ressources biologiques de la haute mer de Genève, en date du 29 avril 1958* ». le 03 juin 1971, par lettre adressée par le président Senghor au Secrétaire général des Nations unies exerçant les fonctions de dépositaire des conventions de Genève de 1958 sur le droit de la mer et transmise sous couvert du représentant régional de l'ONU à Dakar en date du 04 juin 1971 et reçue au secrétariat le 09 juin 1971, le gouvernement sénégalais a notifié sa dénonciation de ces deux conventions.... Un an plus tard, le1er juin 1972, le Secrétariat de l'ONU annonçait, dans une note remise à la Mission permanente du Sénégal auprès de l'organisation, que l'enregistrement de la notification de dénonciation avait été fait au nom du gouvernement sénégalais. L'affaire, d'apparence mineure, montre l'impuissance du droit international à affronter la dialectique fondamentale du changement et de la stabilité et elle met en lumière les insuffisances d'importants vecteurs de ce droit ayant fait l'objet, depuis vingt ans, de travaux considérables de codification. À l'origine de ces motivations, elle apparait comme un geste de contestation à l'encontre du droit de la mer, tel qu'il est issu de la conférence de Genève de 1958 et elle souligne, une fois de plus, « *l'exigence inéluctable de la réversibilité* » des grands actes internationaux.

54 Le représentant de Malte a demandé l'inscription à l'ordre du jour de l'AG des Nations unies de « *l'examen de la question de l'affectation à des fins exclusivement pacifiques du lit des*

l'Assemblée générale des Nations unies en 1967. Cette initiative reçut par la suite un large soutien ; ce qui conduisit finalement l'organe délibérant des Nations unies (Assemblée générale) à adopter sans opposition et avec seulement 14 abstentions la résolution 2749 (XXV) du 17 décembre 1970 intitulée « *Déclaration des principes régissant le fond des mers et des océans au-delà des limites de la juridiction nationale* »[55]. Toutefois, il est évident qu'une réforme du droit de la mer ne peut se faire sans intégrer les questions de pêche qui, comme l'a prouvé la conférence de Genève, sont devenues essentielles dans les relations entre les États.

I-2. Vers une codification généralisée du droit de la mer et la cristallisation du droit des pêches maritimes

Dès les temps les plus reculés, la pêche a été une source majeure de nourriture pour l'humanité, assurant un emploi et des avantages économiques à ceux qui la pratiquaient. Il était admis que les ressources aquatiques étaient un don de la nature d'une abondance illimitée. Mais, avec l'enrichissement des connaissances et le développement dynamique du secteur des pêches qui ont suivi la Deuxième Guerre mondiale, ce mythe s'est évanoui lorsque l'on a pris conscience que les ressources halieutiques, quoique renouvelables, ne sont pas infinies et doivent être convenablement gérées si l'on veut maintenir leur contribution au bien-être nutritionnel, économique et social d'une population mondiale croissante.

L'instauration sur une grande échelle au milieu des années 70 des zones économiques exclusives (ZEE) a nécessité une réaction urgente de la communauté internationale[56].

---

mers et des océans ainsi que leur sous-sol, en haute mer, au-delà des limites de la juridiction nationale, et de l'exploitation de leurs ressources dans l'intérêt de l'humanité ». Après un examen préliminaire, l'AG a créé un comité spécial de 35 membres (Résolution 2340 (XXII) du 18 décembre 1967), puis un comité permanent de 42 membres (Résolution 2467 – A (XXIII) du 21 décembre 1968) pour étudier cette question. Cf. Jean Pierre Queneudec in Actualités du droit de la mer. A. Pedone, Paris 1973, pages 13, *op. cit.,* note de bas de page N° 7.

55 Réf. A/RES/2749 (XXV), Cf. aussi Jean Pierre Queneudec in Actualités du droit de la mer. A. Pedone, Paris 1973, pages 10 et 12, *op. cit.,* note de bas de page N° 7 et 55. L'idée de res communis est développée dans cette déclaration et les fonds marins et leurs ressources, au delà de la limite de la juridiction nationale, y sont proclamés « *patrimoine commun de l'humanité* ». De même dans la résolution du 17 décembre 1970, par laquelle elle a décidé de convoquer en 1973 une nouvelle conférence sur le droit de la mer, l'AG des Nations unies a ainsi reconnu que « *les problèmes de l'espace marin sont étroitement liés les uns aux autres et doivent être examinés dans leur ensemble* ».

56 Dans la déclaration du 23 mai 1970 relative à la politique des États unis concernant les océans, le président Nixon reconnaissait: « *le fait est que le droit de la mer ne suffit plus à répondre aux besoins de la technique moderne, ni aux préoccupations de la collectivité internationale. S'il n'est pas modernisé par accord multilatéral, il y aura inévitablement action unilatérale et conflit international* ». Nations unies, doc. A/AC.138/22.

Cette réaction constitue la cinquième et dernière étape qui consiste dans la convocation en 1973, par l'Assemblée générale des Nations unies, de la troisième conférence des Nations unies sur le droit de la mer et dont la préparation technique n'était plus confiée, cette fois – ci, à la CDI, mais au Comité des fonds marins créé en 1968[57]. Ce comité, en raison de son caractère

[57] À la suite de l'adoption des Conventions de 1958 (voir les Conventions de 1958 sur le droit de la mer), l'Assemblée générale a demandé au Secrétaire général Sur l'initiative du représentant du Gouvernement maltais, l'Assemblée générale a examiné à sa vingt-deuxième session, en 1967, un point intitulé « *Examen de la question de l'affectation à des fins exclusivement pacifiques du lit des mers et des océans ainsi que de leur sous-sol, en haute mer, au-delà des limites de la juridiction nationale actuelle, et de l'exploitation de leurs ressources dans l'intérêt de l'humanité* ». Par sa résolution 2340 (XXII) du 18 décembre 1967, l'Assemblée a créé un Comité spécial chargé d'étudier les utilisations pacifiques du lit des mers et des océans au-delà des limites de la juridiction nationale, composé de 36 États Membres, le chargeant d'établir une étude, qu'il présenterait à la session suivante de l'Assemblée générale, sur les aspects scientifiques, techniques, économiques, juridiques et autres de l'utilisation du lit des mers et des océans, comprenant un examen des activités passées et présentes menées dans ce domaine par l'Organisation des Nations Unies et d'autres organisations intergouvernementales. Le Comité spécial a tenu trois sessions en 1968 et présenté son étude (A/7230) à la vingt-troisième session de l'Assemblée générale, en 1968. Bien qu'il eût étudié en détail les différents aspects de la question dans le temps imparti, le Comité spécial a estimé qu'il fallait mener une autre étude et formulé des propositions en ce sens. Le 21 décembre 1968, ayant examiné le rapport, l'Assemblée générale a adopté la résolution 2467 A (XXIII), par laquelle elle a décidé de créer un Comité des utilisations pacifiques du fond des mers et des océans au-delà des limites de la juridiction nationale, composé de 42 États Membres, le chargeant d'étudier l'élaboration des principes et des normes juridiques susceptibles de favoriser la coopération internationale dans le domaine de l'exploration et de l'utilisation du fond des mers et des océans, et de faire des recommandations à l'Assemblée générale sur ces questions. À sa session suivante, l'Assemblée générale, ayant examiné le rapport du Comité (A/7622), a prié le Secrétaire général de s'enquérir des vues des États Membres sur l'opportunité de convoquer, à une date rapprochée, une conférence sur le droit de la mer (résolution 2574 A (XXIV) du 15 décembre 1969). Cf. Convention des Nations unies sur le droit de la mer, United Nations Audiovisual Library of International Law, Copyright © United Nations, 2008. Disponible sur: www.un.org/law/avl

Quand l'idée de convoquer une conférence a recueilli un large appui, l'AG a alors décidé d'élargir la composition du Comité des fonds marins en portant à 86 le nombre de ses membres et a chargé ce comité élargi d'élaborer des projets d'articles portant sur le régime du fonds des mers et sur « *une large gamme de questions connexes, en particulier celles relatives au régime de la haute mer, du plateau continental, de la mer territorial (notamment la question de sa largeur et celle des détroits internationaux) et de la zone contiguë, de la pêche et de la conservation des ressources biologiques de la haute mer (notamment la question des droits préférentiels des États riverains)* », la protection du milieu marin (y compris notamment la prévention de la pollution) et de la recherche scientifique. Cf. Résolution 2750-C (XXV) du 17 décembre 1970. La Résolution 2881 (XXVI) du 21 décembre 1971 a porté à 91 le nombre des membres du comité.

Toujours à propos du comité des fonds marins, consulter Michel Voelckel « *L'utilisation du fond de la mer* », Annuaire français de droit international Année 1968 Volume 14 Numéro 14 pp. 719-735.

éminemment politique[58], ne put d'ailleurs soumettre un projet unique à la conférence qui s'est réunie le 3 décembre 1973.

La troisième conférence des Nations unies sur le droit de la mer a, après de longues délibérations[59], achevé ses travaux, le 10 décembre 1982, avec la signature à Montego Bay, en Jamaïque par 117 États de la Convention des Nations unies sur le droit de la mer, composée de 320 articles et de 9 annexes prises en application de son article 318[60]. Elle est entrée en vigueur le 16 novembre 1994, soit douze mois après le dépôt du 60e instrument de ratification[61] auprès du Secrétaire général des Nations unies. Ce traité a été complété, avant son entrée en vigueur, par l'Accord de New York du 29 juillet 1994 « *relatif à l'application de la Partie XI* », qui modifie les dispositions relatives au système d'exploitation des Grands fonds marins[62].

---

58 Contrairement à ce qui s'est passé pour la première conférence des Nations unies sur le droit de la mer, l'AG des Nations unies a donc cette fois confié la préparation de la future conférence, non aux juristes de la Commission du droit international, mais à un organe politique composé de délégués gouvernementaux. Cela se conçoit aisément, dans la mesure où l'AG a pris le soin de préciser que la Conférence devrait surtout avoir en vue la rénovation du droit maritime international ; elle invoque, en effet, « *la nécessité d'un développement prochain et progressif du droit de la mer* ». Il s'agira donc moins « *de constater des règles coutumières existantes, c'est-à-dire de codifier des postulats admis par tous, que d'innover et de créer des règles nouvelles selon une méthode plus inductive* ». Cf. Jean Pierre Quéneudec in Actualités du droit de la mer. A. Pédone, Paris 1973, page 14, *op cit.*, Note de bas de page N° 7.

59 Elle a siégé de 1973 à 1982.

60 Selon l'article 318 relatifs au statut des annexes: « *Les annexes font partie intégrante de la Convention et, sauf disposition contraire expresse, une référence à la convention renvoie également à ses annexes, et une référence à une partie de la Convention renvoie aussi aux annexes qui s'y rapportent* ».

61 Conformément à l'article 308 paragraphe 1e de la Convention de Montego Bay

62 La zone internationale des fonds marins (appelée la « *Zone* ») est constituée par les fonds marins. Elle commence là où sombrent les plateaux continentaux. La convention de Mondego Baya consacre le principe issu de la résolution 2749 (XXV) de l'Assemblée générale : la Zone échappe à toute appropriation ; « *Bien commun* », elle doit être uniquement utilisée « *à des fins exclusivement pacifiques* » et exploitée « *dans l'intérêt de l'humanité tout entière* ». Si l'appropriation nationale des ressources de la Zone est interdite, la convention instaure un régime d'appropriation collective à travers l'Autorité internationale des fonds marins qui agit pour le compte de l'humanité tout entière, mais elle pourrait elle-même tirer un revenu (taxes) de cette exploitation par l'intermédiaire d'un organe spécifique, l'*Entreprise* (non encore mis en œuvre). Néanmoins, la perspective de l'exploitation des ressources des fonds marins, notamment des nodules polymétalliques, et l'enjeu économique que celle-ci pourrait représenter ont poussé les pays développés à négocier un accord de mise en œuvre des dispositions de la convention de Mondego Baya. Sous la pression des États-Unis, l'accord du 28 juillet 1994 a substantiellement remanié la partie XI de la convention en donnant plus de pouvoirs aux pays industrialisés au sein de l'Autorité (ils se voient reconnaître un droit de veto au Conseil) et en faveur de l'investissement privé, aux dépens de l'objectif initial plus altruiste du texte de 1982, qui visait une redistribution équitable de ces richesses à l'échelle planétaire. Huit États dont la France ont obtenu auprès de l'Autorité Internationale des Fonds Marins des contrats d'exploration dans la Zone. Voir Droit de la mer dans : *www.wikipedia.org*. L'Accord sur la

L'innovation majeure de la Convention de Montego Bay, c'est la prise en charge quasi totale de l'ensemble des questions intéressant les espaces maritimes par la détermination des différentes zones maritimes et l'emprise digressive que l'État côtier exerce dans chacune d'elle. Elle a permis ainsi de régler la question cruciale de la délimitation desdits espaces et, par conséquent, de leur largeur. Aujourd'hui, s'il est vrai que les règles de Montego Bay ne peuvent pas toutes être considérées comme relevant du Droit international coutumier, il n'en est pas moins vrai que la pratique effective permet de constater que la largeur et le statut juridique des différents espaces[63] recueillent l'assentiment général de la communauté internationale ; d'où leur pertinence.

D'ailleurs, le Sénégal, État riverain de l'Océan atlantique, y trouve la base juridique pour exercer sa souveraineté sur les ressources biologiques de sa ZEE, pour décider des conditions d'autorisation d'exploitation desdites ressources aussi bien par ses nationaux que par les étrangers et surtout pour veiller à leur exploitation rationnelle et durable.

Tout ce qui précède démontre la place que la consécration de la Zone économique exclusive,[64] mais aussi l'encadrement de la liberté de pêche en haute mer occupent dans de la Convention de Montego Bay. Ces questions sont aussi fondamentales dans le cadre de cette étude.

En effet, la Convention des Nations Unies sur le droit de la mer a permis de définir un cadre nouveau pour une meilleure gestion des ressources marines. Le nouveau régime juridique des océans a donné aux États côtiers des droits et responsabilités en matière d'aménagement et d'utilisation des ressources marines se trouvant à l'intérieur de leurs ZEE qui intéressent quelque quatre-vingt-dix (90) pour cent[65] des pêcheries marines de la planète. Toutefois, cette extension des juridictions nationales a été une étape nécessaire, mais insuffisante dans la réalisation de l'objectif d'une gestion efficace et d'une

---

Partie XI est entré en vigueur à partir du 28 juillet 1996. Le Sénégal l'a signé le 09 aout 1994 et l'a ratifié le 25 juillet 1995. For further details, see Chapter XXI of the publication entitled « *Multilateral Treaties deposited with the Secretary-General* ». http://untreaty.un.org/ENGLISH/bible/englishinternetbible/partI/chapterXXI/chapterXXI.asp)

63 En application de la CMB, le Sénégal a adopté la loi N° 85-14 du 25 février 1985 portant délimitation de la mer territoriale, de la zone contiguë et du plateau continental conformément aux largeurs qui y sont indiquées. Jusque-là, par la loi n° 76-54 du 9 avril 1976, le Sénégal avait fixé la largeur de ses eaux territoriales à 150 milles marins. Les dispositions de la loi N° 85-14 du 25 février 1985 sont reprises par l'article 6 de la loi de 2002 portant Code de la Marine marchande. Concernant la ZEE, elle est fixée par l'Article 7 de cette même loi qui dispose, concernant son étendue, que « *la Zone Économique Exclusive ne s'étend pas au-delà de 200 milles marins des lignes de base à partir desquelles est mesurée la largeur de la mer territoriale* ».

64 La partie V de la convention composée des articles 55 à 75, est consacrée à la ZEE.

65 Code de conduite pour une pêche responsable adopté par consensus, par la Conférence de la FAO à sa vingt-huitième session, le 31 octobre 1995. Cf. infra Première partie, titre I, Chapitre I, section I, paragraphe I.

mise en valeur durable des pêcheries. En effet, ce nouveau cadre n'a pas permis de prévenir ses propres effets pervers se manifestant dans la pratique de nombreux États côtiers qui, confrontés à de graves problèmes, car manquant d'expérience et de ressources financières et matérielles, ont été tenté d'accroître les bénéfices extraits des pêcheries de leurs ZEE[66]. Ce qui a beaucoup contribué à compromettre le devenir de la ressource.

LE CONTEXTE DES PÊCHES ET DE LA PÊCHE INN

La nouvelle situation susdécrite est d'autant plus critique que le contexte international des pêches devient de plus en plus complexe et confus, surtout avec l'ampleur que connaît la pêche en général, et celle INN, en particulier.

II-1. Le contexte général des pêches

Aujourd'hui, selon la FAO[67], la communauté mondiale doit faire face à une multitude de défis interdépendants, qui vont des impacts de la crise financière et économique actuelle à une vulnérabilité accrue face aux changements climatiques, en passant par des épisodes climatiques extrêmes. Elle doit en parallèle concilier la nécessité de répondre aux besoins alimentaires et nutritionnels urgents d'une population en expansion avec le caractère limité des ressources naturelles.

Les produits halieutiques contribuent de façon déterminante au bien-être et à la prospérité de la population mondiale. Selon toujours la FAO, ces cinquante dernières années, l'offre mondiale de poisson de consommation a progressé à un rythme supérieur à la croissance démographique mondiale, et le poisson constitue aujourd'hui une source importante d'aliments nutritifs et de protéines animales pour une grande part de la population mondiale. En effet, le poisson et les produits de la pêche sont des sources de protéines[68] et d'oligoéléments[69] essentiels très précieuses pour l'équilibre nutritionnel et la santé.

---

66 Code de conduite pour une pêche responsable, *ibid.* note de bas de page N° 66

67 Voir avant-propos de *La situation mondiale des pêches et de l'aquaculture 2012*, Organisation des Nations unies pour l'Alimentation et l'Agriculture, Département des pêches et de l'aquaculture de la FAO - Rome, 2012, ISBN 978-92-5-207225-.Disponible au Bureau de l'échange des connaissances, de la recherche et de la vulgarisation, Site Internet: www.fao.org/icatalog/inter-e.htm

68 En 2009, le poisson a représenté 16,6 pour cent des apports en protéines animales de la population mondiale et 6,5 pour cent de toutes les protéines consommées. Voir avant-propos de *La situation mondiale des pêches et de l'aquaculture*, FAO 2012 *op. cit.*, note de bas de page N° 68

69 *Ibid.* Voir avant-propos de La situation mondiale des pêches et de l'aquaculture, FAO 2012 *op. cit.*, note de bas de page N° 68
Voir aussi « Oligo-éléments – Nutrition » dans Sante AZ, disponible sur : *http://sante-az.aufeminin.com/w/sante/s386/nutrition/oligo-element.html*. Les oligo-éléments (fer, cuivre, iode, manganèse, sélénium et zinc) font partie de la famille des minéraux (l'autre catégorie étant les macroéléments). Ce sont des éléments minéraux purs, nécessaires

À l'échelle mondiale, le poisson entre à hauteur de presque 20 pour cent dans les protéines animales d'environ 3 milliards de personnes, et approximativement à hauteur de 15 pour cent dans ces mêmes protéines pour 4,3 milliards de personnes[70].

Toutefois, en dépit d'une consommation de poisson relativement plus faible dans les pays en développement, la part de cet aliment y est importante puisqu'estimée à 19,2[71] pour cent des apports en protéines animales ; dans les Pays à Faible Revenu et à Déficit Vivrier (PFRDV)[72], elle a atteint 24 pour

---

à l'organisme, en toute petite quantité ; c'est pourquoi on les nomme également « *éléments traces* ». Certains oligo-éléments ne peuvent être synthétisés par notre organisme, et doivent donc être puisés dans l'alimentation. Les oligo-éléments contribuent au bon équilibre de l'organisme en intervenant dans de nombreuses réactions biochimiques et métaboliques. Ils participent notamment à l'assimilation et au métabolisme des aliments, ainsi qu'au renouvellement des tissus. De plus, ils renforcent les défenses immunitaires de l'organisme. Une carence ou un excès en oligo-éléments peuvent induire des états pathologiques.

70 Cf. *La situation mondiale des pêches et de l'aquaculture*, FAO 2012, *op. cit.*, note de bas de page N° 68

71 *Ibid. La situation mondiale des pêches et de l'aquaculture*, FAO 2012 *op. cit.*, note de bas de page n° 68

72 Il s'agit des Pays à Faible Revenu et à Déficit Vivrier (PFRDV) – la liste des PFRDV pour 2013 est la suivante : Afrique : Burkina Faso, Burundi, Bénin, Cameroun, Comores, Congo, Côte d'Ivoire, Djibouti, Égypte, Érythrée,, Éthiopie, Gambie, Ghana, Guinée, Guinée-Bissau, Kenya, Lesotho, Libéria, Madagascar, Malawi, Mali, Mauritanie, Mozambique, Niger, Nigéria, Ouganda, Rwanda, République centrafricaine, République démocratique du Congo, République-Unie de Tanzanie, Sao Tomé-et-Principe, Sierra Leone, Somalie, Soudan, Sénégal, Tchad, Togo, Zambie, Zimbabwe; Amérique: Haïti, Honduras, Nicaragua ; Asia : Afghanistan, Bangladesh, Bhoutan, Cambodge, Inde, Indonésie, Iraq, Kirghizistan, Mongolie, Népal, Ouzbékistan, Philippines, République démocratique populaire lao, République populaire démocratique de Corée, Sri Lanka, Tadjikistan, Yémen; Oceania : Îles Salomon, Kiribati, Papouasie-Nouvelle-Guinée.

La nouvelle liste des pays à faible revenu et à déficit vivrier (PFRDV) s'établit à 62 pays, comptant quatre de moins que dans la liste (de 2012). Ces pays sont les suivants : Géorgie, République Arabe Syrienne, Timor-Leste, République de Moldova. Les données utilisées couvrent la période à partir du 2008 au 2010.

Classification:

Le classement d'un pays à faible revenu et à déficit vivrier utilisé par la FAO aux fins d'analyse est traditionnellement déterminé selon trois critères. Selon le premier critère, le revenu national brut (RNB) par habitant d'un pays doit se situer au-dessous du plafond "historique" utilisé par la Banque Mondiale pour déterminer l'admissibilité aux prêts de l'IDA et à ceux d'une échéance de 20 ans de la Banque Internationale pour la Reconstruction et le Développement (BIRD), appliqué aux pays inclus dans les catégories I et II de la Banque mondiale. La liste 2013 des PFRDV est fondée sur le RNB de 2010 (estimé par la Banque Mondiale utilisant la méthode Atlas) et sur le plafond historique de 2010 s'élevant à USD 1 915 par habitant. Le deuxième critère est basé sur la position des importations nettes d'aliments (c'est à dire les importations brutes moins les exportations brutes) d'un pays calculée en moyenne des trois dernières années pour lesquelles des statistiques sont disponibles. En ce qui concerne la classification de l'année 2013, la moyenne des années 2008-10 est utilisée. Les volumes des échanges commerciaux pour un large panier de produits alimentaires de base (céréales, racines et tubercules, légumineuses, oléagineux et huiles autres que des cultures arboricoles, viande et produits laitiers) sont

cent. Cependant, tant dans les pays en développement que dans les pays développés, cette part a reculé légèrement ces dernières années ; la consommation d'autres protéines animales ayant progressé plus rapidement. Globalement, la production mondiale des pêches de capture reste stable, à 90 millions de tonnes environ[73], bien que l'on observe certains changements nets de tendances dans les prises par pays, zone de pêche et espèce pêchée.

Par ailleurs, le secteur procure des moyens d'existence et des revenus, soit directement soit indirectement, à une part importante de la population mondiale.

Ainsi, le poisson et les produits de la pêche font partie des denrées alimentaires de base les plus échangées dans le monde. En 2011[74], les échanges ont atteint de nouveaux records, en volume et en valeur, et devraient continuer d'augmenter, le plus gros des exportations mondiales provenant toujours des pays en développement. Si les pêches de capture demeurent stables, la production de l'aquaculture ne cesse d'augmenter et, au cours des dix prochaines années, la production totale issue des pêches de capture et de l'aquaculture dépassera celle de bœuf, de porc ou de volaille[75]. Le rôle essentiel desdits produits dans la sécurité alimentaire mondiale et la croissance économique reste cependant limité du fait d'un ensemble de problèmes : gouvernance médiocre, systèmes de gestion des pêches déficients, conflits liés à l'utilisation des ressources naturelles, recours continu à des pratiques halieutiques peu satisfaisantes, défaut de prise en compte des priorités et des droits des communautés d'artisans pêcheurs, et injustices liées à la discrimination à l'égard des femmes et au travail des enfants, entre autres[76].

---

convertis et agrégés par contenu calorique des produits individuels. Le troisième critère d'auto-exclusion est appliqué lorsque les pays qui répondent aux deux critères précédents demandent spécifiquement la FAO d'être exclus de la catégorie des PFRDV. Afin d'éviter que les pays ne changent de catégorie trop fréquemment (en général, suite à des chocs extérieurs de brève durée), un facteur supplémentaire appelé "persistance de la situation" est pris en considération depuis 2001. Il permet de reporter la "sortie" d'un PFRDV de la liste, même si le pays concerné ne satisfait ni le critère de revenu des PFRDV, ni le critère de déficit alimentaire jusqu'à ce que son changement de statut ne soit confirmé pendant les trois années consécutives. En d'autres termes, si un pays ne confirme pas une amélioration soutenue de sa situation pendant les trois années consécutives il est retiré de la liste pour l'année consécutive. Source FAO.

73 Voir Avant-propos de « *La situation mondiale des pêches et de l'aquaculture* », FAO 2012 op. cit. Note de bas de page N° 68.

74 *La situation mondiale des pêches et de l'aquaculture*, FAO 2012, *op. cit.*, Note de bas de page N° 68, *ibid.*

75 *La situation mondiale des pêches et de l'aquaculture*, FAO 2012, *op. cit.*, note de bas de page N° 68.

76 *La situation mondiale des pêches et de l'aquaculture*, FAO 2012, *Ibid. op. cit.*, note de bas de page n° 68.

À l'échelle mondiale, cette situation qui vient d'être décrite a pour résultante l'état catastrophique dans lequel se trouvent les ressources halieutiques qui sont, pour la plupart, pleinement exploitées ou surexploitées.

En effet, la pêche en mer a considérablement progressé[77], passant de 16,8 millions de tonnes en 1950 à un niveau maximal de 86,4 millions de tonnes en 1996, avant de s'établir autour de 80 millions de tonnes. Selon les statistiques officielles, la production mondiale était de 77,4 millions de tonnes en 2010[78].

Si, en 1955, date de la première conférence technique des Nations Unies sur la conservation des ressources biologiques au siège de la FAO, la quasi-totalité des stocks de poissons étaient inexploités ou sous-exploités, aujourd'hui, la situation est toute autre[79].

En effet, la proportion des stocks qui ne sont pas pleinement exploités a progressivement baissé depuis 1974, date de la première évaluation de la FAO. À l'inverse, le pourcentage des stocks surexploités a augmenté, en particulier à la fin des années 70 et dans les années 80, passant de 10 pour cent en 1974 à 26 pour cent en 1989[80]. Après 1990, le nombre de stocks surexploités a continué de progresser, bien qu'à un rythme moins soutenu[81].

La fraction des stocks pleinement exploités, dont les captures sont en passe d'atteindre le niveau de production maximale équilibrée, pour lesquels il n'existe aucune possibilité d'accroissement de la production et qui exigent une gestion efficace pour ne pas décliner, est celle qui a le moins évolué[82]. Environ 29,9 pour cent des stocks sont surexploités[83], affichant des rendements inférieurs à leur production biologique et écologique potentielle. Le rétablissement durable de leur pleine productivité ne sera possible qu'après la mise en œuvre de plans rigoureux de gestion conformément au Plan

---

77 *La situation mondiale des pêches et de l'aquaculture*, FAO 2012, *Ibid. op. cit.*, note de bas de page n° 68.

78 C'est le Pacifique Nord-Ouest qui a enregistré la production la plus élevée en 2010, avec 20,9 millions de tonnes (27 pour cent des captures marines mondiales), suivi par le Pacifique Centre-Ouest, avec 11,7 millions de tonnes (15 pour cent), l'Atlantique Nord- Est, avec 8,7 millions de tonnes (11 pour cent) et le Pacifique Sud-est, avec des captures totales de 7,8 millions de tonnes (10 pour cent). Cf. *La situation mondiale des pêches et de l'aquaculture* 2012, *op. cit.*, Note de bas de page N° 68.

79 Voir Stratégie de lutte contre la pêche INN au Sénégal, Document DPSP- 2013.

80 *La situation mondiale des pêches et de l'aquaculture*, FAO 2012, *op. cit.*, note de bas de page N° 68.

81 La situation mondiale des pêches et de l'aquaculture, FAO 2012, *op. cit.*, Note de bas de page N° 68.

82 Elle est restée stable, à environ 50 pour cent, de 1974 à 1985, est tombée à 43 pour cent en 1989, avant d'augmenter progressivement jusqu'à 57 pour cent en 2009. Cf. La situation mondiale des pêches et de l'aquaculture, FAO 2012, *op. cit.*, Note de bas de page N° 68.

83 *La situation mondiale des pêches et de l'aquaculture*, FAO 2012, *Ibid. op. cit.*, note de bas de page n° 68.

d'application de Johannesburg adopté à l'issue du Sommet mondial pour le développement durable (Johannesburg, 2002)[84].

Étant donné la baisse des captures marines mondiales observée ces dernières années[85], l'augmentation du pourcentage de stocks surexploités et la diminution du pourcentage d'espèces non pleinement exploitées dans le monde, un constat s'impose : la situation mondiale des pêches de capture marines s'est aggravée et a eu un impact négatif sur la production. La surexploitation des stocks a non seulement des conséquences écologiques défavorables, mais entraîne aussi une baisse de la production halieutique qui n'est pas sans incidences sur les plans économique et social. Pour accroître la contribution des pêches marines à la sécurité alimentaire, aux économies nationales et au bien-être des populations côtières, il convient de mettre en place des plans[86] de gestion efficaces afin de reconstituer les stocks surexploités. La situation semble encore plus critique pour certains stocks de poissons grands migrateurs, stocks chevauchants ou autres ressources halieutiques exploitées uniquement ou partiellement en haute mer.

Cette situation est liée à l'importance et la puissance croissantes de la flotte de pêche et, par conséquent de la capacité de pêche. En effet, en 2010, la flotte de pêche mondiale était composée, d'après les estimations, d'environ 4,36 millions[87] de bateaux. L'Afrique qui vient en deuxième position derrière l'Asie (73 pour cent), ne détient pourtant que 11 pour cent de cette flotte[88]. En 2010[89], la flotte de pêche mondiale était composée à 60 pour cent de bateaux à moteur. Soixante-neuf pour cent des bateaux de pêche en mer étaient équipés de moteurs, contre seulement 36 pour cent des bateaux pêchant dans les eaux intérieures.

---

84 Ce Plan demande de ramener les stocks à un niveau permettant d'obtenir un rendement maximal constant à l'horizon 2015, un objectif qui, selon toute vraisemblance, sera difficile à atteindre. Les 12,7 pour cent de stocks restants n'ont pas été exploités entièrement en 2009. *Ibid. La situation mondiale des pêches et de l'aquaculture*, FAO 2012, *Ibid. op. cit.*, note de bas de page N° 68.

85 Même, s'il convient de noter que la baisse des captures est due dans certains cas à des mesures de gestion des pêches prises en vertu du principe de précaution ou à des fins de reconstitution des stocks. *Ibid. La situation mondiale des pêches et de l'aquaculture*, FAO 2012, *Ibid. op. cit.*, note de bas de page N° 68.

86 Cf. La situation mondiale des pêches et de l'aquaculture, FAO 2012, *op. cit.*, Note de bas de page n° 68.

87 Sur cette flotte, on considère que 3,23 millions d'embarcations (74 pour cent) opèrent en mer, et les bateaux restants (1,13 million), dans les eaux intérieures. *Ibid. La situation mondiale des pêches et de l'aquaculture*, FAO 2012, *Ibid. op. cit.*, note de bas de page N° 68.

88 Ibib. La situation mondiale des pêches et de l'aquaculture, FAO 2012 *op. cit.*, Note de bas de page n° 68.

89 *Ibid.* La situation mondiale des pêches et de l'aquaculture, FAO 2012 *ibid. La situation mondiale des pêches et de l'aquaculture*, FAO 2012, *Ibid. op. cit.*, note de bas de page n° 68.

Toutes ces situations susdécrites qui fragilisent le secteur de la pêche en raison des enjeux incommensurables et pluriels qui s'y rattachent, sont en train de saper les fondamentaux de cette activité.

De plus, dans ce secteur au rôle essentiel et stratégique dans la sécurité alimentaire et le commerce mondial, la recherche effrénée du gain facile a conduit au développement de pratiques peu orthodoxes aux conséquences dramatiques pour l'avenir de la pêche.

En effet, même si l'espoir a pu renaitre avec la possibilité d'élaboration de plans de gestion adaptés pour rétablir l'équilibre et le niveau des stocks de poissons menacés, la pêche illicite, non déclarée et non réglementée (INN) et les activités connexes[90] menacent les efforts mis en œuvre pour assurer des pêches durables à long terme et promouvoir des écosystèmes plus sains et plus robustes. Les navires battant « pavillon de non-conformité »[91], constituent un sujet de préoccupation et la communauté internationale s'inquiète vivement de l'ampleur et des effets de la pêche INN. Cette inquiétude s'est accentuée surtout pour les pays en développement aux moyens techniques souvent restreints et qui sont les plus durement touchés par ces pratiques qui limitent leur capacité à gérer efficacement leurs pêches, les privent de revenus et compromettent leurs efforts pour renforcer la sécurité alimentaire, combattre la pauvreté et assurer aux populations locales des moyens d'existence durables.

II-2. Le contexte général de la pêche INN

La pêche INN est un grave problème mondial, l'un des principaux obstacles à la gestion durable des ressources halieutiques. Estimée en une perte importante de revenus comprise entre 4 et 9 milliards de dollars US dans les années 2008[92], notamment pour des pays parmi les plus pauvres au monde, où la dépendance à l'égard de la pêche pour l'alimentation, les moyens de subsistance et les revenus est élevée, elle est aujourd'hui évaluée entre 11 et 26

---

[90] Souvent encouragées par les pratiques de corruption. *Ibid. La situation mondiale des pêches et de l'aquaculture*, FAO 2012, *Ibid. op. cit.*, note de bas de page N° 68

[91] Ce sont des pavillons appartenant à des États qui ne peuvent ou ne veulent pas exercer un contrôle efficace sur leurs flottilles.

[92] Voir : « *Lutte contre la pêche illicite, non déclarée et non réglementée (INN)* », thème développé à l'occasion de l'Événement organisé en marge de la 16e Assemblée parlementaire paritaire (APP) ACP-UE de Port-Moresby le Mardi 25 novembre 2008 de 12h30-14 h45. La rencontre a été organisée par les membres de l'APP ACP-UE, le Groupe de Travail ACP Pêche et le CTA et la Note préparée par Isolina Boto (CTA) et Silvia Scalco (CTA) avec des contributions de S.E. Barry Faure, Président du Groupe de Travail ACP sur la Pêche, Ndiaga Gueye, Directeur des Pêcheries du Sénégal durant 10 ans, Directeur du Service des institutions internationales et de liaison (FIEL), Département des pêches et de l'aquaculture, FAO et Manuel Vicente Fole Castiano, Chef de Département, Direction Nationale des Pêches, Mozambique. Selon ce document, elle serait estimée entre 4bn et 9bn de dollars par année.

millions de tonnes de poisson capturé de façon illicite chaque année, pour une valeur comprise entre 10 et 23 milliards de dollars[93].

La pêche INN n'est pas un phénomène nouveau, mais elle a gagné en visibilité et en intensité au cours de ces 20 dernières années : elle est de plus en plus présente en haute mer. Elle inclut des activités diverses telles que la pêche non autorisée dans les zones maritimes[94], la prise d'espèces juvéniles et protégées, l'utilisation d'engins prohibés, la non-déclaration des prises, etc. Bien plus, la pêche INN constitue un enchevêtrement[95] complexe d'actions et d'organes ne se limitant pas à l'action de pêcher, mais s'étend également au fret, à la transformation, au débarquement, à la vente et à la distribution de produits halieutiques. Le soutien et l'approvisionnement de navires, ainsi que le financement, font également partie du cercle délictueux de la pêche INN. Cette pêche et les activités qui y sont liées sont motivées par le gain économique ou des profits élevés, la croissance des marchés mondiaux de produits de la pêche et la surcapacité de l'industrie de la pêche. Elle est parfois associée, dans les pêcheries industrielles, au crime organisé[96]. Elle profite de la faiblesse des systèmes de gestion, prend comme cibles les pays en développement et tire parti de la corruption[97] au sein des administrations pour l'immatriculation des navires, les « *permis de pêche* » et les opérations sur terre. La faiblesse des systèmes de gouvernance favorise les activités INN.

La pêche INN met ainsi en mal aussi bien les efforts nationaux que régionaux de gestion de la pêche, fait obstacle aux efforts de reconstitution des réserves, accélère l'amoindrissement de nombreuses pêcheries et affecte potentiellement la sécurité alimentaire et de subsistance des communautés défavorisées des pays en développement[98].

---

93 Cf. Directives volontaires pour la conduite de l'État du pavillon. Source : FAO, voir aussi : « Les pays sévissent contre la pêche illégale, non déclarée et non réglementée : Feu vert du Comité des pêches aux Directives volontaires pour la conduite de l'État du pavillon » ; à Rome, le11 juin 2014, sur www.fao.org/news/story/fr/item/234216/icode/

94 Ces Zones sont la ZEE et la Haute mer.

95 Voir : Lutte contre la pêche illicite, non déclarée et non réglementée (INN) », thème développé à l'occasion de l'Événement organisé en marge de la 16e Assemblée parlementaire paritaire (APP) ACP-UE de Port-Moresby le Mardi 25 novembre 2008 de 12h30-14h45, *op. cit.,* Note de bas de page N° 93.

96 *Ibid.* Voir : Lutte contre la pêche illicite, non déclarée et non réglementée (INN) », thème développé à l'occasion de l'Événement organisé en marge de la 16e Assemblée parlementaire paritaire (APP) ACP-UE de Port-Moresby le Mardi 25 novembre 2008 de 12h30-14h45, *op. cit.,* Note de bas de page N° 93

97 *Ibid.* Lutte contre la pêche illicite, non déclarée et non réglementée (INN), *op. cit.,* Note de bas de page N° 93.

98 Ndiaga Gueye, Considérations générales relatives à la pêche illicite, non déclarée, et non réglementée (INN), contribution spéciale au Déjeuneur-débat sur la Lutte contre la pêche illicite, non déclarée et non réglementée (INN), organisé en marge de la 16e Assemblée parlementaire paritaire (APP) ACP-UE de Port-Moresby (Papouasie Nouvelle Guinée), 25 novembre 2008 ; voir aussi OCDE, Pourquoi la pêche pirate perdure : les ressorts

En outre, la pêche INN provoque des effets néfastes sur la situation économique et sociale de ceux qui effectuent la pêche légale, fausse la concurrence[99] pour les pêcheurs qui opèrent légalement et diminue la motivation à respecter les règles, menace la survie des communautés côtières dans les pays en développement et compromet la viabilité des ressources. Elle contribue à l'épuisement des stocks de poissons dans le monde entier, détruit les habitats marins et compromet les efforts visant à sécuriser et reconstruire les stocks pour l'avenir. Cette calamité moderne continue ainsi à contaminer les pêcheries mondiales et à menacer la conservation de l'environnement marin et la durabilité.

Même si des estimations récentes évaluent la pêche INN entre 10 et 23 milliards de dollars US chaque année dans le monde[100], il est difficile d'en calculer[101] l'étendue exacte étant donné le caractère occulte des activités. La pêche INN s'immisce dans toutes les régions du monde, en haute mer, dans les zones économiques exclusives et dans les pêcheries côtières. En l'absence de contrôle efficace, ces activités posent des problèmes graves avec des impacts environnementaux, économiques et sociaux potentiels dans tous les types de pêcheries ; qu'elles soient industrielles ou artisanales.

économiques de la pêche illégale, non déclarée et non réglementée, 2005 ; MRAG, Review of impacts of Illegal, Unreported and Unregulated Fishing on Developing Countries, 2005.

99 Outre ses répercussions préjudiciables, d'ordre économique, social, écologique et touchant à la sécurité, le caractère déloyal de la pêche INN suscite de vives préoccupations. Par définition, il s'agit soit d'une activité expressément illicite, soit en tout état de cause, d'une activité exercée sans tenir compte véritablement des normes applicables. Ceux qui la pratiquent recueillent un avantage injustifié par rapport aux pêcheurs légitimes, c'est-à-dire ceux qui opèrent conformément à ces normes. En ce sens, la pêche INN est le fait de « profiteurs » qui bénéficieront indument des sacrifices consentis par d'autres, pour conserver et gérer adéquatement les pêches. Cette situation sape le moral des pêcheurs légitimes et, chose plus grave encore, les incite à favoriser son propre développement, instituant ainsi un cercle vicieux d'absence de gestion. Cf. « *dealing with the « bad actors » of Ocean fisheries* » de David Balton pour un examen approfondi de cet aspect

100 The Global Extent of Illegal Fishing, Marine Resources Assessment Group (MRAG) et Fisheries Ecosystems Restoration Research, Centre pour la pêche, Université de Colombie britannique, 2008 (en cours d'impression). Le rapport précise que l'estimation n'englobe pas les prises écartées ou légales non déclarées. Selon le Juge Tafsir Malick Ndiaye (discussion du mardi 22 juillet 2014), ce chiffre est porté aujourd'hui à 25 milliards de dollars d'après, toujours, les études menées par le Centre de pêche de l'université de Colombie britannique Vancouver.

101 La pêche INN a été inscrite à l'ordre du jour de chaque réunion du Comité de la pêche de la FAO (COFI) depuis sa vingt-troisième session en 1999. En 1999, le COFI a entamé un processus d'élaboration d'un plan d'action sur le sujet, le Plan d'action international visant à prévenir, à contrecarrer et à éliminer la pêche illicite, non déclarée et non réglementée (PAI-INN) de la FAO, Rome, 2001, 24 p, adopté par le COFI en 2001. Chaque COFI qui a suivi a inscrit la pêche INN à son ordre du jour. La conférence de la FAO et d'autres réunions ministérielles se sont également penchées sur la pêche INN. En 2003, la Conférence de la FAO a adopté une résolution sur la pêche INN. La réunion ministérielle de 2005 relative à la pêche, en partie consacrée aux activités liées à la pêche INN, a engendré la Déclaration de Rome sur la pêche illicite, non déclarée et non règlementée de 2005.

Tous les États sont touchés par la pêche INN, qu'ils soient côtiers et intéressés par la gestion de leurs pêcheries, le bien-être de leurs communautés dépendant de la pêche et par la préservation de la biodiversité ; États du pavillon concernés par leurs responsabilités et donc, par les difficultés socio-économiques des pêcheurs qui respectent les mesures de gestion et de conservation ; États du port désireux de contrôler les prises utilisant leurs infrastructures ; ou États du marché s'efforçant de garantir à leurs consommateurs une importation de produits de pêche licite. Il ne fait aucun doute que la pêche INN est un problème partagé appelant à des solutions de coopération.

La communauté internationale a tenté d'éradiquer la pêche INN à travers nombre de mesures surtout que le problème s'est imposé comme une priorité mondiale depuis la dernière décennie[102]. Mais sa nature complexe exclut les solutions simplistes et uniformes. Au terme de dix années de lutte contre la pêche INN, des prémisses de réponses efficaces ont été formulées et les gouvernements ainsi que la société civile ont été sensibilisés aux impacts négatifs de la pêche INN.

Ainsi, ces dernières années, la priorité est passée du suivi des navires de pêche INN à leurs prises[103]. En effet, le suivi et le contrôle des activités INN ne se limitent pas au repérage des navires de pêche, mais également à celui du poisson, en tenant compte du mouvement des produits sur les chaînes d'approvisionnement actuelles[104]. Un grand nombre d'acteurs et de parties prenantes[105] peuvent donc jouer un rôle dans l'éradication des activités INN, notamment les États du pavillon, les États côtiers, les États de port et les États de marché, les organisations internationales et intergouvernementales, l'industrie de la pêche, les organisations non gouvernementales, les institutions financières, les assureurs et les consommateurs.

Le Sénégal est concerné en sa triple qualité d'État côtier, d'État du pavillon et d'État du port. Tout particulièrement pour cette dernière qualité, le Sénégal, situé dans une position géographique très avantageuse avec 718 kilomètres de côte et des installations portuaires très fréquentées[106], est appelé à jouer un rôle important dans la lutte contre la pêche INN.

S'il est bien vrai que la lutte contre cette forme de pêche requiert des moyens colossaux et conséquents pour espérer des résultats probants, il est

---

102 Ndiaga Gueye, *op. cit.,* Note de bas de page N° 98

103 Ndiaga Gueye, *ibid. op. cit.,* Note de bas de page N° 98

104 Ce n'est généralement pas le navire de pêche qui arrive au port les cales remplies de poisson INN. Les transactions ont plutôt lieu en mer, par le transfert des produits du navire de pêche vers des navires frigorifiques, des navires-mères, des chalutiers ou autres. Les prises peuvent être réparties entre de nombreux intermédiaires, revendeurs ou importateurs, et de multiples négociants peuvent être impliqués, par un transport par avion, par mer ou sur terre.

105 Ndiaga Gueye, supra note de bas de page N° 98.

106 Il s'agit principalement des infrastructures du Port autonome de Dakar

évident que les moyens juridiques qui constituent un soubassement préalable à toute action, y occupent une place privilégiée ; d'où le choix de notre sujet portant sur « *les aspects juridiques de la lutte contre la pêche illicite, non déclarée et non réglementée au Sénégal* ».

DÉFINITION DES TERMES DU SUJET

La notion de pêche a pu être définie[107] comme l'acte de capturer ou de chercher à capturer, d'extraire ou de tuer par quelque moyen que ce soit des espèces biologiques dont le milieu de vie normal ou dominant est l'eau. La pêche comprend toutes activités ayant pour finalité directe la capture, telles que la recherche de poisson et l'utilisation d'instruments destinés à attirer les animaux marins, quelle que soit l'espèce à laquelle ils appartiennent.

Concernant la pêche illicite, non déclarée et non réglementée, elle a fait l'objet d'une définition consensuelle de la communauté internationale, sous l'égide de la FAO[108]. Ainsi :

« *1 Par pêche illicite, on entend des activités de pêche :*

1.1 effectuées par des navires nationaux ou étrangers dans les eaux placées sous la juridiction d'un État, sans l'autorisation de celui-ci, ou contrevenant à ses lois et règlements ;

1.2 effectuées par des navires battant pavillon d'États qui sont parties à une organisation régionale de gestion des pêches compétente, mais qui contreviennent aux mesures de conservation et de gestion adoptées par cette organisation et ayant un caractère contraignant pour les États ou aux dispositions pertinentes du droit international applicable ; ou

1.3 contrevenant aux lois nationales ou aux obligations internationales, y compris celles contractées par les États coopérant avec une organisation régionale de gestion des pêches compétente.

2 Par pêche non déclarée, on entend des activités de pêche :

2.1 qui n'ont pas été déclarées, ou l'ont été de façon fallacieuse, à l'autorité nationale compétente, contrevenant ainsi aux lois et règlements nationaux ; ou

2.2 entreprises dans la zone de compétence d'une organisation régionale de gestion des pêches compétente, qui n'ont pas été déclarées ou l'ont été de façon fallacieuse, contrevenant ainsi aux procédures de déclaration de cette organisation.

---

107 Article 4 Code de la pêche maritime du Sénégal.

108 Voir le Plan d'action international visant à prévenir, à contrecarrer et à éliminer pêche illicite, non déclarée et non réglementée (PAI-INN) / IPOA-IUU) adopté par consensus à la 24ème session du Comité des Pêches de la FAO (COFI) à Rome le 2 mars 2001 et approuvé par la 120ème session du Conseil de la FAO le 23 juin 2001 : Texte disponible à : www.fao.org/DOCREP/003/ y1224E/Y1224E00.HTM ; Voir l'Annexe 1, pp. 109-110.

3 Par pêche non réglementée, on entend des activités de pêche :

3.1 qui sont menées dans la zone de compétence d'une organisation régionale de gestion des pêches compétente par des navires sans nationalité, ou par des navires battant pavillon d'un État non partie à cette organisation, ou par une entité de pêche, d'une façon non conforme ou contraire aux mesures de conservation et de gestion de cette organisation ; ou

3.2 qui sont menées dans des zones, ou visent des stocks pour lesquels il n'existe pas de mesures applicables de conservation ou de gestion, et d'une façon non conforme aux responsabilités de l'État en matière de conservation des ressources biologiques marines en droit international »[109].

ORIGINE DU CONCEPT DE PÊCHE INN

Si le phénomène de pêche INN était bien connu dans le monde, la première utilisation de l'expression « *pêche illicite, non déclarée et non réglementée (pêche INN)* » a été attribuée à la session de 1997 de la Commission pour la conservation de la faune et de la flore marines de l'Antarctique (CCAMLR)[110]. En effet, elle est apparue dans les débats concernant les activités de pêche non conformes (illégales et non déclarées) des parties à cette commission et les activités de pêche (illégales et non réglementées) des non-parties dans la zone couverte[111] par la Convention portant création de la Commission sur la conservation de la faune et la flore marines de l'Antarctique.

PROBLÉMATIQUE

Ce concept de pêche INN aux contours très complexes, nécessite, pour son éradication, une grande détermination de la part des États en général, et ceux

---

109 « *Il va sans dire qu'une telle définition est forcément évolutive vu la nature des activités en question et leur prolificité mais surtout l'ingéniosité de ceux qui s'adonnent à la pêche INN* ». Voir Tafsir Malick NDIAYE, « *La pêche illicite, non déclarée et non réglementée en Afrique de l'Ouest*», in l'Afrique et le droit international : variations sur l'organisation internationale, en l'honneur de M. Raymond RANJEVA, liber Amicoum, Paris, Pedone, 2013 pp. 233-264,

110 Voir, D. Doulman, « Global Overview of IUU fishing and its impacts on national and regional efforts to manage fisheries sustainably: The rationale for the conclusion of the 2001 FAO International Plan of Action », Appendix D, FAO Fisheries Report N° 722, Report of the Expert Consultation on Fishing Vessels Operating Open Registries and Their Impact on Illegal, Unreported and Unregulated Fishing, Miami, Floride, USA, 23-25 septembre 2003 (FAO, Rome 2004). Le texte est disponible à : *www.fao.org/DCREP/006/Y5244E/y5244e Oh.htm//bm17* ; Voir aussi, W. Edeson, « *Tools to adress IUU Fishing : The Current Legal Situation* » at : *www.fao.org/DOCREP/005/ Y03274e/Y3274E Oa/htm.*

111 Cf. Voir Tafsir Malick NDIAYE, *op. cit.*, note de bas de page 109. La zone couverte par la Convention sur la conservation de la faune et la flore marines de l'Antarctique (CCAMLR) est constituée par les eaux de l'Antarctique. Les principaux stocks gérés sont la légine, les poissons des glaces et le krill. Voir : www.ccamlr.org

en développement en particulier qui, de par leur spécificité sur le plan socio-économique se matérialisant par le caractère limité de leurs moyens de lutte contre ce fléau, en ressentent particulièrement les conséquences. Ceci amène, par conséquent, à s'intéresser à la problématique de la pêche INN en Afrique en général et au Sénégal, en particulier

V-1. La problématique de la pêche INN en Afrique

La pêche et les ressources aquatiques africaines, y compris l'environnement naturel qui les contient, sont déjà sources de bénéfices sociaux et économiques importants et variés au potentiel encore davantage exploitable. Les bénéfices les plus évidents sont la subsistance (l'emploi et les revenus), la sécurité alimentaire et le commerce.

En Afrique, quelque 11 millions d'individus[112] sont employés d'une manière ou d'une autre dans le secteur primaire de la pêche et de l'aquaculture, dont 2,9 millions de pêcheurs et pisciculteurs. On estime à 34 millions[113] le nombre de personnes dépendant de ce secteur, en incluant les membres de leurs familles. Le poisson est également le produit alimentaire le plus commercialisé au niveau mondial. Pour l'Afrique, sa valeur d'exportation représente plus de 2,7 milliards de dollars US ($)[114]. Mais la contribution des ressources halieutiques africaines au commerce est bien plus importante[115]. En effet, il existe une série d'éléments négatifs qui ne peuvent pas être ignorés et qui constituent des contraintes et des obstacles de taille au renforcement et au développement de la pêche en Afrique ; bien pire, ils peuvent causer de graves dégâts. En particulier, les activités de pêche INN exercées par des navires de pêche nationaux, sous régionaux et hauturiers limitent la capacité du secteur de la pêche de profiter du bénéfice réel que doit lui procurer l'utilisation de ses produits dans le commerce mondial et à réagir face à la pression démographique et à l'augmentation de la demande.

---

112 Cf. Lutte contre la pêche illicite, non déclarée et non réglementée (INN) », thème développé à l'occasion de l'Événement organisé en marge de la 16e Assemblée parlementaire paritaire (APP) ACP-UE de Port-Moresby le Mardi 25 novembre 2008 de 12h30-14h45, *op. cit.,* note de bas de page N° 93

113 *Ibid.* Lutte contre la pêche illicite, non déclarée et non réglementée (INN) », *op. cit.,* note de bas de page N° 93

114 *Ibid.* Lutte contre la pêche illicite, non déclarée et non réglementée (INN) », *op. cit.,* note de bas de page N° 93

115 Cela s'explique en partie par le fait que les prises sont faites par des navires étrangers opérant par exemple dans le cadre d'accord d'accès ou illicitement, avec pour conséquence que l'activité commerciale est enregistrée dans d'autres pays (*ou pas du tout si les navires de haute mer pêchent illicitement ou débarquent sur leur marché d'origine*). De plus, une part de plus en plus importante de la production est internationale. La valeur nette des exportations africaines de poissons et de produits de la pêche excède le revenu extérieur net international du commerce africain de cacao, de café ou de toute autre marchandise agricole réunis. Cf. Lutte contre la pêche illicite, non déclarée et non réglementée (INN) », *Ibid. op. cit.,* note de bas de page N° 93

Malgré les différences et les variations observées entre les différents pays et sous-régions[116], la pêche INN représente un problème majeur pour l'ensemble des parties prenantes du secteur de la pêche, y compris pour les autorités gouvernementales, les pêcheurs respectueux de la loi et la société civile.

La pression sur les réserves halieutiques se fait plus forte entraînant des obstacles à une pêche durable. Ce qui pose d'énormes défis au continent africain[117].

V-2. La problématique de la pêche INN au niveau national

Pour parer à cette situation persistante aux conséquences très néfastes, la charge du contrôle des navires hors-la-loi est dévolue progressivement aux États côtiers, aux États du pavillon, aux États du port, aux organes régionaux des pêches et autres.

Devant ce phénomène, le Sénégal, pays de longue tradition maritime, est profondément interpelé en raison du rôle important qu'il peut jouer dans la lutte contre cette forme de pêche aux conséquences néfastes sur la durabilité de la ressource et les écosystèmes marins.

Le Sénégal ou plus précisément la République du Sénégal, situé en Afrique de l'Ouest[118], est un État côtier occupant une position stratégique très enviée sur l'Océan atlantique[119]. En atteste son importante façade maritime à l'ouest

---

116 Les principaux problèmes soulevés par la pêche INN en Afrique devant être solutionnés sont: les conflits entre les navires artisanaux et industriels ; le désaccord d'avec les mesures de gestion ; la déclaration inexacte des prises ; la pêche dans des zones à accès limité ou pendant les périodes d'interdiction ; les pratiques de pêche nuisibles ; le transfert de chargement en haute mer ; la pêche par des navires non immatriculés dans des ZEE (Maraudage) ; la pêche par des navires non parties (Absence de contrôle efficace de certains États du pavillon avec la pratique des « *pavillons de convenance* » ou « *pavillons non réglementaires* ») ; le débarquement de prises INN et les ports de convenance). In« *Lutte contre la pêche illicite, non déclarée et non réglementée (INN)* », *op. cit.*, note de bas de page N° 93

117 Parmi les contraintes à relever on peut citer notamment : le fossé entre les politiques et les pratiques opérationnelles (faiblesses des systèmes de gestion et/ou absence de volonté de contrôler efficacement les activités ; d'où un problème de transparence) ; l'absence de volonté politique car il est évident qu'aucun État ne peut à lui seul gérer et protéger ses propres ressources halieutiques, la lutte contre la pêche INN nécessite une « *volonté politique* » ferme et une action concertée et cohérente, souvent à un niveau sous régional ou régional; les capacités institutionnelles et humaines nécessaires à la mise en œuvre des instruments et des règlementations internationaux; les problèmes de financement avec le coût élevé de la surveillance; la situation géopolitique et instabilité institutionnelle. « *Lutte contre la pêche illicite, non déclarée et non réglementée (INN)* », *Ibid. op. cit.*, note de bas de page N° 93

118 Le territoire sénégalais est compris entre 12° 8 et 16° 41 de latitude nord et 11° 21 et 17° 32 de longitude Ouest. Source: Direction des mines et de la Géologie, disponible sur : *www.dirmingeol.sn/sous-pages/socle.php*

119 Le Sénégal est bordé par l'Océan atlantique à l'ouest, la Mauritanie au nord et à l'est, le Mali à l'est et la Guinée et la Guinée-Bissau au sud. La Gambie forme une quasi-enclave dans le

avec sa côte qui s'étend sur 718 km[120] et sa pointe ouest (la presqu'île du Cap-Vert) qui constitue la partie la plus occidentale de toute l'Afrique continentale[121].

Dans ce pays, le secteur de la pêche occupe une place de choix et apporte une contribution importante à l'économie, mesurable par quelques indicateurs clés. Il représente environ 2 % du PIB total et comptabilise 600 000 emplois directs ou indirects. Sa contribution dans les exportations totales du pays est de 32 %. Les produits de la pêche jouent aussi un rôle primordial dans l'alimentation des populations, avec une contribution de 70 % aux apports nutritionnels en protéines d'origine animale[122].

Cependant, le secteur de la pêche y traverse une crise socio-économique et environnementale grave marquée par la recrudescence des incursions de navires pirates dans les eaux sous juridiction nationale, les mauvaises pratiques de pêche par les différents acteurs nationaux et celles frauduleuses des navires de pêche étrangers qui menacent la survie des communautés de pêche, risquent de rendre aléatoire l'approvisionnement en poisson des populations et de l'industrie halieutique et plus généralement la contribution du secteur à la croissance économique et à la lutte contre la pauvreté[123].

Notre pays, dans la poursuite d'une politique de gestion durable de ses ressources halieutiques, a mis en place depuis plusieurs années des mesures de gestion, assorties d'un cadre juridique et institutionnel destiné aussi à lutter contre la pêche INN. De là, nous pouvons déduire les aspects juridiques qui intéressent notre sujet et qui intègrent l'analyse des outils tant normatifs qu'institutionnels mis en place par le Sénégal pour lutter contre cette forme de pêche.

Concrètement à travers les aspects juridiques de la pêche INN, il s'agira de voir, dans notre sujet, comment le Sénégal prend en charge juridiquement la question de la lutte contre la pêche INN.

Ainsi, la problématique qui se pose est de savoir comment se présente le cadre juridique et institutionnel de lutte contre la pêche INN au Sénégal ? Ce

---

Sénégal, pénétrant à plus de 300 km à l'intérieur des terres et sépare la région de la Casamance du reste du pays. Les îles du Cap-Vert sont situées à 560 km de la côte sénégalaise. Le fleuve Sénégal constitue une frontière au nord avec la Mauritanie et à l'est avec le Mali. Au sud-est, la frontière avec la Guinée est traversée par les contreforts de la montagne du Fouta-Djalon et au sud-ouest avec la Guinée-Bissau par une forêt tropicale. Voir : *www.wikipedia.org*

120 C'est ce qui apparait dans les documents officiels du Ministère chargé de la pêche du Sénégal.

121 La ville de Dakar qui y est située bénéficie du climat le plus doux du pays. Voir : *www.wikipedia.org*

122 Voir Rapport ANSD 2010.

123 Voir l'étude diagnostique du système de suivi, contrôle et surveillance des pêches au Sénégal - DPSP 2013. Par Mr Aly SAMB, juriste, ancien conseiller juridique du Ministère de la Pêche.

cadre peut-il permettre de lutter efficacement contre la pêche INN ? Comporte-t-il des failles ou faiblesses ? Le cas échéant, quels correctifs doivent y être apportés pour le rendre performant ?

DÉLIMITATION DU SUJET

Ce sujet n'inclura pas la pêche continentale dans notre pays qui, constatons-le, a connu une régression des captures essentiellement en raison des déficits pluviométriques successifs (sécheresse) de ces dernières décennies et de la modification des régimes hydrologiques des principaux cours d'eau (construction de barrages et aménagements hydro-agricoles). Dans le même temps, le développement de l'agriculture industrielle (tomate, sucre) et la riziculture dans la région nord du pays ont contraint bon nombre de pêcheurs à se recycler, de manière temporaire ou permanente, dans le secteur agricole[124].

Par ailleurs, ce sous-secteur de la pêche qui est régi par des textes anciens avec des dispositions largement dépassées[125] ne semble pas constituer véritablement un objet de préoccupation pour la communauté internationale[126].

INTÉRÊTS DU SUJET

Traiter des aspects juridiques de la lutte contre de la pêche illicite, non déclarée et non réglementée au Sénégal peut revêtir plusieurs intérêts.

---

124 Voir Fishery and aquaculture country profiles-Food and Agriculture Organization of the United Nations –Sperfiles sobre la pesca y la acuicultura - Organización de las Naciones Unidas para la Agricultura y la Alimentación FID/CP/SEN Janvier 2008 – *Vue générale du secteur des pêches nationales – la République du Séné*gal.

125 Les principales dispositions se situent dans loi N° 63 – 40 du 10 juin 1963 réglementant la pêche dans les eaux continentales ; d'où l'obsolescence de la réglementation nationale en vigueur qui s'ajoute à l'absence de données statistiques complètes et récentes sur tous les plans d'eau, l'insuffisance de la formation et la faiblesse organisationnelle des acteurs, le manque d'intérêt des institutions de crédit pour le sous-secteur et les difficultés d'accès au crédit pour les pêcheurs. Cf. Lettre de politique sectorielle des pêches et de l'aquaculture du Sénégal, Avril 2007.

126 La pêche continentale tient une place non négligeable dans de nombreuses parties du monde mais est souvent oubliée dans les politiques de développement et quasiment passée sous silence dans les débats relatifs à la pêche durable. Ce type de pêche est confronté à des problèmes importants qui sont liés non seulement à l'intensité de pêche mais aussi aux incidences du développement des infrastructures, du drainage et de la mise en valeur des terres, aux prélèvements d'eau continuels ou périodiques et à l'altération de la qualité de l'eau utilisée à des fins urbaines, industrielles et agricoles. La gouvernance de la pêche continentale et ses conséquences sociales sont importantes et les décideurs commencent aujourd'hui à s'y intéresser. Mais, le développement d'une pêche continentale durable dépendra aussi des politiques et des mesures qui seront mises en œuvre dans beaucoup d'autres secteurs et il exigera un minimum d'interactions stratégiques, des arbitrages sur la valeur des avantages respectifs des ressources spécifiques et une réponse politique qui reste encore à élaborer. Voir : « *La situation mondiale des pêches et de l'aquaculture* » FAO – 2012, *op. cit.*, note de bas de page N° 68

Sur le plan juridique, l'intérêt est avant tout théorique. En effet, la communauté internationale, inquiète de plus en plus de l'ampleur et des effets de la pêche INN, véritable « *fléau mondial* », appelle à l'action de tous, à tous les niveaux et sur tous les fronts pour faire face à ce phénomène d'envergure. À la base de cette lutte, beaucoup de textes à caractère juridique, de portée différente et de force inégale (plus ou moins contraignante), ont été adoptés aussi bien au niveau international que national.

Dans ce contexte théorique, nous pouvons affirmer que la lutte contre la pêche INN constitue un formidable domaine d'étude où les règles spécifiques et le droit commun tentent de se concilier, où le droit public et le droit privé s'affrontent, où l'influence du droit international progresse rapidement. Sur cette lancée, la communauté internationale a approuvé plusieurs dispositions et engagements juridiques, venus compléter la Convention de Montego Bay de 1982.

L'intérêt du sujet est ensuite pratique si l'on sait que, selon les études récentes, le problème de la pêche illicite, non déclarée et non réglementée s'aggrave aussi bien en envergure qu'en intensité avec la pêche sans autorisation, la capture d'espèces interdites, l'utilisation d'engins prohibés, la pêche pendant les périodes interdites, le non-respect des quotas de pêche, les prises d'espèces immatures, entre autres. En effet, si certains navires que l'on qualifie de pirates ne disposent pas d'une autorisation de pêcher, d'autres, en revanche, en disposent, mais ne respectent pas les termes de cette autorisation ; d'où une pêche irraisonnée, non planifiée, destructrice et compromettante.

À cela, il faut ajouter que ce type de pêche ne se limite pas à la capture illégale des poissons, mais elle inclut toutes les phases de la production halieutique, allant de la capture jusqu'à la consommation. Par conséquent, elle concerne aussi l'expédition, la transformation, le débarquement, le transbordement, la vente et la distribution des produits capturés.

Du fait de l'ampleur de ce phénomène, son éradication ne sera possible qu'avec l'implication de toutes les parties prenantes dans le secteur de la pêche, quels que soient leurs niveaux et degrés d'intervention. En effet, la communauté internationale appelle à une action étendue et coordonnée pour contrer ce phénomène. Une telle intervention va nécessiter des moyens matériels et logistiques importants pour mettre en place un système de surveillance efficace sur toute la filière de la production halieutique. Tout ceci explique que des actions concertées soient menées tant au niveau national qu'international pour lutter contre cette forme de pêche.

Sur le plan économique, ce fléau que constitue la pêche illicite, non déclarée et non réglementée et les activités qui s'y rapportent compromettent le succès des efforts menés à l'échelle nationale, régionale et internationale pour garantir une pêche durable. En effet, on estime que près de 90 pour cent des poissons pêchés chaque année dans le monde sont capturés dans les ZEE des États côtiers[127]. Compte tenu des capacités techniques limitées dont disposent certains États côtiers en développement, dont le Sénégal, pour détecter et éliminer la pêche INN et les activités connexes, une part considérable des captures issues de la pêche INN provient de leurs ZEE. Les pays en développement sont les plus durement touchés par ces pratiques, qui limitent leur capacité à gérer efficacement leurs ressources halieutiques, les privent des revenus qu'ils pourraient tirer du poisson « *braconné* » et volé et nuisent les efforts visant à promouvoir la sécurité alimentaire, à combattre la pauvreté et à assurer aux populations locales des moyens d'existence durables.

Pour le cas particulier des pays ACP[128], les effets de la pêche INN sont soit directs, soit indirects. Parmi les premiers, les plus importants sont la diminution de la contribution du secteur halieutique au produit intérieur brut (diminution proportionnelle au volume des activités INN), ainsi que les effets sur l'emploi, les recettes portuaires, les recettes à l'exportation et les recettes fiscales (droits et taxes). Le manque à gagner direct peut parfois être chiffré, mais ses retombées peuvent, par un effet multiplicateur, être tout aussi importantes, et ne sont pas toujours faciles à mesurer. Il peut s'agir des retombées économiques sur les collectivités côtières privées des revenus que leur procurait la pêche. Ce qu'il faut en retenir, c'est que les répercussions de la pêche INN sont souvent très supérieures à ce qu'il est possible de mesurer.

Les pertes économiques enregistrées par les pays tributaires de la pêche constituent un problème immédiat dans le cas des ressources gérées par les ORGP et ne concernant que les pays membres de celle-ci et les ressources capturées à l'intérieur des ZEE par les opérateurs qui pratiquent la pêche INN. Pour ce qui est de la pêche dans l'espace que l'on peut véritablement appeler la haute mer, en dehors des zones faisant l'objet d'accords de gestion et où la pêche est ouverte à tous sans aucune restriction, les pertes économiques ne se limiteront pas à un seul pays, mais, de toute évidence, la dégradation à terme des ressources communes risque fort de toucher tous les acteurs[129].

---

127 Voir : « *La situation mondiale des pêches et de l'Aquaculture* », FAO – 2012, *op. cit.,* note de bas de page N° 68.

128 OCDE, *Pourquoi la pêche pirate perdure: les ressorts économiques de la pêche illégale, non déclarée et non réglementée*, 2005, *op. cit.,* note de bas de page N° 99.

129 Les répercussions économiques de la pêche INN peuvent se faire sentir à court terme comme à long terme. À supposer qu'il n'existe pas d'autres possibilités de pêche, les activités INN ont pour effet, à brève échéance, de réduire les captures des opérateurs qui respectent la réglementation et donc, éventuellement de faire disparaître des emplois (dans la pêche propre et dans la transformation), d'amputer les revenus et, parfois, décorner les recettes à l'exportation. À plus long terme, les incidences peuvent être plus graves dès lors que les stocks ciblés sont surexploités et que la pêche légale sera de ce fait compromise. Voir : Lutte contre la pêche illicite, non déclarée et non réglementée (INN) », thème développé à l'occasion de l'Événement organisé en marge de la 16e Assemblée parlementaire paritaire (APP) ACP-UE de Port-Moresby le Mardi 25 novembre 2008 de 12h30-14h45, *op. cit.,* note de bas de page N° 93.

Les conséquences économiques sont néanmoins fonction de l'état des stocks et de l'intensité des activités halieutiques légales, à savoir selon que cette pêche exploite légalement les ressources à un niveau égal, inférieur ou supérieur au MSY[130].

Il convient en particulier de noter, à cet égard, que la pêche INN introduit une incertitude supplémentaire dans le calcul du MSY et que dans ces circonstances, l'application de l'approche de précaution[131] se traduit par un accroissement de la pression qui pèse sur les activités légales.

À titre d'illustration, la pêche illicite, non déclarée et non réglementée constitue, selon certaines sources, environ 30 % de l'ensemble des activités de pêche menées dans le monde entier. La valeur mondiale des prises INN est estimée en 2006 entre 4 et 9 milliards de dollars US, dont 1,25 milliard provient de la haute mer et le reste des eaux relevant des juridictions nationales[132]. L'effort de pêche dans le monde est de 100 millions de tonnes par an, dont 27 % de prises INN[133].

---

[130] Maximum sustainable yield. (*http://en.wikipedia.org/wiki/Maximum_sustainable_yield*) ou rendement équilibré maximal (RÉM) est un concept théorique employé principalement dans les sciences halieutiques et la gestion des pêches. Le concept peut aussi être rendu par production maximale équilibrée, production équilibrée maximale, rendement maximal soutenu ou rendement maximal durable. Il se définit par la capture maximum, exprimée en nombre ou en masse, pouvant être soustraite de la population d'une espèce donnée durant une période illimitée sans épuiser la ressource. Le principe sous-jacent permettant ainsi l'exploitation continuelle d'une espèce est le gain de biomasse qui excède la perte lorsque la population se situe à un niveau en dessous de la capacité porteuse. La dynamique de la population de plusieurs espèces est telle qu'à une certaine taille de population, la croissance due à la natalité et au développement des individus dépasse la perte due à la mortalité. Ce phénomène est exprimé par le modèle de Verhulst. Le rendement équilibré maximal est atteint lorsque le taux d'exploitation équivaut au surplus de biomasse au moment où la taille de la population est à un niveau où sa croissance est maximale.
Traditionnellement, le calcul du rendement équilibré maximal se base sur l'analyse de la population d'une seule espèce exclusivement. Cette méthode est en contradiction directe avec l'approche écosystémique du milieu naturel où un ensemble d'espèces sont constamment en interaction les unes avec les autres. Il n'est généralement pas possible d'atteindre le rendement équilibré maximal pour plusieurs espèces lorsqu'elles sont exploitées en même temps comme il arrive dans l'exploitation des ressources halieutiques. Dans un tel cas, les espèces les plus vulnérables sont surexploitées et les autres sous-exploitées. Par ailleurs, les modèles de calcul du rendement équilibré maximal n'intègrent pas l'influence des autres espèces présentes dans le milieu ni l'impact de la diminution de la population sur la dynamique de l'écosystème. *http://fr.wikipedia.org/wiki/Rendement_equilibre_maximal*

[131] Cf. infra

[132] Voir, High Seas Task Force, *Closing the Net: Stopping Illegal Fishing on the High Seas* (2006), p. 3. Disponible à: www.high-seas.org/docs/HSTFFinal.web.pdf. Toutefois, des estimations plus récentes évaluent la pêche INN entre 10 et 23 milliards de dollars US chaque année dans le monde, cf. note de bas de page N° 100. Ce chiffre est aujourd'hui de 25 milliards selon le juge Tafsir Malick Ndiaye (entretien du 22 juillet 2014).

[133] Comme l'indique le PAI-INN de la FAO dans son le paragraphe premier, la pêche INN compromet les efforts de conservation et de gestion de poisson dans toutes les pêches de

En quelques années, ce fléau a fait perdre aux pays de la sous-région ouest-africaine plus de 1350 milliards de FCFA en recettes[134].

Les conséquences de la pêche illicite commencent à se faire sentir par la rareté de la ressource halieutique, la disparition de certaines espèces, la fermeture d'usines et les pertes d'emplois dans le secteur. En effet, selon le ministère de la Pêche du Sénégal[135], si le Sénégal parvient à investir 33 milliards de francs CFA dans les équipements de lutte contre cette pêche, il pourrait économiser plus de 164 milliards de francs CFA en 25 ans[136]. Conscient de l'ampleur et de la gravité du phénomène, notre pays est plus que jamais résolu à s'investir pleinement dans ce combat, en parfaite synergie avec les autres États de la sous-région, en vue de son éradication[137].

Sur le plan social, la pêche INN a, en outre, des coûts non négligeables dans la mesure où elle peut avoir une incidence sur les moyens de subsistance des communautés de pêcheurs, notamment dans les pays en développement, mais aussi parce que souvent, les équipages des navires pratiquant ce type de pêche proviennent des pays pauvres et travaillent dans des conditions qui ne sont pas satisfaisantes, en termes de protection sociale et de sécurité. Signalons, toutefois, que peu d'études ont été consacrées à ces points qui concernent des aspects importants de la cohérence des politiques au service du développement.

---

capture. Lorsqu'ils se trouvent confrontés à la pêche INN, les organes nationaux et régionaux de gestion des pêches peuvent voir leurs objectifs de gestion mis en échec ; cette situation entraîne la perte de perspectives sociales et de débouchés économiques tant à court qu'à long terme et nuit à la sécurité alimentaire et à la protection de l'environnement. La pêche INN peut provoquer l'effondrement d'une pêcherie ou porter gravement préjudice aux efforts de reconstitution des stocks déjà très appauvris. Les instruments internationaux existants visant la pêche INN ont jusqu'ici été inefficaces, faute de volonté politique, d'un rang de priorité suffisant de capacités et de ressources nécessaires pour les ratifier ou y adhérer et pour les appliquer. Op. cit. note de bas de page N° 101 et 108

134 Cf. Atelier sur la lutte contre les pêches illicites, non déclarées et non règlementées (PINN), organisé les 25 et 26 février 2013 à Dakar, par la Commission Sous Régionale des Pêches (CSRP), avec l'appui du Projet « *Appui à la gestion des ressources halieutiques en Afrique de l'Ouest* » financé par la GIZ. Les Directeurs des Pêches, les Directeurs du Suivi Contrôle et Surveillance (SCS) et les Conseillers juridiques des Ministères en charge des pêches des États Membres de la CSRP, ainsi que divers invités et experts régionaux et internationaux ont participé à cette réunion. Voir le journal Le soleil du Mercredi 27 février, 2013

135 Ce sont les propos du le secrétaire général du ministère de tutelle, Oumar Ndiaye qui présidait le 26 févier 2013 un atelier organisé par la commission sous régionale des pêches (CSRP). Par Le soleil | Le Soleil | Mercredi 27 février, 2013

136 Des experts l'ont démontré, toujours selon Omar Ndiaye, *ibid.*

137 Depuis 1990, le secteur de la pêche est en crise dans la sous-région du fait de la surexploitation des ressources halieutiques par les pêcheurs industriels et artisanaux, la présence des armements étrangers, mais également la présence et l'ampleur de plus en plus inquiétante des pêches INN qui gangrènent les économies des pays de la sous- région. Par Le soleil | Le Soleil | Mercredi 27 février, 2013, supra, note de bas de page N° 135

Sur le plan environnemental, la pêche illicite, non déclarée et non réglementée anéantit tout effort pour encourager une gestion plus avisée de l'écosystème dans son ensemble[138]. En effet, pour que bien-être humain rime avec respect de l'environnement, et pour faire de la prospérité durable à long terme une réalité pour tous, il est nécessaire de trouver un équilibre entre l'utilisation de la technologie, de plus en plus développée dans le secteur de la pêche, et la nécessité de préserver l'intégrité environnementale et ainsi respecter les préoccupations de la société. Cela suppose une politique intégrée de gestion des ressources halieutiques bien maîtrisée, or la pêche INN, opérée de façon frauduleuse et, la plupart du temps devant l'impuissance de certains États côtiers, ne permet pas une bonne maîtrise de tous les paramètres permettant de faire des prévisions exactes. Par ce fait, la pêche INN et les activités qui s'y rapportent compromettent le succès des actions visant à promouvoir la pêche durable et à améliorer l'état et la capacité d'adaptation des écosystèmes[139]. C'est ainsi que Monsieur Ichiro Nomura, le Sous-directeur général chargé du Département des pêches et de l'aquaculture de la FAO a pu déclarer que la manière appropriée de considérer la pêche INN est de la concevoir comme « *un crime environnemental, pas simplement comme une infraction administrative* »[140].

---

[138] Ceux qui se livrent à des activités de pêche INN sont peu susceptibles d'observer les règles conçues afin de protéger l'environnement marin contre les effets préjudiciables de certaines activités de pêche notamment par exemple les restrictions concernant la capture de juvéniles, les interdictions de certains engins de pêche visant à réduire au minimum les pertes et les captures accessoires non ciblées et les interdictions de pêche dans les frayères connues. Cf. Directives techniques pour une pêche responsable: mise en œuvre du Plan d'action international visant à prévenir, contrecarrer et éliminer la pêche INN, FAO – Rome 2002.

[139] La pêche INN a généralement un impact important sur la durabilité à la fois des espèces ciblées et de l'écosystème. La pêche a généralement la capacité d'endommager les écosystèmes marins fragiles et les espèces vulnérables telles que les récifs coralliens, tortues et oiseaux marins. La réglementation de la pêche légale vise à atténuer ces impacts, mais rarement les pêcheurs INN se conforment à la réglementation. Cela est de nature à réduire la productivité et la biodiversité et de créer des déséquilibres dans l'écosystème. Cette situation pourrait, à son tour, conduire à une réduction de la sécurité alimentaire dans les communautés fortement tributaires du poisson comme source de protéines animales. Les effets environnementaux de la pêche illégale sont soit directs (impact sur les stocks ciblés), soit indirects (captures accessoires, réduction de la diversité biologique – due à la capture accidentelle d'oiseaux de mer et de mammifères marines, par exemple – ou répercussions sur la faune marine). Pour des raisons évidentes, les effets directs sur les stocks sont relativement bien compris, bien que les données utilisés soient de médiocre qualité et les interprétations parfois discutables. Cependant, les répercussions sur l'environnement à plus grande échelle sont quant à elles moins bien connues et décrites, même si elles suscitent un grand intérêt, notamment dans les organisations non gouvernementales. Voir : « *Lutte contre la pêche illicite, non déclarée et non réglementée (INN)* », thème développé à l'occasion de l'Événement organisé en marge de la 16e Assemblée parlementaire paritaire (APP) ACP-UE de Port-Moresby le Mardi 25 novembre 2008, *op. cit.,* Note de bas de page N° 93

[140] Cf. Appendice D, §4 du Rapport de la Consultation technique destinée à la rédaction d'un instrument juridiquement contraignant relatif aux mesures du ressort de l'État du port visant à prévenir, à contrecarrer et à éliminer la pêche illicite, non déclarée et non réglementée (la

Toutefois, même si la pêche INN intéresse plusieurs rubriques, il est évident que les aspects juridiques serviront de fil conducteur à la présente étude avec des références, à chaque fois que de besoin et à titre d'illustration, à ses impacts dans les autres domaines.

APPROCHES MÉTHODOLOGIQUES

La réalisation d'une telle étude repose nécessairement sur le choix de méthodologies appropriées pour pouvoir cerner avec précision la problématique qui s'en dégage.

Pour ce faire, plusieurs approches méthodologiques ont été combinées pour permettre une appréhension dynamique et correcte du sujet.

La première approche est instrumentale dans la mesure où le travail repose pour l'essentiel sur l'étude des textes internationaux, mais aussi nationaux, donc des instruments juridiques, qui engagent le Sénégal dans le cadre de la lutte contre la pêche INN.

La seconde approche est comparative et, à cet effet, une attention particulière est réservée à l'analyse de la législation sénégalaise pour en mesurer le degré de conformité avec les engagements internationaux souscrits par notre pays, d'une part ; mais aussi référence est faite, à chaque fois que de besoin, aux textes et à la pratique étrangers pour mieux apprécier la situation au niveau national, d'autre part.

La troisième approche est inductive et découle directement de la seconde. Ainsi une observation de l'engagement formel du Sénégal au sein de la communauté internationale, apprécié par rapport à son degré de mise en œuvre au niveau national, devra permettre de donner une appréciation et une qualification correcte de son environnement juridique de lutte contre la pêche INN, dans ses différentes composantes.

CHOIX ET JUSTIFICATION DU PLAN DE TRAVAIL

Compte tenu de ce qui précède, le Sénégal, avec son triple statut d'État côtier, d'État du pavillon et d'État du port, ne peut pas être en marge des mutations qui interviennent dans le monde en vue de mettre en place un système approprié de lutte contre la pêche INN qui puisse pérenniser les efforts internationaux de conservation et de gestion durable des ressources halieutiques et contribuer convenablement à la sécurité alimentaire mondiale.

Ceci implique, pour notre pays, un engagement ferme à respecter et à s'impliquer dans les différentes initiatives internationales pour neutraliser la pêche INN, condition de sa crédibilité au niveau des acteurs mondiaux de la pêche. Bien évidemment, ce degré d'engagement ne peut s'apprécier et

---

Consultation technique). Rome, 23–27 juin 2008, 26–30 janvier 2009, 4–8 mai 2009 et 24–28 août 2009. Rapport FAO sur les pêches et l'aquaculture. N° 914. Rome, FAO. 2009. 79p. disponible sur: www.fao.org/docrep/012/i1122f/i1122f00.htm

convaincre que par rapport aux efforts menés au niveau national pour concrétiser les mesures internationales et paraitre ainsi comme un État soucieux d'une bonne conservation et d'une gestion durable des ressources halieutiques.

Une analyse de ces deux niveaux d'intervention nous montre que si le Sénégal est prompt à souscrire aux engagements internationaux adoptés en la matière, sa réactivité au niveau national reste à améliorer. Ce qui nous conduit à affirmer que si on peut noter une volonté manifeste de combattre la pêche INN à travers les engagements internationaux souscrits par le Sénégal (Première partie), une analyse de la situation interne nous permet de constater que cette volonté est insuffisamment matérialisée par l'environnement juridique national de lutte contre la pêche INN (Deuxième partie).

PREMIÈRE PARTIE

UNE VOLONTÉ MANIFESTE DE COMBATTRE LA PÊCHE INN À TRAVERS LES ENGAGEMENTS INTERNATIONAUX SOUSCRITS PAR LE SÉNÉGAL

Le Sénégal a, de tout temps, œuvré à démontrer son attachement aux prescriptions de la communauté internationale relatives à la préservation et à la gestion durable des ressources halieutiques, gages de leur pérennisation. Pour cela, il n'a pas hésité pas à s'engager dans les principaux accords internationaux relatifs à la pêche INN.

Le Sénégal, par ailleurs, participe ou, à défaut, collabore avec certains organismes régionaux intervenant dans la lutte contre cette forme de pêche destructrice. Toutefois, force est de reconnaître que ces institutions dont il est question, n'ont pas le même poids ni la même portée et encore moins la même pertinence suivant leur spécialisation plus ou moins poussée en la matière et leur représentativité.

Ainsi, dans sa volonté de lutter contre la pêche INN, nous pouvons constater que le Sénégal s'est non seulement engagé dans les instruments juridiques internationaux pertinents réglementant cette activité (titre I), mais qu'il intervient également, à travers des organisations sous-régionales et régionales intervenant dans la lutte contre la pêche INN (titre II).

TITRE I

UNE VOLONTÉ ILLUSTRÉE PAR L'ADHÉSION DU SÉNÉGAL AUX INSTRUMENTS JURIDIQUES INTERNATIONAUX PERTINENTS RÉGLEMENTANT LA PÊCHE INN

Ces instruments juridiques auxquels le Sénégal a adhéré, s'intéressent tous à la question de la pêche. Toutefois suivant leur cadre d'élaboration ainsi que la nature et la diversité de leurs destinataires, nous pouvons distinguer les instruments à portée universelle de ceux ayant un caractère sectoriel. Les premiers sont des accords multilatéraux qui s'ouvrent à l'ensemble de la communauté internationale. Donc tous les États, qu'ils soient côtiers, sans littoral, disposant ou non d'une flotte, y sont invités. Quant aux seconds, ils ont pour objet de prendre en charge des questions particulières spécifiques à certains types d'acteurs, donc intéressant une catégorie particulière de destinataires coopérant sur la base de critères régionaux ou d'intérêt commun qu'ils ont sur certaines catégories de pêcheries. Une telle distinction sera l'objet des développements successifs.

Ainsi seront d'abord étudiés les instruments juridiques à portée universelle engageant le Sénégal et ensuite ceux ayant une assise sectorielle car conclus dans le cadre régional ou de la coopération bilatérale.

CHAPITRE I

LES INSTRUMENTS JURIDIQUES INTERNATIONAUX À PORTÉE UNIVERSELLE ENGAGEANT LE SÉNÉGAL

Les instruments juridiques à portée universelle, objets de ce chapitre, n'ont pas tous la même force obligatoire. En effet, si certains apparaissent comme de simples dispositions de nature recommandatoire, d'autres créent de véritables obligations pour les parties contractantes. Pour illustrer cette situation, nous allons distinguer les instruments ayant un caractère facultatif de ceux qui s'imposent véritablement aux États parties et que la communauté internationale a adopté aussi bien dans le cadre de l'ONU que de la FAO. Quant aux premiers, ils sont tous initiés au sein de la FAO et se justifient puisque depuis quelques années, les signes de pleine exploitation, voire de surexploitation de plusieurs stocks sont apparus. Ainsi, même si les dispositions qu'ils contiennent ne sont pas contraignantes, elles comportent une série de recommandations dont l'application devrait permettre de lutter efficacement contre la pêche illicite, non déclarée et non réglementée.

SECTION I : LES INSTRUMENTS JURIDIQUES INTERNATIONAUX SOUPLES

La mondialisation croissante du marché des produits de la pêche offre des possibilités multiples aux opérateurs sans scrupules pour commercialiser des produits de la pêche provenant de la pêche INN. En effet, la recherche effrénée du profit et l'appât du gain associés à la prospérité de la pêche illicite, non déclarée et non réglementée, ont précipité le secteur halieutique vers un déclin certain, au moment où les opportunités de régénérescence des ressources de la mer s'amenuisent de plus en plus.

En réaction, la communauté internationale a approuvé plusieurs dispositions et engagements juridiques, venus compléter la Convention des Nations unies sur le droit de la mer de 1982[141]. C'est ainsi que deux ans après la signature de cette Convention, la FAO a convoqué, pour la première fois de son histoire, une Conférence mondiale sur l'aménagement et le développement des pêches[142]. Trois thèmes ont milité en faveur de telles assises : l'adaptation

---

141 Voir supra, point I-2. de l'introduction

142 La conférence s'est tenue du 7 juin au 6 juillet 1984. Voir le Rapport de 21 pages présenté par Marième Diagne Talla et Makane Diouf NDIAYE sur le *Renforcement des capacités pour la gouvernance des pêches en Afrique de l'Ouest: mise en œuvre du dispositif type*

au nouveau régime des mers, le défi du développement, et l'appel pour préserver les intérêts des communautés de pêcheurs et de leurs familles. De cette conférence, est issu un document intitulé : « *Stratégie d'Aménagement et de Développement* »[143], qui a été adopté par la suite. À ce document, a été joint un programme d'action destiné à accompagner les actions relatives à sa mise en œuvre.

Le Code de Conduite pour une Pêche Responsable de 1995[144] et les plans d'action internationaux[145] relatifs à l'application dudit Code sont les éléments les plus récents de ce dispositif. Le Sénégal, État membre de la FAO ne peut que se considérer concerné et engagé par ces textes.

En dehors du Code de Conduite, les instruments dont il est question ici sont le Plan d'action international visant à prévenir, à contrecarrer et à éliminer la pêche illicite non déclarée et non réglementée (PAI - INN) et le Dispositif type de la FAO relatif aux mesures du ressort de l'État du port dans le contexte de la lutte contre la pêche illicite, non déclarée et non réglementée.

Même si les dispositions de ces différents instruments ne sont pas contraignantes, elles comportent une série de recommandations qui méritent d'être appliquées pour une lutter efficacement contre la pêche INN.

Paragraphe I : Le Code de conduite pour une pêche responsable

La communauté internationale a pu constater le lien étroit et conditionnel qui existe, depuis quelques années, entre le secteur mondial des pêches et le marché croissant de l'industrie alimentaire, d'une part ; et l'empressement des États côtiers de profiter au maximum de ces nouvelles possibilités par l'investissement dans des flottilles de pêche et usines de transformation modernes pour tirer avantage de la demande internationale, de plus en plus importante, de poisson et de produits de la pêche ; d'autre part. En effet, depuis quelques années, les pêches mondiales sont devenues un secteur très

---

relatif aux mesures du ressort de l'État du port dans le contexte de la lutte contre la pêche INN, à l'occasion de Juin 2008 de l'atelier sur mesures du ressort de l'État du port, co – organisé par la CSRP et la FAO à Dakar, Sénégal, les 12 – 13 juin 2008

143 Rapport de 21 pages présenté par Marième Diagne Talla et Makane Diouf NDIAYE sur le *Renforcement des capacités pour la gouvernance des pêches en Afrique de l'Ouest: mise en œuvre du dispositif type relatif aux mesures du ressort de l'État du port dans le contexte de la lutte contre la pêche INN*, à l'occasion de Juin 2008 de l'atelier sur mesures du ressort de l'État du port, co – organisé par la CSRP et la FAO à Dakar, Sénégal, les 12 – 13 juin 2008

144 Voir Code de conduite pour une pêche responsable. Rome, FAO. 1995. 46 p. infra, paragraphe I suivant.

145 Les principaux Plans d'action internationaux relatifs à la mise en œuvre du Code de conduite pour une pêche responsable sont le Plan d'action international pour la conservation et la gestion des populations de requins (PAI-Requins); Plan d'action international visant à prévenir, à contrecarrer et à éliminer la pêche illicite, non déclarée et non réglementée (PAI-INN); Plan d'action international pour la gestion des capacités de pêche (PAI-Capacités); Plan d'action international visant à réduire les captures accidentelles d'oiseaux de mer par les palangriers (PAI-Oiseaux de mer. Source: FAO

dynamique de l'industrie alimentaire et les États côtiers se sont efforcés de tirer parti de ces nouvelles possibilités.

Cette situation a conduit, à la fin des années 80[146], à une pression si forte sur les ressources halieutiques que, de toute évidence, elles ne pouvaient plus soutenir cette exploitation et cette mise en valeur rapides et souvent incontrôlées. Cette surexploitation des ressources halieutiques s'accompagne d'autres fléaux tels que les modifications subies par les écosystèmes, les pertes économiques considérables et les conflits internationaux concernant la gestion et le commerce des produits halieutiques ; d'où la nécessité d'adopter de nouvelles approches de l'aménagement des pêcheries prenant en considération la conservation et les aspects environnementaux pour aboutir à une durabilité à long terme des pêches et permettre leur contribution constante à l'approvisionnement alimentaire. Cette innovation était d'autant plus nécessaire qu'il y avait une absence de réglementation du secteur des pêches en haute mer, qui pourtant intéressait aussi des stocks chevauchants et des espèces hautement migratrices, donc séjournant aussi dans les ZEE. Alors, il est apparu que la pêche qui, avec l'aquaculture, apporte une contribution fondamentale à l'alimentation, à l'emploi, aux loisirs, au commerce et au bien-être économique des populations du monde entier, qu'il s'agisse des générations présentes ou futures, devait, à ce titre, être conduit de manière responsable.

En réaction à cette dégradation continue des ressources halieutiques, le Comité des pêches (COFI)[147] de la FAO a, à sa dix-neuvième session tenue en

---

[146] Voir préface Code de conduite pour une pêche responsable. *op. cit.*, Première partie, titre I, Chapitre I, section I, paragraphe I.

[147] Selon l'article XXX (Comité des pêches) du Règlement général de la FAO: « *Le Comité des pêches prévu au paragraphe 6 de l'article V de l'Acte constitutif est ouvert à tous les États Membres de l'Organisation. Le Comité comprend les États Membres qui ont notifié par écrit au Directeur général leur désir d'y adhérer et leur intention de participer à ses travaux... Le Comité tient normalement, au cours de chaque période biennale, deux sessions qui sont convoquées par le Directeur général en consultation avec le Président du Comité, compte tenu des propositions faites par le Comité. L'une de ces sessions a lieu assez longtemps avant celle que le Conseil tient à une époque correspondant approximativement à la moitié de l'intervalle des sessions ordinaires de la Conférence, pour que le rapport du Comité puisse être communiqué aux membres du Conseil, conformément aux dispositions du paragraphe 6a) de l'article XXV du présent règlement... En cas de nécessité, le Comité peut tenir d'autres sessions, soit sur convocation de son président ou du Directeur général, soit sur demande écrite adressée au Directeur général par une majorité de ses membres. ... Les fonctions du Comité sont les suivantes: a) examiner les programmes de travail de l'Organisation dans le domaine des pêches et leur mise en œuvre; b) effectuer périodiquement un examen général des problèmes des pêches ayant un caractère international; évaluer ces problèmes et les solutions possibles, en vue d'une action concertée de la part des États, de la FAO et d'autres organismes intergouvernementaux ; c) examiner de même toute question particulière ayant trait aux pêches et dont le Comité est saisi par le Conseil ou le Directeur général, ou qui est inscrite à son ordre du jour à la demande d'un État Membre, conformément aux dispositions du Règlement intérieur du Comité et formuler les recommandations pertinentes; d) examiner l'opportunité de préparer et de soumettre aux États Membres une convention internationale dans le cadre de*

mars 1991, invité à définir des concepts nouveaux pour garantir une pêche responsable et assurer aux pêcheries un caractère durable. Le Comité a ainsi recommandé l'élaboration d'urgence de nouvelles approches de la gestion des pêches tenant compte des impératifs de conservation et de protection de l'environnement ainsi que de considérations sociales et économiques. La FAO a été chargée de préciser la notion de pêche responsable et d'élaborer un Code de conduite pour sa mise en œuvre. À sa suite, la Conférence internationale sur la pêche responsable, organisée par le gouvernement mexicain en collaboration avec la FAO et tenue en 1992 à Cancún (Mexique)[148] a, en outre, demandé à cette dernière de préparer un Code international de conduite dans lequel ces questions seraient invoquées. Les résultats de cette Conférence, en particulier la Déclaration de Cancún[149], ont représenté une contribution importante à la Conférence des Nations Unies sur l'environnement et le développement (CNUED) tenue en 1992, et en particulier à son Programme « Action 21 »[150]. La Conférence des Nations Unies sur les stocks chevauchants et les stocks de poissons grands migrateurs, à laquelle la FAO a apporté un important soutien technique, a été convoquée ensuite[151]. En novembre 1993, l'Accord visant à promouvoir le respect par les navires pêchant en haute mer des mesures internationales de conservation et de gestion a été adopté par la Conférence de la FAO, à sa vingt-septième session[152].

---

l'article XIV de l'Acte constitutif, afin d'assurer une coopération et des consultations internationales efficaces dans le domaine des pêches à l'échelon mondial ; e) faire rapport au Conseil ou adresser des avis au Directeur général selon le cas, au sujet des questions qu'il a étudiées ». Voir Textes fondamentaux de l'Organisation des Nations unies pour l'Alimentation et l'Agriculture, Édition 2013 Volumes I et II © FAO 2013, disponible sur le site web de la FAO (*www.fao.org/publications*).

148 Voir préface du Code de conduite pour une pêche responsable.

149 La Déclaration de Cancún adoptée à la Conférence internationale sur la pêche responsable précisait le concept de pêche responsable de la manière suivante: « *Ce concept englobe l'utilisation durable des ressources halieutiques avec l'environnement, et le recours à des méthodes de capture et d'aquaculture sans effets nocifs sur les écosystèmes, les ressources ou leur qualité. Il fait également place à la notion de valeur ajoutée aux produits, par des processus de transformation respectant les normes sanitaires requises, et à l'adoption de pratiques commerciales permettant d'assurer aux consommateurs l'accès à des produits de qualité* ». Voir l'annexe 1 du Code de conduite pour une pêche responsable.

150 Réf. A/CONF.151/26/Rev.1, l 'Agenda 21 (ou Action 21) est comme l'indique son nom, un plan d'action pour le XXIe siècle. Adopté par 173 chefs d'État lors du sommet de la Terre, à Rio de Janeiro, en 1992. Avec ses 40 chapitres, ce plan d'action décrit les secteurs où le développement durable doit s'appliquer dans le cadre des collectivités territoriales. Il formule des recommandations dans des domaines aussi variés que : la pauvreté ; la santé ; le logement ; la pollution, la gestion des mers, des forêts et des montagnes ; la désertification ; la gestion des ressources en eau et de l'assainissement ; la gestion de l'agriculture et la gestion des déchets. Pour plus d'informations, consulter : http://fr.wikipedia.org/wiki/Agenda_21

151 Voir infra, première partie, titre I, chapitre I, section 2, paragraphe I.

152 Voir infra, première partie, titre I, chapitre I, section 2, paragraphe 2.

Cette évolution dans le secteur mondial des pêches a conduit les organes directeurs de la FAO à recommander la formulation d'un Code mondial de conduite pour une pêche responsable qui soit conforme aux instruments sus évoqués. Le Code a été finalement adopté, à l'unanimité, le 31 octobre 1995 par la Conférence de la FAO lors de sa vingt-huitième session, à travers sa résolution 4/95[153].

Le Code de conduite pour une pêche responsable a un caractère plutôt facultatif. C'est un instrument moralisateur des pratiques de pêches. Ainsi donc, sans revêtir un caractère obligatoire, il a une portée mondiale et concerne tous ceux qui s'activent dans le secteur des pêches et de l'aquaculture ou qui y sont associés, qu'ils se trouvent dans les zones continentales ou en mer. Il s'adresse aux membres et non membres de la FAO, aux entités se livrant à la pêche, aux organisations sous régionales, régionales et mondiales, gouvernementales et non gouvernementales, et à toutes les personnes concernées par la conservation des ressources halieutiques et l'aménagement et le développement des pêches, comme les pêcheurs, et ceux impliqués dans la transformation et la commercialisation du poisson et des produits de la pêche, ainsi qu'aux autres usagers de l'environnement aquatique liés aux activités de pêche.

Ainsi, les États et tous ceux impliqués dans le secteur de la pêche sont encouragés à appliquer le Code de manière effective.

De manière générale, ce Code vise à établir des principes qui respectent les règles du droit international. Le Code s'interprète et s'applique conformément aux règles pertinentes du droit international, y compris celles qui sont reflétées dans la Convention des Nations Unies sur le droit de la mer du 10 décembre 1982[154]. Toutefois, si certaines de ses parties sont basées sur des règles pertinentes du droit international, le Code contient également des dispositions qui peuvent avoir ou ont déjà reçu une force juridique obligatoire en vertu d'autres instruments juridiques convenus entre les parties, tels que l'Accord de 1993 visant à favoriser le respect par les navires de pêche en haute mer des mesures internationales de conservation et de gestion qui est d'ailleurs partie intégrante[155] du Code.

Le Code de conduite pour une pêche responsable définit des principes et des normes applicables à la conservation, à l'aménagement et à la mise en valeur de toutes les pêcheries c'est-à-dire un ensemble de comportements visant à garantir des pratiques responsables, en vue d'assurer la conservation, la gestion et la mise en valeur efficaces des ressources bioaquatiques, tout en

---

153 Cette résolution constitue l'annexe 2 du « *Code de conduite pour une pêche responsable* », publiée par la FAO. Rome, FAO. 1995. 46p. *op. cit.*, note de bas de page N° 66.

154 Article premier, point 1.1 du CCPR.

155 Ceci est affirmé conformément à la résolution N° 15/93, paragraphe 3 de la Conférence de la FAO.

respectant les écosystèmes et la biodiversité. Il vise également la capture, la transformation et le commerce du poisson et des produits de la pêche, les opérations de pêche, l'aquaculture, la recherche halieutique et l'intégration des pêches dans l'aménagement des zones côtières.

Le Code tient compte de l'importance nutritionnelle, économique, sociale, environnementale et culturelle de la pêche et des intérêts de l'ensemble des intervenants du secteur. Il prend en considération les caractéristiques biologiques des ressources et leur environnement, ainsi que les intérêts des consommateurs et autres utilisateurs.

S'agissant des mesures d'aménagement prévues par le Code, les États sont invités à empêcher la surexploitation par la mise en œuvre des mesures garantissant la proportionnalité entre l'effort et la capacité de pêche, mais aussi permettant, au mieux, la reconstitution des stocks. Ils doivent, par ailleurs, développer des engins et pratiques de pêche sélectifs et respectueux de l'environnement, permettant de protéger la qualité du poisson et de réduire au minimum le gaspillage de captures d'espèces ciblées et accessoires ainsi que l'impact sur les espèces associées ou dépendantes.

Pour atteindre ces objectifs, les États sont invités à fédérer leurs efforts par le biais de la coopération sous-régionale, régionale et mondiale dans le cadre des organisations intervenant dans l'aménagement de la pêche ou d'autres accords internationaux ou autres arrangements. Les mesures de conservation et d'aménagement (que ce soit au niveau local, national, sous-régional ou régional) qui doivent être appliquées, doivent reposer sur les résultats de la recherche scientifique pour permettre une utilisation optimale, pérenne et avisée des ressources halieutiques.

Toutefois, il est évident qu'aucune mesure d'aménagement n'est viable si elle ne repose pas sur un système de suivi, contrôle et surveillance efficace, seul moyen de freiner la pêche INN qui sape toutes les bonnes intentions formulées dans le Code. Ainsi, les États et tous ceux qui participent à l'aménagement des pêcheries sont invités à mettre en place un cadre juridique, institutionnel et de définition des politiques appropriées et à adopter des mesures pour assurer la conservation à long terme et l'utilisation durable des ressources halieutiques et assurer le respect de leurs mesures de conservation et d'aménagement, ainsi que des mesures adoptées par des organisations ou arrangements sous - régionaux ou régionaux. Si le système fonctionne correctement, aucun bateau ne devrait pouvoir pêcher à moins d'y avoir été autorisé de manière conforme au droit international dans le cas de la haute mer, ou à la législation nationale pour ce qui est des zones sous juridiction nationale. Pour cela, les États doivent prévoir dans leurs lois et réglementations des sanctions applicables en cas d'infractions, qui soient suffisamment dissuasives pour garantir l'observation des mesures de conservation et de gestion en vigueur.

De manière générale, la responsabilité des États, suivant leurs différents statuts, est synthétisée par l'article 8 du Code intitulé « *opérations de pêche* »[156]. Cet article, en plus de définir les devoirs de tout État[157] (garant de la conduite responsable des opérations de pêche qu'il a autorisées dans les eaux relevant de sa juridiction), détermine les devoirs incombant à l'État du pavillon[158] et à l'État du port[159]. Si une grande part de responsabilité est laissée à l'État du pavillon pour parvenir à une pêche responsable que ce soit en haute mer ou dans les eaux placées sous la juridiction d'autres États, il n'en demeure pas moins que l'État du port doit coopérer à la réalisation de cet objectif. Ainsi, les mesures prises par l'État du port, qui ne doivent pas être discriminatoires, doivent en plus être communiquées à tous les États susceptibles d'utiliser les services de son ou de ses port(s)[160].

Le Sénégal s'efforce tant bien que mal à appliquer les recommandations du Code de conduite pour une pêche responsable à travers sa législation, mais aussi dans la gestion quotidienne des activités de pêche artisanale et industrielle.

Ce Code adopté devant l'échec des politiques nationales de gestion face aux pressions excessives de pêche, a tenté d'appliquer le concept de durabilité aux activités halieutiques. Il fournit ainsi le cadre dont la communauté internationale avait besoin pour les efforts entrepris à l'échelle nationale et internationale en vue d'assurer l'exploitation durable des ressources bioaquatiques dans le respect de l'environnement[161].

À sa suite, plusieurs dispositions et engagements juridiques ont été élaborés, de même que plusieurs plans d'actions internationaux[162], notamment celui destiné à la lutte contre la pêche INN.

---

156 Le contenu du concept d' « *opérations de pêche est développé* » est précisé au point 8.4 de l'article.

157 Article 8. du CCPR

158 Article 8.2 du CCPR, *ibid.*

159 Article 8.3 du CCPR, *ibid.*

160 Selon l'article 8.3.2 du Code de conduite : « *Les États du port devraient prêter, conformément à leur législation nationale et au droit international, aux États du pavillon l'assistance appropriée lorsqu'un navire de pêche se trouve volontairement dans un port ou à un terminal au large de l'État du port et que l'État du pavillon du navire demande l'assistance de l'État du port en cas de non-observation de mesures sous régionales, régionales ou mondiales de conservation et de gestion ou de normes minimales internationalement convenues pour la prévention de la pollution, pour la sécurité, la santé et les conditions de travail à bord des navires de pêche.* »

161 Voir l'annexe 2 du CCPR

162 Supra, note de bas de page 145

Paragraphe II : Le plan d'action international visant à prévenir, à contrecarrer et à éliminer la pêche illicite, non déclarée et non réglementée (PAI – INN)

Dans le contexte du Code de conduite pour une pêche responsable et de son objectif global de pêche durable, la question de la pêche illicite, non déclarée et non réglementée dans les pêcheries mondiales donne lieu à des préoccupations graves, qui vont croissantes. En effet, en dépit des réalisations jusque-là effectuées, la communauté internationale a enregistré une progression importante des comportements irrespectueux[163] des lois et règlements ainsi que des normes édictées par les instruments internationaux applicables. L'expression « *pêche illicite, non déclarée et non réglementée* » est justement apparue pour décrire cette kyrielle d'activités qui compromettent les efforts de conservation et de gestion des stocks de poissons dans toutes les pêches de capture. Ainsi, lorsqu'ils se trouvent confrontés à la pêche illicite, non déclarée et non réglementée, les organes nationaux et régionaux de gestion des pêches peuvent voir leurs objectifs de gestion mis en échec. Cette situation entraîne la perte de perspectives sociales et de débouchés économiques tant à court qu'à long terme et nuit à la sécurité alimentaire et à la protection de l'environnement. La pêche illicite, non déclarée et non réglementée peut provoquer l'effondrement d'une pêcherie ou porter gravement préjudice aux efforts de reconstitution des stocks déjà très appauvris. Les instruments internationaux existants applicables à la pêche illicite, non déclarée et non réglementée ont jusqu'ici été inefficaces, faute de volonté politique, d'un rang de priorité suffisant, de capacités et de ressources pour les ratifier ou y adhérer et pour les appliquer.

C'est dans ce contexte, et avec la certitude que des résultats satisfaisants ne peuvent être obtenus que par la persuasion et l'intervention des États, que le Comité des pêches de la FAO a décidé, en 1999, d'élaborer un Plan d'action international visant à prévenir, à contrecarrer et à éliminer la pêche illicite, non déclarée et non réglementée. Ce dernier a été approuvé, par consensus, par le Comité des pêches de la FAO le 02 mars 2001, après que le projet ait été adopté par consultation le 23 février 2001. Ce plan, élaboré dans le cadre du Code de conduite pour une pêche responsable de la FAO, comme envisagé dans celui – ci[164], est un instrument facultatif qui s'adresse à tous les États et entités ainsi qu'à tous les pêcheurs. Il est constitué par un ensemble de recommandations ; donc son application est volontaire pour ses destinataires.

---

[163] Dans ces comportements répréhensibles peuvent être rangés notamment les changements de pavillon des navires pour échapper aux contrôles, la pêche sans autorisation de l'État côtier dans la zone relevant de sa juridiction, la notification laconique, ou parfois même inexistante des données sur les captures.

[164] Voir l'article 2.d du CCPR

Le Plan d'action a pour objectif de prévenir, contrecarrer et éliminer la pêche illicite, non déclarée et non réglementée en proposant à tous les États des mesures systématiques, efficaces et transparentes à mettre en œuvre par le biais, notamment, d'organisations régionales de gestion des pêches appropriées, établies conformément au droit international[165].

Pour atteindre ses objectifs, le Plan d'action international décrit une série de mesures à mettre en œuvre et ces mesures portent sur les responsabilités de tous les États en général, et sur celles de l'État du pavillon, de l'État côtier et de l'État du port, en particulier. Sont concernées aussi les mesures relatives au commerce internationalement convenues, aux organismes de recherche et aux organisations régionales de gestion des pêches. Dans l'élaboration et la mise en œuvre de ces mesures, il est aussi tenu compte des besoins particuliers des pays en développement. Enfin, il est prévu des rapports qui doivent être soumis et le rôle de la FAO a été précisé.

De manière générale, les États sont invités à développer une législation nationale exhaustive portant, de manière effective, sur tous les aspects de la pêche illicite, non déclarée et non réglementée. Ils devraient, par ailleurs, autant que possible prendre des mesures ou coopérer pour s'assurer que leurs ressortissants placés sous leur juridiction ne s'adonnent pas à la pêche illicite, non déclarée et non réglementée ou ne la favorisent pas ou, le cas contraire, identifier leurs ressortissants qui s'adonnent à la pêche illicite, non déclarée et non réglementée.

Concernant les navires sans nationalité et s'adonnant à la pêche illicite, non déclarée et non réglementée en haute mer, les Etats devraient prendre, à leur sujet, des mesures, conformément au droit international.

Pour parvenir à un tel résultat, les États devraient non seulement mettre en place et appliquer des sanctions suffisamment dissuasives à leurs ressortissants relevant de leur juridiction, mais aussi priver les contrevenants des profits qui découlent de cette forme de pêche. L'effectivité de ces sanctions va reposer sur :

- l'identification des contrevenants grâce à la mise en place d'un système de Suivi, Contrôle et Surveillance (SCS)[166] de la pêche, du commencement des opérations jusqu'à la destination finale, sans oublier le lieu de débarquement ;

[165] Voir la partie IV du PAI –INN intitulée « *Mise en œuvre des mesures visant à prévenir, à contrecarrer et à éliminer la pêche INN* » et qui encourage l'application des instruments internationaux pertinents aux articles 10 à 15. Réf. Plan d'action international visant à prévenir, à contrecarrer et à éliminer la pêche illicite, non déclarée et non réglementée. Rome FAO. 2001. 27p.

[166] Le suivi, le contrôle et la surveillance de la pêche (SCS) sont des éléments essentiels du processus de gestion de la pêche. La diminution rapide des réserves halieutiques clés dans les années 1980 et 1990 a incité les gouvernements à chercher à contrôler plus efficacement les activités de pêche et le mouvement des produits de cette pêche. Les définitions

- l'élaboration d'un régime d'accès ;

- la tenue d'un registre de tous les navires et de leurs propriétaires et exploitants actuels, placés sous leur juridiction et autorisés à mener des opérations de pêche ;

- l'exigence d'installation à bord des navires d'un système de surveillance, dont le déroulement d'un programme d'observateurs ;

- la formation et la sensibilisation de toutes les personnes participant aux opérations de suivi, contrôle et surveillance ;

- l'implication des acteurs du secteur des pêches aux activités de suivi, contrôle et surveillance pour éliminer la pêche illicite, non déclarée et non réglementée par leur incitation à une participation volontaire à cet effet ;

- l'établissement d'un système de données et l'application effective de régimes d'arraisonnement et d'inspection nationaux.

Les Etats peuvent aussi imposer des mesures d'ordre commercial, telles que l'interdiction des importations, à condition que les mesures en question soient conformes aux obligations de l'Organisation mondiale du Commerce (OMC)[167] et adopter des lois qui érigent en infraction la vente des captures des navires qui pratiquent une pêche INN. Le Plan d'Action international les encourage également à adopter des mécanismes multilatéraux de documentation des captures et de certification dans l'optique d'éliminer le commerce de poisson provenant d'activités INN.

La réalisation de tels objectifs doit être sous-tendue par la coopération entre les États.

L'État du pavillon a, en cette qualité, à peu près ces mêmes responsabilités, mais sur les navires ayant ou destinés à porter sa nationalité et sur leurs propriétaires et exploitants.

---

contemporaines du concept de SCS vont au-delà de l'idée traditionnelle des simples politiques de SCS. Les activités de SCS englobent :
Le suivi : la collecte, l'évaluation et l'analyse des activités de pêche, notamment : les prises, la composition des espèces, les efforts de pêche, les prises accessoires, les rejets et les zones d'activités. Ces informations de base éclairent les gestionnaires de la pêche dans leurs décisions. Des donnés indisponibles, inexactes ou incomplètes entraveront le développement et la mise en œuvre des mesures par les gestionnaires.
Le Contrôle implique la spécification des modalités et des conditions de pêche de ressources. Ces spécifications sont généralement incluses dans la législation nationale relative à la pêche ou dans d'autres accords nationaux, sous régionaux ou régionaux. La législation fournit la base de l'application, via SCS, de ces accords de gestion de la pêche.
Par Surveillance, on entend la régulation et la supervision des activités de pêche garantissant l'observance de la législation nationale, ainsi que des modalités, des conditions d'accès et des mesures de gestion. Cette activité est nécessaire afin d'empêcher la surexploitation des ressources, de limiter le maraudage et de garantir. Source : site web de la FAO, *http://www.fao.org/fishery/topic/3021/en*

[167] Ces mesures doivent être justes, transparentes et non discriminatoires.

L'État côtier, dans l'exercice de ses droits souverains d'explorer, d'exploiter et de conserver les ressources biologiques marines dans sa zone économique exclusive, conformément à la Convention des Nations unies de 1982, et au droit international, devrait appliquer des mesures visant à prévenir, à contrecarrer et à éliminer la pêche illicite, non déclarée et non réglementée dans sa zone économique exclusive par l'application d'un système de SCS[168] efficace, continue et rigoureuse.

Les États du port devraient eux aussi, prévoir des mesures conformes au droit international leur permettant de contrôler les navires de pêche, afin de prévenir, de contrecarrer et d'éliminer la pêche illicite, non déclarée et non réglementée. Ainsi, aux termes du Plan d'Action, outre les obligations précises de l'État du pavillon, il est prévu que les Etats du port recueillent des informations spécifiques sur les activités halieutiques et, le cas échéant, interdisent aux navires pratiquant la pêche INN de débarquer ou de transborder leurs captures. Ces mesures devraient être appliquées de manière équitable, transparente et non discriminatoire. Elles doivent se fonder sur la vérification de la régularité du comportement des navires de pêche ainsi que de leurs documents avant tout accès à leurs ports, mais aussi par un système d'échange d'informations avec l'État du pavillon, en cas de besoin.

Les États, avec le soutien de la FAO et des institutions et mécanismes financiers internationaux pertinents, sont invités à coopérer pour appuyer la formation et le renforcement des capacités et envisager d'apporter une aide financière, technique ou autre aux pays en développement, pour leur permettre de s'acquitter pleinement des engagements qu'ils auront souscrits au titre du Plan d'action international et de leurs obligations en vertu du droit international, y compris de leurs responsabilités en tant qu'États du pavillon et États du port. Une telle assistance devrait permettre, en priorité, d'aider ces pays à élaborer et à appliquer des plans d'action nationaux[169].

Le Plan d'action international apparaît ainsi comme une « *boîte à outils* » regroupant une série d'instruments permettant de faire face aux différentes manifestations de la question de la pêche illicite. Ces instruments n'étant pas tous toujours adaptés à toutes les situations, ne peuvent être utilisables que de manière individuelle et casuistique[170].

---

[168] Supra note de bas de page 166.

[169] Des plans d'action nationaux sont élaborés Conformément au paragraphe 25 du PAI – INN

[170] Voir Directives techniques pour une pêche responsable N 9. FAO. Rome. 2002. point 16 : A l'instar d'une boite à outils, le PAI – INN s'efforce d'inclure toutes les mesures existantes dont l'efficacité dans la lutte contre la pêche INN a été établie, notamment des outils nouveaux récemment apparus que certains Etats au moins sont actuellement tenus d'appliquer. Le PAI – INN reconnait que les États n'ont pas tous actuellement les mêmes obligations juridiques. À l'heure actuelle, la souplesse de la conception du PAI –INN autorise une évolution dynamique du droit international et des obligations correspondantes.

En résumé, nous pouvons dire que le Plan d'Action apporte un soutien international aux pays qui envisagent de prendre différents types de mesures contre la pêche INN et, en particulier, celle pratiquée par les navires sous pavillon de libre immatriculation.

Ainsi, les États côtiers sont censés mettre en œuvre des programmes performants de contrôle et de surveillance dans leurs eaux qui, conjugués à une mise en œuvre complète et efficace du contrôle par les États du pavillon et le développement du contrôle complémentaire par les États du port, pourraient considérablement contribuer à la réduction de la pêche INN et en particulier, en haute mer. À cet égard, une fois transposé dans les législations nationales[171], le Plan d'Action international est susceptible de jouer un rôle important dans la lutte contre les activités INN.

Ce faisant et pour optimiser les efforts de conservation et de gestion des stocks de poissons dans toutes les pêches de capture, le Comité des Pêches de la FAO a invité tous les membres à prendre les mesures nécessaires pour mettre en œuvre le plan d'action. En vue d'adopter les mesures du Plan d'action international de façon cohérente, les pays ont été encouragés à développer leurs propres plans d'action nationaux[172], visant à prévenir, décourager et éliminer la pêche illicite, non déclarée et non réglementée (PAN), en sélectionnant des mesures de la « boîte à outils » représentée par le Plan d'action international, et en les adaptant à leur situation particulière[173].

Le Sénégal, État côtier, du pavillon et du port est intéressé par presque tout le contenu de la « *boîte à outils* » et il s'efforce tant bien que mal à mettre en œuvre les recommandations du Plan d'action international[174].

Paragraphe III : Le dispositif type de la FAO relatif aux mesures du ressort de l'État du port dans le contexte de la pêche illicite, non déclarée et non réglementée

Le dispositif type a la particularité de s'intéresser au rôle que peuvent jouer les Etats disposant d'installations portuaires[175] dans la pêche INN. L'idée de mettre en exergue l'intervention de l'État du port est partie des dispositions même du Code de conduite pour une pêche responsable et du Plan d'action international visant à prévenir, à contrecarrer et à éliminer la pêche illicite, non déclarée et non réglementée qui encouragent l'utilisation de mesures en faveur du contrôle des navires de pêche par les Etats du port afin de satisfaire à leurs objectifs.

---

171 Sur la législation nationale, voir les articles 16 et 17 du PAI – INN

172 Voir le paragraphe 25 du PAI – INN, *ibid.*

173 *Pourquoi la pêche pirate perdure : les ressorts économiques de la pêche illégale, non déclarée et non réglementée*, OCDE – 2005, *op. cit.*, note de bas de page N° 99

174 Le Sénégal a élaboré son plan d'action national qui est étudié dans le titre II de la deuxième partie de ce travail

175 Il s'agit des États du port.

En 2004, une Consultation technique de la FAO chargée d'examiner les mesures du ressort de l'État du port dans le contexte de la lutte contre la pêche illicite, non déclarée et non réglementée a été organisée. La Consultation a abordé les questions de fond relatives au rôle de l'État du port dans le contexte de la lutte contre la pêche illicite, non déclarée et non réglementée, d'une part ; et les principes et directives pour l'établissement de mémorandums d'accords régionaux sur les mesures du ressort de l'État du port, d'autre part.

La Consultation fait suite à celle d'experts de la FAO chargée d'examiner les mesures du ressort de l'État du port dans le contexte de la lutte contre la pêche illicite, non déclarée et non réglementée et qui a été organisée en 2002 en vue de faciliter la mise en œuvre du Plan d'action international de 2001 de la FAO visant à prévenir, à contrecarrer et à éliminer la pêche illicite, non déclarée et non réglementée[176]. Cette consultation technique de 2004, convoquée sur recommandation du Comité des pêches de la FAO à sa session de 2003, a approuvé un dispositif type relatif aux mesures du ressort de l'État du port dans le contexte de la lutte contre la pêche illicite, non déclarée et non réglementée.

Sans préjudice du rôle de l'État du pavillon dans la lutte contre la pêche illicite, non déclarée et non réglementée, l'attention est davantage axée sur la contribution des États du port. Le Dispositif type est un instrument non contraignant, d'application facultative. Il s'adresse à l'ensemble des États, des entités de pêche et des organisations régionales de gestion des pêches.

Le Dispositif type a pour objet de faciliter la mise en œuvre d'actions efficaces par les États du port pour lutter contre la pêche illicite, non déclarée et non réglementée.

Il prévoit des normes minimales[177] sur lesquelles les Etats peuvent se fonder pour adopter des mesures visant à surveiller, à contrôler et à inspecter les navires de pêche battant pavillon étranger et souhaitant utiliser leurs ports.

Dans le but de faciliter la mise en œuvre d'une action efficace par les États du port, le Dispositif type aborde, après le Préambule et les considérations générales, des questions relatives à l'inspection des navires au port, les mesures à prendre lorsqu'un inspecteur constate qu'il y a de bonnes raisons de suspecter qu'un navire de pêche étranger a pratiqué ou soutenu des activités de pêche illicite, non déclarée et non réglementée, et les informations que l'État du port devrait communiquer à l'État du pavillon[178].

---

176 PAI –INN, supra, paragr. II.

177 Les États du port et les organisations régionales de gestion des pêches sont libres d'adopter des normes plus rigoureuses à condition qu'elles soient compatibles avec le droit international.

178 Selon le dernier alinéa du point 4 du dispositif type, l'État du port devrait rendre compte des résultats des inspections réalisées à l'État du pavillon du navire inspecté et, si nécessaire, aux autres États concernés et aux organisations régionales de gestion des pêches concernées.

De ces considérations générales, la question essentielle qui ressort concerne les conditions d'accès au port de l'Etat concerné. L'État du port est ainsi invité à maintenir un système efficace de contrôle des navires de pêche étrangers qui ont accès à ses ports, en vue de veiller au respect des mesures de conservation et de gestion et à désigner et faire connaître les ports auxquels ces navires peuvent avoir accès en veillant à ce que ces ports aient la capacité d'effectuer des inspections.

L'État du port devrait, avant d'autoriser l'accès à ses eaux à un navire de pêche étranger, exiger la communication, dans des délais raisonnables et en donnant la garantie de confidentialité, des informations sur la sortie de pêche et sur les systèmes de surveillance des navires, les quantités de poisson à bord et autres documents pertinents[179].

Il est évident qu'un préjugé défavorable pèse sur les navires battant pavillon d'États qui ne sont pas parties contractantes à une organisation régionale de gestion des pêches ou qui ne collaborent pas avec une telle entité. L'État du port peut refuser à ces derniers, l'autorisation d'utiliser ses ports pour le débarquement, le transbordement ou la transformation du poisson ainsi qu'à tout autre navire repéré comme pratiquant ou soutenant des activités de pêche illicite, non déclarée et non réglementée dans la zone relevant d'une organisation régionale de gestion des pêches donnée ou dans les eaux relevant de la juridiction d'un État côtier concerné. La seule dérogation est que le navire puisse établir que la prise a été effectuée dans le respect des mesures de conservation et de gestion pertinentes. Le refus d'accès se justifie aussi lorsque le navire est suspecté sérieusement d'avoir pratiqué ou soutenu des activités de pêche illicite, non déclarée et non réglementée dans des eaux situées au-delà des limites de la zone où il est autorisé à pêcher.

Dans une autre rubrique, l'État du port peut refuser à un navire l'autorisation d'utiliser ses ports pour le débarquement ou le transbordement lorsqu'il est établi que le navire a été identifié par une organisation régionale

[179] Ces documents qui concernent les informations à fournir au préalable par les navires de pêche étrangers sont énumérés à l'annexe A du dispositif type et comprennent : 1. Identification du navire (nom du navire, numéro d'identification externe, indicatif international d'appel radio, État du pavillon, propriétaire (nom et adresse), type de système de surveillance des navires requis par l'État du pavillon, noms et États du pavillon précédents, le cas échéant) ; 2. Objet de l'accès au port ; 3. Autorisation de pêche - licences/permis – (Autorisation(s) de pêche accordée(s) au navire, États ayant délivré les autorisations, zones, champ d'application/durée figurant sur les autorisations, espèces et contingents autorisés, engins de pêche autorisés) ; 4. Informations relatives à la sortie de pêche (début de la sortie {date à laquelle la sortie en cours a débuté} -, zones parcourues {entrée et sortie des différentes zones}, ports de mouillage {entrée et sortie des différents ports}, fin de la sortie {date à laquelle la sortie en cours a pris fin} ; 5. Informations relatives aux espèces (espèces de poissons et autres produits de la pêche à bord {notamment ceux sur le point d'être débarqués}, zone de capture, présentation (type de produit), poids du produit transformé, équivalent poids vif). Pour les navires de soutien et de transport et d'autres embarcations analogues, les informations requises peuvent varier.

de gestion des pêches comme pratiquant ou soutenant des activités de pêche INN[180].

S'agissant des inspections, elles devraient être effectuées sur les navires de pêche étrangers dans les ports de l'État dans le but de veiller au respect des mesures de conservation et de gestion. Pour une action efficiente, la collaboration totale du capitaine ou commandant du navire, qui doit autoriser l'accès aux locaux et à tous les documents et autres renseignements nécessaires aux inspecteurs, est requise. Toutefois, les inspections ne doivent pas retarder indûment le navire ou être sources d'interférences et de contretemps possibles ou de menace sur la qualité du poisson[181]. Pour cela, l'inspecteur doit, en cas de besoin, être accompagné d'un interprète maîtrisant la langue parlée sur le navire de pêche étranger inspecté et mener ses activités de telle manière qu'elles ne constituent pas un harcèlement pour les navires de pêche concernés. Les conclusions de l'inspection au port doivent être soumises au capitaine du navire et le rapport finalisé, signé par l'inspecteur et par lui-même ; étant entendu que le capitaine a la possibilité d'ajouter des observations au rapport et de contacter les autorités compétentes de l'État du pavillon, en particulier lorsque le contenu du rapport lui pose de graves problèmes de compréhension.

Lorsqu'une inspection s'avère concluante, l'État du port devrait la notifier rapidement[182] à l'État du pavillon du navire et, si nécessaire, aux États côtiers et aux organisations régionales de gestion des pêches compétentes et, à moins que l'État du port n'ait la certitude que l'État du pavillon a pris les mesures nécessaires ou va les prendre, il ne devrait pas autoriser le navire à débarquer ou à transborder du poisson dans ses ports.

Enfin, l'État du port est invité à consulter les autres États, à coopérer et échanger des renseignements[183] avec eux, dans le but de faciliter l'application du Dispositif type. À ce titre, il devrait rendre compte des résultats des inspections réalisées à l'État du pavillon du navire inspecté, aux autres États concernés et aux organisations régionales de gestion des pêches concernées. Pour être efficace, l'État du port devrait mettre en place un mécanisme de communication permettant l'échange informatisé direct de messages entre États, entités et institutions concernés, compte dûment tenu des exigences appropriées en matière de confidentialité.

Le Sénégal, avec sa plateforme portuaire de référence et qui joue un des rôles de premier plan en Afrique de l'Ouest, est profondément interpelé sur cette question qui est une condition sine qua non de garantie de résultats dans

---

[180] Point 2.7 du dispositif type.

[181] Point 3.7 du dispositif type.

[182] Ceci ressort du point 4 du Dispositif type et a pour objet de faire intervenir l'État du pavillon dans la prise d'actions rapides pour remettre le navire aux normes.

[183] Points 7 et 8 du Dispositif type.

la lutte contre la pêche INN. Cela suppose que notre pays s'intéresse véritablement aux infractions en matière de pêche INN commises même en dehors de ses eaux.

Si les différents instruments juridiques invoqués dans cette section brillent par la pertinence de leurs dispositions, force est de reconnaître leur limite intrinsèque liée à la faiblesse de leur force juridique et qui conditionne leur applicabilité à une volonté sans faille des États. C'est pourquoi, la conception d'instruments juridiques obligatoires ne peut qu'être salutaire. Leur étude fait l'objet des développements successifs.

SECTION II : LES INSTRUMENTS JURIDIQUES OBLIGATOIRES

Ces accords peuvent être rangés en deux catégories suivant leur origine. Ainsi, il a pu être distingué les accords conclus dans le cadre de l'Organisation des Nations unies, de ceux conçus sous l'égide de la FAO qui elle-même, est une institution spécialisée des Nations unies. Dans le deuxième cas, La FAO a été le forum d'élaboration de deux conventions internationales dont la mise en œuvre devra permettre de contribuer grandement à la lutte contre la pêche INN. Ainsi, l'Accord de 1993 visant à favoriser le respect par les navires de pêche en haute mer des mesures internationales de conservation et de gestion renforce la responsabilité de l'État du pavillon alors que l'Accord relatif aux mesures du ressort de l'État du port visant à prévenir, contrecarrer et éliminer la pêche illicite, non déclarée et non réglementée contient des dispositions contraignantes qui obligent l'État du port à intervenir. En ce qui concerne les Nations unies, elles ont permis l'adoption d'accords de deux ordres. Il y'a d'abord la Convention des Nations Unies de 1982 sur le droit de la mer qui a un objectif général de codifier l'ensemble des questions intéressant la mer et dont certaines dispositions sont spécifiques à la pêche, objet de notre sujet. Il y a ensuite l'Accord de 1995 sur les stocks chevauchants et les stocks de poissons grands migrateurs.

Paragraphe I : les accords conclus dans le cadre de l'Organisation des Nations unies

La Convention des Nations Unies de 1982 sur le droit de la mer a la particularité de prendre en charge l'essentiel des problèmes liés à la mer. Toutefois, la présente étude ne s'intéressera qu'à ses aspects liés à la pêche.

Concernant l'Accord de 1995 aux fins de l'application des dispositions de la Convention des Nations Unies sur le droit de la mer du 10 décembre 1982 relatives à la conservation et à la gestion des stocks de poissons dont les déplacements s'effectuent tant à l'intérieur qu'au-delà de zones économiques exclusives (stocks chevauchants) et des stocks de poissons grands migrateurs, il s'intéresse à des espèces qui ont la particularité d'évoluer aussi au-delà des eaux sous juridiction des États côtiers ainsi qu'aux mesures de conservation et de gestion spécifiques qui doivent être prises à leur égard, et devra être étudié de manière exhaustive.

A. Les dispositions de la Convention des Nations Unies de 1982 sur le droit de la mer relatives à la pêche

La Convention des Nations unies sur le droit de la mer provient d'un long processus de refonte complète de tout le droit de la mer[184] formalisée à l'occasion de la troisième conférence sur le droit de la mer convoquée par l'ONU suite à la remise en cause par les pays en voie de développement de certaines des règles fixées par les textes adoptés à Genève[185].

Cette convention est d'application universelle et a priorité sur toute autre convention dans la hiérarchie des normes juridiques du système international qui régissent les activités maritimes[186]. Toutefois son entrée en vigueur n'est intervenue qu'à partir du 16 novembre 1994, après un amendement en profondeur des dispositions les plus contestées par les pays industrialisés par l'Accord du 29 juillet 1994 [187]. La plupart des grands pays industrialisés l'ont finalement ratifié, à l'exception des États-Unis. Le Sénégal, à l'instar de beaucoup de pays du tiers monde, l'a ratifié très tôt, dès le 25 octobre 1984.

La convention des Nations unies sur le droit de la mer a un champ d'application très vaste, s'intéressant aussi bien à l'ensemble des espaces maritimes qu'elle détermine, qu'aux différentes matières qui y sont développées. Aussi, dès le début de son préambule, les parties y affirment-elles leur désir de régler, dans un esprit de compréhension et de coopération mutuelles, tous les problèmes concernant le droit de la mer[188]. Ce qui nous amène à la circonscrire dans le cadre de notre étude pour ne prendre en considération que les éléments qui intéressent notre thématique. C'est pourquoi, la partie de son préambule qui reconnaît souhaitable d'établir, au moyen de la Convention, compte dûment tenu de la souveraineté de tous les États, un ordre juridique pour les mers et les océans qui, entre autres, favorise l'utilisation équitable et efficace de leurs ressources, la conservation de leurs ressources biologiques ainsi que l'étude, la protection et la préservation du milieu marin nous parait fondamentale.

---

184 La Convention aborde la quasi-totalité des questions intéressant le droit de la mer et pose d'importants principes en la matière.

185 *Op. cit.*, il s'agit des quatre conventions de Genève de 1958 invoquées dans l'introduction,

186 En raison de son caractère général et universel, elle sert de référence à toutes les autres normes internationales et même nationales en matière de pêche. Ceci justifie son évocation dans l'étude de l'Accord de conformité, de l'Accord de New York, du Code de conduite, du PAI –INN, de l'Accord MREP et, de manière générale, il y est fait référence dans tous les textes nationaux en matière maritime.

187 Il s'agit de l'Accord relative à l'application de la partie XI de la Convention des Nations unies sur le droit de la mer du 10 décembre 1982 (New York, 29 juillet 1994).

188 Il s'agit du premier point du préambule. En effet, les problèmes des espaces marins sont étroitement liés entre eux et doivent être envisagés dans leur ensemble.

En effet, en matière de pêche notamment, la Convention de 1982 établit des normes impératives générales qui ont créé une rupture avec le droit traditionnel de la mer en prenant comme fondement, la primauté de l'économie, à travers les exigences de la conservation des ressources et les impératifs du développement économique. La CMB fixe, pour la première fois au niveau mondial à travers des normes à caractère impératif, une diversité de méthodes visant à rationaliser l'exploitation des ressources biologiques de la mer. Elle rompt ainsi avec le fondement traditionnel du droit de la mer qui avait surtout comme références, la liberté d'utilisation des espaces maritimes pour la pêche, le transport des marchandises, la préservation de la souveraineté et de la sécurité des États côtiers.

C'est dans la CMB de 1982 que les États trouvent la définition de leurs droits et obligations en matière de gestion, conservation et exploitation des ressources halieutiques situées en mer. En effet, en même temps qu'elle fixe les limites géographiques des différentes zones maritimes et leurs statuts juridiques, la Convention procède à une répartition des droits ou compétences étatiques pour réglementer l'accès aux ressources halieutiques et leur usage, tout en définissant, dans ce but, les principes fondamentaux d'une pêche responsable[189].

L'étendue de ces droits doit se refléter non seulement dans les accords de pêche signés avec les États tiers, mais également dans les lois et règlements pris par l'État côtier. Les principes et les règles de base qui doivent guider dans la prise de mesures législatives et réglementaires internes sont établis dans la CMB. Elle définit la portée des droits et obligations des États en matière de gestion, de conservation et d'exploitation des ressources halieutiques dans la Zone économique exclusive (ZEE) et en Haute Mer.

La Zone économique exclusive[190] est un concept inédit introduit par l'article 55 de la Convention de Montego Bay. Elle résulte de l'idée de réserver aux États côtiers les richesses contenues dans les eaux maritimes adjacentes à leurs côtes afin de promouvoir et de favoriser leur développement. Elle est constituée par un espace maritime qui peut s'étendre jusqu'à 200 milles marins des lignes de base à partir desquelles est mesurée la largeur de la mer territoriale. Autrement dit, elle s'étend sur 188 milles marins au plus, à partir de la limite extérieure de la mer territoriale. Comme tout État côtier, le Sénégal dispose d'une Zone économique exclusive[191].

La ZEE est soumise à un régime juridique particulier établi par la Convention de Montego Bay et en vertu duquel les droits et la juridiction de l'État côtier et les droits et libertés des autres États sont précisés et

---

189 Cf. rapport Marieme talla et Makane Diouf NDIAYE, *op. cit.*, note de bas de page 143

190 Elle fait l'objet de la partie V de la CMB.

191 Elle doit faire l'objet d'une proclamation. La loi portant Code de la Marine marchande prévoit qu'elle ne s'étend pas au delà de 200 milles marins. Infra, deuxième partie.

réglementés. Ainsi, dans cette zone, l'État côtier a des droits souverains aux fins d'exploration et d'exploitation, de conservation et de gestion des ressources naturelles, biologiques ou non biologiques, des eaux surjacentes aux fonds marins, des fonds marins et de leur sous-sol, ainsi qu'en ce qui concerne d'autres activités tendant à l'exploration et à l'exploitation de la zone à des fins économiques, telles que la production d'énergie à partir de l'eau, des courants et des vents[192]. Cela démontre que la ZEE n'est pas une zone de souveraineté et que les droits que l'État y exerce sont purement fonctionnels. C'est d'ailleurs ce qui ressort de la sentence arbitrale du 14 février 1985 sur l'affaire de la délimitation de la frontière maritime entre la Guinée et la Guinée Bissau[193].

Pour le cas particulier de la pêche qui intéresse notre thème, l'État côtier (donc le Sénégal) a juridiction en ce qui concerne la recherche scientifique marine, la protection et la préservation du milieu marin et les autres droits et obligations prévus par la Convention de Montego Bay. Dans l'exercice de ses droits ou l'acquittement de ses obligations en vertu de la Convention, l'État côtier ne doit pas occulter les droits et obligations des autres États dans cette zone qui, rappelons-le encore une fois, ne relève pas de sa souveraineté[194].

Dans sa ZEE, l'État côtier doit veiller à prendre des mesures de conservation de ses ressources biologiques en se basant sur des données scientifiques fiables ; d'où l'importance de la recherche océanographique. C'est ainsi qu'il pourra déterminer le volume admissible des captures et, le cas échéant, prendre des mesures appropriées de conservation et de gestion pour éviter que le maintien des ressources biologiques de sa zone économique exclusive ne soit compromis par une surexploitation. Ces mesures doivent également permettre de rétablir les stocks des espèces exploitées à des niveaux qui assurent le rendement constant maximum, compte tenu des facteurs écologiques et économiques pertinents[195].

Sans préjudice du respect des mesures de conservation sus-évoquées, L'État côtier peut promouvoir une exploitation optimale des ressources biologiques de la zone économique exclusive en procédant à la détermination de sa capacité d'exploitation desdites ressources et, au cas où cette capacité est

---

192 Article 46 paragr. 1er point a. de la Convention de Montego Bay

193 Il ressort du point 124 de la sentence arbitrale qu'aux circonstances économiques, les Parties ont lié une circonstance tirée de la sécurité, laquelle n'est pas sans intérêt, bien qu'il convienne de souligner que ni la zone économique exclusive, ni le plateau continental ne sont des zones de souveraineté. Cf. Recueil des sentences arbitrales: Delimitation of the maritime boundary between Guinea and Guinea-Bissau. 14 February 1985. Volume XIX pp. 149-196. Nations Unies – United Nations. Copyright (c) 2006.

194 Voir article 58 CMB pour les droits et obligations des États tiers.

195 Sont aussi compris les besoins économiques des collectivités côtières vivant de la pêche et les besoins particuliers des États en développement, et compte tenu des méthodes en matière de pêche, de l'interdépendance des stocks et de toutes normes minimales internationales généralement recommandées au plan sous régional, régional ou mondial.

inférieure à l'ensemble du volume admissible des captures, autoriser, sous certaines conditions, l'exploitation du reliquat par d'autres États[196] au moyen d'accords ou arrangements et conformément à ses lois et règlements. Par conséquent, les ressortissants d'autres États qui pêchent dans la zone économique exclusive doivent se conformer aux mesures de conservation et aux autres modalités et conditions fixées par les lois et règlements de l'État côtier. Les dispositions de ces lois et règlements portent notamment sur les conditions de délivrance de licences de pêche, les engins de pêche autorisés, l'indication des espèces dont la pêche est autorisée, la fixation de quotas, la réglementation des campagnes et des zones de pêche, du type, de la taille et du nombre des navires de pêche qui peuvent être utilisés, de la fixation de l'âge et de la taille des poissons et des autres organismes qui peuvent être pêchés, des statistiques relatives aux captures et à l'effort de pêche. Les lois et règlements portent également sur la communication de la position des navires, la recherche scientifique, le placement, par l'État côtier, d'observateurs ou de stagiaires à bord des navires et sur l'obligation de débarquement de la totalité ou d'une partie des captures de ces navires dans les ports de l'État côtier.

Dans l'exercice de ses droits souverains d'exploration, d'exploitation, de conservation et de gestion des ressources biologiques de la zone économique exclusive, l'État côtier peut prendre des mesures comme l'arraisonnement, l'inspection, la saisie et l'introduction d'une instance judiciaire, si elles sont nécessaires pour assurer le respect des lois et règlements qu'il a adoptés conformément à la Convention. Ceci est d'autant plus pertinent que la pêche INN qui ne respecte aucune norme anéantit tout effort de conservation.

Pour atteindre ces objectifs, La Convention fait notamment obligation à tous les membres de la communauté internationale de coopérer à la conservation et à la gestion des ressources biologiques de la mer[197], donc y compris en haute mer qui est justement l'objet des développements suivants.

La haute mer est définie négativement par l'article 86 de la Convention de Montego Bay comme « *toutes les parties de la mer qui ne sont comprises ni dans la zone économique exclusive, la mer territoriale ou les eaux intérieures d'un État, ni dans les eaux archipélagiques d'un État archipel* »[198].

Les règles applicables à la haute mer sont valables seulement pour les eaux se trouvant dans les espaces ci – dessus définis à l'exclusion du sol et du sous-sol sous marins qui relèvent soit de la Zone, soit du plateau continental. La haute mer est traditionnellement un espace de liberté. Elle est ouverte à tous les États, qu'ils soient côtiers ou sans Littoral et comporte notamment pour ces

---

196 Il faut tenir compte de la particularité des pays en développement, des États sans littoral ou géographiquement désavantagés.

197 Article 61, paragraphe 2 de la CMB

198 Théoriquement, il s'agit de la zone située au delà des 200 milles marins qui constitue la largeur de référence de la ZEE.

États, la liberté de la pêche, dans les conditions prévues par les dispositions de la Convention et les autres règles du droit international[199].

Cette liberté de pêche en haute mer s'exerce sous réserve du respect des mesures de conservation et de gestion des ressources biologiques[200].

Ainsi, si tous les États ont droit à ce que leurs ressortissants pêchent en haute mer, obligation leur est faite de prendre à l'égard de ces derniers des mesures de conservation des ressources biologiques dans cette partie de la mer ou de coopérer avec d'autres États à la prise de telles mesures. Ces États concernés sont invités à négocier des accords et, au besoin, créer des organisations de pêche sous régionales ou régionales en vue de prendre les mesures nécessaires à la conservation des ressources concernées[201].

Les modalités de mise en œuvre des mesures de conservation des ressources biologiques de la haute mer, notamment la fixation du volume admissible des captures et le maintien ou le rétablissement des stocks des espèces exploitées à des niveaux qui assurent le rendement constant maximum, obéissent aux mêmes exigences que dans la ZEE.

Toutefois, l'établissement et l'application des mesures de conservation ne doivent entraîner aucune discrimination de droit ou de fait à l'encontre d'aucun pêcheur, quel que soit l'État dont il est ressortissant.

Ce qu'il y a lieu de rappeler, en dernière position, c'est que les navires qui pêchent en haute mer sont soumis à la juridiction de leur État du pavillon. Ceci est important pour responsabiliser pleinement l'État du pavillon dans la lutte contre la pêche INN et, pour cela, tous les navires doivent avoir une nationalité et une seule[202]. Les navires qui pêchent en mer doivent battre le pavillon d'un État. Les navires qui ne battent pas le pavillon d'un État contreviennent aux règles du droit international. On les appelle des navires apatrides et ceci est contraire aux règles du droit international.

En matière de pêche, la seule exception admise à la loi du pavillon concerne le droit de poursuite qui est nécessaire pour veiller au respect des lois et règlements de l'État côtier dans ce domaine. Le droit de poursuite ou la « *Hot Pursuit* »[203] apparaît ainsi comme « le droit reconnu à un État côtier de continuer en haute mer, au moyen d'un de ses navires de guerre [...] la poursuite non interrompue d'un navire étranger dont il considère qu'il est en

---

199 L'Article 87 de la Convention pose le principe de la liberté de la haute mer et de celle de la pêche en particulier.

200 Ces mesures sont énoncées à la section 2 de la partie VII de la Convention de Montego Bay.

201 Voir l'Accord de conformité de 1993 et l'Accord de New York de 1995 dit ANUP, à propos des ORGP.

202 Ceci est important pour faire jouer un rôle de premier plan aux États du pavillon dans le respect des mesures de conservation en haute mer qui, rappelons-le, ne relève de la juridiction d'aucun Etat en particulier.

203 Cf. sur le droit de poursuite : N. Poulantzas, *The right of Hot Pursuit in International Law*, La Haye, Nijhoff, 2002, 2e ed., 379 p.

contravention, dans une zone sous sa souveraineté ou juridiction, à ses lois et règlements applicables à cette zone, conformément au droit international »[204]. Il a pour origine une règle coutumière anglo-saxonne datant de la fin du XIXe siècle et relative à la chasse aux phoques[205]. Il est codifié pour la première fois par l'article 23 de la Convention de Genève sur la haute mer[206] et est accordé uniquement à l'État côtier, à l'exclusion des États tiers. Cela se justifie puisqu'à l'origine de ce droit, se trouve une infraction commise dans une zone relevant de la souveraineté de l'État côtier, ou, selon la Convention de Genève sur la haute mer, dans sa zone contiguë.

C'est donc pour protéger les droits de l'État côtier que cette dérogation est accordée, à condition que la poursuite ait été commencée après l'émission d'un signal de stopper visuel ou auditif[207], qu'elle soit ininterrompue[208], menée par un navire de guerre de l'État côtier[209] et qu'elle cesse dès lors que le navire entre dans une zone relevant de la souveraineté d'un autre État[210]. L'État côtier peut, lorsqu'il exerce ce droit, employer la force nécessaire y compris, si cela se justifie, couler le navire.

Le schéma prévu par la Convention de Genève a été enrichi de manière substantielle par la CM.B dans le sens soit de l'extension du champ d'application des droits conférés aux États tiers, soit de l'ajout de nouveaux

---

204 Cf. J. Salmon, *Dictionnaire de droit international public*, p. 856.

205 Voy. S.A., 29 novembre 1902, *Affaire des navires James Hamilton Lewis et C.H. White*, (États-Unis d'Amérique c. Russie), O. de Ferron, *Droit international de la mer*, *op. cit.*, t. 1, p. 110 ou I. Perruchon et C. de Martini, « La police en mer », *Neptunus*, 2002, vol. 8-1, p. 4.

206 « La poursuite d'un navire étranger peut être engagée si les autorités compétentes de l'État riverain ont de bonnes raisons de penser que ce navire a contrevenu aux lois et règlements de cet État. Cette poursuite doit commencer lorsque le navire étranger ou une de ses embarcations se trouve dans les eaux intérieures, dans la mer territoriale ou dans la zone contiguë de l'État poursuivant et ne peut être continuée au-delà des limites de la mer territoriale ou de la zone contiguë qu'à condition de ne pas avoir été interrompue », Art. 23, § 1, Convention de Genève sur la haute mer, *op. cit.*, Introduction

207 155. Art. 23, § 3, Voy. T.I.D.M., *Affaire M.V. Saiga no2*, préc : « les moyens de preuve produits par la Guinée n'étayent pas son affirmation selon laquelle des signaux visuels et sonores pour ordonner de stopper avaient été émis en direction du Saiga avant le commencement de la poursuite alléguée», § 148, Article 111, paragraphe 4, de la Convention.

208 Voy. T.I.D.M., *Affaire M.V. Saiga no2*, préc. : « la petite vedette P35 qui a été envoyée en mer le 26 octobre 1997 dans la direction nord à la recherche du Saiga a été rappelée lorsque des renseignements ont été reçus selon lesquels le Saiga avait changé de cap. Ce rappel de la vedette a constitué une interruption évidente de toute poursuite qui aurait été engagée, quelle que puisse être par ailleurs la base juridique qui pouvait être invoquée pour justifier le commencement d'une telle poursuite », § 147.

209 Ou par un aéronef militaire ou d'autres navires ou aéronefs affectés à un service public, art. 23, § 4, Convention de Genève sur la haute mer, préc.

210 Art. 23, § 2, Convention de Genève sur la haute mer, préc.

droits. Toutefois, la Convention de 1982 reste très proche du droit coutumier, tel que codifié dans la Convention de Genève 1958[211].

L'élargissement du droit de poursuite, considéré par Tullio Treves[212] comme constituant « l'autre forme d'interférence avec la liberté de la haute mer », a suivi la logique de l'extension de la juridiction de l'État côtier sur les mers et les océans.

Ainsi, dans l'articulation du droit de poursuite, la CMB tient compte des nouvelles zones de souveraineté et de juridiction de l'État côtier et ajoute les eaux archipélagiques[213], la ZEE et le plateau continental[214]. Toutefois, le régime juridique de la poursuite reste identique et seul le champ d'application est étendu. L'État côtier peut désormais initier une poursuite pour une infraction commise dans ses eaux archipélagiques, sa ZEE ou sur son plateau continental, « y compris les zones de sécurité entourant les installations situées sur le plateau continental ». L'extension du droit de poursuite en faveur de l'État côtier pour les infractions commises dans sa ZEE permet de renforcer la lutte contre les activités de pollution maritime et de pêche illicite. Ainsi, par exemple, en matière de pêche, les autorités de la Guinée-Bissau ont procédé à l'arrestation du navire Juno Trader après une poursuite de 2 heures 30 minutes[215]. La poursuite vise à arraisonner, saisir et ramener au port tout navire contrevenant qui se sera livré illicitement à des activités de pêche dans la ZEE de l'État côtier[216].

Toutefois, en dépit des développements successifs, il faut reconnaître que la primauté de l'État du pavillon sur la police de ses navires en haute mer demeure intacte. Cependant, même si la quasi-exclusivité de la compétence de l'État du pavillon en haute mer n'est plus à démontrer, force est de reconnaître que les exigences en matière de conservation et de gestion des ressources biologiques de cette partie de la mer ne peuvent être atteintes que par l'implication de tous les États par le biais d'accords ou d'organismes internationaux. C'est l'objet du point suivant consacré à l'accord sur les stocks chevauchants et les grands migrateurs.

---

[211] Voy. T. Treves, « Codification et pratique dans le droit de la mer », *R.C.A.D.I.*, vol. 223 (1990), p. 218.

[212] Voir Kiara NERI « Emploi de la force en mer » éditions Bruylant 2012, 620 p. page 146

[213] Art. 111, § 1, C.M.B.

[214] Art. 111, § 2, C.M.B.

[215] T.I.D.M., *Affaire du Juno Trader*, préc., p. 16, § 42.

[216] Le doit de poursuite est organisé par l'article 111 de la convention de Montego Bay. Cf. infra notes de bas de page 365 et 367

B. L'Accord des Nations unies sur les stocks chevauchants et les stocks de poissons grands migrateurs de 1995[217]

L'état des stocks chevauchants et des stocks de poissons grands migrateurs a fait l'objet de vives préoccupations lors de la Conférence des Nations Unies sur l'Environnement et le Développement (CNUED) de 1992[218].

Cette Conférence devait adopter l'Agenda 21 qui constate[219] que l'exploitation de ces stocks de poissons est inadéquate et recommande la nécessité d'organiser une conférence intergouvernementale sous l'égide des Nations unies pour la mise en œuvre des dispositions de la Convention des Nations unies sur le droit de la mer[220].

La Conférence des Nations Unies sur les stocks de poissons chevauchants et les stocks de poissons grands migrateurs, a été ainsi convoquée par l'Assemblée générale de l'ONU pour répondre aux problèmes de gestion de la pêche hauturière identifiée dans le Programme d'action pour un développement durable de la Conférence des Nations Unies sur l'environnement et le développement de 1992 dit Action 21. Ces problèmes sont « *la pêche non réglementée, le suréquipement, la taille excessive des flottes, la pratique du changement de pavillon permettant de se soustraire aux régimes de contrôle, l'utilisation d'engins de pêche insuffisamment sélectifs, le manque de fiabilité des bases de données et l'absence générale d'une coopération pourtant nécessaire entre les États* ». Ces derniers sont invités à coopérer entre eux pour remédier aux « *imperfections des méthodes de pêche* »[221].

Cependant, cette invitation à la coopération entre les États trouve initialement son fondement dans la Convention des Nations Unies sur le droit de la mer de 1982, mais est aussi invoquée, à la suite du plan d'action 21, dans le Code de conduite pour une pêche responsable. Ce Code indique que : « *Dans le cas des stocks transfrontières, des stocks chevauchants, des stocks de poissons grands migrateurs et des stocks de la haute mer, lorsque ceux-ci*

---

[217] A/CONF.164/37 du 8 septembre 1995

[218] Supra note de bas de page 150.

[219] Ce constat est fait à travers son chapitre 17 section C. du Plan d'Action 21

[220] Les stocks concernés sont prévus aux articles 63 et 64 de la CMB qui s'intéressent respectivement aux stocks de poisson se trouvant dans les zones économiques exclusives de plusieurs États côtiers ou à la fois dans la zone économique exclusive et dans un secteur adjacent à la zone et aux espèces de poissons Grands migrateurs. Il s'agit d'appliquer à ces stocks les dispositions sont contenues dans la section 2 de la CMB relative à la conservation et la gestion des ressources biologiques de la Haute mer. Les articles 116 à 120 qui composent cette section, traitent de questions aussi importantes que le droit de pêche en haute mer, l' obligation pour les États de prendre à l'égard de leurs ressortissants des mesures de conservation des ressources biologiques de la haute mer, la coopération des États à la conservation et à la gestion des ressources biologiques, la conservation des ressources biologiques de la haute mer.

[221] C'est ce qui ressort du préambule de la convention.

sont exploités par deux États ou plus, les États concernés y compris les États côtiers intéressés dans le cas des stocks chevauchants et de stocks de grands migrateurs, devraient coopérer en vue d'assurer la conservation et l'aménagement efficaces des ressources. Cela devrait se faire, lorsqu'il y a lieu, par la mise en place d'une organisation ou d'un arrangement bilatéral, sous régional ou régional compétent en matière de pêches »[222].

La Conférence des Nations Unies sur les stocks de poissons chevauchants et les stocks de poissons grands migrateurs qui a englobé six sessions[223] de fond qui ont été tenues entre 1993 et 1995, a abouti à l'adoption, en août 1995, de l'Accord aux fins de l'application des dispositions de la Convention des Nations unies sur le droit de la mer du 10 décembre 1982 relatives à la conservation et à la gestion des stocks de poissons dont les déplacements s'effectuent tant à l'intérieur qu'au-delà de zones économiques exclusives (stocks chevauchants) et des stocks de poissons grands migrateurs[224]. L'Accord, comme son nom l'indique, approfondit le principe fondamental énoncé dans la Convention des Nations Unies sur le droit de la mer selon lequel les États doivent coopérer à la conservation et à la promotion d'une utilisation optimale des ressources halieutiques, à la fois à l'intérieur et au-delà des zones relevant de la juridiction nationale. Cet accord qui, à la date du 30 janvier 2013[225] comptait 80 parties, est entré en vigueur à compter du 11 décembre 2001. Le Sénégal, dans sa volonté de contribuer à une gestion durable des pêcheries, l'a signé dès le 04 décembre 1995 avant de le ratifier le 30 janvier 1997. L'accord vise à s'assurer de la conservation à long terme et de l'utilisation durable des stocks de poissons chevauchants et grands

---

222 Article 7 du Code de conduite intitulé Aménagement des pêcheries, dans son point 7.1.3

223 Tafsir Malick Ndiaye, *op. cit.*, note de bas de page N° 110

224 Elle a été adoptée le 4 août 1995 par la Conférence des Nations Unies sur les stocks de poissons dont les déplacements s'effectuent tant à l'intérieur qu'au-delà des zones économiques exclusives (stocks chevauchants) et les stocks de poissons grands migrateurs. Ouvert à la signature le 4 décembre 1995, elle est entrée en vigueur 11 décembre 2001. Le texte est disponible sur le Recueil des traités des Nations Unies, vol. 2167, pp. 138 à 173.

225 Afrique du Sud, Allemagne, Australie , Autriche, Bahamas, Bangladesh, Barbade, Belgique, Bélize, Brésil, Bulgarie, Canada, Chypre, Costa Rica, Danemark, Espagne , Estonie, Etats-Unis, Fédération de Russie, Fidji , Finlande, France, Grèce, Guinée, Hongrie , Iles Cook , Iles Marshall, Iles Salomon, Inde , Indonésie , Iran (République Islamique d'), Irlande, Islande, Italie, Japon, Kenya, Kiribati, Lettonie, Libéria, Lituanie, Luxembourg , Maldives, Malte, Maroc, Maurice, Micronésie ((États fédérés de), Monaco, Mozambique, Namibie, Nauru, Nigéria, Nioue , Norvège, Nouvelle-Zélande, Oman, Palaos, Panama, Papouasie-Nouvelle-Guinée, Pays-Bas, Pologne, Portugal, République de Corée, République tchèque, Roumanie, Royaume-Uni, Sainte-Lucie, Saint-Vincent-et les Grenadines, Samoa, Sénégal, Seychelles, Slovaquie, Slovénie, Sri Lanka, Suède, Tonga, Trinité-et-Tobago, Tuvalu, Ukraine, Union européenne, Uruguay. Cf. Information concernant l'état de la Convention, de l'Accord relatif à l'application de la Partie XI de la Convention et de l'Accord aux fins de l'application des dispositions de la Convention relatives à la conservation et à la gestion des stocks de poissons dont les déplacements s'effectuent tant à l'intérieur qu'au-delà de zones économiques exclusives (stocks chevauchants) et des stocks de poissons grands migrateurs.

migrateurs. Il couvre les stocks de poissons grands migrateurs qui parcourent régulièrement de longues distances à la fois en haute mer et dans les zones relevant de la juridiction nationale, comme le thon, l'espadon ou le requin océanique. Il vise aussi la situation des stocks de poissons chevauchants à la fois dans la zone économique exclusive, et sur laquelle les États côtiers ont des droits souverains en matière de conservation et de gestion des ressources biologiques marines[226], et dans le secteur adjacent de la haute mer.

L'Accord, considéré comme un traité novateur, instaure un régime juridique moderne, complet et détaillé[227] pour la conservation et l'exploitation durables des stocks de poissons chevauchants et des stocks de poissons grands migrateurs. Ainsi, il englobe des principes généraux à observer pour la conservation et la gestion desdits stocks et des dispositions portant, entre autres, sur l'application de l'approche préventive ou de précaution[228] ; la

---

[226] Les espèces concernées sont par exemple la morue, le flétan, le colin, le maquereau (jack) et l'encornet.

[227] Il faut relativiser car certains considèrent l'accord comme une constitution sans lois organiques. Cf. Djamchid Momtaz Annuaire français de droit international Année 1995 Volume 41 Numéro 41 pp. 676-699.

[228] Article 6 de l'Accord - Application de l'approche de précaution – « *1. Les États appliquent largement l'approche de précaution à la conservation, à la gestion et à l'exploitation des stocks de poissons chevauchants et des stocks de poissons grands migrateurs afin de protéger les ressources biologiques marines et de préserver le milieu marin. 2. Les États prennent d'autant de précautions que les données sont incertaines, peu fiables ou inadéquates. Le manque de données scientifiques adéquates ne saurait être invoqué pour ne pas prendre de mesures de conservation et de gestion ou pour en différer l'adoption. 3. Pour mettre en œuvre l'approche de précaution, les États : a) Améliorent la prise de décisions en matière de conservation et de gestion des ressources halieutiques en se procurant et en mettant en commun les informations scientifiques les plus fiables disponibles et en appliquant des techniques perfectionnées pour faire face aux risques et à l'incertitude; b) Appliquent les directives énoncées à l'annexe II et déterminent, sur la base des informations scientifiques les plus fiables dont ils disposent, des points de référence pour chaque stock, ainsi que les mesures à prendre si ceux-ci sont dépassés; c) Tiennent compte notamment des incertitudes concernant l'importance numérique des stocks et le rythme de reproduction, des points de référence, de l'état des stocks par rapport à ces points, de l'étendue et de la répartition de la mortalité due à la pêche et de l'impact des activités de pêche sur les espèces non visées et les espèces associées ou dépendantes, ainsi que des conditions océaniques, écologiques et socio-économiques existantes et prévues; et d) Mettent au point des programmes de collecte de données et de recherche afin d'évaluer l'impact de la pêche sur les espèces non visées et les espèces associées ou dépendantes et sur leur environnement, et adoptent les plans nécessaires pour assurer la conservation de ces espèces et protéger les habitats particulièrement menacés. 4. Lorsque les points de référence sont prêts d'être atteints, les États prennent des mesures pour qu'ils ne soient pas dépassés. Si ces points sont dépassés, les États prennent immédiatement, pour reconstituer les stocks, les mesures de conservation et de gestion supplémentaires visées au paragraphe 3 b). 5. Lorsque l'état des stocks visés ou des espèces non visées ou des espèces associées ou dépendantes devient préoccupant, les États renforcent la surveillance qu'ils exercent sur ces stocks et espèces afin d'évaluer leur état et l'efficacité des mesures de conservation et de gestion. Ils révisent régulièrement celles-ci en fonction des nouvelles données. 6. Pour les nouvelles pêcheries ou les pêcheries exploratoires, les États adoptent, dès que possible, des*

compatibilité des mesures de conservation et de gestion ; la coopération dans les domaines de la conservation et de la gestion ; les organisations régionales de gestion des pêches (ORGP) ; la collecte et la fourniture des données et la coopération dans le domaine de la recherche scientifique ; les non-adhérents aux ORGP ; le respect et l'application par les États du pavillon des mesures de conservation et les devoirs de ces derniers ; la coopération internationale, sous-régionale et régionale dans la mise en application ; les procédures de visite à bord et d'inspection ; les mesures à prendre par les États du port ; les besoins particuliers et les formes de coopération avec les pays en développement ; et, le règlement des différends.

De manière détaillée, l'Accord établit, pour les États, un ensemble de droits et d'obligations dans les domaines de la conservation et de la gestion des deux types de stocks de poissons ainsi que des espèces associées et dépendantes, et de la protection de la biodiversité du milieu marin en :

- établissant des principes généraux, notamment une approche écosystémique, pour la conservation et la gestion des stocks visés[229] ;

- demandant que l'approche de précaution[230] soit appliquée à la conservation et la gestion des stocks, et en invitant les États à prendre d'autant plus de précautions que les données sont incertaines, peu fiables ou inadéquates. En vertu de cette approche, le manque de données scientifiques adéquates ne saurait être invoqué pour ne pas prendre de mesures de conservation et de gestion ou pour en différer l'adoption ;

- demandant que les mesures de conservation et de gestion instituées pour les zones relevant de la juridiction nationale et celles adoptées pour les secteurs adjacents de la haute mer soient compatibles entre elles, afin d'assurer la conservation et la gestion de l'ensemble des stocks de poissons[231] ;

---

mesures prudentes de conservation et de gestion, consistant notamment à limiter le volume des captures et l'effort de pêche. Ces mesures restent en vigueur jusqu'à ce que suffisamment de données aient été réunies pour évaluer l'impact de la pêche sur la durabilité à long terme des stocks; des mesures de conservation et de gestion fondées sur cette évaluation sont alors adoptées. Le cas échéant, ces dernières mesures permettent le développement progressif des pêcheries. 7. Si un phénomène naturel a des effets néfastes notables sur l'état de stocks de poissons chevauchants ou de stocks de poissons grands migrateurs, les États adoptent d'urgence des mesures de conservation et de gestion pour que l'activité de pêche n'aggrave pas ces effets néfastes. Ils adoptent également d'urgence de telles mesures lorsque l'activité de pêche menace sérieusement la durabilité de ces stocks. Les mesures d'urgence sont de caractère temporaire et sont fondées sur les données scientifiques les plus fiables dont ces États disposent ».

229 Article 5 de l'ANUP

230 A propos de l'approche de précaution, voir également le point 7.5 du Code de conduite pour une pêche responsable, *op. cit.*, note de bas de page N° 66

231 Article 7 de l'Accord de New York « *Compatibilité des mesures de conservation et de gestion* ».

- renforçant les responsabilités des États du pavillon vis-à-vis des navires qui battent leur pavillon en haute mer. L'Accord[232] énumère les obligations qui incombent à l'État du pavillon pour respecter et appliquer les règles de façon à s'assurer que les navires qui battent son pavillon ne compromettent pas les objectifs de conservation et de gestion en haute mer. L'État du pavillon ne doit autoriser les navires battant son pavillon à pratiquer la pêche en haute mer que lorsqu'il peut s'acquitter efficacement de ses responsabilités à l'égard de ces navires ;

- veillant à ce que des mécanismes efficaces garantissant le respect et l'application des mesures de conservation et de gestion soient prises au niveau international[233] ;

- reconnaissant les besoins particuliers des pays en développement en matière de conservation et de gestion[234] ;

- prévoyant des procédures de règlement pacifique des différends entre les États parties[235].

L'Accord renforce aussi le rôle des organisations et arrangements régionaux de gestion de la pêche en faisant d'eux le principal moyen de coopération entre les États côtiers et les États pratiquant la pêche en haute mer pour la conservation et la gestion des stocks de poissons chevauchants et des stocks de poissons grands migrateurs. Pour en faire une exigence, l'Accord prévoit d'interdire en haute mer et sous certaines conditions, l'accès aux ressources biologiques à tout navire dont l'État du pavillon n'est pas membre d'une organisation ou ne participe pas à un arrangement et en plus n'accepte pas d'appliquer les mesures prises par l'organisation ou l'arrangement pour la conservation et la gestion des stocks chevauchants ou grands migrateurs dans une région ou une sous-région[236]. Toutefois, l'Accord reste muet sur le sort qui doit être réservé à de tels navires lorsqu'ils osent quand même pêcher ces stocks[237].

L'accord renferme des dispositions très détaillées destinées au respect de la réglementation et à la répression des infractions. Par exemple, les États parties se voient reconnaître, au titre de la coopération sous-régionale et régionale en matière de police, le pouvoir d'arraisonner et d'inspecter les navires de pêche battant pavillon d'un autre État partie et les infractions graves sont précisées[238]. Qui de plus est, l'État du port a le droit et l'obligation de prendre

---

[232] Partie V de l'Accord de New York

[233] L'article 19 fait apparaitre le rôle de premier plan de l'État du pavillon dans le respect de la réglementation et l'exercice des pouvoirs de police.

[234] Partie VII de l'Accord de New York, composée des articles 24, 25 et 26.

[235] Partie VIII de l'Accord de New York composée des articles 27 à 30.

[236] Article 8 alinéa 4. de l'ANUP ou Accord de New York

[237] Aly SAMB, *op. cit.*, note de bas de page N° 124

[238] L'article 21 paragraphe 11 dispose « *Aux fins du présent article, on entend par infraction grave le fait : a) De pêcher sans licence, autorisation ou permis valide délivré par l'État du*

des mesures, conformément au droit international, pour garantir l'efficacité des mesures sous régionales, régionales et mondiales de conservation et de gestion.

L'accord fait ainsi jouer un rôle non négligeable à l'État du port dans la réalisation de ses objectifs. En effet, l'article 23 de ce texte invite les États du port à prendre, hormis les règles pour garantir l'efficacité des mesures sus-évoquées, des mesures de contrôle des documents, engins et captures à bord des navires se trouvant dans leurs ports ou leurs installations terminales au large. L'adoption de l'Accord sur les stocks chevauchants de 1995 a ainsi permis de renforcer les dispositions de l'Accord de conformité de 1993 de la FAO[239].

Pour une meilleure garantie de son application et conscient de la faiblesse des moyens des États en développement parties pour faire face à leurs obligations, l'Accord[240] prévoit une assistance[241] en leur faveur, soit directement, soit par l'intermédiaire du Programme des Nations Unies pour le développement (PNUD), de l'Organisation des Nations unies pour l'alimentation et l'agriculture (FAO) et d'autres institutions spécialisées, du

---

pavillon conformément au paragraphe 3, lettre a) de l'article 18 ; b) De s'abstenir de consigner avec exactitude les données sur les captures et données connexes, comme l'exige l'organisation ou arrangement de gestion des pêcheries sous régional ou régional compétent, ou de faire une déclaration grossièrement inexacte sur les captures au mépris des règles fixées par ladite organisation ou ledit arrangement en matière de déclaration des captures ; c) De se livrer à la pêche dans un secteur fermé, de pêcher en dehors des temps d'ouverture, de pêcher sans quota fixé par l'organisation ou arrangement de gestion des pêcheries sous régional ou régional compétent ou après avoir atteint un tel quota ; d) D'exploiter un stock qui fait l'objet d'un moratoire ou dont la pêche est interdite ; e) D'utiliser des engins de pêche prohibés ; f) De falsifier ou de dissimuler les marquages, le nom ou l'immatriculation d'un navire de pêche ; g) de dissimuler, d'altérer et de faire disparaître des éléments de preuve intéressant une enquête ; h) de commettre des infractions multiples qui, ensemble constituent une méconnaissance grave des mesures de conservation et de gestion ; ou i) De commettre toutes autres infractions qui pourraient être spécifiées dans les procédures établies par l'organisation ou arrangement de gestion des pêcheries sous régional ou régional compétent ».

239 Cf. supra, première partie, titre I, chapitre I, section II.

240 Article 24 de l'Accord de New York

241 Suite à cette option d'un fonds spécial pour aider les pays en développement parties, l'Assemblée générale de l'ONU a adopté, en 2003, la Résolution 58/113 qui établit le fonds d'aide. Ce fonds volontaire vise à aider les pays en développement dans la mise en application de l'Accord. Au 31 décembre 2009, le fonds a reçu des contributions s'élevant à 836 153 $[241]. Source Océans et droit de la mer. Division des affaires maritimes et du droit de la mer Fonds d'assistance créé au titre de la partie VII de l'Accord aux fins de l'application des dispositions de la Convention des Nations Unies sur le droit de la mer du 10 décembre 1982 relatives à la conservation et à la gestion des stocks de poissons dont les déplacements s'effectuent tant à l'intérieur qu'au-delà de zones économiques exclusives (stocks chevauchants) et des stocks de poissons grands migrateurs. Mis-à-jour: 16-12-2009, disponible sur: *http://www.un.org/Depts/los/convention_agreements/fishstocktrustfund/fishstocktrustfund_fr.htm*

Fonds pour l'environnement mondial (FEM), de la Commission du développement durable et des autres organismes ou organes internationaux et régionaux compétents.

De manière générale, nous pouvons dire que l'Accord de 1995 sur les stocks de poissons a marqué une étape décisive dans l'établissement d'un régime juridique global pour la conservation et l'exploitation durables des stocks de poissons chevauchants et des stocks de poissons grands migrateurs. Toutefois, même s'il reste encore beaucoup à faire avant que l'Accord ne puisse être appliqué intégralement et efficacement, son impact réel sur la gouvernance des pêcheries[242], depuis son entrée en vigueur, n'est plus à démontrer. Le nombre de pays décidant d'adhérer à l'Accord sur les stocks de poissons a augmenté régulièrement.

De plus, l'Assemblée générale a encouragé les pays à étendre l'application des principes énoncés dans l'Accord à tous les stocks de poissons des grands fonds océaniques et aux stocks de poissons hauturiers[243]. Les principes généraux de l'Accord figurent également parmi ceux clés énoncés dans les directives internationales de la FAO sur la gestion de la pêche profonde en haute mer et sur la protection des écosystèmes marins vulnérables de 2008[244].

Plusieurs organisations régionales de gestion des pêches ont procédé, ou sont en train de procéder, à une étude de leur performance[245] en s'appuyant sur les dispositions pertinentes de l'Accord pour évaluer la façon dont elles s'acquittent de leurs fonctions et de leur mandat. Certaines ont également révisé leur instrument constitutif de façon à y intégrer les principes consacrés dans l'Accord[246].

---

242 Selon l'article 10 alinéa 2 de la loi N° 98 - 32 du 14 avril 1998 portant code de la pêche maritime, le terme pêcherie désigne un ou plusieurs ensembles de stocks d'espèces et les opérations fondées sur ces stocks, qui, identifiés sur la base de caractéristiques géographiques, économiques, sociales, scientifiques, techniques ou récréatives, peuvent être considérés comme une unité aux fins de conservation, de gestion et d'aménagement.

243 Il faut aussi s'intéresser aux stocks de la Haute mer même s'ils n'ont pas de contact avec les ZEE

244 Cf. *www. FAO.org/publications*

245 Les examens des performances se sont révélés des instruments externes efficaces pour mettre en évidence dans quelles directions s'orienter et renforcer les mesures qui incident les pays membres des ORGP à entreprendre des changements. Ces examens ont essentiellement été réalisés par des experts indépendants dotés d'un mandat très étendu, de manière à leur garantir une crédibilité interne et externe. Procéder régulièrement à des examens permet, en outre, de tenir compte de la nature dynamique du contexte politique, économique, social et environnemental dans lequel les ORGP mènent leur action. Cf. Renforcement des organisations régionales de pêche © OECD 2009. Disponible sur: *www.oecd.org/editions/corrigenda.*

246 Un certain nombre d'ORGP ont fait l'objet de profondes modifications au cours des dix dernières années. Ces modifications ont eu des buts divers : modernisation des traités créant certaines organisations régionales de la gestion des pêches, amélioration des mesures de gestion et de conservation (en vue particulièrement de réduire les conséquences de la pêche INN) et intégration de principes, comme l'approche de précaution et l'approche

Depuis 1995, d'importantes initiatives ont été prises pour combler les lacunes existant dans la gouvernance des pêches hauturières dans le monde[247].

L'Accord sert de modèle de législation sur la gestion des pêches. De nombreux États ont intégré les principes qui y sont consacrés dans leurs lois et réglementations sur les pêches. En 2006, les États ont tenu une conférence d'examen qui a abouti à un ensemble complet de recommandations visant à renforcer l'application de l'Accord. Un grand nombre de ces recommandations a ensuite été approuvé par l'AGNU et repris dans sa résolution annuelle[248] sur la viabilité des pêches. Ces recommandations ont également débouché sur une série d'initiatives internationales destinées à améliorer la conservation et la gestion des stocks de poissons chevauchants et des stocks de poissons grands migrateurs[249].

La Conférence évaluative de reprise de l'Accord sur la mise en application des dispositions de la Convention des Nations Unies sur le droit de la mer (CMB), touchant à la conservation et à la gestion des stocks de poissons chevauchants et des Stocks de poissons grands migrateurs (l'ANUP) s'est tenue du 24 au 28 mai 2010, au siège de l'ONU à New York. La Conférence d'examen a été mandatée par l'Article 36 de l'Accord des Nations Unies sur les stocks de poissons et par les résolutions 63/112 et 64/72 de l'AGNU[250].

Le document final sur lequel les délégués ont convenu et qui a été adopté au terme du cinquième et dernier jour de la réunion, donne des orientations sur l'avenir du processus de l'ANUP en indiquant que les consultations

---

écosystémique, dans la gestion. Le rythme et l'ampleur de ces changements varient considérablement d'une ORGP à l'autre, de même que le succès de la refonte de la gouvernance, du fonctionnement et des structures des institutions entreprise pour accroître l'efficacité de la gestion des pêches sous leur juridiction. Pour être à même de renforcer de l'efficacité des ORGP, il est primordial que les parties contractantes sachent tirer des leçons des changements réalisés dans le passé. En particulier elles seront ainsi en mesure d'éviter les impasses et les pièges qui peuvent porter un coup d'arrêt au processus de mutation voir même en anéantir les effets: de plus elles pourront mettre en place des mécanismes qui se sont révélés efficaces dans d'autres circonstances. Cf. Renforcement des organisations régionales de pêche © OECD 2009. Disponible sur: <u>www.oecd.org/editions/corrigenda</u>, *op. cit.*, note de bas de page 246

[247] De nouvelles organisations régionales de gestion des pêches ont été créées, notamment l'une pour l'Atlantique Sud-est et l'autre pour le Pacifique occidental et central. Des accords ont été conclus en vue de la création de deux autres organisations, pour le secteur sud de l'océan Indien et pour le Pacifique Sud, et des négociations sont en cours afin d'instaurer un arrangement régional pour le Pacifique Nord.

[248] Voir les résolutions 63/112 et 64/72 de l'Assemblée générale.

[249] New York, 24 – 28 mai 2010 - Reprise de la Conférence d'examen de l'Accord relatif à la conservation et à la gestion des stocks de poissons dont les déplacements s'effectuent tant à l'intérieur qu'au-delà de zones économiques exclusives (stocks chevauchants) et des stocks de poissons grands migrateurs - Nations Unies - Publié par le Département de l'Information de Nations Unies | Mai 2010 | DPI/2556 B - <u>www.un.org/Depts/los/index.htm</u>

[250] Ces résolutions stipulent que la Conférence évaluative, qui s'est initialement réunie en 2006, pourra reprendre ses travaux du 24 au 28 mai 2010.

officieuses des États parties (COEP)[251] allaient se poursuivre et que la Conférence évaluative officielle pourrait reprendre, mais pas avant 2015[252].

En conclusion, nous pouvons dire que même si l'Accord de 1995 est considéré par certains comme renforçant la faveur donnée aux intérêts de l'État côtier, force est de reconnaître qu'il encourage les États à pratiquer une « *pêche responsable* » et à adopter des approches écosystémiques de la gestion des pêcheries[253].

Le Sénégal, de par sa position géographique, ses infrastructures portuaires et sa flotte de pêche[254], a un rôle très important à jouer dans la mise en œuvre de l'Accord.

---

[251] Consultations informelles 2007-2010 (COEP 6-9): Depuis la Conférence évaluative de 2006, la COEP s'est réunie à quatre reprises. Sa focalisation a englobé: la performance des ORGP et les contrôle, suivi et surveillance de la pêche illicite, non déclarée et non réglementée (INN) (COEP 6); les non-parties et un suivi de la Conférence évaluative (COEP 7); et une plus large participation dans l'Accord et les premiers préparatifs pour la Conférence évaluative de reprise (COEP 8). La COEP 9 s'est tenue les 16 et 17 mars 2010. Conformément à la Résolution 64/72 de l'Assemblée générale, les délégués se sont concentrés sur la préparation de la Conférence évaluative de reprise. Les participants ont examiné le rapport du Secrétaire général destiné à la Conférence évaluative de reprise (A/CONF.210/2010/1). Ils ont également examiné l'organisation des travaux, l'ordre du jour provisoire ainsi que le Bureau et les résultats attendus de la Conférence évaluative de reprise. En outre, les participants ont examiné d'éventuelles actions et manifestations futures après la Conférence évaluative de reprise. Cf. Compte rendu de la Conférence évaluative de reprise de l'Accord des Nations unies sur les stocks de poissons: 24-28 MAI 2010. Cf. Linkages Bulletin des Négociations de la Terre Un service d'information sur les négociations en matière d'environnement et de développement. En Ligne sur http://www.iisd.ca/oceans/sfsrc/· Vol. 7 No. 65 Publié par l'Institut International du Développement Durable (IIDD) Lundi 31 mai 2010.

[252] Compte rendu de la Conférence évaluative de reprise de l'Accord des Nations unies sur les stocks de poissons: 24-28 MAI 2010. Cf. Linkages Bulletin des Négociations de la Terre Un service d'information sur les négociations en matière d'environnement et de développement. En Ligne sur *http://www.iisd.ca/oceans/sfsrc/·* Vol. 7 No. 65 Publié par l'Institut International du Développement Durable (IIDD) Lundi 31 mai 2010, *Ibid.*

[253] Cf. Natacha BALINOFF, *op. cit.,* note de bas de page 47.

[254] Les armateurs sénégalais disposent d'une modeste flotte de pêche de ces espèces, toutefois, le Sénégal cède le reliquat du quota des thonidés qu'il a reçus de l'ICCAT à des navires étrangers dans le cadre d'accord le liant à leurs États. Ceci est d'ailleurs l'objet de l'Accord de partenariat pour une pêche durable qui vient d'être signé avec l'Union européenne. Jusque-là, cependant, bénéficiait du reliquat du quota sénégalais sur les thonidés, des armateurs Canneurs privés espagnols et français basés Dakar à travers un protocole de Pêche signé à Dakar, le 17 mai 2013, entre le Ministère de la Pêche et des Affaires maritimes représenté par le Ministre Papa DIOUF, d'une part ; et les armateurs de canneurs espagnols et français basés à Dakar, désignés sous l'acronyme des "thoniers canneurs" , représentés par leurs consignataires ALTAMAR et CNMP ainsi qu'un Représentant de l'Association regroupant lesdits canneurs dûment habilités d 'autre part. Les thoniers canneurs bénéficiaires de cette autorisation sont: les canneurs espagnols : Berriz San Francisco, lribar Zulaika, Gastelugaitz, Nuevo San Luiz, Pilar Torre, Kermantxo et Aila Fraxku et un canneur français: Corona d 'EL Mar. l'objectif de ce protocole est noble si on se réfère à son préambule. En effet, il se justifie par les difficultés d'approvisionnement en matières

L'étude de la Convention de Montego Bay et de l'ANUP[255] de 1995 montre que l'Organisation des Nations unies s'est particulièrement distinguée dans l'élaboration d'un cadre juridique international efficace devant permettre une gestion durable des ressources halieutiques dans toutes les parties de la mer. Toutefois, ceci ne doit pas nous conduire à occulter l'action de la FAO qui s'est illustrée pour avoir permis de mettre en exergue les rôles et responsabilités de l'État du pavillon et de l'État du port dans la lutte contre la pêche INN à travers des dispositions contraignantes ; d'où le paragraphe suivant.

Paragraphe II : Les instruments adoptés dans le cadre de l'Organisation des Nations unies pour l'alimentation et l'agriculture

L'Organisation des Nations unies pour l'Alimentation et l'Agriculture[256], connue sous les sigles ONUAA ou, plus couramment, en anglais FAO (Food and Agriculture Organisation of the United Nations) est une institution spécialisée du système des Nations unies conformément aux termes de l'article 57 de la Charte des Nations Unies[257], créée en 1945 à Québec. Son objectif suprême affiché est d'« aider à construire un monde libéré de la faim », sa devise, inscrite sur son logotype, est « Fiat panis »[258].

---

premières de l'industrie thonière sénégalaise et du marché local, consécutives à la suspension des négociations pour le renouvellement du Protocole 'Accord de pêche qui lie le Sénégal à la Communauté européenne. De plus les stocks importants de thon qui existent dans les eaux sous juridiction sénégalaise et la volonté exprimée par les canneurs français et espagnols à pêcher et à débarquer le thon au Sénégal le justifie aussi. Toutefois ce protocole pêche par la qualité des parties car si le Ministre de la pêche est habilité à signer des accords de pêches, il ne peut le faire qu'avec les représentants habilites des États d'origine des armateurs concernés et non, directement avec des privés. À ce propos, l'article 16 du Code de la pêche du Sénégal dispose que: *« Les navires de pêche battant pavillon étranger sont autorisés à opérer dans les eaux sous juridiction sénégalaise soit dans le cadre d'un accord de pêche liant le Sénégal à l'État du pavillon ou à l'organisation qui représente cet État, soit lorsqu'ils sont affrétés par des personnes de nationalité sénégalaise ».*

[255] Il s'agit de l'Accord sur les stocks chevauchants, *op. cit.*, première partie, titre I chapitre I, section II.

[256] Selon l'article premier de l'acte constitutif de la FAO, le terme « *agriculture* » englobe les pêches, les produits de la mer, les forêts et les produits bruts de l'exploitation forestière.

[257] L'article 57 de la Charte des Nations Unies est ainsi conçu: « *1. Les diverses institutions spécialisées créées par accords intergouvernementaux et pourvues, aux termes de leurs statuts, d'attributions internationales étendues dans les domaines économique, social, de la culture intellectuelle et de l'éducation, de la santé publique et autres domaines connexes, sont reliées à l'Organisation conformément aux dispositions de l'article 63* ».
« 2. *Les institutions ainsi reliées à l'Organisation sont désignées ci-après par l'expression "institutions spécialisées"* ».

[258] C'est une expression latine signifiant « *qu'il y ait du pain (pour tous)* ».

Son siège est à Rome, au Palazzo FAO, depuis 1951. Depuis le 15 juin 2013, la FAO compte 197 membres[259]. Le Sénégal a été admis comme membre à la FAO, le 09 novembre 1961.

Pour aider les pays (pauvres et riches) à mieux maîtriser leurs ressources et à avoir une vision prospective, la FAO fournit des informations et harmonise les normes dans les domaines de la nutrition, de l'agriculture, des forêts et de la pêche. Elle conseille les gouvernements, leur fournit un espace de débat multilatéral et organise des forums neutres entre les États pour débattre des principaux problèmes relatifs à l'agriculture et l'alimentation[260].

Pour mener à bien sa mission dans le domaine qui nous concerne, la FAO s'appuie sur le Comité des pêches[261] prévu au paragraphe 6 de l'article V de l'Acte constitutif[262] et qui est ouvert à tous les États membres de l'Organisation. Le Comité comprend les États membres qui ont notifié par écrit au Directeur général leur désir d'y adhérer et leur intention de participer à ses travaux.

L'une des missions affichées du Comité des pêches est d'examiner l'opportunité de préparer et de soumettre aux États membres une convention internationale dans le cadre de l'article XIV[263] de l'Acte constitutif, afin d'assurer une coopération et des consultations internationales efficaces dans le domaine des pêches à l'échelon mondial[264].

La FAO a ainsi permis la conclusion, sous ses auspices, de l'Accord de 1993 visant à favoriser le respect par les navires de pêche en haute mer des

---

259 Soit 194 pays membres, une Organisation membre (l'Union européenne) et deux membres associés (les Îles Féroé et Tokélaou).

260 Disponible sur www.wikipedia.org

261 Ce point 6 est ainsi libellé: « *Dans l'exécution de ses fonctions, le Conseil est assisté: a) d'un Comité du programme, d'un Comité financier et d'un Comité des questions constitutionnelles et juridiques, qui rendent compte au Conseil; et b) d'un Comité des produits, d'un Comité des pêches, d'un Comité des forêts et d'un Comité de l'agriculture, qui rendent compte au Conseil sur les questions relatives au programme et au budget et à la Conférence sur les questions de politiques et de règlementation* ».

262 Cf. Recueil des textes fondamentaux de l'Organisation des Nations unies pour l'Alimentation et l'Agriculture. Volume I. édition 2013. Disponible sur le site web de la FAO (www.fao.org/publications). *Op. cit.*,

263 Les alinéas 1 et 2 de l'article XIV intitulé « *Conventions et accords* » sont ainsi libellés : 1. La Conférence peut, à la majorité des deux tiers des suffrages exprimés et conformément à la procédure adoptée par elle, approuver et soumettre à l'examen des États Membres des conventions et accords relatifs à l'alimentation et à l'agriculture. 2. Le Conseil, suivant une procédure à adopter par la Conférence, peut, à condition que les deux tiers de ses membres y soient favorables, approuver et soumettre à l'examen des États Membres: a) des accords relatifs à l'alimentation et à l'agriculture qui intéressent spécialement les États Membres de zones géographiques déterminées par ces accords et ne sont destinés à s'appliquer qu'à ces zones; b) des conventions ou accords complémentaires destinés à assurer l'application de tout accord ou convention entrés en vigueur en vertu des dispositions des paragraphes 1 ou 2a) ».

264 Voir l'article 30 point 6.c du Règlement général de la FAO.

mesures internationales de conservation et de gestion (A) et de l'Accord relatif aux mesures du ressort de l'État du port visant à prévenir, contrecarrer et éliminer la pêche illicite, non déclarée et non réglementée (B).

A. L'Accord visant à favoriser le respect par les navires de pêche en haute mer des mesures internationales de conservation et de gestion de 1993

L'intention initiale qui a motivé la rédaction du projet de l'accord de 1993 appelé aussi Accord de conformité[265] et les négociations y relatives était de traiter de la pratique du changement de pavillon pour échapper aux contrôles ; pratique appelée repavillonnement d'un navire ou, en anglais, « *reflagging* »[266]. Le problème du changement de pavillon par les bateaux de pêche a été soulevé à l'origine lors de la Conférence internationale sur la pêche responsable, tenue en mai 1992 et la Déclaration de Cancun, formulée à cette occasion, demandait aux États d'« *adopter des mesures efficaces, en accord avec le droit international, pour que les navires ne puissent pas, dans le but d'échapper aux réglementations concernant la conservation et l'aménagement des activités de pêche en haut mer, changer de pavillon* ». Un appel similaire a été aussi lancé par la conférence des Nations Unies sur l'Environnement et le Développement dans son programme Action 21 et par la Consultation technique sur la pêche en haute mer de la FAO, en septembre 1992. À sa 102ème session, tenue en novembre 1992, le Conseil de la FAO a convenu que la question du changement de pavillon devait être examinée en priorité et a chargé le secrétariat de la FAO de faciliter, en utilisant une procédure accélérée, la négociation d'un accord international[267].

---

265 La conformité dont il est question ici est celle du navire et de l'État du pavillon avec les mesures internationales de conservation et de gestion.

266 Voir G. Moore, « *The FAO compliance Agreement* » in M. Nordquist and J. More (eds.) Current Fisheries Issues and the Food and Agriculture Organization of the United Nations. The Hague, Martinus Nijhoff Publishers, 2000, p. 78.

267 La tache assignée par le conseil de la FAO en novembre 1992 a donné lieu à un processus de négociation exceptionnellement rapide. Un groupe d'experts informel s'est réuni à Rome en février 1993 afin de préparer un premier projet d'accord. Un groupe de travail à composition non limitée, créé à cette fin, a examiné le projet lors de la vingtième session du Comité des pêches, tenue à Rome en mars 1993. À sa cent troisième session, tenue en juin 1993, le Conseil de la FAO a ensuite examiné le texte à nouveau par l'intermédiaire d'un comité technique à composition non limitée qui s'est réuni parallèlement à la session plénière du Conseil. Lors de cette session, le Conseil s'est mis d'accord sur les principes généraux du projet d'accord mais a été incapable, faute de temps, d'arriver à un accord sur toutes les dispositions du texte définitif. Le Conseil a donc demandé au secrétariat de la FAO de poursuivre des consultations officieuses avec les membres de la FAO en vue de résoudre les problèmes en suspens. Ces consultations officieuses se sont tenues lors de la deuxième session de la Conférence des Nations Unies sur les stocks de poissons dont les déplacements s'effectuent tant à l'intérieur qu'au delà de zones économiques exclusives (stocks chevauchants) et les stocks de poissons grands migrateurs, tenue à New York en juillet 1993, et ont abouti à un consensus sur l'ensemble du texte de l'Accord. Entre temps, le texte avait

Le 24 novembre 1993, au cours de sa vingt-septième session, la Conférence de la FAO a approuvé[268] le nouvel Accord visant à favoriser le respect par les navires de pêche en haute mer des mesures internationales de conservation et de gestion[269] aux termes de l'article XIV de l'acte constitutif de la FAO et l'a soumis à l'acceptation des gouvernements. Selon cet article, des conventions ou accords internationaux d'application générale dans le domaine de l'alimentation et de l'agriculture peuvent être adoptés par la Conférence et soumis aux membres de la FAO, aux membres associés et États non membres susceptibles de devenir parties pour adhésion[270]. Ce faisant, la conférence s'est félicitée « *de l'Accord qui constitue une réussite considérable et un événement marquant dans la gestion internationale des pêches en haute mer* ». L'Accord, tel qu'énoncé dans son préambule est (fera)[271] partie intégrante du Code international de conduite de pêche responsable ; Ce qui est confirmé plus tard par l'article premier dudit Code[272].

Aux termes du paragraphe premier de son article X, l'Accord est ouvert à l'adhésion des membres ou membres associés de la FAO ainsi que de tout État non membre qui est membre de l'Organisation des Nations unies ou de l'une des institutions spécialisées des Nations Unies ou de l'Agence internationale de l'énergie atomique. L'adhésion à l'Accord s'effectue par le dépôt d'un instrument d'adhésion auprès du Directeur général de la FAO.

Aux termes du paragraphe premier de son article XI, l'Accord est entré en vigueur le 24 avril 2003, date de réception par le Directeur général du vingt-cinquième instrument d'adhésion[273]. Le Sénégal a déposé son instrument le 08 septembre 2009. L'accord a été enregistré auprès du secrétariat des Nations Unies sous le No. 39486, le 1er août 2003.

L'objectif de l'Accord de conformité de 1993 apparaît dans son libellé à savoir favoriser le respect par les navires de pêche en haute mer des mesures internationales de conservation et de gestion. Toutefois, il faut préciser qu'en dépit de l'intention initiale[274] qui a motivé la rédaction de l'Accord, les

---

été distribué à tous les membres de la FAO aux fins d'observations dont il a été tenu compte par le Comité des questions constitutionnelles et juridiques lors de sa soixante-sixième session, tenue en octobre 1993, ainsi que lors de la dernière négociation du Comité technique composition non limitée, tenue au cours de la cent quatrième session du conseil en novembre 1993.

268 La conférence l'a adopté à cette occasion par sa Résolution 15/93.

269 Le texte de l'Accord est disponible sur : www.fao.org/Legal/TREATIES/Treaty-f.htm; Journal officiel des Communautés européennes, L177/26 (1996).

270 Voir note de bas de page N° 232

271 L'Accord de Conformité a précédé le Code de conduite dont il est considéré comme partie intégrante. C'est ce qui justifie l'utilisation du futur dans l'Accord.

272 Ce qui donne un caractère contraignant à certaines dispositions du Code de conduite, réputé pourtant d'application facultative.

273 C'est la République de Corée qui a adhéré à cette date.

274 Cette intention était de réglementer la pratique du changement de pavillon pour échapper aux contrôles.

délégués se sont concentrés, faute de consensus, sur la notion de responsabilité de l'État du pavillon et la « *libre circulation de l'information sur les opérations de pêche en haute mer* »[275]. Ces deux thèmes sont largement développés dans l'Accord[276].

Tout en reconnaissant la priorité donnée à l'État riverain de réglementer la pêche dans la zone de la Haute Mer adjacente à ses côtes et gardant à l'esprit la nécessaire coopération de l'État du port pour la réalisation de ses objectifs, l'Accord se fixe comme objectif principal de renforcer les devoirs et les responsabilités des États de pavillon pour ce qui concerne précisément le respect des mesures internationales de conservation et de gestion des pêcheries situées en haute mer. À cet égard, on peut retenir, notamment les obligations qui incombent aux Etats du pavillon par rapport à leurs navires qui pêchent en haute mer. D'autres moyens sont aussi prévus, toujours à l'adresse des États de pavillon parties, afin qu'ils puissent prendre les meilleures dispositions susceptibles de contraindre leurs navires pêchant en haute mer à mieux respecter la réglementation internationale.

En ce qui concerne la responsabilité de l'État du pavillon, chaque partie est tenue de prendre les mesures qui peuvent être nécessaires pour s'assurer que les navires de pêche autorisés à battre son pavillon n'exercent aucune activité susceptible de compromettre l'efficacité des mesures internationales de conservation et de gestion[277].

Lorsqu'elle accorde l'autorisation de pêcher, la partie doit s'assurer qu'elle est en mesure d'exercer efficacement les responsabilités que lui confère l'Accord envers ce navire. Les parties ont, en outre, l'obligation de n'autoriser des navires de pêche antérieurement immatriculés sur le territoire d'une autre partie et qui se sont livrés à des activités compromettant l'efficacité des mesures internationales de conservation et de gestion, à pêcher en haute mer que si certaines conditions sont remplies[278]. De plus, l'Accord exige de l'État du pavillon qu'il prenne des mesures coercitives[279] qui peuvent, notamment, consister à faire de toute violation de ses dispositions une infraction au regard de la législation nationale[280].

---

275 Le libellé officiel de l'Accord est : « *Accord visant à favoriser le respect par les navires de pêche en haute mer des mesures internationales de conservation et de gestion* », adopté en novembre 1993. Il est entré en vigueur le 24 avril 2003.

276 Voir Tafsir Malick NDIAYE. *Op. cit.*, note de bas de page N° 110

277 Article 3 paragraphe 2 de l'Accord de Conformité.

278 Article 3 paragraphes 3 et 5 l'Accord de Conformité.

279 Voir Rosemary Rayfuse « *To our Children's Children's Children : From Promoting to Achieving Compliance in High Seas Fisheries* », 20 International Journal of Maritime and Coastal Law, n° 3 et 4, 2005, p. 514.

280 Article 3 paragraphe 8 de l'Accord sur la conformité. L'Accord précise que « *les sanctions applicables en cas de telles violations doivent être d'une gravité suffisante pour garantir efficacement le respect des dispositions de l'Accord et priver les contrevenants des bénéfices*

Les autres obligations qui incombent à l'État du pavillon ont trait à la nécessité d'assurer « *la libre circulation de l'information sur les opérations de pêche en haute mer* ». L'État du pavillon est tenu de s'assurer que les navires sont marqués[281] et de fournir les informations nécessaires concernant leurs opérations de pêche, leurs captures et leurs débarquements[282].

Il doit tenir un fichier des navires battant son pavillon et qui sont autorisés à être utilisés pour la pêche en haute mer et les informations recueillies par lui doivent être communiquées, en temps réel, à la FAO[283]. Enfin, les Parties, notamment les États du port, ont l'obligation de coopérer en procédant à des échanges d'informations et en signalant aux États du pavillon les activités de navires dont elles estiment qu'elles sont susceptibles de compromettre les mesures de conservation et de gestion de la pêche en haute mer[284].

En conclusion, nous pouvons dire que si l'Accord de la FAO visant à favoriser le respect, par les navires de pêche en haute mer, des mesures internationales de conservation et de gestion du 24 novembre 1993 renforce les devoirs et les responsabilités de l'État du pavillon vis-à-vis de leurs navires, il met, en plus, à la disposition des États parties des moyens leur permettant d'œuvrer à contraindre tous les navires pêchant en haute mer à mieux respecter la réglementation internationale.

Toutefois, la pratique a démontré que les États du pavillon n'ont pas réussi à contrôler efficacement les opérations des navires de pêche battant leur pavillon ; ce qui a conduit, dans une large mesure, à compter de plus en plus sur les États du port pour lutter contre les pratiques de pêche non durable. La souveraineté de l'État dans ses eaux intérieures et ses ports ne fait l'objet d'aucune équivoque et c'est ce qui justifie que, selon un principe de droit international coutumier, les navires étrangers n'ont pas un accès systématique auxdits eaux et ports d'un État, sauf en cas de force majeure ou de détresse. Cependant, comme la juridiction d'un État s'applique sur l'étendue de son territoire, il n'est pas certain qu'un État du port puisse exercer sa juridiction sur un navire étranger lorsqu'il opère en dehors de son territoire. C'est pourquoi il a été jugé indispensable de donner des pouvoirs aux États du port, par le biais de traités, afin qu'ils puissent exercer cette juridiction. Ceci est l'objet de l'accord relatif aux mesures du ressort de l'État du port visant à prévenir, contrecarrer et éliminer la pêche illicite, non déclarée et non réglementée.

---

de leurs activités illégales. Ces sanctions comprennent pour les infractions graves, le refus, la suspension ou le retrait de l'autorisation de pêcher en haute mer ».

281 Cet accord consacre ainsi les règles de marquage des navires qui sont chères à l'État du Sénégal.

282 Article 3 paragraphes 6 et 7 de l'Accord de Conformité.

283 Article 4 de l'Accord sur la conformité.

284 Article 5 de l'Accord de Conformité.

B. L'accord relatif aux mesures du ressort de l'État du port visant à prévenir, contrecarrer et éliminer la pêche illicite, non déclarée et non réglementée

La pêche illicite, non déclarée et non réglementée, faut – il le rappeler, constitue partout dans le monde une menace pour la viabilité des pêcheries et pour la gestion et la conservation des ressources halieutiques et de la diversité biologique marine. Tout au long de la dernière décennie et devant le peu d'efficacité dont ont fait montre les Etats du pavillon, le rôle que pourraient jouer des contrôles renforcés de l'État du port dans la lutte contre la pêche INN, s'est peu à peu imposé à la communauté internationale. C'est ce qui a conduit à développer tout un arsenal de « mesures du ressort de l'État du port » (MREP)[285] qui sont des obligations imposées ou des dispositions prises par les États du port et auxquelles les navires de pêche étrangers doivent se soumettre pour être autorisés à utiliser les ports de ces États.

- Le processus d'élaboration de l'Accord MREP

S'il a beaucoup été question des mesures du ressort de l'État du port au cours de ces deux dernières décennies, la responsabilisation accrue de cette catégorie d'États dans la lutte contre la pêche INN a suivi un chemin un peu plus long. En effet, depuis la Convention des Nations Unies sur le droit de la mer de 1982, qui d'ailleurs traite très peu de la juridiction des États du port et essentiellement dans le contexte de la pollution marine[286], on a assisté à une évolution progressive du droit international sur la question des mesures du ressort de l'État du port dans le domaine de la pêche grâce notamment à l'adoption de l'Accord de conformité de la FAO de 1993 et de l'Accord de 1995 de l'ONU sur les stocks chevauchants et les stocks de poissons grands migrateurs.

À la suite de ces accords, des instruments facultatifs, à savoir le Code de conduite de la FAO pour une pêche responsable et le Plan d'action international visant à prévenir, à contrecarrer et à éliminer la pêche illicite, non déclarée et non réglementée (PAI – INN), étudiés plus haut[287], préconisent également la mise en œuvre de mesures du ressort de l'État du port pour lutter contre la pêche INN. Un certain nombre de devoirs de l'État du port est énuméré à l'Article 8.3 du Code de Conduite, alors que le PAI-INN, qui exhorte à renforcer les mesures du ressort de l'État du port et à en faire un plus

---

[285] Cf. Accord FAO de 2009 relatif aux mesures du ressort de l'État du port visant à prévenir, contrecarrer et éliminer la pêche illicite, non déclarée et non réglementée - Mise en valeur des ressources humaines : Le concept des Mesures du Ressort de l'État du Port. Publié par Département des pêches et de l'aquaculture. Disponible sur : *www.FAO.org*

[286] Partie XII de la CMB composée des articles 192 à 196.

[287] *Op. cit.,* Première partie, titre I, chapitre I, section I. de la présente étude

large usage, invite les États, à titre individuel ou collectivement, à mettre en pratique toute une série de mesures décrites aux paragraphes 52 à 64[288].

Malgré tout, dans ce contexte, les États du port jouaient un rôle secondaire. Ainsi, l'Accord de Conformité de la FAO cherchait à étouffer les pratiques de pêche qui enfreignent les mesures internationales de conservation et de gestion, notamment en imposant des réglementations plus étroites pour les actions entreprises par les États du pavillon à l'encontre des navires autorisés à battre leur pavillon, tout en requérant que l'État du port coopère avec l'État du pavillon dans le cas d'une violation de ces mesures[289]. L'ANUP est allé plus loin en disposant que les États du port ont le « droit et le devoir » de promouvoir « *les mesures internationales de conservation et de gestion* »[290]. Au titre de ce droit, l'ANUP déclare que les États du port « *peuvent* » agir contre les navires de pêche étrangers notamment par les inspections et le refus d'accès au port, reconnaissant ainsi l'importance de l'État du port pour contrôler la pêche INN[291]. Cependant, la plupart des dispositions de l'ANUP mettaient l'accent sur les États du pavillon. Il en est de même pour le Code de conduite pour une pêche responsable de la FAO qui encourage simplement les États du port à assister les États du pavillon dans leurs obligations[292]. Bien que ces instruments et la pratique des Etats ne nient pas la souveraineté des États sur leurs ports conformément au droit coutumier international, ils n'insistent pas sur la capacité d'action des États du port contre la pêche INN pratiquée dans des zones au-delà de leur juridiction nationale.

Après l'entrée en vigueur de l'Accord de 1993 de la FAO, de l'ANUP de 1995, et l'adoption du PAI – INN, la FAO a entrepris l'élaboration de normes concernant les contrôles dans les ports de pêche. En 2005, le Comité des pêches de la FAO (COFI)[293] a approuvé le Dispositif-type relatif aux mesures du ressort de l'État du port dans le contexte de la lutte contre la pêche illicite, non déclarée et non réglementée[294], qui recommande des normes internationales minimales pour ces mesures, en exigeant une mise en œuvre appropriée au niveau régional ou national. Au cours de la même session, le COFI a invité la FAO à établir, en consultation avec ses membres, une base de données sur les mesures du ressort de l'État du port pour lutter contre la pêche

288 Ces articles sont consacrés exclusivement aux mesures du ressort de l'État du port.

289 Accord de la FAO visant à favoriser le respect par les navires de pêche en haute mer des mesures internationales de conservation et de gestion, du 24 novembre 1993, 33 ILM 368 (ci-après Accord de conformité)

290 Cf. Art. 23 (1), ANUP, 4.08.95

291 Cf. id. Art. 23(2) et (3)

292 Cf. Art. 8.3.2, Code de conduite de la FAO pour une pêche responsable; aucune approche alternative ne pouvait être retenue en raison du caractère non juridiquement contraignant de cet instrument.

293 Ce sont les initiales en anglais du Comittee of fisheries

294 Cf. Résolution de l'Assemblée générale des Nations Unies A/RES/60/31, 2005, §33, 36, 42; Résolution de l'Assemblée générale des Nations Unies A/RES/61/105, 2006, §33, 39, 42-44

INN et c'est ainsi que la base de données de la FAO sur les MREP a été créée. Bien que le Dispositif type soit un instrument plus élaboré que le PAI-INN en ce qui concerne les MREP, son succès potentiel est limité par sa nature volontariste.

L'insuffisance de cette avancée fut attestée par l'adoption de plusieurs résolutions des Nations Unies appelant les États à négocier un accord contraignant sous les auspices de la FAO[295]. Le processus consultatif ouvert à tous sur les Océans et le Droit de la Mer, dans son rapport de juillet 2005 devant l'Assemblée générale promeut aussi l'idée d'un instrument juridiquement contraignant, sur la base du Dispositif type[296]. En effet, par manque de ressources ou absence de volonté politique, les États du pavillon sont souvent incapables ou peu disposés à mettre en œuvre des lois efficaces contre la pêche INN[297]. Pourtant, si les navires de pêche peuvent éviter les autorités des États du pavillon et des États côtiers[298], il ne peut en être de même pour l'État du port. En effet, ils doivent nécessairement venir au port pour apporter leur poisson sur le marché. Bien qu'ils puissent utiliser, sans restriction, les ports des États dont ils portent le pavillon (si l'État de pavillon le choisit)[299], ceci n'est pas toujours économiquement viable. Renforcer l'autorité de l'État du port devient pertinent en raison du rôle commercial du port qui est le lieu stratégique d'entrée du poisson sur le marché. Le port est au début et à la fin des opérations maritimes. C'est un point de passage obligé dans la chaîne d'approvisionnement pour l'industrie de la pêche INN. À partir du moment où les Etats appliqueront des MREP uniformes, les «*ports de complaisance*» cesseront d'exister et les points de passage obligés se resserreront[300]. Les pêcheurs INN seront interceptés avant de pouvoir vendre leur poisson et privés dès lors du profit économique qui stimule la poursuite de toute activité de pêche INN[301]. Conscient de la nécessité d'élaborer de toute urgence une série complète et détaillée de MREP pour lutter contre la pêche INN, le COFI a approuvé, en 2007, la demande de la communauté internationale appelant à élaborer un instrument contraignant relatif aux MREP, sur la base du Dispositif-type et du PAI-INN. C'est ainsi qu'en mars

---

295 Rapport sur les travaux du Processus consultatif informel ouvert à tous sur les océans et le droit de la mer à sa sixième réunion (A/60/99), 2005, §9(e), 2005

296 *Ibid.* Rapport sur les travaux du Processus consultatif informel ouvert à tous sur les océans et le droit de la mer à sa sixième réunion (A/60/99), 2005, §9(e), 2005

297 Cf. Diane Erceg, Deterring IUU fishing through state control over nationals, 30 MARINE POLICY 173, 176 (2006); voir le Plan d'action international pour la gestion des capacités de pêche (PAI-Capacités), FAO, 1999. Disponible sur : *www.fao.org/DOCREP/006/X 3170F/X3170F04.HTM*

298 Cf. The Pew Environment group, Port State Performance : *www.portstateperformance.org/*

299 Il en est ainsi en cas d'obligation de débarquement, par exemple.

300 Voir article 7 accord INN.

301 Report of the FAO/APFIC Regional Workshop on Port State Measures to Combat Illegal, Unreported, and Unregulated Fishing for the South Asian Subregion, §10, U.N. Doc. FIEL/R896 (En) 10-13 February, 2009

2007, le COFI appela à l'adoption d'un accord juridiquement contraignant sur les mesures du ressort de l'État du port pour lutter contre la pêche INN[302]. Une consultation d'experts se réunit en septembre 2007 pour développer le projet d'un tel instrument[303]. À la suite de plusieurs réunions préparatoires de consultation technique[304] pour amender et finaliser la rédaction du projet d'accord[305], celui - ci fut soumis par le Conseil de la FAO à la Conférence de la FAO[306]. La Conférence de la FAO l'approuva à sa trente-sixième session, le 22 novembre 2009, par la Résolution n° 12/2009[307]. L'Accord est resté ouvert à la signature pendant un an. Le 21 novembre 2010 expira la période réservée à la signature[308]. Dans cette période, 23 membres de la FAO ont signé l'Accord[309].

Celui-ci entrera en vigueur trente jours après la date du dépôt auprès du Directeur général de la FAO du vingt-cinquième instrument de ratification, d'acceptation, d'approbation ou d'adhésion. À la date du 11 mars 2014, dix (10) États membres de la FAO (dont l'Union européenne) avaient déjà ratifié l'Accord[310].

---

302 Cf. Rapport de la vingt-septième session du Comité des pêches. Rome, 5-9 mars 2007. FAO Rapport sur les pêches. No. 830. Rome, FAO. 2007. 77p.

303 Cf. Rapport de la Consultation d'experts chargée d'élaborer un projet d'instrument juridiquement contraignant sur les mesures du ressort de l'État du port (ci-après la Consultation d'experts). Washington, États-Unis d'Amérique, 4-8 septembre 2007. FAO Rapport sur les pêches. n° 846. Rome, FAO. 2008. 22p. ftp.fao.org/docrep/FAO/010/a1375f/a1375f00.pdf

304 Le Sénégal y a pris part. Cf. liste des délégations annexée au Rapport de la Consultation technique destinée à la rédaction d'un instrument juridiquement contraignant relatif aux mesures du ressort de l'État du port visant à prévenir, à contrecarrer et à éliminer la pêche illicite, non déclarée et non réglementée, infra. Note suivante

305 Cf. Rapport de la Consultation technique destinée à la rédaction d'un instrument juridiquement contraignant relatif aux mesures du ressort de l'État du port visant à prévenir, à contrecarrer et à éliminer la pêche illicite, non déclarée et non réglementée (la Consultation technique). Rome, 23–27 juin 2008, 26–30 janvier 2009, 4–8 mai 2009 et 24–28 août 2009, *op. cit.,* note de bas. Rapport FAO sur les pêches et l'aquaculture. N° 914. Rome, FAO. 2009. 79p. de page 304, www.fao.org/docrep/012/i1122f/i1122f00.htm

306 Rapport du Conseil de la FAO, Cent trente-septième session, Rome, 28.09.2009 – 2.10.2009, disponible sur : ftp://ftp.fao.org/docrep/fao/meeting/018/k5962f01.pdf

307 Cf. Rapport de la Conférence de la FAO, 18-23.11.2009 - www.fao.org/docrep/meeting/019/k6302f.pdf

308 Cf. Bureau juridique, Accord MREP : www.fao.org/Legal/treaties/037s-f.htm (dernier accès au 19.11.2010). L'Accord est aussi disponible sur : http://www.fao.org/Legal/ treaties/list1-f.htm

309 De plus, pendant la session de 2011 du Comité des pêches de la FAO, 13 Membres ont fait savoir que des procédures étaient en cours dans leur pays pour ratifier, accepter ou approuver l'Accord. Source FAO.

310 Voir statut de l'Accord sur les mesures du ressort de l'Etat du port, disponible sur *www.FAO.org*.

- Contenu et objectifs de l'Accord MREP

L'Accord relatif aux mesures du ressort de l'État du port visant à prévenir, contrecarrer et éliminer la pêche illicite, non déclarée et non réglementée s'efforce de considérer la pêche INN dans sa dimension aggravée. Les mesures mises en évidence dans l'Accord cherchent à imposer un régime juridique plus strict (parce que contraignant) et uniforme en vue de réduire la pratique du « *butinage portuaire, d'éliminer les ports de complaisance* »[311] et d'augmenter les pénalités infligées aux pêcheurs INN appréhendés par les autorités[312].

L'expérience a démontré que les mesures volontaristes produisent peu d'effet sur le dynamisme de l'État du port dans la lutte contre la pêche INN. Sans un accord international sur les mesures du ressort de l'État du port, ces derniers pourraient être réfractaires à exercer, dans leur port, leur autorité sur les navires étrangers s'étant livrés à des activités de pêche INN dans des zones maritimes ne relevant pas de leur juridiction nationale comme, par exemple, en haute mer[313]. L'Accord sur les mesures du ressort de l'État du port confirme et renforce la compétence de l'État du port en accentuant son intervention résiduelle dans son port individuellement, ou collectivement à travers les organisations régionales des pêches. Cet Accord clarifie et confirme la capacité des États du port à agir contre la pêche INN et les activités connexes dans les zones situées au-delà de la compétence territoriale nationale et cela, par le biais de l'exercice efficace et collectif de la souveraineté de l'État du port. C'est un point important, car bien que les Etats du port aient toujours été dans une position stratégique pour combattre la pêche INN à travers notamment le contrôle du trafic étranger dans leur port, ils ont manifesté, traditionnellement, un manque de volonté politique en ce sens.

En leur reconnaissant, dans son préambule et dans l'exercice de leur souveraineté sur les ports situés sur leur territoire, la possibilité d'adopter des

---

311 Les « *ports de complaisance* » sont les ports qui ne peuvent ou ne veulent pas appliquer les MREP et soutenir les mesures de conservation et de gestion. Pour demeurer opérationnels, les pêcheurs évitent les ports qui imposent strictement les MREP en faveur des ports de complaisance, selon une pratique qui peut être nommée le « *butinage portuaire* ». Il est nécessaire d'accorder aux États du port la responsabilité d'user des MREP ainsi que les moyens de les mettre en œuvre, alors même que la communauté internationale cherche à renforcer les pouvoirs de l'État du pavillon en vue de régler la question des « *pavillons de complaisance* ». Voir E. J. Molenaar, Port State Jurisdiction: Toward Comprehensive, Mandatory and Global Coverage, 38:1 Ocean Development & International Law (2007), p. 226.

312 Cf. « *Prévenir, contrecarrer et éliminer la pêche INN : Mesures du ressort de l'État du port* », par Blaise Kuemlangan et Michael Press dans la série Etude juridique de la FAO en ligne No. 87 2011. Disponible sur www.fao.org/legal/prs-ol/paper-e.htm.

313 « *Prévenir, contrecarrer et éliminer la pêche INN : Mesures du ressort de l'État du port* », par Blaise Kuemlangan et Michael Press, *Ibid.* note de bas de page 313

mesures plus strictes[314] conformément au droit international, l'accord clarifie les compétences des États et requiert, conformément au droit coutumier international, qu'ils prennent, dans leurs ports, toute action appropriée pour contrecarrer la pêche INN avec tout le dynamisme nécessaire. L'Accord MREP établit un corpus de normes minimales juridiquement contraignantes qui doivent être mises en œuvre de telle façon qu'aucun port ne puisse être considéré comme « *port de complaisance* » ; étant entendu que les États ont la faculté d'aller au-delà de ces exigences minimales en imposant des normes plus sévères.

L'Accord encourage une législation nationale exhaustive qui est une conditionnalité à la mise en œuvre de ses dispositions. Les lois nationales[315] intègrent, dans l'ordre juridique interne, l'obligation d'appliquer les dispositions de l'Accord, de sorte que les droits et devoirs qui en découlent ne sont pas seulement opposables aux États, mais également aux individus. Les cadres juridiques nationaux devraient habiliter les autorités nationales à prendre, dans leurs ports, des mesures coercitives adéquates contre les navires qui prennent part à des activités INN de manière à contrecarrer les activités de pêche non conformes aux mesures de conservation et de gestion adoptées par les ORGP, par d'autres États et par l'État du port lui-même.

L'analyse et la description des articles, ci-après, correspondant aux dispositions essentielles de l'Accord MREP et regroupés sous des titres appropriés, démontrent que légiférer en vue d'appliquer les mesures du ressort de l'État du port est bien possible.

Demande préalable d'entrée au port : l'article 8 demande aux États du port d'exiger que les navires leur communiquent préalablement leur intention d'entrer dans leur espace portuaire. Cela permettra d'éviter les débarquements surprises et à l'État du port de préparer l'arrivée du navire notamment par la désignation d'inspecteurs et la conduite des vérifications de fond du navire. Cela permet également d'informer en avance l'Etat du port sur les

[314] Dans un considérant du préambule de l'Accord, il est indiqué que, dans l'exercice de leur souveraineté sur les ports situés sur leur territoire, les États peuvent adopter des mesures plus strictes, conformément au droit international. Cf. Accord relatif aux mesures du ressort de l'État du port visant à prévenir, contrecarrer et éliminer la pêche illicite, non déclarée et non réglementée, publié au Journal officiel de l'Union européenne numéro L 191/3 du 22 juillet 2011.

[315] Article 5 de l'Accord intitulé: Intégration et coordination au niveau national. Des exemples de législation nationale existante viennent illustrer le propos. Les législations nationales ci - mentionnées dans cette section sont disponibles sur l'une ou l'autre des bases de donnée suivantes : FAO Fisheries and Aquaculture Department, Database on Port State Measures, www.fao.org/fishery/psm/search/en (dernier accès au 19.11.2010) [ci-après Port-Lex]; FAO Legal Office, FAOLEX, faolex.fao.org /(dernier accès au 19.11.2010)

caractéristiques et les activités du navire de sorte qu'une décision éclairée et précoce puisse être prise sur l'autorisation ou le refus d'accès au port[316].

Autorisation ou refus d'entrée dans le port : selon l'article 9, les États doivent autoriser[317] ou refuser, sous certaines conditions, l'accès à leurs ports et conduire les inspections destinées à déterminer la conformité du navire à la réglementation relative à la pêche INN[318].

L'article 10 prévoit le cas des navires en situation de force majeure ou de détresse[319] ou qui entrent sur autorisation de l'Etat du port (exclusivement aux fins de prêter assistance à des personnes, à des bateaux ou à des aéronefs en danger ou en détresse). La plupart des législations nationales contiennent des dispositions à cet effet[320].

Documentation : selon l'article 11, les États doivent refuser l'accès à leurs ports aux navires dépourvus d'autorisation ou de documents appropriés ou

---

316 La Namibie impose un préavis de 48 heures à quiconque entend débarquer des ressources maritimes dans un port namibien, en vue de la préparation de l'arrivée du navire par les inspecteurs - 43 Regulations relating to the exploitation of marine resources (n° 241 of 2001), regulation 36(1) (Namib.). Le dispositif canadien, quant à lui, exige seulement un préavis de 24 heures - Port Authorities Operations Regulations (SOR/2000-55), section 32(3) (Can.), Cf. « *Prévenir, contrecarrer et éliminer la pêche INN : Mesures du ressort de l'État du port* », par Blaise Kuemlangan et Michael Press, supra, note de bas de page 313

317 Toutefois, une partie peut autoriser un navire visé par les motifs d'interdiction, à entrer dans ses ports exclusivement afin de l'inspecter et de prendre d'autres mesures appropriées conformes au droit international qui soient au moins aussi efficaces que l'interdiction d'entrer dans le port pour prévenir, contrecarrer et éliminer la pêche INN et les activités liées à la pêche en soutien à la pêche INN. Article 9 paragr. 5 de l'Accord.

318 Le Venezuela est en mesure d'appliquer immédiatement une partie de cette exigence car il dispose d'une loi plus étendue et complète requérant de tous navires commerciaux qu'ils obtiennent l'autorisation, avant d'entrer dans le port ou d'amarrer le long de la côte et pas seulement pour débarquer et transborder leur poisson, sur le fondement de l'information au sujet des activités de pêche dudit navire transmise au port - Ley General de Marinas y Actividades Conexas. Gaceta Oficial n° 37.570, de fecha 14 de noviembre de 2002, artículo 36 (Venez.), Cf. « *Prévenir, contrecarrer et éliminer la pêche INN : Mesures du ressort de l'État du port* », par Blaise Kuemlangan et Michael Press, supra, note de bas de page 313
La législation en vigueur au Mozambique se réfère plus spécifiquement à l'autorisation de débarquer et de transborder le poisson à partir de l'information, fournie au port, sur les activités de pêche du navire -46 Decreto no. 43/2003. Regulamento Geral da Pesca Marítima, art. 98, 100, 131 (Mozam.), Cf. « *Prévenir, contrecarrer et éliminer la pêche INN : Mesures du ressort de l'État du port* », par Blaise Kuemlangan et Michael Press, supra, note de bas de page 313

319 Ceci est conforme à l'article 98 de la CMB relative à l'obligation de prêter assistance.

320 Voir la législation du Bénin - Code des Douanes de la République du Bénin du 21 novembre 1967, art. 59 (Bénin). Cf. aussi le règlement UE pour la législation de la Côte d'Ivoire, le Code des Douanes Loi n° 64-291 du 1er Août 1964 telle que modifiée par l'ordonnance n° 88-225 du 2 Mars 1988, art. 56 (Côte d'Ivoire) permet aux navires d'accoster seulement dans les ports disposant d'un bureau de douane, exception faite des cas de force majeure. Cf. « *Prévenir, contrecarrer et éliminer la pêche INN : Mesures du ressort de l'État du port* », par Blaise Kuemlangan et Michael Press, supra, note de bas de page 313

lorsqu'ils disposent de preuves ou ont des motifs sérieux pour considérer que le navire a été impliqué dans des activités de pêche INN, en accord avec les lois et les autorités de pêche compétentes, sauf preuve contraire. Le refus d'accès au port devra être notifié par l'État du port à l'État du pavillon, aux ORGP et aux autres organismes compétents[321].

Inspections au port : les articles 12 à 15 décrivent les règles minimales pour un régime d'inspection par l'État du port. L'article 12 requiert que chaque partie atteigne le nombre d'inspections annuel de navires nécessaires pour parvenir à l'objectif de l'Accord. Il requiert également des parties qu'elles établissent les priorités en fonction desquelles les navires devront être inspectés en insistant sur les navires suspectés de pêche INN. L'article 13 spécifie que les inspecteurs doivent avoir accès aux navires et puissent les inspecter pour chercher toute preuve appropriée sans interférer indûment dans les opérations du navire et de son équipage[322].

De manière générale, l'Accord MREP détermine des normes minimales interdépendantes qui se renforcent mutuellement. Ainsi, la désignation des ports, la notification préalable, l'autorisation d'accès, les inspections et l'autorisation de débarquer notamment, constituent une série de dispositions qui suivent la chaîne des activités des navires ou des privilèges dont ceux - ci peuvent tirer avantage avant la mise du poisson sur le marché. L'Accord MREP incite les États du port à établir des vérifications et contrôles à chaque maillon de la chaîne de sorte que la pêche INN puisse être détectée et endiguée à chaque étape. L'article 14[323] constitue une référence minimale pour les informations à inclure dans les rapports d'inspection[324] que l'État du port aura

[321] La législation néo-zélandaise requiert que toute la documentation soit en ordre avant que le navire puisse débarquer ou transborder le poisson – voir Fisheries (Commercial Fishing) regulations 2001, regulations 19(1), (5), 84(3) and 85(4) (N.Z.) La réglementation de l'Union Européenne exige une information détaillée sur le poisson y compris l'espèce, la taille, le lieu et la date de capture[321]5050 Cf. le règlement européen de 2008 sur la pêche INN, cf. infra

[322] Le Canada accorde déjà à ses inspecteurs une autorité aussi large pour inspecter tout vaisseau considéré comme portant du poisson, tout comme Prévenir, contrecarrer et éliminer la pêche INN. Cf. « *Prévenir, contrecarrer et éliminer la pêche INN : Mesures du ressort de l'État du port* », par Blaise Kuemlangan et Michael Press, supra, note de bas de page 313.

[323] Selon l'article 14, chaque partie joint, au minimum, l'information requise à l'annexe C de l'Accord, au rapport écrit sur les résultats de chaque inspection.

[324] L'Australie imposé déjà un régime d'inspection détaillé de façon similaire, s'étendant, au-delà des ports, aux eaux australiennes et à la haute mer. Tous les navires de pêche australiens et, dans certaines situations, les navires étrangers sont aussi assujettis, dans les zones de haute mer, à l'inspection bien que la loi ait besoin d'être plus complète pour satisfaire au dispositif d'inspection prévu par l'Accord. Cf. « *Prévenir, contrecarrer et éliminer la pêche INN : Mesures du ressort de l'État du port* », par Blaise Kuemlangan et Michael Press, supra, note de bas de page 313

à transmettre, conformément à l'article 15[325], aux parties appropriées notamment les États concernés[326], les ORGP et la FAO.

L'Accord MREP détermine ces normes minimales complémentaires qui permettent une couverture totale du contrôle de la pêche INN dans les différentes phases du processus[327] qui suivent la chaîne des activités des navires jusqu'avant la commercialisation du poisson sur le marché.

L'article 16 recommande instamment aux parties d'établir un mécanisme de communication permettant un échange électronique direct d'informations tandis que l'article 17 requiert que les parties assurent une formation adéquate des inspecteurs conformément aux lignes directrices qui figurent à l'Annexe E de l'Accord. Les inspecteurs doivent avoir la possibilité d'accéder à tous les compartiments des navires, au matériel, à l'équipement ainsi qu'aux pièces nécessaires pour établir la conformité et, présenter les résultats de l'inspection à l'État du pavillon concerné, aux ORGP et autres autorités.

Assistance aux pays en développement : l'article 21 reconnaît que les parties ne sont pas toutes dotées des moyens appropriés pour assurer la mise en œuvre effective de l'Accord. En conséquence, il est requis une assistance pour les États en développement afin de promouvoir leur capacité à se conformer aux termes de l'Accord. En 2011, le Comité des pêches a rappelé que les mesures de l'État du port constituaient un instrument efficace et économique de lutte contre la pêche INN[328]. Il a reconnu qu'il était nécessaire de renforcer les capacités des pays en développement, si l'on voulait que ceux-ci puissent mettre en œuvre ces mesures et combattre la pêche INN[329].

Suivi et évaluation : l'article 24 reconnaît que certains enjeux et développements peuvent venir affecter l'application efficace de l'Accord MREP ou que sa mise en application peut appeler à un ajustement de certaines de ses dispositions. Cet article prévoit, alors, que les parties doivent assurer le suivi et

---

325 Selon l'article 15, chaque partie transmet les résultats de chaque inspection à l'État du pavillon du navire inspecté et, selon le cas aux parties et États appropriés; aux organisations régionales de gestion des pêches appropriées; à la FAO et autres organisations internationales appropriées.

326 Il s'agit des États du pavillon, côtiers ou de nationalité du capitaine du navire.

327 Ces phases sont essentiellement et successivement la désignation des ports, la notification préalable, l'autorisation d'accès, les inspections et l'autorisation de débarquer.

328 FAO. 2011. Rapport de la vingt-neuvième session du Comité des pêches. Rome, 31 janvier - 4 février 2011. Rapport sur les pêches et l'aquaculture no 973. Rome. 59 pages.

329 À cet égard, l'Article 21 de l'Accord, qui porte sur les besoins particuliers des pays en développement, est capital. Par ailleurs, une série d'ateliers de renforcement des capacités avait été prévue dans le monde entier à compter d'avril 2012 pour appuyer la mise en œuvre de l'Accord. Le premier atelier, destiné aux pays de l'Asie du Sud-est, était planifié en Thaïlande. Les premiers pays qui ont contribué financièrement au programme, prévu sur une durée de trois ans, sont le Canada, la Norvège et la République de Corée. Source: FAO

l'examen périodique de la mise en œuvre de l'Accord ainsi que l'évaluation des progrès réalisés pour atteindre les objectifs fixés[330].

En conclusion, nous pouvons dire que l'Accord MREP fournit un cadre pour la coopération, l'échange d'informations et l'évaluation, notamment l'examen de la performance et le suivi des normes minimales qu'il a établies dans ses annexes. Cela renforce la flexibilité de l'Accord en permettant son adaptation aux évolutions technologiques et aux changements.

La progression de la pêche INN démontre que les organisations de gestion des pêches et les mesures volontaires ont été, jusqu'à présent, inefficaces. Les instruments volontaires ne peuvent pas obliger les États à engager leurs ressources ou impulser la volonté politique pour affronter avec succès la pêche INN[331]. Bien que certains instruments tels que le Code de Conduite s'en sortent bien en terme de mise en œuvre étatique, ces limites continuent d'affecter les instruments volontaires. L'adoption de l'Accord MREP vient en réponse à cette déficience. Cependant, l'Accord MREP signifie peu sans la volonté des États et leur engagement à devenir Partie signataire, d'où l'urgence pour les États qui n'ont pas ratifié l'Accord, dont le Sénégal, de le faire. Toutefois, il faut souligner que notre pays s'est fortement impliqué dans le contenu de l'Accord à l'occasion de la Consultation technique d'experts chargée de son élaboration et sa volonté de s'y engager ne fait l'objet d'aucun doute. C'est juste une question de temps[332]. Il y est même obligé du fait que la Convention portant définition des conditions minimales d'accès et d'exploitation des ressources halieutiques au large des côtes des États membres de la commission sous régionale des Pêches[333] dont il est signataire, incorpore dans son dispositif toutes les dispositions pertinentes de l'Accord MREP[334].

Par anticipation et pour être aux normes dans des délais raisonnables, notre pays qui est un État en développement, et comme tous les autres États

---

330 Cf. Accord MREP, art. 3, 5-21 et 24

331 La plupart des instruments de la FAO (Code de conduite, PAI–INN, dispositif type..) n'ont pas un caractère contraignant. De même à côté des résolutions, les ORGP prennent des décisions qui apparaissent comme de simples recommandations.

332 Le Sénégal a participé à l'élaboration de l'Accord à travers sa délégation qui a pris part à la consultation technique ; ce qui montre tout son engagement. Toutefois, l'Accord qui impose des obligations de type nouveau pour les Etats du port nécessite l'adoption de mesures d'accompagnement pour le Sénégal pour pouvoir le mettre en vigueur de manière effectif et qui sont développées dans la deuxième partie de ce travail. Le Rapport de la consultation technique MREP comportant la liste de la délégation sénégalaise est disponible sur : *http://www.fao.org/docrep/012/i1122f/i1122f00.pdf*. Pour le Sénégal, la procédure d'adhésion est en cours; en tout cas c'est ce qui ressort de l'expose écrit version 2 datant de mars 2014 que la CSRP a transmis au Tribunal international du droit de la mer - TIDM dans le cadre de la Demande d'avis consultatif qu'elle lui a adressée. Cf. infra, note de bas de page 857.

333 Voir infra, première partie, titre II, chapitre I, section I, paragraphe I de la présente étude.

334 Le titre IV de la convention est consacré aux MREP.

d'ailleurs, n'a pas besoin d'attendre la ratification pour commencer à appliquer les dispositions de l'Accord. Au contraire, il doit initier le processus de mise en œuvre immédiatement pour pouvoir répondre aux exigences de l'Accord dans des délais raisonnables et ce dernier lui donne les moyens de le faire[335].

Le Sénégal ne s'est pas seulement contenté de démontrer sa volonté de lutter contre la pêche INN à travers les instruments internationaux de portée générale, mais, pour plus de pertinence il s'est engagé ou a été engagé dans des instruments de portée plus restreinte destinés à apporter plus d'efficacité pour faire face au fléau que constitue la pêche INN.

---

[335] Voir article 32 de l'Accord MREP

CHAPITRE II

LES INSTRUMENTS JURIDIQUES SECTORIELS ENGAGEANT LE SÉNÉGAL

La mobilité des ressources biologiques exige que leur gestion se fasse sur la base d'arrangements entre les États directement intéressés. La Convention des Nations unies sur le droit de la mer reconnaît en cette matière le besoin de coopération et de coordination. L'article 63 se réfère à deux cas de figure. Il en est ainsi, d'une part, lorsqu'un même stock de poissons ou des stocks d'espèces associées se trouvent dans les zones économiques exclusives de plusieurs États côtiers et ; d'autre part, lorsque ces mêmes stocks et espèces se trouvent dans la ZEE et dans la zone qui lui est adjacente. Sur cette base, le Sénégal s'est engagé dans la coopération avec les pays côtiers voisins[336].

D'un autre côté, des instruments juridiques ont été élaborés sans l'implication du Sénégal qui s'y trouve pourtant engagé même si l'occasion ne lui a pas été donnée d'exprimer sa volonté et, à titre d'exemple, les règlements européens sur la pêche INN sont très révélateurs.

Ces différents instruments peuvent être rangés en deux catégories. Il s'agit d'une part, des instruments que le Sénégal a négociés avec les autres parties prenantes et dans le contenu desquels il a influé et ; d'autre part, de ceux dont le contenu a été décidé à son insu et qui apparaissent comme des conditionnalités pour coopérer avec les pays initiateurs.

SECTION I : LES INSTRUMENTS JURIDIQUES NÉGOCIÉS PAR LE SÉNÉGAL

Dans le cadre de la gestion des stocks partagés, la Convention de Montego Bay indique que les États concernés s'efforcent, directement ou par l'intermédiaire des organisations sous régionales ou régionales appropriées, de s'entendre sur les mesures nécessaires pour coordonner et assurer la conservation et le développement de ces stocks[337].

Conscient de sa spécificité géographique qui ne peut être prise en compte de manière adéquate que par des dispositions appropriées, le Sénégal a compris très vite la nécessité d'inscrire son action en matière de pêche dans un cadre intégré au niveau sous régional. Cette coopération est d'autant plus

---

336 Il s'agit essentiellement des États de la sous-région ouest africaine.
337 Article 63 paragraphe premier de la CMB.

importante pour le Sénégal qu'au niveau de la sous-région ouest-africaine où il se situe, on constate une exploitation excessive des ressources halieutiques, facilitée par des politiques incohérentes du secteur. La pêche INN y est un problème majeur et constitue une contrainte significative dans l'effort visant à gérer de façon durable les ressources halieutiques dans la sous-région[338].

Pour l'essentiel, des instruments ont été élaborés au niveau sous régional dans le cadre de la coopération halieutique. Toutefois, conformément au droit international et pour réaliser des objectifs plus précis, le Sénégal a entrepris des accords avec certains pays de la sous-région par le biais de la coopération bilatérale.

Paragraphe I : Les accords conclus au niveau sous régional

Pour parer à la surexploitation des ressources halieutiques de la sous-région ouest-africaine, la Commission sous régionale des Pêches (CSRP)[339] a, dans son action normative, élaboré des instruments juridiques destinés à harmoniser certains aspects des politiques de pêche des États. Ainsi, nous pouvons citer la Convention relative à la détermination des conditions d'accès et d'exploitation des ressources halieutiques au large des côtes des États membres du 08 juin 2012, la Convention sur la coopération sous régionale dans l'exercice du droit de poursuite maritime du 1er septembre 1993 et le Protocole relatif aux modalités pratiques de coordination des opérations de surveillance dans les États membres du 1er septembre 1993.

A La Convention relative à la détermination des conditions d'accès et d'exploitation des ressources halieutiques au large des côtes des États membres signée à Dakar, le 08 juin 2012

Cette convention, plus connue sous l'acronyme CCMA abroge et remplace celle signée le 14 juillet 1993 en République du Cap-Vert. En effet, s'il est apparu que la gestion nationale des ressources halieutiques a montré ses limites et que l'approche régionale doit être privilégiée, force est de constater, au niveau sous régional, une exploitation excessive des ressources halieutiques. En juillet 1993, la CSRP a adopté la Convention relative à la Détermination des Conditions d'Accès et d'Exploitation des ressources halieutiques au large des côtes des États membres. Celle-ci est un instrument de coopération sous-régionale destiné à réglementer les conditions concertées de gestion des ressources halieutiques situées dans les zones sous juridiction nationale. Elle ne constitue certes pas une « *législation minimale commune* » aux États membres, mais précise les points d'accord entre lesdits États concernant les conditions de l'accès aux ressources pour tous les États par

---

338 Voir le Plan stratégique 2011-2015 de la CSRP.

339 Voir infra Voir infra, première partie, titre II, chapitre I, section I, paragraphe I de la présente étude.

rapport aux États tiers et les diverses mesures à intégrer dans leurs législations nationales respectives.

À cet égard, la Convention CMA de 1993 encadre le principe du droit international concernant l'accès des navires étrangers au surplus de ressources disponibles, en limitant la durée des accords de pêche à deux ans. Elle précise certains aspects concernant le régime des licences (formulaire, durée), les conditions de pêche (maillage des filets, marquage des navires, déclaration des captures), l'embarquement de marins et d'observateurs nationaux, le débarquement des produits, les infractions et les sanctions.

Toutefois, depuis l'adoption de la CCMA de 1993, il a été noté des évolutions au double plan technique et juridique relativement à la définition des conditions d'une pêche responsable, la prise en compte de l'approche éco systémique des pêches pour une gestion durable des ressources halieutiques et la lutte contre la pêche INN[340]. Cette forme de pêche est un problème majeur et constitue une contrainte significative dans l'effort visant à gérer de façon durable les ressources halieutiques dans la sous-région[341].

Aussi, a-t-il paru opportun de réviser la Convention CMA de 1993 pour tenir compte de l'évolution rapide notée dans le secteur des pêches. « *Les Etats de la sous-région ont compris que le droit ne doit pas s'abuser sur les réalités qu'il s'applique à ordonner à peine de se réduire à de la pure fiction. Ce que le juriste nomme les faits, c'est-à-dire la réalité sociologique, historique, politique, économique, etc., doit informer le droit et ne peut être perdue de vue lorsqu'il s'agit d'analyser une institution particulière comme la pêche INN* »[342].

La Commission sous-régionale des Pêches (CSRP) a, à cet effet, organisé un ensemble d'activités destinées à appuyer le processus de révision de la Convention CMA à partir de 2009[343]. Les ateliers relatifs à la révision de la CCMA ont adopté une série de recommandations ; lesquelles constituent le negotium du projet de la nouvelle convention CMA[344].

---

340 Voir le préambule de la CCMA

341 Voir le Plan stratégique 2011-2015

342 Tafsir Malick NDIAYE, *op. cit.*, note de bas de page N° 110

343 Atelier sous régional sur la « *Révision de la Convention sur les Conditions Minimales d'Accès* », tenu à Dakar, les 22, 23 et 24 avril 2009, suivi de plusieurs ateliers organisés sous l'égide de la CSRP dans chacun des 7 États membres de l'Organisation sous régionale. Enfin, une réunion s'est tenue au siège de la CSRP à Dakar les 5 et 6 octobre 2010 pour discuter les Rapports produits par deux consultants recrutés par l'Organisation en la matière. Voir le Rapport établi par Mme Dienaba Bèye Traoré, Chef du Département Harmonisation des Politiques et des Législations (DHPL/CSRP), Dakar, le 6 octobre 2010.

344 L'on peut retenir les recommandations suivantes : Définir les principes qui doivent guider l'immatriculation et l'attribution du pavillon aux navires de pêche ; Etablir un fichier des navires de pêche dans chaque État membre de la CSRP ; le registre sous régional des pêches (mécanismes et conditions) ; Conditionner l'accès des navires de pêche étrangers à l'existence d'un reliquat de ressources halieutiques ; Adopter les spécifications techniques

La Convention CMA qui a été adoptée et signée le 08 juin 2012 par la treizième Session extraordinaire de la Conférence des Ministres de la CSRP, est entrée en vigueur le 16 septembre 2012, soit cent jours après la date de sa signature par tous les États membres conformément à son article 40.

La Convention CMA de 2012 vise à définir, de manière consensuelle, les conditions minimales d'accès et d'exploitation des ressources halieutiques afin d'assurer une pêche responsable dans la sous-région, et à préparer les conditions d'une intégration à l'échelle sous-régionale des politiques et stratégies des États membres, en vue de promouvoir la conservation, la gestion et l'exploitation durable de leurs ressources halieutiques.

La spécificité et la richesse de la Convention CMA résident dans[345] :

- la prise en charge de la pêche artisanale ;

- la prise en compte de la sécurité maritime et de la protection de l'environnement marin (conventions de l'OMI) ;

- l'introduction, pour la première fois dans un instrument juridique international, des termes du PAI-INN ;

- l'introduction des dispositions de l'Accord de la FAO de 2009 relatif aux mesures du ressort de l'État du port visant à prévenir, contrecarrer et éliminer la pêche INN ;

- l'inscription d'une clause permettant à la CSRP de saisir le TIDM pour avis consultatif sur des questions qui relèvent de la CMB.

La Convention CMA de 2012 établit les conditions minimales d'accès applicables aux navires opérant dans les États membres de la CSRP. Elle porte sur toutes les ressources et prévoit que tout État partie peut autoriser l'accès des navires de pêches battant pavillon d'un État tiers au reliquat du volume admissible de capture dans la zone relevant de sa juridiction sur la base

---

pour le marquage et l'identification des navires de pêche ; Encourager les navires de pêche étrangers à débarquer leurs captures dans les ports de la sous-région ; Introduire le principe de la tenue obligatoire d'un journal de pêche ; Maintenir le principe de l'embarquement d'un observateur à bord de tout navire de pêche ; Maintenir le principe de la déclaration des entrées et sorties des ZEE ou zones de pêche par les navires étrangers ; Adopter la règle selon laquelle les transbordements de captures ne doivent être effectués que dans les ports et rades des États de la sous-région ; Assujettir l'ensemble des navires de pêche industrielle, nationaux ou étrangers, à l'obligation d'être équipé d'un dispositif de repérage des navires (SSN ou VMS) ; Etablir une liste des navires de pêche INN au niveau de la sous régional ; introduire un système de sanctions pour les activités de pêche INN, etc., source : Malick Ndiaye, supra, note de bas de page N° 110.

345 Cf. Exposé écrit version 2 datée de mars 2014 que la CSRP a adressée au Tribunal international sur le droit de la mer dans le cadre de la Demande d'avis consultatif qu'elle lui a adressée est qui est en cours d'étude au niveau du Tribunal, cf. infra note de bas de page 857

d'accords ou d'arrangements[346]. Pour ce faire, l'État côtier fixe le volume admissible des captures en ce qui concerne les ressources biologiques dans sa zone économique exclusive[347]. Il détermine ensuite sa capacité d'exploiter lui-même lesdites ressources. Si cette capacité d'exploitation est inférieure à l'ensemble du volume admissible des captures, il autorise d'autres États, par voie d'accords ou d'autres arrangements, à exploiter le reliquat du volume admissible ; en tenant compte de la situation des États en développement sans littoral ou géographiquement désavantagés[348].

La durée de l'accès est déterminée après avis des institutions chargées de la recherche halieutique au niveau de l'État et elle peut varier en fonction des politiques des pêches des États membres ou des spécificités du secteur des pêches de ces États. La Convention définit les conditions de délivrance de l'autorisation de pêche[349] et les mesures de gestion et d'aménagement des pêcheries[350]. Les autorisations doivent ainsi comporter des clauses de sauvegarde pour protéger la ressource. Un formulaire sur les demandes d'autorisation de pêche a été adopté et annexé à la Convention CMA dont il est partie intégrante.

Les activités des navires-usines[351], des navires collecteurs ou de ramassage[352] et des navires d'appui[353] sont réglementées. Des dimensions minimales de mailles sont évoquées pour certains types d'engins de pêche et leur réglementation renvoyée à un protocole. La CCMA prescrit l'obligation de débarquement de la totalité des captures[354] et de déclaration des prises effectuées ainsi que de positionnement des navires de pêche. L'embarquement d'observateurs et l'emploi d'inscrits maritimes de l'État côtier est exigé pour les navires étrangers.

La CCMA marque aussi l'ancrage de la CSRP dans ses objectifs de privilégier l'approche éco systémique[355] et l'approche de précaution[356]; et de lutter plus efficacement contre la pêche INN.

---

346 La Convention prévoit que « *Tout État membre peut autoriser l'accès des navires de pêche d'un État tiers au reliquat du volume admissible de captures dans la zone maritime sous sa juridiction par le biais d'accords et d'autres arrangements* » (Article 3 al.1).

347 Article 61 paragraphe premier de la CMB.

348 Article 62 paragraphe 2 de la CMB.

349 Article 7 de la CCMA

350 Article 9 de la CCMA

351 Les navires usines sont des navires munis de moyens de transformation, de conditionnement et de conservation des produits pêchés par ses propres moyens ou par une flottille de navires.

352 Les navires collecteurs ou de ramassage sont des navires fournissant des moyens logistiques (gasoil, vivres, pièces de rechange…), servant de gite et de moyen de stockage des produits pêchés, et d'appui à une flotte de pêche artisanale effectuant des opérations de pêche pour le compte d'un armateur.

353 Les navires d'appui sont des navires qui transportent du carburant et des vivres pour les navires de pêche en activité.

354 Article 4 CCMA

355 Voir préambule CCMA

Concernant ce dernier point, la Convention CMA évoque, dès son préambule, la nécessité pour les États d'incorporer dans leurs législations nationales les dispositions de l'Accord MREP de la FAO de 2009[357]. Mieux, elle reprend dans son corpus les dispositions pertinentes de l'Accord[358]. Ainsi, en est-il de l'affirmation du renforcement de la lutte contre la pêche INN notamment par l'accentuation de la coopération entre États membres et l'organisation d'opérations conjointes de surveillance[359]. Toujours dans cette rubrique, la Convention exige des États la désignation des ports habilités à recevoir les navires de pêche des États tiers[360] ; la transmission d'informations requises par l'État du port, par les navires de pêche étrangers et les navires exerçant des activités connexes à la pêche avant leur arrivée au port ; le refus d'entrée, de débarquement, de transbordement, d'utilisation des services portuaires et la confiscation des captures des navires INN. Enfin, la pêche au-delà des zones maritimes sous juridiction de l'État du pavillon, et qui impose une grande responsabilité à ce dernier sur le respect des mesures de conservation et de gestion, est réglementée[361].

Par ailleurs, des dispositions relatives à la surveillance des activités de pêche et à la sanction des infractions, en particulier en cas de récidive, sont prévues.

À côté de la CCMA et surtout dans l'optique d'une meilleure surveillance des côtes ouest-africaines, seule condition pour freiner la pêche INN, la CSRP a élaboré la Convention sur la coopération sous régionale dans l'exercice du droit de poursuite maritime, du 1er septembre 1993.

B. La Convention sur la coopération sous régionale dans l'exercice du droit de poursuite maritime du 1er septembre 1993

Dans l'objectif de l'adoption de mesures coordonnées de surveillance et de contrôle des activités des navires de pêche, les États de la sous-région, « *conscients de la nécessité d'une union des efforts pour une protection et une surveillance efficaces des eaux maritimes relevant de leurs juridictions*

---

356 L'approche de précaution est déjà développée dans le cadre de l'étude de l'Accord sur les stocks chevauchants, *op. cit.*, Première partie, titre I, chapitre I, section II de la présente étude.

357 Dans le préambule, les États parties affirment leur conscience de la nécessité d'incorporer dans leurs législations nationales les dispositions de l'Accord MREP de 2009 de la FAO.

358 Article 25 à 30 CCMA

359 Article 25 de la CCMA

360 Article 26 de la CCMA

361 Voir Accord de Conformité et Accord sur les stocks chevauchants.

respectives »[362] ont conclu la Convention sur la coopération sous-régionale dans l'exercice du droit de poursuite[363].

En droit international, de manière générale, le droit de poursuite permet aux forces de police ou aux forces militaires d'un Etat de poursuivre, en dehors de son territoire (dans les eaux internationales ou jusqu'à son entrée dans le territoire d'un autre État), tout navire auteur d'une infraction à ses lois et règlements[364]. Pour être légale, la poursuite doit être immédiate et continue. Le droit de poursuite ne s'exerce que dans le cadre d'accords passés entre les États intéressés. L'exercice du droit de poursuite n'est reconnu que de manière limitée par le droit international[365].

La Convention des Nations unies sur le droit de la mer de 1982 prévoit, en son article 111, le droit de poursuite d'un navire étranger par les autorités compétentes de l'État côtier sous certaines conditions. La poursuite ne peut être entamée que lorsqu'il existe de sérieuses raisons de croire que le navire a contrevenu aux lois et règlements de l'État côtier. Le navire doit se trouver dans les eaux intérieures, les eaux archipélagiques, la mer territoriale, la zone contiguë ou la zone économique exclusive de l'État côtier. Le droit de poursuite est prévu jusqu'en haute mer si elle n'est pas interrompue. Le droit de poursuite cesse dès que le navire poursuivi entre dans la mer territoriale de l'État dont il relève ou d'un autre État.

La Convention sur la coopération sous régionale dans l'exercice du droit de poursuite[366] a été prise dans le cadre de la Commission sous régionale des pêches (CSRP). Elle se donne pour objet de poser des règles et modalités pour le renforcement de la coopération entre les structures responsables de la surveillance des pêches des États parties. Elle définit les principes généraux régissant le droit de poursuite exercé par tout État partie à l'égard de tout navire qui tente de se soustraire par la fuite au contrôle exercé par un aéronef ou un bâtiment de surveillance au service de cet État. La Convention vise, en particulier, les navires battant pavillon étranger et ne disposant d'aucune licence pour opérer dans la sous-région[367].

---

362 Cf. préambule de la Convention sur la coopération sous régionale dans l'exercice du droit de poursuite maritime

363 Convention sur la coopération sous régionale dans l'exercice du droit de poursuite, du 1er septembre 1993, conclue entre : le Cap-Vert, la Gambie, la Guinée, la Guinée-Bissau, la Mauritanie et le Sénégal

364 Aly Samb, *op. cit.,* note de bas de page N° 124

365 *Ibid.*, Aly Samb, *op. cit.,* note de bas de page N° 124

366 Celle-ci entre dans la catégorie des *Hot Pursuit Agreements qui* permettent de contourner les dispositions de l'article 111, § 3, de la C.M.B. relatif au droit de poursuite253, afin de permettre sa continuation, même une fois les eaux territoriales d'un autre État franchies. Cf. Kiara NERI « Emploi de la force en mer », éd. Bruylant, 620p. *op. cit.,* note de bas de page 212

367 Sur les circonstances qui ont conduit à l'élaboration de la Convention, voir Ndiaye et Tavares de Pinho, op. cit. pp. 243-245. Il faut rappeler la question du « *Statut sous régional*

De manière détaillée, la Convention est applicable à tout navire en activité de pêche dans les eaux sous juridiction d'un Etat partie dans les conditions définies à l'article 3. La distinction est faite entre navires battant pavillon d'États membres de la CSRP et navires battant pavillon d'Etats non membres[368]. Dans le premier cas, ce sont des protocoles pris en application de la Convention qui fixeront les modalités de la coopération entre les parties. Dans le deuxième cas qui concerne les navires battant pavillon d'un État non-membre de la CSRP, il est fait une distinction entre ceux qui ne détiennent pas de licence pour pêcher dans les eaux sous juridiction d'un État membre de la CSRP et ceux détenant une licence à cet effet. Pour les premiers, la coopération entre État poursuivant et État refuge doit viser l'arraisonnement du navire. Pour l'autre catégorie de navires, les objectifs de la coopération seront définis dans des protocoles d'application bilatéraux ou multilatéraux.

En définitif, excepté le cas des navires battant pavillon étranger à la sous-région et dépourvus d'une licence délivrée par un État membre de la CSRP, la mise en œuvre de l'essentiel des dispositions de la Convention est subordonnée à la prise de protocoles bilatéraux ou multilatéraux entre les États membres. Dans ces circonstances, il est légitime de se demander s'il n'était pas plus pertinent et réaliste pour les États membres de prendre directement des engagements plus concrets entre eux en matière de droit de poursuite pour éviter la perte de temps provoquée par les longues procédures de ratification de la Convention. À titre illustratif, la Convention adoptée le 1er septembre 1993 à Conakry en République de Guinée n'a été ratifiée par le Sénégal que le 28 août 1996[369].

C. Le Protocole relatif aux modalités pratiques de coordination des opérations de surveillance dans les Etats membres de la Commission sous-régionale des Pêches (CSRP) du 1er septembre 1993

Le protocole a été pris en application de la Convention sur la coopération sous régionale dans l'exercice du droit de poursuite maritime. C'est le premier protocole au niveau multilatéral qui a été pris pour la mise en œuvre de ladite Convention. Elle définit les modalités pratiques de coordination des opérations de surveillance des pêches entre les États membres.

---

des observateurs » et celle relative au « *Marquage des navires de pêche* » pour compléter le tableau de l'action normative. La CSRP a ouvert, par ailleurs, d'importants chantiers : la banque sous régionale de données maritimes ; le registre sous régional des navires de pêche et les programmes conjoints de recherche.

368 Articles 4 et 5 de la Convention sur la coopération sous régionale dans l'exercice du droit de poursuite maritime

369 Cf. la loi n° 96-21 du 28 août 1996 autorisant le Président de la République à ratifier la Convention sur la Coopération sous régionale dans l'exercice du droit de poursuite maritime, signée à Conakry, le 1er septembre 1993. Voir aussi Aly Samb, *op. cit.*, note de bas de page N° 124

Ainsi, des opérations conjointes de surveillance des pêches dans les eaux des États membres y sont prévues aux niveaux bilatéral et multilatéral. Les navires battant pavillon des États non-membres de la CSRP et non titulaires d'une licence délivrée par un État membre de la CSRP sont particulièrement visés. Dans le cas des navires battant pavillon des États membres, ceux-ci s'informent mutuellement pour lutter contre la pêche INN. Un Etat partie pourra faire appel aux moyens de surveillance d'un autre État partie et la création d'un registre sous régional des navires de pêche est prévue. Les États sont invités à échanger des informations sur les navires autorisés à pêcher dans leurs eaux et l'État chargé d'abriter le registre sous régional va coordonner et diffuser les informations sur ces navires.

D'autres mesures en matière de surveillance, dont la formation urgente des personnels de surveillance sont aussi prévues. Les États membres sont appelés à veiller à établir entre les services de surveillance, une liaison permanente par tout moyen de communication. Les infractions de pêche doivent être constatées par un procès-verbal établi suivant un modèle harmonisé. Les États parties sont invités à s'accorder réciproquement des facilités pour l'utilisation des installations portuaires et aéroportuaires par les navires et aéronefs de surveillance. De même, les observateurs à bord des navires de pêche des États non-membres de la CSRP doivent collaborer avec les navires de surveillance des États membres. Il est enfin prévu le port d'un signe d'identification commune[370] par les navires de surveillance des États membres pour faciliter leur identification en cas d'exercice du droit de poursuite dans les eaux d'un autre État[371].

Pour accompagner la mise en œuvre des conventions et protocoles, la CSRP a également adopté des principes et normes relatifs au marquage des navires de pêches et au statut des observateurs embarqués à bord des navires de pêches opérant dans la sous-région[372].

---

[370] Ce signe est appelé flamme

[371] Les sept membres de la CSRP concernés par ces mesures sont le Cap Vert, la Gambie, la Guinée, la Guinée Bissau, la Mauritanie, le Sénégal et la Sierra Leone.

[372] De la période de l'amendement de la Convention en 1993 à la fin 1995, l'organisation s'est attelée à améliorer son cadre juridique avec l'introduction de l'idée d'harmonisation des législations des pêches des États membres de la CSRP et d'aménagement des pêcheries d'intérêt commun. Avec l'appui de la FAO, le Secrétariat permanent établit des principes de mise en œuvre en ce qui concerne un certain nombre de mesures ayant reçu l'approbation de la Conférence des Ministres : •la mise en place d'un registre sous régional des navires de pêche ; •le marquage des navires de pêche ; •la mise en place de procédures d'auto-déclaration de position et de capture ; et •la définition des droits et obligations des observateurs. De même, l'organisation initie des réflexions et un effort de planification visant à élaborer des projets communs dans des domaines comme le suivi, le contrôle, et la surveillance des pêches (SCS), la recherche halieutique et la mise en place d'un système d'information sous régional sur la pêche. Cf. Plan d'action CSRP 2002-2010, disponible sur : *http://spcsrp.org/medias/csrp/documents /Plan_dAction_Strategique_2002-2010.pdf*

Les dispositions du protocole appellent cependant quelques remarques. En effet, l'application correcte des mesures qui y sont prévues pourrait contribuer à lutter efficacement contre la pêche INN dans la sous-région. Malheureusement, ses résultats sont tributaires de la volonté des États membres dont la réticence à mettre ensemble leurs moyens de surveillance et à fournir des informations sur les navires qui opèrent dans les eaux sous leur juridiction est plus que flagrante. Même si on assiste de temps en temps à des opérations de surveillance conjointes initiées par le Secrétariat permanent de la CSRP et conduites avec quelques moyens des États membres, ces dernières produisent des résultats qui sont très en deçà de l'effet escompté, à cause surtout des maigres moyens déployés. En outre, l'occasion n'a jamais été donnée de réaliser des opérations conjointes de surveillance initiées par les États membres[373].

Toutefois, la volonté de coopération et d'intervention directe des États ne souffre d'aucune ambiguïté si l'on se réfère à leur engagement dans le cadre restreint des accords bilatéraux.

Paragraphe II : Les accords bilatéraux

Les États de la sous-région concluent des accords bilatéraux[374] dans le but de prendre de manière concertée des mesures portant sur des questions

---

La CSRP a mis en œuvre un certain nombre de programmes pour renforcer la coopération halieutique entre États, au cours des vingt-cinq dernières années. Entre 1985 et 2009, la CSRP a fait adopter plusieurs instruments juridiques pour harmoniser certains aspects des politiques halieutiques des États membres. Quelques-uns de ces instruments sont : l'adoption de procédures d'identification des navires de pêche et le Protocole sur la définition des droits et obligations des observateurs à bord des navires de pêche. Cf. Stratégie de la CSRP 2011 – 2015, publiée par le Secrétariat permanent de la CSRP, Dakar 2011.

373 Aly Samb, *op. cit.*, note de bas de page N° 124

374 Les accords bilatéraux, en matière de pêche, sont prolifiques dans la sous-région : Cap-Vert/Guinée, avril 1989 (Accès réciproque) ; Cap-Vert/Guinée-Bissau, juin 1995 (Accès réciproque) ; Cap-Vert/Mauritanie, 18 novembre 1995 (Convention générale : conservation de la ressource, niveau d'exploitation durable, surveillance) ; Cap-Vert/Mauritanie, 25 avril 2000 (Protocole d'accord relatif à la coordination d'opérations de surveillance et de poursuite) ; Cap-Vert/Sénégal, 29 mars 1985 (Accès réciproque et nombre de bateaux opérationnels) ; Cap-Vert/Sénégal, 17 novembre 1994 (Coordination sur la surveillance et la poursuite) ; Gambie/Sénégal, 11 novembre 1992 (Accès réciproque) ; Gambie/Sénégal, 29 mars 1993 (Coopération sur la surveillance) ; Gambie/Sénégal, 25 janvier 1994 (Echange de Tonnage de jauge Brut (TJP) par type de navire) ; Gambie/Sénégal, 7 mai 1999 (Procédures d'octroi de licences et de recherche) ; Guinée/Guinée-Bissau, 21 octobre 1995 (Conditions relatives au débarquement du poisson dans chaque État) ; Guinée/Guinée-Bissau, 7 juin 1996 (Protocole et Règlement sur la coordination des activités de surveillance et de poursuite) ; Guinée-Bissau/Sénégal, 22 décembre 1978 (Accès réciproque) ; Guinée-Bissau/Sénégal, 2 mai 1997 (Aménagement et Exploitation des ressources halieutiques de la zone commune) ; Mauritanie/Sénégal, 14 janvier 2000 (Protocole sur la poursuite) ; Mauritanie/Sénégal, 14 janvier 2000 (Règlement des différends relatifs à la pêche artisanale), cf. la note N 83 de Tafsir Malick Ndiaye, *op. cit.,* note de bas de page N° 110. Voir aussi le Tableau « Accords bilatéraux additionnels répertoriés par M. Kelleher » in

d'intérêt commun. Cette coopération est réelle en matière de pêche pour la gestion commune des stocks, l'harmonisation et la coordination des systèmes de gestion et d'aménagement des ressources, la détermination des conditions d'accès aux ressources halieutiques des États concernés et, en dernier lieu, l'adoption de mesures coordonnées de surveillance et de contrôle des activités des navires de pêche. Ce dernier champ de coopération intéresse particulièrement notre étude du fait que sa mise en œuvre efficace peut se révéler déterminante dans la lutte contre la pêche INN.

A. Les accords bilatéraux relatifs à la détermination des conditions d'accès aux ressources halieutiques

La gestion commune des stocks traduit le besoin de coopération et de coordination tel que l'indique la Convention des Nations Unies sur le droit de la mer[375]. Les États concernés doivent s'efforcer, directement ou par l'intermédiaire des organisations sous régionales ou régionales appropriées, de s'entendre sur les mesures nécessaires pour coordonner et assurer la conservation ainsi que le développement de ces stocks.

En ce qui concerne la détermination des conditions d'accès aux ressources halieutiques des États de la sous-région, un nombre important d'accords bilatéraux a été conclu par le Sénégal à cet effet. Ainsi en est-il des accords entre le Cap-Vert et le Sénégal, signé le 29 mars 1985 (Accès réciproque et nombre de bateaux opérationnels) ; entre la Gambie et le Sénégal, signé le 14 avril 2008 (Accès réciproque) ; entre la Guinée-Bissau et le Sénégal, signé le 22 décembre 1978 (Accès réciproque) ; entre la Guinée-Bissau et le Sénégal, signé le 2 mai 1997 (Aménagement et Exploitation des ressources halieutiques de la zone commune) ; et entre la Mauritanie et le Sénégal du 25 février 2001.

Ces accords bilatéraux sont souvent constitués des conventions-cadre et de leurs protocoles d'application. Ces protocoles qui complètent et précisent les dispositions des conventions sont généralement conclus pour une période

---

Rapport de M. Daniel Owen, Aspects légaux et institutionnels de l'aménagement des stocks partagés : Cas des poissons pélagiques côtiers de la région Nord-Ouest africaine, FAO, Programme Nansen, Aménagement des Pêcheries et Environnement marin (GCP/INT/730/NOR), octobre 2001, pp. 53-54. Traitant des « Accords sur certains aspects de la délimitation de frontières maritimes », le rapport indique, p. 66, que « *la seule frontière maritime restant à être délimitée entre les Etats en question, est celle entre la Mauritanie et le Sénégal* ». Il y a là une profonde erreur. En effet, c'est à l'occasion de la Conférence interministérielle sénégalo-mauritanienne tenue les 7, 8 et 9 janvier 1971 – faisant suite à plusieurs autres débutées en 1969 – que les deux parties ont convenu de retenir la normale, le parallèle 16°04' Nord comme frontière en mer. Cette ligne fait l'objet d'un respect scrupuleux par la pratique des concessions pétrolières des deux États. Le fait que cette importante décision ait été recueillie dans un procès-verbal et non par un traité formel a pu induire en erreur la doctrine.

[375] CMB, article 63 paragraphe premier.

d'une année renouvelable par tacite reconduction sauf dénonciation dans les formes prévues[376].

Les États reconnaissent, dans ces accords, des droits de pêche réciproques aux navires de l'une et l'autre partie dans leurs zones de juridiction respectives. Ils définissent aussi les conditions requises des bateaux de pêche de chacune des parties admises à pêcher dans les eaux sous la juridiction de l'autre.

Les navires de pêche battant pavillon étranger sont autorisés à opérer dans les eaux sénégalaises soit dans le cadre d'un accord de pêche liant le Sénégal à l'État du pavillon ou à l'organisation (par exemple l'Union européenne[377]) qui représente cet État, soit lorsqu'ils sont affrétés par des ressortissants de l'État côtier.

Les accords d'accès aux ressources halieutiques des pays de la sous-région contiennent des dispositions très complètes dont la mise en œuvre efficace pourrait s'avérer déterminante dans la lutte contre la pêche INN. Ces accords prévoient les possibilités de pêche à travers la spécification du nombre et des

---

376 Le protocole du 26 mars 2008 liant le Sénégal à la Mauritanie a prévu sa dénonciation par toute partie par voie diplomatique, six mois avant son terme.

377 A l'occasion d'un point de presse tenu le vendredi 25 avril 2014 et diffusé dans le Journal télévisé de 19 heures 45 minutes de la SEN TV, le Ministre chargé de la pêche M. Ali HAIDAR a annoncé la signature d'un accord de pêche avec l'UE. Dernièrement, plusieurs rounds de négociations ont eu lieu entre Dakar et Bruxelles. En fait, Celui - ci entre dans la catégorie des accords de partenariat de pêche durable (APPD), axés sur la conservation des ressources, la durabilité environnementale, que l'Europe expérimente à partir de 2014 que l'Europe et qui remplace les accords de partenariat dans le secteur de la pêche (APP). Ces derniers (APP) sont le fruit de la réforme de 2002 de la politique commune de la pêche (PCP) et du sommet de Johannesburg sur le développement durable. Ils ont été adoptés par les conclusions 11485/1/2004 du Conseil sur la communication de la Commission relative à un cadre intégré applicable aux accords de partenariat dans le domaine de la pêche conclus avec des pays tiers. L'idée sous-jacente est de s'associer au pays tiers en vue du développement d'une pêche durable et responsable et du renforcement de la valeur des produits de la pêche. Les APP doivent également garantir la cohérence avec d'autres politiques telles que la coopération au développement, l'environnement, le commerce et la santé. Tous les APP se composent d'un accord de pêche et d'un protocole (par exemple définissant les conditions de l'accord). En vertu de ces accords, la flotte européenne obtient un accès à l'excédent de pêche dans une ZEE de la plupart des pays d'Afrique, des Caraïbes et du Pacifique (ACP), ainsi que du Groenland. Le volet financier repose sur un montant forfaitaire versé par l'Union et sur les redevances versées par les armateurs. La contribution financière de l'Union est justifiée par un intérêt mutuel des deux parties à investir dans une politique durable en matière de pêche; il ne s'agit pas d'un simple paiement pour des droits d'accès. En vertu des règles en vigueur de l'Organisation mondiale du commerce (OMC), ces arrangements ne sont pas considérés comme des subventions. Ces contributions couvrent essentiellement les dépenses liées aux frais de gestion, à l'évaluation scientifique des stocks halieutiques, à la gestion de la pêche, au contrôle et à la surveillance des activités de pêche, ainsi que les dépenses liées au suivi et à l'évaluation d'une politique durable dans le domaine de la pêche. Source : *http://www.europarl.europa.eu/ aboutparliament/fr/ displayFtu. html ? ftuId=FTU_5.3.6.html*. Pour les APPD, voir infra

caractéristiques techniques des navires de pêche autorisés ainsi que des types de pêche. Ils déterminent les zones et engins de pêche, l'obligation de débarquement de captures et les captures accessoires et portent sur la recherche halieutique, la surveillance des pêches, l'inspection et la sécurité en mer.

Ils comportent, pour les navires, l'obligation d'embarquement d'observateurs et de marins, de remplir le journal de pêche et de transmettre les statistiques des captures et toutes les informations relatives à leurs entrées et sorties des eaux sous juridiction de l'État concerné, aux fins de contrôle et de surveillance et, ceci, conformément aux indications des structures compétentes des États coopérants. Ils soulignent également l'obligation de marquage des navires autorisés à pêcher et définissent le montant des redevances dues en contrepartie des autorisations accordées

Les accords prévoient, en outre, l'obligation pour les armateurs de communiquer régulièrement des données sur les captures aux autorités compétentes. Ces accords engagent la responsabilité de l'État du pavillon ou de l'organisation compétente à prendre les mesures appropriées afin de garantir le respect, par les navires, des termes et conditions ainsi que des dispositions pertinentes des lois et règlements de l'État d'accueil.

Dans une autre rubrique, la coopération se développe également dans le domaine du suivi, contrôle et surveillance des pêches.

B. Les protocoles bilatéraux relatifs aux modalités pratiques de coordination des opérations de surveillance des pêches et au droit de poursuite maritime

Dans le cadre de la protection de ses ressources halieutiques, le Sénégal a signé un certain nombre de protocoles relatifs aux modalités pratiques de coordination des opérations de surveillance des pêches et à la poursuite maritime avec des pays de la sous-région. Ainsi, en est – il du protocole signé avec : le Cap-Vert, le 17 novembre 1994 à Dakar ; la Gambie, le 29 mars 1993 ; la Mauritanie, le 14 janvier 2000 à Dakar ; et avec la Guinée-Bissau, le 2 mai 1997[378].

Le protocole avec le Cap-Vert, signé le 17 novembre 1994 à Dakar, a été pris en application de la Convention sur la coopération sous-régionale dans l'exercice du droit de poursuite maritime du 1er septembre 1993[379]. Son étude, à titre illustratif, permet d'avoir une vue d'ensemble des engagements du Sénégal dans le domaine de la surveillance des pêches dans le cadre de la coopération bilatérale. Des dispositions pour organiser la coopération en matière de poursuite maritime entre le Sénégal et le Cap-Vert y sont prévues.

---

[378] Tafsir Malick Ndiaye *op. cit.,* note de bas de page N° 110.

[379] Cf. article 9 de la Convention sur la coopération sous régionale dans l'exercice du droit de poursuite maritime, portant sur les modalités de mise en œuvre

Le principe de la poursuite des navires de pêche qui ne battent pas pavillon de l'État refuge jusque dans la mer territoriale de ce dernier est admis par le protocole. La poursuite à l'intérieur de la mer territoriale durera jusqu'à ce que l'État refuge prenne en charge le navire poursuivi. Toutefois, lorsqu'il s'agit de navires battant pavillon de l'État refuge, la poursuite s'arrête au niveau de la mer territoriale.

L'organisation d'opérations combinées de surveillance des pêches est prévue par le protocole. Les structures de surveillance des pêches des Etats parties sont invitées à organiser des opérations combinées de surveillance. Toujours dans ce cadre, il est prévu que, sur demande du Cap-Vert, le Sénégal mette à sa disposition ses moyens de surveillance, s'ils sont disponibles.

D'autres formes de coopération en matière de surveillance sont également indiquées entre les deux parties. Les personnels de surveillance sont notamment concernés, surtout dans les domaines de la formation, de l'instruction et de l'entraînement.

Quelques remarques méritent d'être soulevées au sujet des dispositions prévues par le protocole. Celles-ci concernent surtout le droit de poursuite et les opérations combinées de surveillance.

D'abord, sur la poursuite des navires qui ne battent pas le pavillon de l'État refuge, la CMB 82 dispose clairement que « *le droit de poursuite cesse dès que le navire poursuivi entre dans la mer territoriale de l'État dont il relève ou d'un autre État* »[380]. Le protocole[381] prévoit la poursuite des navires qui ne battent pas pavillon de l'État refuge jusque dans la mer territoriale de celui-ci ; il va donc plus loin que la CMB[382]. Toutefois, le protocole limite le droit de poursuite dans la mer territoriale de l'État refuge par l'État poursuivant puisque l'État refuge doit prendre en charge le navire poursuivi à l'intérieur de sa mer territoriale. Donc c'est l'État refuge qui peut arraisonner et sanctionner le navire poursuivi dans sa mer territoriale et non l'Etat poursuivant. Il faut cependant préciser que le protocole ne dit pas expressément que l'objectif visé est l'arraisonnement et la sanction du navire par l'État refuge.

---

380 Article 111, paragraphe 3 de la CMB

381 Article 1er, 4ème alinéa du protocole sur le droit de poursuite maritime entre le Sénégal et le Cap-Vert du 17 novembre 1994

382 C'est pour prendre en compte ce genre de situation que l'article 52 du Code de la pêche du Sénégal est ainsi libellé : « - *Tout navire de pêche dont la poursuite a été commencée à l'intérieur des eaux maritimes sous juridiction sénégalaise peut être arraisonné et dérouté au-delà des limites de ces eaux et conduit au port sénégalais le plus proche ou le plus convenable par le navire de surveillance. Le droit de poursuite est exercé conformément au droit international, en particulier les dispositions de l'article 111 de la convention des Nations Unies sur le droit de la mer, et cesse lorsque le navire de pêche poursuivi entre dans la mer territoriale de l'État du pavillon ou d'un État tiers. Toutefois, les dispositions du présent article sont sans préjudice de modalités particulières de droit de poursuite dans le cadre d'accords internationaux conclus à l'échelle bilatérale ou sous régionale* ».

Ensuite, sur la poursuite des navires battant pavillon de l'État refuge, le protocole n'apporte rien de nouveau par rapport au droit international et, surtout il aurait dû prévoir le sort qui sera réservé au navire poursuivi lorsqu'il entre dans la mer territoriale de l'État dont il porte le pavillon. Le fait de ne prévoir aucune sanction par l'État refuge peut encourager les navires battant son pavillon à se livrer à la pêche INN dans les eaux de l'autre État partie.

En matière d'opérations combinées de surveillance des pêches, à notre connaissance, les deux parties n'ont jamais organisé de telles opérations sur la base des dispositions du protocole. Dans ce cadre, il faut admettre qu'il y a peu d'intérêt pour le Sénégal et le Cap-Vert à organiser des opérations de surveillance des pêches combinées. Les frontières maritimes entre les deux pays sont trop éloignées et peu de pêcheries sont partagées[383].

Si le Sénégal a pu peser sur le contenu des accords étudiés dans la présente section pour avoir participé activement à leurs négociations, il n'a pas toujours cette latitude dans les textes qui l'engagent. Certains instruments apparaissent plutôt comme des contrats d'adhésion. C'est le cas des règlements européens sur la pêche INN dont le respect est une conditionnalité pour accéder ou pour être maintenu dans le marché européen des produits halieutiques.

SECTION II : LES INSTRUMENTS JURIDIQUES NON NÉGOCIÉS ENGAGEANT DE FACTO LE SÉNÉGAL: L'EXEMPLE DES RÈGLEMENTS EUROPÉENS SUR LA PÊCHE INN

La pêche INN, de par sa capacité de compromettre le fondement même de la politique commune de la pêche (PCP)[384] et les efforts internationaux de la Communauté pour promouvoir une meilleure gouvernance océanique[385],

---

383 Cf. Aly SAMB, *op. cit.*, note de bas de page N° 124

384 La pêche illicite, non déclarée et non réglementée (INN) représente l'une des menaces les plus graves pesant sur l'exploitation durable des ressources aquatiques vivantes et met en péril le fondement même de la politique commune de la pêche et des efforts déployés à l'échelle internationale en faveur d'une meilleure gouvernance des océans. Elle constitue également, pour la biodiversité marine, une menace majeure contre laquelle il convient d'agir, conformément aux objectifs définis dans la communication de la Commission intitulée «Enrayer la diminution de la biodiversité à l'horizon 2010 et au-delà». Cf. aussi: Council Regulation (EC) No 2371/2002 of 20 December 2002 on the conservation and sustainable exploitation of fisheries resources under the Common Fisheries Policy.

385 « *La notion de gouvernance désigne les règles, les processus et les comportements qui influent sur l'exercice des pouvoirs* ». V° Livre Blanc de la Commission européenne sur la gouvernance européenne du 25 juillet 2001, COM (2001), 428 final, p. 9. Par ailleurs, *« le mot anglais governance a été remis à l'honneur dans les années 1990 par des économistes et politologues anglo-saxons, et par certaines institutions internationales (ONU, Banque mondiale, FMI, notamment) (...) pour désigner « l'art ou la manière de gouverner » mais avec deux préoccupations supplémentaires, d'une part bien marquer la distinction avec le gouvernement en tant qu'institution ; d'autre part, sous un vocable plus usité et donc peu connoté, promouvoir un nouveau mode de gestion des affaires publiques fondé sur la participation de la société civile à tous les niveaux (national, mais aussi local, régional et*

constitue une des principales menaces pour l'exploitation durable des ressources aquatiques vivantes. Il faut rappeler que l'objectif de la Politique commune de la pêche, défini par le règlement (CE) no 2371/2002 du Conseil du 20 décembre 2002 relatif à la conservation et à l'exploitation durable des ressources halieutiques[386], est de garantir une exploitation des ressources aquatiques vivantes qui crée les conditions de durabilité nécessaires tant sur le plan économique et environnemental qu'en matière sociale.

L'Union européenne (UE) qui dispose d'une des plus importantes flottes de pêche dans le monde et représente la troisième puissance en termes de captures, ne peut pas rester indifférente à la pêche INN. Au surplus, l'UE dispose du plus grand marché des produits de la pêche au monde et occupe la première place dans l'importation desdits produits[387]. En 2007, l'UE a importé des produits de la pêche pour une valeur approximative de 15 milliards d'euros. Les importations issues de la pêche INN ont été estimées à minima à

---

international)». C. Huynh Quan-Suu, Service de traduction de la Commission européenne. Cf. http://ec.europa.eu/governance/docs/doc5_fr.pdf.
« *La gouvernance doit permettre d'établir des principes et objectifs fondamentaux contribuant à (...) élaborer des politiques et des cadres réglementaires, (...). La mise en œuvre de la gouvernance des océans, au sens le plus strict qui soit, nécessiterait un réseau complexe d'arrangements institutionnels qui lierait les cycles de politiques situés à différents niveaux (local, national, régional et mondial) d'un secteur donné, ainsi qu'au sein de chacun de ces échelons, et qui coordonnerait ces cycles entre les divers secteurs* ». cf. Comité des pêches de la FAO, 38ème session, Gouvernance des océans et conclusions de la Conférence Rio+20, Rome, 9-13 juillet 2012, COFI/2012/6, précité, p.3
La gouvernance des mers et des océans est donc relative à l'élaboration d'un cadre juridique et institutionnel pour une meilleure gestion des mers et des océans, plus particulièrement, elle « *est la façon dont s'institutionnalisent les relations et s'élaborent les textes à l'échelle internationale (Quel est l'objet ? Quels sont les moyens ? Qui sont les acteurs ?). Or les mers et océans sont un espace où s'entrecroisent institutions, compétences et instruments juridiques nationaux et internationaux. La difficulté s'accroît en haute mer, où aucune souveraineté ne peut être exercée, mais où chaque activité est soumise à la juridiction de l'État dont le navire bat pavillon ou dont l'acteur en cause possède la nationalité. La gestion des océans est rendue difficile en raison non seulement de l'absence de mécanismes internationaux de gestion et de contrôle, mais également de la multiplicité des usages (approvisionnement alimentaire, transports, aménagement côtier, tourisme, pêche, biodiversité). IL est donc nécessaire de définir un cadre de coopération entre les secteurs et les acteurs concernés, de l'échelon local à l'échelon international. Poser la question de la gouvernance des pêches implique donc d'instaurer des mesures permettant de sauvegarder et de protéger les différentes composantes de la faune et de la flore marines, et aussi d'organiser l'exploitation des ressources dans les limites du respect de l'intérêt général* ». A. De Marfy Mantuano, La gouvernance des mers, Annuaire de Droit de la mer, Tome 3, 1998, pp. 71-86, Report on DEEP SEA 2003, an International Conference on Governance and Management of Deep-Sea Fisheries, Queenstown, New Zealand, 1 - 5 December 2003, FAO Fisheries Report, n° 772, Rome, 2005, 84p.

386 JO de l'Union européenne L 358 du 31.12.2002, p. 59

387 Voir le préambule du Règlement de 2008 sur la pêche INN

1,1 milliard d'euros en 2005[388]. Les produits transformés représentent environ la moitié des importations communautaires totales des produits halieutiques. La demande élevée de produits transformés fait de l'UE un marché potentiellement attrayant pour les opérateurs INN dans la mesure où les prises INN peuvent être facilement blanchies en raison de l'absence de mécanismes de contrôle basés sur la traçabilité.

La Communauté européenne est partie contractante à la CMB du 10 décembre 1982[389], elle a ratifié l'ANUP du 4 août 1995[390] et a adhéré à l'Accord de Conformité du 24 novembre 1993[391] de la FAO. Ces dispositions énoncent essentiellement le principe selon lequel tous les États ont le devoir d'adopter les mesures qui s'imposent pour assurer la gestion durable des ressources marines et de coopérer les uns avec les autres. À ce titre, la Commission européenne est engagée dans la lutte contre la pêche INN depuis plus de dix ans. Pour mettre en œuvre le PAI-INN[392], la Commission a donc adopté, en 2002, un plan d'action communautaire en vue d'éradiquer la pêche illicite, non déclarée et non réglementée[393]. La mise en œuvre de ce plan d'action fait partie des grandes priorités de l'Agence communautaire de contrôle des pêches, créée en 2005 dans le but d'organiser la coordination opérationnelle du contrôle de la pêche et des activités d'inspection par les États membres et de les aider à coopérer[394].

La Commission a intensifié son action contre la pêche INN avec le lancement, en 2007, d'une large consultation publique. À sa clôture, une proposition de règlement a été officiellement adoptée par le Conseil européen le 29 septembre 2008[395]. Il s'agit du Règlement (CE) n° 1005/2008 du Conseil du 29 septembre 2008[396] établissant un système communautaire destiné à prévenir, à décourager et à éradiquer la pêche illicite, non déclarée et non

---

388 Cf. *Lutte contre la pêche illicite, non déclarée et non réglementée (INN)* Atelier organisé par les membres de l'APP ACP-UE, le Groupe de Travail ACP Pêche et le CTA. *Op. cit.*, note de bas de page N° 93.

389 *Op. cit.*, point I -2 de l'introduction

390 *Op. cit.*, première partie, titre I, chapitre I, section II, paragraphe I

391 *Op. cit.*, Première partie, titre I, chapitre I, section II, paragraphe II

392 PAI – INN, *op. cit.*, première partie, titre I, chapitre I, section I, paragraphe II

393 Communication de la Commission, Plan d'action communautaire en vue d'éradiquer la pêche illicite, non déclarée et non réglementée, COM(2002) 180 final, 28.5.2002, *http://eur-lex.europa.eu/LexUriServ/LexUriServ.do?uri =COM:2002:0180:FIN:FR:PDF*

394 Source: site web de l'Agence communautaire de contrôle des pêches : http://cfca.europa.eu/

395 Règlement du Conseil établissant un système communautaire destiné à prévenir, à décourager et à éradiquer la pêche illicite, non déclarée et non réglementée (EC) No 1005/2008 du 29 septembre 2008, *http://eur-lex.europa.eu/LexUriServ/LexUriServ.do?uri= OJ:L:2008:286:0001:0032:FR:PDF*

396 FR Journal officiel de l'Union européenne L 286/1 du 29.10.2008

réglementée[397]. Le règlement a prévu sa propre application pour compter du 1er janvier 2010[398]. Ce décalage devait permettre à la Commission de disposer du temps nécessaire pour mettre en œuvre des règles lui permettant d'en assurer une application efficace.

Paragraphe I: Le contenu des règlements européens sur la pêche INN

Les règles relatives au renforcement de la lutte contre la pêche INN au niveau communautaire sont précisées par un certain nombre de règlements communautaires. Il s'agit principalement:

- du Règlement (CE) n° 1005/2008 du Conseil du 29 septembre 2008 établissant un système communautaire destiné à prévenir, à décourager et à éradiquer la pêche illicite, non déclarée et non réglementée[399];

- du Règlement (CE) n° 1010/2009 de la Commission du 22 octobre 2009 portant modalités d'application du règlement (CE) n° 1005/2008[400];

- du Règlement (UE) n° 86/2010 de la Commission du 29 janvier 2010 modifiant l'annexe I du règlement (CE) n° 1005/2008 du Conseil en ce qui concerne la définition des produits de la pêche et modifiant le règlement (CE) n° 1010/2009 de la Commission en ce qui concerne l'échange d'informations relatives aux inspections des navires des pays tiers et les arrangements administratifs pour les certificats de capture[401];

- du Règlement (UE) n° 395/2010 de la Commission du 7 mai 2010 modifiant le règlement (CE) n° 1010/2009 de la Commission en ce qui concerne les dispositions administratives relatives aux certificats de capture[402];

- du Règlement (UE) n° 468/2010 de la Commission du 28 mai 2010 établissant la liste de l'UE des bateaux engagés dans des activités de pêche illicite, non déclarée et non réglementée[403] ;

- du Règlement (UE) n° 202/2011 de la Commission du 1er mars 2011[404] modifiant l'annexe I du règlement (CE) n ° 1005/2008 du Conseil en ce qui concerne la définition des produits de la pêche et modifiant le règlement (CE)

---

397 Modifiant les règlements (CEE) n°2847/93, (CE) n° 1936/2001 et (CE) n°601/2004 et abrogeant les règlements (CE) n° 1093/94 et (CE) n° 1447/1999 (publié le 29/10/2008 au JOUE n° L286)

398 S'il est prévu que le règlement entre en vigueur le jour de sa publication au Journal officiel de l'Union européenne, il est précisé qu'il ne s'applique qu'à compter du 1er janvier 2010. Toutefois, il est obligatoire dans tous ses éléments et directement applicable dans tout État membre, c'est-à-dire à compter du 29 septembre 2008. Voir article 57 du Règlement

399 Modifiant les règlements (CEE) n°2847/93, (CE) n° 1936/2001 et (CE) n°601/2004 et abrogeant les règlements (CE) n° 1093/94 et (CE) n° 1447/1999 (publié le 29/10/2008 au JOUE n° L286)

400 Publié le 27/10/2009 au JOUE n° L 280

401 Publié le 30/01/2010 au JOUE n° L26

402 Publié le 8/5/2010 au JOUE n° L115

403 Publié le 29/05/2010 au JOUE n° L131

404 Publié au JO UE n° L57

n ° 1010/2009 de la Commission en ce qui concerne les modèles de notification préalable, les critères concernant les inspections au port et la reconnaissance des systèmes de documentation des captures adoptés par les organisations régionales de gestion des pêches.

De manière synthétique, une analyse de la réglementation européenne fait ressortir les points saillants qui seront étudiés successivement.

Concernant les navires de pêche, ils sont présumés pratiquer la pêche INN[405] dans un certain nombre de cas. Il en est ainsi lorsqu'ils ne possèdent pas de permis de pêche en cours de validité ou négligent de transmettre ou d'enregistrer les données de capture ; lorsqu'ils pêchent en zone interdite ou pêchent des espèces non autorisées ou utilisent des engins interdits ou non conformes. Il en est de même lorsqu'ils falsifient ou dissimulent leur identité ou des éléments de preuve concernant une enquête, lorsqu'ils entravent le travail des inspecteurs, embarquent, transbordent ou débarquent du poisson de taille non réglementaire ou participent à des activités avec des navires figurant sur la liste des navires INN[406]. C'est le cas enfin des navires qui exercent des activités de pêche dans une zone couverte par une organisation régionale de gestion des pêches sans respecter les mesures de conservation et de gestion de cette organisation, et battent pavillon d'un État non partie à cette organisation, ou ne coopérant pas avec cette organisation, mais aussi des navires apatrides.

Une fois les navires pratiquant la pêche INN exclus, les navires autorisés[407] à opérer dans l'espace communautaire européenne, doivent le faire dans les ports désignés à cet effet[408]. Ainsi, seules les installations des ports désignés par les États membres de l'Union européenne (UE) sont ouvertes aux navires des pays tiers. Les débarquements par les navires étrangers et les transbordements entre navires de pays tiers et navires de l'UE sont interdits en mer et ne peuvent avoir lieu que dans les ports spécialement désignés[409]. La liste des ports désignés est transmise par les États membres à la Commission,

---

[405] Voir les articles 2 et 3 du Règlement de 2008.

[406] Selon l'article 27 intitulé « *Établissement de la liste communautaire des navires INN* », la Commission établit, conformément à la procédure prévue à l'article 54, paragraphe 2, la liste communautaire des navires INN. La liste regroupe les navires de pêche pour lesquels, à l'issue des mesures prises conformément aux articles 25 et 26, les informations obtenues en vertu du présent règlement permettent d'établir qu'ils pratiquent la pêche INN et dont l'État du pavillon n'a pas donné suite aux demandes officielles visées à l'article 26, paragraphe 2, points b) et c), et à l'article 26, paragraphe 3, points b) et c) pour contrer cette pêche INN.

[407] Voir article 7 du Règlement de 2008.

[408] L'article 5 du Règlement de 2008 invoque les ports mais aussi les lieux situés à proximité du littoral où les débarquements ou opérations de transbordement de produits de la pêche et les services portuaires visés à l'article 4, paragraphe 2, sont autorisés.

[409] Voir à ce propos la liste des ports des États membres de l'UE où les opérations de débarquement et de transbordement de produits de la pêche sont autorisées et les services portuaires accessibles pour les navires de pêche de pays tiers, en conformité avec l'article 5(2) du Règlement (CE) n° 1005/2008 du Conseil publiée au Journal officiel C 320 du 24.12.2009.

au plus tard le 15 janvier de chaque année. Toute modification ultérieure de cette liste est notifiée à la Commission au moins quinze jours avant son entrée en vigueur.

Cette désignation des ports est importante en ce sens qu'il va s'agir de ports disposant des moyens techniques nécessaires pour procéder à l'inspection documentaire des navires et de la cargaison. Ces navires sont inspectés à hauteur de cinq pour cent des débarquements et/ou transbordements sur la base de situations déterminées et d'une analyse de risque[410]. L'État sur le territoire duquel le port est situé est chargé de contrôler les produits de la pêche importés dans l'UE. Cela permet d'attester que lesdits produits sont licites et que le navire est en règle, c'est-à-dire qu'il possède les licences et permis requis, et respecte les quotas de pêche[411]. Étant entendu que toute entrée dans les ports désignés doit être précédée d'une notification préalable faite par les capitaines des navires de pêche des pays tiers ou leurs représentants aux autorités compétentes de l'État membre dont ils désirent utiliser les ports ou les lieux de débarquement désignés, au moins trois jours ouvrables avant l'heure estimée d'arrivée au port[412].

La notification visée au paragraphe précédent, doit être accompagnée d'un certificat de capture validé conformément au chapitre III du Règlement de 2008 si le navire de pêche du pays tiers détient à bord des produits de la pêche[413]. Le certificat de capture garantit que les produits importés dans l'UE ne proviennent pas de la pêche INN. Ces certificats sont délivrés par l'État du

---

410 Ce pourcentage peut être augmenté en fonction des règlementations spécifiques des organisations régionales de gestion des pêches.

411 Voir les articles 4 et 10 du Règlement de 2008 intitulés respectivement « *Régime d'inspection au port* » et « *Procédure d'inspection* ».

412 Selon l'article 6, les informations à fournir concernent l'identification du navire ; le nom du port désigné de destination et la finalité de l'escale, du débarquement, du transbordement, ou de l'accès aux services ; l'autorisation de pêche ou, s'il y a lieu, l'autorisation de soutenir des opérations de pêche ou de transborder des produits de la pêche ; les dates de la sortie de pêche ; la date et l'heure estimées d'arrivée au port ; les quantités de chaque espèce détenues à bord ou, s'il y a lieu, un rapport négatif ; la ou les zones où est réalisée la pêche ou où est effectué le transbordement, que ce soit dans les eaux communautaires, dans des zones sous juridiction ou souveraineté d'un pays tiers ou en haute mer ; les quantités de chaque espèce à débarquer ou à transborder. Toutefois, selon toujours le même article, les capitaines des navires de pêche des pays tiers ou leurs représentants sont exemptés de communiquer certaines informations lorsqu'un certificat de capture a été validé conformément au chapitre III pour la totalité de la capture à débarquer ou à transborder sur le territoire de la Communauté.

413 Selon l'article 12 du Règlement de 2008, le certificat de capture visé au paragraphe 2 est validé par l'État du pavillon du navire de pêche ou des navires de pêche ayant réalisé les captures dont sont issus les produits de la pêche. Il est utilisé pour certifier que ces captures ont été effectuées conformément aux lois, aux réglementations et aux mesures internationales de conservation et de gestion applicables. Le certificat de capture qui contient toutes les informations indiquées dans un modèle type est validé par une autorité publique de l'État du pavillon disposant des prérogatives nécessaires pour attester l'exactitude des informations.

pavillon. Ils accompagnent les produits de la pêche tout au long de la chaîne d'approvisionnement pour faciliter les contrôles.

Dans certains cas, les autorités compétentes des États membres refusent l'importation de produits de la pêche dans la Communauté sans devoir demander de preuves supplémentaires ou faire une demande d'assistance à l'État du pavillon ou après avoir fait une demande d'assistance, selon le cas, en cas de défaut de détention d'un certificat de capture ou lorsque celui – ci est vicié ou présente certaines imperfections par rapport à la réglementation européenne[414]. Il faut aussi préciser que la certification des captures concerne également les produits destinés à l'exportation[415] dans le cadre de la coopération avec les pays tiers[416].

Un système d'alerte[417] communautaire est mis en place à destination des États membres. Il intervient en cas de doute raisonnable sur la conformité de navires de pêche ou de produits de la pêche de certains pays tiers avec la réglementation en vigueur obligeant les États membres à procéder à des contrôles et des vérifications ainsi qu'à l'envoi d'un rapport à la Commission ou à l'organisme qu'elle désigne[418].

Pour pouvoir prendre les mesures nécessaires à l'égard des navires ou des États récalcitrants à respecter les mesures internationales de conservation et de gestion, la Commission établit deux listes noires. La première inclut les navires pratiquant la pêche INN[419] et la seconde la liste des États complaisants à leur égard ou Etats non coopérants[420]. Dans le premier cas, il s'agit d'une liste communautaire des navires INN avec l'intégration automatique des listes des navires INN établies par les organisations régionales de pêche auxquelles

---

[414] Voir l'article 18 du Règlement UE de 2008 sur la pêche INN intitulé « *Refus d'importation* ».

[415] En application de la règlementation communautaire, la Commission a publié sur son site internet accessible à l'adresse suivante (site en anglais plus complet) : http://ec.europa.eu/fisheries/ cfp/illegal_fishing/index_fr.htm, la liste des pays tiers qui ont demandé l'application de la réciprocité c'est-à-dire la production par les États membres d'un certificat de capture pour l'exportation dans ces pays des produits de la pêche couverts par la règlementation communautaire sur la pêche INN.

[416] Selon l'article 15 alinéa 1, l'exportation de captures effectuées par des navires de pêche battant pavillon d'un État membre est subordonnée à la validation d'un certificat de capture par les autorités compétentes de l'État membre du pavillon, conformément à l'article 12, paragraphe 4, si cela est exigé dans le cadre de la coopération prévue à l'article 20, paragraphe 4.2.

[417] Cf. Chapitre IV composé des articles 23 et 24.

[418] Cet organisme est l'Agence communautaire de contrôle des pêches.

[419] Voir les articles 27 et 29 du Règlement UE de 2008 intitulés « *Établissement de la liste communautaire des navires INN* ».

[420] Voir les articles 33 « *Établissement d'une liste des pays tiers non coopérants* », 35 « *Publication de la liste des pays tiers non coopérants* », 38 « *Mesures à l'égard des pays tiers non coopérants* » du Règlement de 2008.

adhère la Communauté[421]. Le Règlement de 2008 va plus loin en prévoyant la mise en œuvre des dispositions prévues par ces mêmes organisations régionales de pêche notamment celles relatives aux observateurs en mer avec une procédure de suivi et d'enquête approfondie de la part des États membres du pavillon du navire dont l'observation ou l'inspection donne lieu à l'établissement de rapports susceptibles de mettre en évidence des activités liées à la pêche INN et la transmission des rapports d'observation[422].

Dans le second cas, il s'agit de définir, recenser et publier une liste d'États tiers non coopérants dans le cadre de la lutte contre la pêche INN. Il est aussi prévu l'application d'un ensemble de mesures coercitives tant à l'égard des navires INN que des pays tiers non coopérants[423]. Dans les deux cas, les procédures relatives à l'établissement des listes prévoient des mesures de sauvegarde et des mécanismes de recours pour garantir un traitement équitable aux navires et aux États concernés[424].

Concernant les sanctions, les États membres appliquent des mesures efficaces, proportionnées et dissuasives à l'encontre des personnes physiques ou morales liées aux activités INN. Une définition des infractions graves en matière de pêche INN est faite. Elle implique des mesures d'exécution immédiates à la charge des États membres, la responsabilisation des personnes morales et une sanction maximale d'un montant au moins égal à cinq fois la valeur des produits de la pêche obtenus est prévue dans le cas desdites infractions[425]. En cas d'infraction répétée ou récidive sur une période de cinq ans, les États membres imposent une sanction maximale d'un montant égal à au moins huit fois la valeur des produits de la pêche obtenus dans le cadre de ladite infraction[426].

Enfin, la lutte contre la pêche INN passe par un renforcement de la coopération entre les autorités administratives des États membres ainsi qu'avec les autorités administratives des pays tiers et la Commission. La Commission crée le système d'information sur la pêche INN afin d'aider les autorités administratives à prévenir ce type d'activités et de faciliter les enquêtes et la poursuite des contrevenants[427].

---

[421] À titre d'exemple, voir le Règlement (UE) no 468/2010 de la Commission du 28 mai 2010 établissant la liste de l'UE des bateaux engagés dans des activités de pêche illicite, non déclarée et non réglementée

[422] Cf. Chapitre X du Règlement de 2008 sur la pêche INN composé des articles 48 à 50.

[423] Cf. Chapitre VI du Règlement de 2008 sur la pêche INN composé des articles 31a 35.

[424] Cf. Article 26 alinéa 3. d et 27 alinéa 2 du Règlement de 2008 sur la pêche INN pour les navires présumés INN et article 32 pour les pays tiers non coopérants

[425] Voir article 44 du Règlement de 2008 sur la pêche INN, intitulé « *Sanctions en cas d'infractions graves* » en son alinéa 2.

[426] Article 44 alinéa 2 du Règlement de 2008 sur la pêche INN. *Ibid.*

[427] Voir article 20 intitulé « *Notifications de l'État du pavillon et coopération avec les pays tiers* ».

Le contenu des règlements européens précisé, il s'agira de s'intéresser aux objectifs qui les sous-tendent.

Paragraphe II : Les objectifs et implications des règlements européens sur la pêche INN

Compte tenu de ses engagements internationaux et en raison de l'ampleur et de l'urgence du problème, la Communauté européenne a décidé de renforcer considérablement son action contre la pêche INN en adoptant de nouvelles mesures réglementaires conçues pour couvrir tous les aspects du phénomène. Ces mesures d'ordre commercial, découlent du respect des recommandations du CCPR[428] et du PAI-INN[429]. Les règlements européens sur la pêche INN constituent l'une des premières étapes vers une politique maritime intégrée. Ils constituent un élément essentiel du dispositif des échanges entre l'Union européenne et les pays tiers, notamment les pays ACP[430]. Ils s'inscrivent dans le cadre du Plan d'action de la Communauté contre la pêche INN adopté en 2002[431] et dans la lignée des actions menées au niveau international par la

---

428 Selon le point 11.1.11 du Code de Conduite, les États devraient veiller à ce que le commerce du poisson et des produits de la pêche, tant international que national, soit compatible avec des pratiques rationnelles de conservation et de gestion, en améliorant l'identification de l'origine du poisson et des produits commercialisés.
Le point 11.2.2 ajoute que le commerce international du poisson et des produits de la pêche ne devrait compromettre ni le développement durable de la pêche ni l'utilisation responsable des ressources halieutiques.

429 Selon le point 6.6 du PAI – INN, les États devraient prendre toutes les mesures nécessaires, conformément au droit international, pour empêcher que du poisson pêché par des navires identifiés par des organisations régionales compétentes de gestion des pêches comme s'adonnant à la pêche illicite, non déclarée et non réglementée ne fasse l'objet d'un commerce ou ne soit importé sur leur territoire. L'identification des navires par l'organisation régionale de gestion des pêches devrait suivre des procédures convenues et avoir lieu de manière équitable, transparente et non discriminatoire. Les mesures relatives au commerce devraient être adoptées et appliquées conformément au droit international, notamment aux principes, droits et obligations établis dans les Accords de l'OMC et de manière équitable, transparente et non discriminatoire. Les mesures relatives au commerce ne devraient être utilisées qu'à titre exceptionnel, lorsque d'autres mesures se sont révélées inefficaces pour prévenir, contrecarrer et éliminer la pêche illicite, non déclarée et non réglementée et uniquement après consultation avec les États intéressés. Les mesures relatives au commerce unilatérales sont à éviter.

430 Voir « *Le Règlement de l'UE contre la pêche INN : une préoccupation internationale appréciée de manière unilatérale* », par Abdoulaye Diagne, Expert en commerce international in Revue « *Eclairage sur les Négociations* » ICTSD - International Centre for Trade and Sustainable Development Numéro 01 Volume 8. Février 2009 Disponible sur *www.ictsd.net/news/eclairage ou www.acp-eu-trade.org/eclairage.*

431 Cf. Communication de la Commission, Plan d'action communautaire en vue d'éradiquer la pêche illicite, non déclarée et non réglementée. COM(2002) 180 final, 28.5.2002, disponible sur :
http://eur-lex.europa.eu/LexUriServ/LexUriServ.do?uri=COM:2002:0180:FIN:FR:PDF.
Cf. aussi le Rapport sur la mise en œuvre du plan d'action de l'Union européenne contre la pêche illicite, non déclarée et non réglementée (2006/2225(INI)) janvier 2007

FAO et les organisations régionales de gestion des pêches, destinées à prévenir, à décourager et à éradiquer la pêche illicite, non déclarée et non réglementée.

Ces règlements établissent un système communautaire destiné à prévenir, à décourager et à éradiquer la pêche INN dans les eaux communautaires et internationales. Ils visent à s'assurer que tous les produits de la pêche échangés qui sont importés dans la Communauté et exportés de celle-ci ont été capturés dans le respect des mesures internationales de conservation et de gestion et, le cas échéant, des autres règles applicables au navire de pêche concerné. L'action de la Communauté cible principalement les comportements entrant dans la définition de la pêche INN et qui portent le plus gravement préjudice au milieu marin, à la pérennité des stocks de poissons et à la situation socio-économique des pêcheurs respectant les règles applicables en matière de conservation et de gestion des ressources halieutiques. Si l'Europe se veut le fer de lance de la lutte contre les pratiques illégales dans la pêche, c'est que celles-ci ont des impacts ravageurs sur la ressource. L'activité de bateaux pirates met en péril l'économie de pays qui ne sont pas armés pour défendre leurs côtes. Menées en dehors d'accords bilatéraux, leurs campagnes de pêche déstabilisent grandement les communautés des artisans et des mareyeurs locaux.

Toutefois, Bruxelles agit aussi pour défendre l'intérêt de ses propres flottilles contre cette concurrence déloyale même si vouloir réglementer les pratiques illicites autour du globe peut relever de la gageure[432]. Des quantités de 11 à 26 millions de tonnes de poissons seraient capturées illégalement chaque année, selon les services de Mme Damanaki[433], ce qui représenterait un marché de 10 milliards d'euros, soit environ 15 % de la pêche mondiale[434].

Pour lutter contre le phénomène très lucratif de la pêche INN, les règlements européens prévoient de limiter l'accès au marché de l'Union européenne (UE) aux seuls produits de la pêche certifiés conformes à la réglementation, de renforcer la surveillance des activités en mer, d'identifier les opérateurs INN, d'améliorer la mise en œuvre de la législation dans le domaine de la pêche et de mieux appliquer les sanctions en cas d'infractions.

---

[432] Voir l'article de Martine Valo, Journaliste au Monde : Lutter contre la pêche illégale : L'Europe sanctionne la Guinée : « *Vouloir réglementer les pratiques illicites autour du globe tient néanmoins de la gageure. Fin 2013, par exemple, le Holland Klipper avait débarqué sans encombre dans le port de Busan, au sud de la Corée, pour y écouler une cargaison de poisson suspectée d'être illégale et évaluée à plus de 10 millions d'euros. Ce navire de 4 000 tonnes, qui avait changé plusieurs fois de nom et battait pavillon néerlandais, avait été repéré par l'ONG Environnemental Justice Fondation au large de la Guinée et de la Sierra Leone. Une fois l'affaire révélée, les autorités sud-coréennes avaient été contraintes d'annoncer le lancement d'une enquête* » in *Le Monde* du jeudi 27 mars, 2014 08:32

[433] Madame Maria Damanaki, est la commissaire chargée de la pêche.

[434] Voir le journal *Le Monde* du jeudi 27 mars 2014

L'efficacité de ce système repose sur les mesures adoptées par les États membres[435] conformément à la législation communautaire. En effet, en vue de remédier à l'absence de mesures efficaces de la part des États du pavillon à l'égard des navires de pêche battant leur pavillon et inscrits sur la liste communautaire des navires INN et de limiter la poursuite des activités de pêche desdits navires, les États membres devraient appliquer à leur égard des mesures appropriées[436]. En effet, le Règlement de 2008 prévoit[437], et notamment dans le cas des sanctions[438], que certaines clauses soient d'application nationale. Toutefois, cette situation peut être source d'ambiguïté puisque les législations nationales des États européens applicables à certaines dispositions du Règlement peuvent être disparates compte tenu du nombre d'États concernés et les pays en développement dont le Sénégal, pourraient avoir à faire face à une pluralité de législations différentes. De même, les pouvoirs d'intervention des différents organes de l'Union européenne que sont, selon les cas, la Commission, l'Agence communautaire des Pêches, le Conseil et enfin les États membres, peuvent être source de confusion pour les opérateurs économiques des pays en développement qui risquent d'avoir des difficultés à se retrouver dans le système de répartition interne des compétences de l'Union[439].

Cependant, l'une des tares originelles des règlements Union européenne est l'absence des parties destinataires lors de leur formulation et le renvoi à un mécanisme de coopération dont ni la portée, ni les finalités, ni les objectifs visés n'ont pas été préalablement définis avec elles. La conformité de certaines dispositions des règlements de l'UE aux règles et principes généralement évoqués dans le système commercial international est ainsi discutable, notamment du fait de l'extension des pouvoirs (de sanction, d'injonction, de déclaration d'États non coopérants, d'établissement de liste de navires INN, etc.) à des pays tiers (dont le Sénégal) qui ne sont pas parties à un Accord[440]. En effet, les règlements ont été élaborés de façon unilatérale bien que faisant référence au PAI-INN de la FAO. Ce qui pose problème au vu des dispositions de ce même Plan d'action qui, tout en recommandant que les mesures relatives au commerce ne puissent être utilisées qu'à titre exceptionnel lorsque d'autres mesures se sont révélées inefficaces pour prévenir, contrecarrer et éliminer la pêche illicite, non déclarée et non réglementée et uniquement après

435 Selon l'article 1er alinéa 2 du Règlement UE de 2008, chaque État membre arrête, conformément à la législation communautaire, les mesures appropriées pour assurer l'efficacité de ce système. Il met à la disposition de ses autorités compétentes des moyens suffisants pour qu'elles puissent s'acquitter des tâches qui leur incombent en vertu du présent règlement.

436 Voir le point 27 du préambule du Règlement de 2008.

437 Article 1 paragraphe 2 du Règlement de 2008 sur la pêche INN, *ibid.*

438 Article 7 paragraphe 3 du Règlement de 2008 sur la pêche INN, *ibid.*

439 Cf. Abdoulaye DIAGNE, supra, note de bas de page 415

440 Cf. Abdoulaye DIAGNE, *ibid.*

consultation avec les États intéressés, prévoient que les mesures unilatérales relatives au commerce sont à éviter[441]. Toutefois, malgré leur initiative solitaire et unilatérale, les règlements européens s'imposent au Sénégal et, de manière générale, à tous les États qui veulent maintenir leurs relations commerciales dans le domaine halieutique avec l'Union européenne. Toute défaillance peut entraîner la fermeture du marché européen à l'État incriminé[442] ou l'obliger à prendre des mesures correctives immédiates[443].

Dans sa volonté de combattre la pêche INN, le Sénégal, ne s'est pas seulement contenté de s'engager dans les instruments internationaux intervenant en matière de pêche, il est allé plus loin en s'activant dans les organisations régionales de pêches chargées de définir, mais aussi de mettre en œuvre des mesures internationales de conservation et de gestion.

---

[441] PAI – INN, *op. cit.*, Première partie, titre I, chapitre I, section I, paragraphe II

[442] Voir l'article de Martine Valo, Journaliste au Monde : Lutter contre la pêche illégale : L'Europe sanctionne la Guinée : « *L'Europe a fini par mettre ses menaces à exécution : elle a infligé des mesures de rétorsion à trois États défaillants dans la lutte contre la pêche illégale. Le Belize, le Cambodge et la Guinée se voient interdire depuis le 24 mars la possibilité d'exporter leurs poissons dans l'Union, tandis que les navires européens n'ont plus le droit d'aller pêcher dans leurs eaux territoriales. C'est la première fois, depuis le vote d'un règlement sur la pêche en eau profonde en 2008, qu'une telle démarche de l'Europe aboutit à des sanctions effectives. Le marché communautaire étant l'un des principaux du monde, les menaces de Bruxelles ne sont pas sans conséquences. « Ces décisions sont historiques, s'est réjouie Maria Damanaki, la commissaire chargée de la pêche. Elles montrent que l'Union européenne est chef de file et donne l'exemple dans la lutte contre la pêche illégale. Selon moi, les citoyens européens doivent savoir que le poisson qu'ils consomment est pêché de façon durable, quelle que soit son origine* ». *Op. cit.*, note de bas de page 433

[443] Martine Valo, Journaliste au Monde : Lutter contre la pêche illégale : L'Europe sanctionne la Guinée : Cartons jaunes pour la Corée du Sud et le Ghana : « *Le Belize, le Cambodge et la Guinée n'ont pas été pris par surprise : leur mise à l'index intervient à l'issue d'un long processus, émaillé de plusieurs rappels à l'ordre de la part de Commission. Celle-ci indique au demeurant que le dialogue n'est pas rompu et que les mesures pourraient être levées si ces États consentaient à des efforts pour lutter contre la pêche illicite et non-déclarée et contre une distribution laxiste des pavillons de complaisance aux bateaux de pêche. Aux côtés de ces trois premiers pays sanctionnés, figuraient sur une première liste noire Fidji, le Panama, le Togo, le Sri Lanka et Vanuatu, à qui Bruxelles avait adressé un carton rouge en novembre 2012. Ces cinq-là ont, semble-t-il, montré qu'ils avaient réalisé des efforts significatifs pour redresser la situation. Un autre groupe a été averti qu'il devait s'améliorer : il s'agit de la Corée du sud, du Ghana et de Curacao, un petit État autonome des Antilles, qui ont reçu des « cartons jaunes » en novembre 2013 pour leur manque de coopération* ». *ibid.* note de bas de page 433

TITRE II

UNE VOLONTÉ CONFORTÉE PAR L'INTERVENTION DU SÉNÉGAL DANS LA LUTTE CONTRE LA PÊCHE INN À TRAVERS LES ORGANISATIONS SOUS RÉGIONALES ET RÉGIONALES DES PÊCHES

Le Sénégal, à l'instar de beaucoup de ses pairs, a très vite compris que l'isolement ne pouvait aucunement permettre à un État, quel qu'il soit, de développer une politique fiable de conservation et de gestion des ressources halieutiques du fait du caractère imbriqué des activités y afférentes et de la transversalité des zones et des questions de pêche qui ne peuvent trouver une prise en charge satisfaisante que dans un cadre global. C'est pourquoi, il a très tôt inscrit son action dans une dynamique collective en s'impliquant dans les activités des organisations sous régionales et régionales de gestion des pêches contribuant ainsi à une prise en charge des problèmes de pêche dans leur ensemble et renforçant du coup sa crédibilité devant la communauté mondiale des acteurs de la pêche.

CHAPITRE I

LES PRINCIPAUX ORGANES RÉGIONAUX DES PÊCHES AUXQUELS PARTICIPE LE SÉNÉGAL

Les organes régionaux des pêches constituent le principal mécanisme institutionnel permettant aux États d'œuvrer ensemble à la pérennisation de leurs ressources halieutiques communes. Le terme englobe[444] aussi les organisations régionales de gestion des pêches (ORGP), compétentes pour définir des mesures contraignantes de préservation et de gestion des ressources. Les organes régionaux des pêches sont des structures intergouvernementales et dépendent à ce titre de la volonté politique des États membres de mettre en œuvre les mesures convenues ou d'entreprendre des réformes. Le Sénégal, dans une logique de conjonction de sa volonté à celle de beaucoup d'autres États, est en train de prendre part aux activités et programmes de certaines organisations des pêches.

SECTION I : LES ORGANISATIONS RÉGIONALES DES PÊCHES AFRICAINES

La particularité de ces organisations de pêche, c'est leur positionnement dans le continent africain. Elles sont donc plus proches et plus perceptives des problèmes de pêche INN auxquels sont confrontées les côtes africaines. Toutefois si les objectifs se joignent, leur champ d'intervention diffère. Il en est ainsi de la Commission sous-régionale des pêches (CSRP) qui est un organisme intergouvernemental créé le 29 mars 1985 par voie de Convention. Elle regroupe sept États membres de la sous-région ouest-africaine que sont le Cap-Vert, la Gambie, la Guinée, la Guinée-Bissau, la Mauritanie, le Sénégal et la Sierra Leone et a son siège au Sénégal.

L'autre cadre de coopération qui est la Conférence ministérielle sur la Coopération halieutique entre les États africains riverains de l'océan

---

444 L'expression englobe donc aussi les organisations régionales de gestion des pêches (ORGP), à savoir les organismes régionaux ayant compétence pour définir des mesures contraignantes de préservation et de gestion des ressources. Depuis le XXe siècle, le nombre et la diversité des organismes n'ont cessé d'augmenter, si bien qu'aujourd'hui l'expression « *organisme régional de gestion des pêches* » désigne aussi bien des entités dont le mandat couvre une région donnée, une espèce particulière, les pêches de capture marines ou continentales ou l'aquaculture. Voir « *La situation mondiale des pêches et de l'aquaculture* » FAO – 2012, *op. cit.,* note de bas de page N° 68.

Atlantique (COMHAPHAT), a une assise plus étendue, car intervenant sur la côte Est Atlantique et regroupant un plus grand nombre d'États.

Paragraphe I: La Commission sous régionale des pêches (CSRP)[445]

Elle a compétence dans la sous-région ouest-africaine qui bénéficie de conditions climatiques et écologiques exceptionnelles. Ses zones marines et côtières sont parmi les plus poissonneuses du monde[446]. Les eaux maritimes y ont une grande productivité biologique du fait de phénomènes de remontée des eaux profondes riches en nutriments à la base de la chaîne alimentaire marine. Ce phénomène connu sous le nom d'« *upwelling* »[447] est causé par des alizés

---

445 Voir, l'étude de l'institution par Ndiaye et Tavares de Pinho, « *Une expérience africaine de coopération halieutique : la Commission Sous Régionale des Pêches* », in 8 Espaces et Ressources Maritimes, 1994, pp. 237-252.

446 Voir « *PECHE : L'Afrique de l'Ouest est l'une des régions plus productives au monde, selon un chercheur : La région ouest-africaine est une des plus productives en pêcherie dans le monde, du fait des conditions hydroclimatiques qui sont favorables au milieu marin de la présence de l'upwelling (remontée d'eau) côtier qui s'étend du Maroc au Sénégal, a indiqué, Modou Thiaw, chercheur au Centre océanographique de Dakar-Thiaroye (CRODT).* » Par APS | APS | Vendredi 23 août, 2013 16:04 |

447 Sous l'action des vents issus des centres de haute pression (anticyclones) localisés aux latitudes moyennes sur les océans, une résurgence de surface (ou upwelling) d'eau froide profonde et riche en sels nutritifs se développe sur les plateaux continentaux. Son intensité est modulée par la force et la direction du vent, par la topographie de la côte et du plateau continental et par les caractéristiques océaniques environnantes.

En effet, l'arrivée de sels nutritifs dans la couche de surface éclairée par le soleil (zone photique) permet le développement de nombreux organismes phytoplanctoniques qui sont à la base de ce qui est communément dénommé la chaîne alimentaire. Cette chaîne, supposée aller du phytoplancton aux prédateurs supérieurs en passant par le zooplancton, d'autres invertébrés, des mollusques et des poissons, est en fait un réseau tropique maillé et complexe.

Quatre grands systèmes d'upwelling bordent les façades Ouest des grands continents. En Atlantique, il s'agit des écosystèmes de Courant de Bengale dans l'hémisphère Sud (sur de l'Angola, Namibie, Afrique du Sud) et du courant des Canaries dans l'hémisphère Nord (Maroc, Mauritanie, Sénégal et Gambie). Dans le Pacifique, il s'agit du courant de Humboldt dans l'hémisphère Sud (Pérou et Chili) et du courant de Californie dans l'hémisphère Nord (USA et nord du Mexique).

Les écosystèmes d'upwelling fournissent plus de 40 % des captures de pêcheries mondiales alors qu'ils représentent moins de 3 % de la surface de l'océan. Les upwellings sont provoqués par des vents qui induisent des remontées d'eaux profondes, froides et chargées en sels minéraux. Ils sont à l'origine d'un apport important d'éléments nutritifs dans la couche homogène qui va permettre de développer et de maintenir une forte production biologique dans la zone côtière, mis à part les apports par les fleuves. Ce potentiel productif est beaucoup plus important que celui existant dans les zones océaniques où la grande part des apports en sels minéraux provient de la régénération de la matière organique.

Actuellement, ces écosystèmes supportent les effets du changement climatique et ceux de la réorganisation des pêcheries mondiales.

On distingue trois grandes régions dans l'écosystème du courant des Canaries : La côte nord-marocaine avec un upwelling saisonnier en été ; La côte sud-marocaine et nord-mauritanienne (désert Sahara) avec un upwelling permanent ; La côte sud mauritanienne et du Sénégal avec un upwelling en hiver (de novembre à mai).

soufflant du continent vers le large et qui repoussent les eaux de surface, provoquant ainsi la résurgence d'eaux profondes froides. L'abondance de ressources halieutiques est ainsi une des caractéristiques majeures de la région allant de la Mauritanie au Cap Shilling[448].

L'espace couvert par les 7 États membres de la Commission sous-régionale des pêches est de 1,6 million de km² et le littoral s'étend sur près de 3500 kms. La population totale de ces Etats avoisine 32 millions d'habitants dont 70 % vivent près de la côte[449]. Comme l'indique la FAO[450], depuis les temps les plus reculés, la pêche est une source importante d'aliments pour l'humanité, assurant un emploi et des bénéfices économiques à ceux qui la pratiquent et l'Afrique de l'Ouest n'a pas échappé à cette règle. En effet, la pêche dans ces pays est un secteur de la plus grande importance, car constituant le quart de l'activité économique. Elle pourvoit à la création d'emplois, à l'alimentation et aux exportations des pays de la sous-région. Le nombre d'emplois directs et indirects de ce secteur est estimé à plus d'un million avec un effort de pêche de 30.000 pirogues et plus de 1000 navires industriels dont 700 bateaux étrangers opérant dans les zones économiques exclusives des États, dans le cadre d'accords de pêche avec principalement l'Union européenne, la Chine, la Corée du Sud. La valeur estimée des captures est de 1,5 milliard de dollars US par an alors que le volume estimé des exportations se chiffre à 350 millions de dollars US par an[451].

Toutefois, avec l'enrichissement des connaissances et le développement dynamique du secteur des pêches, l'humanité commence à comprendre que les ressources aquatiques, quoique renouvelables, ne sont pas infinies et doivent être gérées correctement si l'on veut maintenir leur contribution au bien-être nutritionnel, économique et social de la population croissante de la planète.

Les spécialistes prédisent, qu'au rythme actuel, il n'y aura plus de poisson dans le monde en 2048[452]. C'est dire qu'il faut des initiatives résolues au

---

Cette partie du système est caractérisée par une variabilité saisonnière extrême, avec une alternance entre un écosystème sous influence tropicale en été et un écosystème sous influence d'un upwelling côtier en hiver. Dans la partie sud de la région (côte du Sénégal). Cf. site IKAGEL disponible sur : http://www.ikagel.com/peche-senegal.php

448 Voir, Analyse bioéconomique des principales pêcheries dans la région nord du COPACE, Dakar, COPACE/TECH/82/45, 118 p.

449 Tafsir Malick Ndiaye, *op. cit.*, note de bas de page N° 110

450 PAI-INN, supra première partie, titre I, chapitre I, section I, paragraphe II.

451 Tafsir Malick Ndiaye supra. note de bas de page N° 110

452 *En quelques décennies, l'homme a réussi à provoquer de façon dramatique le déclin des ressources marines. Ainsi, il ne reste aujourd'hui que 10 % des stocks de poissons par rapport à 1950. À cette allure, si rien n'est fait, tous les stocks seront effondrés d'ici 2048. A travers une vidéo intitulée «* 2048 : une mer déserte *» réalisée par Natacha Bigan, le WWF a souhaité offrir de façon simple et ludique, un exposé de la situation globale de la pêche aujourd'hui Cf. 2048 :* des océans sans vie *? sur* http://www.wikistrike.com/article-2048-des-oceans-sans-vie-97632710.html. *Voir aussi «* 2048 : une mer déserte *» sur* http://www.dailymotion.com/video/xnr1bd_2048-une-mer-deserte_news *et «* 2048, l'année

niveau des États de la sous-région ; d'où la pertinence de la création de la CSRP.

A. La Convention portant création de la Commission sous régionale des pêches (CSRP)

Suite à l'extension de leur juridiction nationale en matière d'exploration, d'exploitation, de gestion et de conservation des ressources halieutiques consécutive à la consécration de la Zone économique exclusive par la Convention de Montego Bay[453], les États de la sous-région ouest-africaine ont pris conscience de la nécessité de renforcer leur collaboration dans le domaine de la gestion des ressources halieutiques. Une série de considérations supplémentaires[454] confortait aussi ce besoin de coopération, notamment :

- la similitude des problèmes qui se posent aux pays de la sous-région dans le cadre de leur besoin de développement ;

- l'importance du rôle que le secteur de la pêche peut jouer comme instrument de développement, avec son impact sur la sécurité alimentaire et l'amélioration de la situation socio-économique des populations et sa contribution à la création d'emplois et, par voie de conséquence, de richesse ;

- la nécessaire exploitation responsable des ressources halieutiques ;

- le besoin d'adopter des stratégies communes dans les instances internationales ;

- l'intérêt de coopérer et d'œuvrer à l'harmonisation des politiques de pêche en matière d'exploration, d'exploitation, de gestion et de conservation des ressources halieutiques ; et

- le besoin de coopérer pour le développement des industries nationales de pêche des pays concernés.

Pour matérialiser leur volonté et formaliser leur conscience de la nécessité d'institutionnaliser cette coopération, un projet de convention portant création de la CSRP a alors été élaboré, puis soumis à la Conférence des ministres chargés des pêches qui s'est réunie à Mindelo, au Cap-Vert, en 1984. Le texte, sous sa version définitive, fut paraphé et signé à Dakar en République du Sénégal, le 29 mars 1985, par le Cap-Vert, la Gambie, la Guinée-Bissau, la Mauritanie et le Sénégal. Il devint ainsi la Convention[455] portant création de la Commission sous régionale des pêches (CSRP)[456].

---

du dernier poisson ? » *sur* http://www.20minutes.fr/planete/118616-2048-annee-dernier-poisson

453 Supra première partie, titre I, chapitre I, section II, paragraphe I.

454 Voir le Plan d'action stratégique 2002-2010 de la CSRP

455 La Convention instituant la CSRP a été amendée le 14 juillet 1993 à Praia, au Cap-Vert. L'amendement est opéré dans le sens de la revalorisation du statut du Secrétaire Permanent et du financement du budget de la CSRP par les contributions obligatoires des États membres. L'organe exécutif de l'organisation doit être doté de moyens en adéquation avec

En septembre 1986, la Guinée devient le sixième État membre de la CSRP, par voie d'adhésion à la Convention[457]. Elle sera suivie, en cela, par la Sierra Léone[458] qui devient ainsi le septième membre de la CSRP.

La Commission se fixe pour objectifs[459] d'harmoniser, à long terme, les politiques des pays membres en matière de préservation, de conservation et d'exploitation des ressources halieutiques et de renforcer leur coopération pour le bien-être de leurs populations respectives. Pour atteindre ces objectifs globaux, cinq objectifs spécifiques[460] ont été définis :

- l'adoption de stratégies communes dans les instances internationales ;
- l'harmonisation des politiques de pêche des États membres ;
- l'encouragement à la création d'entreprises conjointes et la conclusion d'accords de pêche entre les pays de la sous-région ;
- le développement de la coopération sous-régionale en matière de suivi, contrôle et surveillance des pêches ; et
- le développement de la coopération en matière de recherche halieutique.

La CSRP est constituée de trois organes[461] que sont la Conférence des ministres, le Comité de coordination et le Secrétariat permanent.

La Conférence des ministres est l'organe de planification (définition des objectifs) et de décision de la CSRP. Elle a pour mandat de définir les orientations politiques de l'organisation en fixant ses objectifs de coopération sous-régionale et en se prononçant sur toutes les questions relatives à l'exploration, à l'exploitation, à la gestion et à la conservation des ressources halieutiques de la sous-région. Son Président exerce une fonction politique d'impulsion et de suivi. Il est responsable de l'application des directives de la Conférence des ministres.

---

sa mission dans une phase où il faudrait maintenant passer de plus en plus du normatif à l'opérationnel. Ainsi, les États ont été amenés à changer le mode de financement de l'organisation. L'élaboration et la mise en place du statut particulier du personnel et d'un règlement financier sont inscrites dans le programme. Cf. Plan d'action CSRP 2002-2010. *Op. cit.*

456 La Commission a également son siège fixé à Dakar, au Sénégal

457 L'article 17 de la Convention du 29 mars 1995 portant création de la CSRP dispose qu'en plus des membres originels, tout autre pays de la sous-région peut devenir membre de la Commission. À cet effet, il adresse une demande au Président de la Conférence des Ministres qui en fait notification aux Pays membres. Toutefois, l'admission n'intervient qu'après avis favorable de la Conférence des Ministres et dépôt des instruments d'adhésion par le pays requérant auprès du pays siège. La Guinée s'est associée quelque temps après à ce processus de coopération sous régionale en adhérant à l'acte constitutif en 1986, devenant ainsi le sixième membre de la CSRP.

458 La Sierra-Léone est devenue le septième État membre de la CSRP en 2004.

459 Voir l'article 2 de la Convention du 29 mars 1985 portant création de la CSRP

460 Voir le Plan d'action stratégique 2002 - 2010

461 Voir articles 4 et suivants de la Convention portant création de la CSRP

Le Comité de coordination est l'organe technique consultatif de la CSRP. Il est constitué des directeurs des pêches ou de tout autre expert désigné par les États membres. Il formule des recommandations à la Conférence des ministres sur les aspects techniques. Il devrait apporter un appui au Secrétariat permanent pour l'élaboration et la mise en œuvre de plans d'actions stratégiques permettant de réaliser les objectifs de la CSRP.

Le Secrétariat permanent est l'organe exécutif de la CSRP[462]. Il fonctionne grâce aux contributions des différents États membres dont les montants sont déterminés sur la base d'un budget biannuel. Il est l'instrument d'élaboration et de mise en œuvre des plans d'actions stratégiques à partir des objectifs de la CSRP.

Depuis quelques années, la CSRP s'est résolument engagée dans la lutte contre la pêche INN avec des résultats qui peuvent être appréciés sous des angles différents.

B. Réalisations et objectifs de la CSRP dans la lutte contre la pêche INN

Le secteur de la pêche est en crise depuis 1990 dans la sous-région ouest-africaine. En effet, si les eaux maritimes entre la Mauritanie et le Ghana sont caractérisées par l'existence de stocks importants et partagés de poissons, cette ressource naturelle ne fournit actuellement à la région que très peu de bénéfices économiques et sociaux. La situation est en grande partie liée à la surexploitation, et à la réduction subséquente, des ressources à la fois par des opérateurs autorisés et non autorisés. En même temps, les bénéfices générés par les ressources profitent surtout aux flottes et aux pays étrangers. La plus grande partie du poisson capturé dans les eaux ouest-africaines est débarquée sur les ports étrangers qui en tirent tout l'avantage en termes de valeur ajoutée et de création d'emplois[463]. À cela, s'ajoute la surpêche due à une surexploitation de la ressource aussi bien par les pêcheurs artisans qu'industriels, mais surtout, à la persistance très inquiétante de la pêche INN[464].

---

462 Le Secrétariat permanent est dirigé par un Secrétaire permanent nommé par la Conférence des Ministres pour quatre ans renouvelables une fois. Les attributions du Secrétaire permanent sont très larges. Il exécute les décisions de la Conférence des Ministres, organise les réunions programmées. Il prépare les documents sur les mesures d'aménagement, recherche les financements et représente l'institution vis-à-vis des tiers entre autres attributions. Il faut relever la restructuration institutionnelle qu'a connue la CSRP en 2009 et qui a donné naissance au Département « *Harmonisation des Politiques et Législations* » qui assiste le Secrétaire Permanent dans ces matières stratégiques pour la Commission en ce qu'elles en constituent les objectifs aux termes de l'article 2 de la Convention de 1985.

463 Cf. Projet PRAO – WARF de la CSRP

464 Voir, D. Doulman, « *Global Overview of IUU fishing and its impacts on national and regional efforts to manage fisheries sustainably: The rationale for the conclusion of the 2001 FAO International Plan of Action* », Appendix D, FAO Fisheries Report N° 722,

- ***Généralités sur la pêche INN dans la sous-région***

La situation difficile des pêcheries ouest-africaines est accentuée par l'avancée fulgurante de la technologie dans le domaine de la pêche. En effet, les innovations sont de plus en plus étonnantes, en particulier dans le domaine du repérage du poisson avec l'utilisation des aéronefs et du sonar dans la pêche à la senne coulissante et dans le chalutage guidé. L'utilisation nouvelle des chaluts flottants, les nouvelles manœuvres de filet, les pompes à poisson, la généralisation de l'emploi des fibres synthétiques[465], les nouvelles techniques de congélation et de traitement du poisson, les bateaux-gigognes[466] et autres rotations des équipages sont autant de pratiques nocives qui détruisent la ressource et l'écosystème marin[467].

Cela explique dès lors que les pertes subies dans les eaux de l'Afrique subsaharienne soient estimées à la contrevaleur de un (1) milliard de dollars US par an[468]. La Communauté internationale est bien consciente de la rentabilité de cette pêche INN pour ceux qui la pratiquent et qui viennent d'un nombre restreint de pays. À titre d'illustration, la pêche illicite, non déclarée et non-réglementée constitue, selon certaines sources, environ 30 % de l'ensemble des activités de pêche menées dans le monde entier[469].

En Afrique de l'Ouest, la pratique de la pêche INN est désastreuse et destructive pour l'économie maritime et l'écosystème de la région. La pêche INN est très organisée et ne respecte ni les lois ni les règlements des États côtiers. Les bateaux pirates développent impunément leurs activités, étant persuadés de toujours échapper au contrôle de ces États qui n'ont pas les moyens d'asseoir une véritable police des pêches et, par conséquent, les eaux sous leur juridiction ne sont pas surveillées. Ces navires de pêche restent en mer durant des années et ne vont jamais dans les ports de la sous-région. Ils effectuent des transbordements illégaux des produits de leur pêche à d'autres bateaux, bénéficient de l'avitaillement et des rotations d'équipages[470].

Report of the Expert Consultation on Fishing Vessels Operating Open Registries and Their Impact on Illegal, Unreported and Unregulated Fishing, Miami, Floride, USA, 23-25 septembre 2003 (FAO, Rome 2004). Le texte est disponible à : *www.fao.org/DCREP/006/Y5244E/y5244e Oh.htm//bm17* ; Voir aussi, W. Edeson, « *Tools to adress IUU Fishing : The Current Legal Situation* » at : *www.fao.org/DOCREP/005/ Y03274e/Y3274E Oa/htm.*

465 À cet effet, l'emploi des filets monofilaments a suscité un vif débat au Sénégal.

466 Navires usines accompagnés de nombre de bateaux de tonnage moindre chargés de pêcher le poisson et reposant sur un réseau étendu de ports de complaisance ou d'abris naturels où se font les déchargements. Cf. Tafsir Malick NDIAYE, note de bas de page N° 110,

467 Voir FAO, Collaboration entre institutions internationales dans le domaine des pêches, document COFI/71/g(b), Annexe III, p. 15.

468 Voir, High Seas Task Force, Closing the Net : Stopping Illegal Fishing on the High Seas (2006), p. 3. Disponible à : www.high-seas.org/docs/HSTFFinal.web.pdf.

469 Voir, High Seas Task Force, Closing the Net: Stopping Illegal Fishsing on the High Seas (2006), *ibid.*

470 Tafsir Malick NDIAYE, *op. cit.,* note de bas de page N° 110

L'Environmental Justice Foundation (EJF) et Greenpeace ont entrepris d'enquêter dans la région et ont produit un film très illustrateur du caractère désastreux du chalutage[471].

La Guinée est un des pays où la Pêche INN est le plus pratiquée au monde[472]. Ses eaux ne sont pas surveillées faute de moyens. La Guinée a une mer territoriale de douze milles marins réservée à la pêche artisanale locale. Cette mer territoriale est envahie par les chalutiers étrangers qui repartent de nuit à partir de 3 heures du matin. Les récits des pêcheurs que l'on voit dans le film sont révélateurs[473]. Ces chalutiers attrapent tous les poissons disponibles sans considération d'espèces protégées ou de normes de sécurité. Ils détruisent les filets et les pirogues des pêcheurs artisans locaux et mettent leur vie en danger. Ils détiennent des filets lourds qui vont draguer l'océan détruisant l'habitat marin, mais surtout les nurseries pour les juvéniles ; ce qui empêche les poissons de se reproduire. Les équipages sont formés au tri des espèces et au choix de celles ayant la plus grande valeur marchande. La majorité des captures, c'est-à-dire près de 90 % de la pêche[474], est rejetée en mer. Le spectacle est tout simplement désolant. La Guinée perd chaque année 110 millions de dollars US[475] pour non-paiement de redevances relatives aux licences et des emplois par milliers. Sur cent bateaux inspectés en 2008, plus de la moitié pratiquait la pêche INN. Ces bateaux effectuaient des transbordements de nuit sur des cargos réfrigérateurs qui font la navette[476] entre la Guinée et le port de complaisance qu'est Las Palmas dans les Iles Canaries. La pêche INN y est mélangée au poisson autorisé, ce qui rend impossible toute traçabilité. C'est ainsi que le poisson pêché de façon illicite se retrouve en Europe, en violation des lois et règlements en vigueur.

Pour 2009-2010, sur 1300 bateaux pirates opérant dans la région, seuls 58 ont été arraisonnés[477]. Les propriétaires sans scrupule pratiquent une falsification des spécifications techniques ou du marquage de leurs bateaux, le clonage[478] de leur navire et le repavillonnement « *reflagging* »[479] pour

---

[471] Voir, www.EDFoundation.org ; aussi Greenpeace 2001. La pêche pirate: le pillage de l'Afrique occidentale. Document disponible sur le site Internet Guide to International Fâcheries Law, www.oceanlaw.net.

[472] Cela ne peut pas manquer de conséquences pour le Sénégal qui est frontalier de ce pays et qui partage forcement certains stocks de poissons avec lui mais aussi une zone de pêche appelée Zone commune et sur laquelle la législation guinéenne s'applique.

[473] Tafsir Malick NDIAYE, *op. cit.,* note de bas de page N° 110

[474] Tafsir Malick NDIAYE, *op. cit.,* note de bas de page N° 110

[475] *Ibid.* Tafsir Malick NDIAYE, op.cit. note de bas de page N° 110

[476] Le film montre un cargo réfrigérateur qui a fait sept fois la navette entre la côte guinéenne et Las Palmas.

[477] On comprend dès lors pourquoi les propriétaires n'hésitent pas à payer dès que leurs bateaux sont immobilisés. Cf. Tafsir Malick NDIAYE, *op. cit.,* note de bas de page N° 110

[478] Pour un navire doté de licence de pêche en bonne et due forme, l'on peut trouver d'autres navires de pêche avec le même nom et la photocopie de la même licence.

échapper aux contrôles des États côtiers dans les zones placées sous leur juridiction nationale.

Aujourd'hui, les communautés de pêche sont en perdition, surtout que, sur toute la côte ouest-africaine, les populations sont dépendants du poisson qui leur procure l'équilibre protéinique. Les femmes transformatrices qui pratiquent la technique de conservation du poisson, le fumage, depuis plus de 1000 ans voient leur activité en crise[480].

La faible capacité des pays à gérer de manière durable leurs ressources halieutiques et à empêcher leur surexploitation par des navires étrangers qui ne fournissent qu'une maigre portion de leurs bénéfices aux économies locales, constitue une réalité à laquelle il faut faire face, selon le Programme régional des Pêches en Afrique de l'Ouest (PRAO – WARFP)[481]. Ceci appelle une réaction urgente et concertée au niveau sous régional, pour faire face à la pêche INN. En effet, depuis la signature en 1985 de la Convention instituant la CSRP et son amendement en 1993, un certain nombre de développements a eu lieu par rapport aux pratiques internationales en matière de gestion des pêches. Un autre changement dans le paysage international des pêches est caractérisé par plusieurs questions de grande importance, liées à la durabilité des pêcheries mondiales. Les défis les plus importants de l'heure, incluent les conséquences de la pêche illicite, non déclarée et non réglementée.

- Actions menées par la CSRP dans la lutte contre la pêche INN

La Commission Sous-Régionale des Pêches semble être consciente de ses responsabilités puisque, déjà, dès 2001, la Conférence des ministres qui s'est

---

[479] Un autre problème aggravant de cette situation et qui est lié à l'absence d'un système de contrôle par les États du pavillon digne de ce nom est celui du "*flag shopping*" (ou changement régulier de pavillon), pratique selon laquelle, dans certains États du pavillon, les navires peuvent être immatriculés dans un délai de 24 heures sans que leurs activités soient contrôlées par les autorités compétentes. En l'absence d'une réglementation internationale instaurant une durée minimale d'immatriculation sous un pavillon donné, les navires peuvent changer facilement d'État d'immatriculation pour échapper à toute contrainte et profiter des quotas de pêche de certaines régions en évitant d'avoir à répondre de leurs actions. En comblant les lacunes en matière de pavillons de complaisance et de transparence de la propriété, on réduirait très fortement les possibilités de recours à de tels subterfuges. Voir à ce propos, le site web de l'International Transport Workers' Federation (ITF) sur http://www.itfglobal.org /fisheries/IUU_fishing.cfm

[480] Elles expliquent qu'avant il fallait une demi-journée à leurs pêcheurs pour ramener le poisson alors qu'aujourd'hui ils restent plusieurs semaines en mer pour des prises très aléatoires. Cf. Tafsir Malik NDIAYE, *op. cit.*, note de bas de page N° 110

[481] Le projet PRAO ou Programme régional des Pêches en Afrique de l'Ouest (PRAO-Sénégal) qui sera exécuté au niveau national de chaque État membre de la Commission sous régionale des Pêches (CSRP) et sous la coordination technique de cette dernière.

L'objectif du PRAO est l'accroissement durable de la richesse générée par l'exploitation des ressources en Afrique de l'Ouest et le renforcement de la part de cette richesse captée par les pays et les opérateurs de la région. Voir à ce propos Aly SAMB : « *Étude diagnostique approfondie de l'environnement juridique, réglementaire et judiciaire pour combattre la pêche illicite, non déclarée et non réglementée* », *op. cit.*, note de bas de page N° 124

tenue à Nouakchott a adopté la Déclaration[482] sur la pêche illicite, non déclarée et non réglementée. Dans cette Déclaration de Nouakchott sur la pêche INN, les États de la sous-région soulignent les dangers de cette pêche et affirment leur pleine adhésion au PAI-INN de la FAO et leur volonté de protéger, par un contrôle strict, les activités des navires de pêche opérant dans la sous-région. Ils lancent un appel solennel à la communauté internationale à prêter son appui et à apporter sa coopération aux États membres de la Commission sous régionale des Pêches dans leur combat contre la pêche INN[483].

Par ailleurs, dans sa stratégie sur 2011-2015[484], la CSRP accorde une large place à la lutte contre la pêche INN. Elle reconnaît que la pêche illicite, non déclarée et non réglementée est un problème majeur et constitue une contrainte significative dans l'effort visant à gérer de façon durable les ressources halieutiques dans la sous-région. La présence de ressources halieutiques prisées, la nature peu profonde de la grande partie du plateau continental, l'insuffisance de systèmes de Suivi, Contrôle et Surveillance et la mauvaise gouvernance du secteur des pêches constituent quelques-uns des facteurs qui renforcent la vulnérabilité de la sous-région à la pêche INN. La perte financière estimée due à la pêche INN dans les pays membres de la CSRP est d'environ 300 millions de dollars US par an (MRAG 2010)[485].

Les conséquences de la pêche INN ainsi que la pénurie des produits halieutiques se reflètent à travers des augmentations du prix du poisson, là où les transformateurs et ceux qui procèdent au traitement des produits ainsi que les commerçants sont confrontés à des approvisionnements incertains. Cette situation a des impacts financiers, économiques et sociaux négatifs sur ces pays avec des conséquences environnementales, donc écologiques, négatives sur les ressources et affecte aussi les moyens d'existence des communautés de pêche.

---

482 La CSRP semble avoir l'ambition modeste et faire preuve de réalisme lorsque dans la Déclaration, elle affirme sa décision « *de mobiliser les moyens à notre portée pour prévenir, contrecarrer et éliminer la pêche illicite, non déclarée et non réglementée* ».

483 Déclaration de Nouakchott adoptée le 20 septembre 2001 à l'issue de la Conférence des Ministres qui s'est tenue dans la même ville du 19 au 20 septembre 2001). Signalons l'initiative originale du Forgien and Commonwealth Offices Polar Régions Unit qui a réuni à Cape Ton du 3 au 6 août 2010 un atelier en collaboration avec l'Australie, l'Afrique du Sud, le NEPAD et la CCAMLR. « *The workshop was p fonde by CCAMLR, usina money donnâtes by the UK, in 2001, obstine from the sale of Fish confisquâtes from an illégal vesseL operating in the waters of South Georgia and the South Sandwich Island* ». Voir, www.illegal-fishinginfo-African costal states organise network to tacle illégal Fuhsing, pp. 1-2. Douze États côtiers africains ont pris part à cette rencontre.

484 Voir le Plan d'action stratégique de la CSRP sur la période 2011-2015.

485 MRAG (2010). Estimation of the cos of illégal Fuhsing in West Arica, Final Report. West Africa Regional Fisheries Project. 97.

Protéger les ressources marines de la sous-région passe par une surveillance efficace et accrue de ses eaux maritimes. Pour mener à bien sa mission, la CSRP promeut la coopération sous-régionale en matière de surveillance des navires de pêche pour lutter contre la pêche INN. Elle s'appuie ainsi sur son Département « Suivi, Contrôle et Surveillance »[486] qui a pour rôle d'assurer l'organisation et le suivi de la surveillance des pêches. À ce titre, il veille à adapter le système SCS au besoin de la gestion coordonnée des pêcheries de la région couverte par la CSRP.

Également, la création d'un cadre de coopération en matière de surveillance à travers l'Unité de Coordination des Opérations de Surveillance (UCOS)[487], permet un système concerté de suivi, contrôle et surveillance des pêches pouvant faciliter la lutte contre la pêche INN dans la sous-région.

Toutefois, ces professions de foi et les quelques réalisations effectuées par la CSRP ne doivent pas être l'arbre qui cache la forêt. En effet, même si la Commission a « *mené d'importantes activités de nature normative et opérationnelle* »[488], force est de constater que le défi est loin d'être relevé. En effet, si l'on passe du cadre théorique à celui de la réalisation ou de la mise en œuvre, on s'aperçoit que les aspérités sont tenaces[489].

---

486 La CSRP est structurée en Départements et Services. Les Départements sont au nombre de trois. Il s'agit des suivants : Harmonisation des Politiques et des Législations ; Recherche et Système d'Information ; Suivi, Contrôle et Surveillance. Les Services sont au nombre de deux. Il s'agit des suivants : Finances et Administration ; Communication et Relations Publiques. Disponible sur *http://spcsrp.org/Presentation/Suivi,+Controle+et+Surveillance*

487 Le milieu des années 90 est une période est marquée par la mise en œuvre d'un certain nombre de programmes et de réalisations concrets. C'est principalement au niveau du système SCS, que la coopération est passée effectivement au niveau opérationnel par le biais des projets de surveillance AFR-010-LUX, initié au dès fin 1995 et AFR-013-LUX. Cet effort s'est traduit, inter alia, par la mise en place de l'Unité de coordination des opérations de surveillance (UCOS) basée à Banjul (République de Gambie). Cf. plan d'action stratégique CSRP 2002-2010.

L'UCOS est la branche opérationnelle de la CSRP. Elle organise périodiquement des opérations combinées de surveillance des eaux ouest-africaine par la mutualisation des moyens de surveillance des différents pays membres de la CSRP. Six opérations conjointes de surveillance ont pu être notées dans la sous-région pour la période allant de 2011 à 2013. Elles ont donné des résultats considérables au vu du nombre de navires détectés et contrôlés. Cf. Annexe IV (Résumé des opérations conjointes de surveillance menées de 2011 à 2013) de l'Exposé écrit de la demande d'avis consultatif au TIDM. Par ailleurs, le projet SCS entre la CSRP et l'Union européenne constitue également un bon cadre de lutte contre la pêche INN.

488 Ndiaye et Tavares de Pinho, op. cit. pp. 242-247.

489 Voir l'étude de Messieurs Modou Thiam, Souleymane Nabi Bangoura et Chérif Ould Touellib, Communication IV : *Les Accords de Pêche et la Gestion de la Capacité dans les Etats Membres de la Commission Sous Régionale des Pêches (CSRP)*, Archives et documents de la FAO, Département des pêches ; disponible sur : *www.fao.org/DOCREP/005/Y4643F07.htm//*.

- Contraintes et difficultés de la CSRP dans la lutte contre la pêche INN

Malgré ses nombreux atouts[490], la CSRP a encore du mal exploiter tout son potentiel du fait que son mandat actuel n'est pas suffisant pour relever les défis d'un secteur de la pêche en perpétuelle mutation.

D'autres facteurs de faiblesse sont aussi à relever. En effet, on note une absence de synergie du fait que les organes constitutifs de la CSRP ne sont pas toujours en phase dans leurs interactions, ce qui crée des difficultés dans le suivi de la mise en œuvre des décisions. Cela entraîne une insuffisance de coordination et un manque de clarification des rôles des différents intervenants dans le domaine de la pêche. Par ailleurs, on note une faible capitalisation des acquis des projets et programmes de la CSRP. Ainsi, la CSRP a connu moins de réussite dans la mise en œuvre de plusieurs protocoles et normes qu'elle a développés. Dans certains cas, la faible disponibilité des ressources humaines et financières constitue un obstacle à la capacité des États membres à adopter les changements requis. Pour certains États membres, la pêche n'est même pas un secteur prioritaire au plan politique et on y observe, dans certains cas, la non-application des décisions prises, par la CSRP[491].

L'insuffisance du dynamisme de certaines institutions nationales et des informations et leur inadéquation avec l'analyse des politiques sectorielles retardent les efforts de la CSRP à opérer des changements significatifs dans le secteur de la pêche. Cela aboutit à un problème d'appropriation de la mission de la CSRP par ses États membres. Les orientations des États membres en matière de gestion de la pêche sont divergentes et la plupart des activités de la CSRP sont souvent initiées par des partenaires techniques et financiers, au lieu de découler d'une vision claire des États et de leur engagement financier. À cela, s'ajoute un problème d'objectifs puisque la CSRP a consacré une grande partie de ses ressources à développer des activités de suivi, contrôle et

---

[490] La CSRP est une organisation sous régionale des pêches qui présente un bon ancrage au niveau régional et international ; elle offre un meilleur cadre de résolution des problématiques de pêche grâce à son envergure sous régional ; la volonté exprimée par les États pour une gestion conjointe en matière de surveillance et de gestion des stocks d'intérêt commun compte tenu des forts enjeux économiques liés aux pêches est claire ; les partenaires techniques et financiers privilégient les synergies qu'offre la coopération régionale ; la sous-région dispose de grandes potentialités en matière de recherches halieutiques et océanographiques ; les intérêts humains pour les pêches sont communément partagés ; enfin, il existe des cadres compétents et motivés dans la sous-région. Voir le Plan d'action stratégique CSRP 2011-2015.

[491] Dans le plan d'action stratégique 2002-2010, il a été invoqué, à propos des faiblesses de la CSRP, l'insuffisance du dynamisme de certaines institutions nationales et une insuffisance dans l'appropriation de la mission de la CSRP par ses États membres. Parmi les menaces, sont invoquées le fait que la pêche n'est pas un secteur prioritaire au plan politique dans certains des États membres ; une non-application des décisions prises, par les États membres ; les orientations des États membres en matière de gestion de la pêche sont divergentes ; il y a une insuffisance de dialogue avec les professionnels de la pêche.

surveillance au détriment d'autres activités de conservation et de gestion[492]. Tout ceci constitue un frein pour la CSRP à asseoir un leadership en matière de gestion des pêches. Enfin, et c'est fondamental, aucune tentative n'a été faite pour développer un plan d'action régional sur la pêche illicite, non déclarée et non réglementée, malgré l'adoption de la Déclaration de la CSRP sur la pêche illicite, non déclarée et non réglementée. Or ce plan d'action qui doit constituer une feuille de route pour toute organisation sérieuse est un préalable pour pouvoir espérer des résultats acceptables dans tout programme de lutte contre la pêche INN[493].

Tous ces manquements et les défis de la pêche INN engagent l'organisation à repenser, après 29 années passées au service de la coopération halieutique dans la sous-région, aussi bien son positionnement stratégique que sa structure, ses relations avec ses partenaires et ses membres, sa culture d'organisation intergouvernementale, son organisation et son système de gouvernance[494].

Les États membres de la CSRP doivent effectuer une mutualisation de leurs ressources et développer des opérations conjointes de surveillance des zones placées sous leur juridiction[495]. Ils doivent coordonner leurs actions et mettre sur pied des mesures très précises de lutte contre la pêche INN dont la

---

492 Connaissance du statut des stocks, qualité et fourniture de conseils scientifiques, collecte et gestion des données, adoption de mesures de conservation et de gestion, etc.

493 Cf. Plan d'action stratégique de la CSRP 2002-2010, *op. cit.*, note de bas de page 445

494 Voir à ce propos Aly SAMB selon qui : « *Après vingt-sept ans d'existence, l'impérieuse nécessité pour la CSRP d'évoluer vers d'autres activités en matière de conservation et de gestion des ressources se fait sentir chaque jouer. Le temps est venu pour que la CSRP, si elle veut être vraiment utile aux États membres, dépasse le mandat qui lui a été prescrit par l'article 2 de la Convention de 1985, modifiée. Face aux défis actuels en matière de conservation et de gestion des ressources halieutiques et afin de mieux servir les États membres, la CSRP a besoin de se muer en organisation d'intégration des politiques de pêche des États membres.*
Bien entendu, une telle entreprise demande au préalable la manifestation de la volonté des États membres et un travail pour mettre en place les conditions nécessaires pour arriver à l'organisation voulue. Dans cette entreprise, il est toutefois certain que la CSRP trouvera l'assistance nécessaire auprès de certaines organisations internationales pour réussir sa mutation. Le travail à entreprendre passera nécessairement par une réforme complète de la Convention de 1985 et par la création de nouveaux organes ». *op. cit.*, note de bas de page N° 124

495 Malheureusement, il n'en est pas ainsi. À cause surtout de la réticence des Etats à mettre ensemble leurs moyens de surveillance et à fournir des informations sur les navires qui opèrent dans les eaux sous leur juridiction. On assiste de temps en temps à des opérations de surveillance conjointes initiées par le Secrétariat permanent de la CSRP et conduites avec quelques moyens des États membres. Mais ces opérations conjointes de surveillance n'aboutissent jamais à l'effet escompté surtout à cause des maigres moyens déployés. En outre, jamais, il nous a été donné de constater des opérations conjointes de surveillance initiées par les États membres. Voir à ce propos Aly SAMB, *op. cit.*, note de bas de page N° 124

mise en œuvre est à leur portée. Pour ce faire, ils doivent faire preuve d'une volonté politique réelle qui pourrait être un signal fort pour les bateaux-pirates.

La CSRP a besoin de compétences élargies de nos jours pour pouvoir faire face à ses missions. Elle doit être renforcée[496] et passer du stade d'organisation intergouvernementale de coopération halieutique à celui d'organisation régionale de gestion des pêches avec des moyens propres et des compétences transférées ; autrement dit elle doit passer de la coopération à l'intégration[497].

Ces différentes pistes devraient lui permettre de matérialiser sa vision qui est d'être « une institution de référence en matière de coopération et de gestion des ressources halieutiques dans la sous-région »[498] et jouer pleinement son rôle.

Toujours, dans l'optique d'une concertation régionale au véritable sens du terme, le Sénégal a adhéré à la Conférence ministérielle sur la Coopération halieutique entre les États africains riverains de l'Océan atlantique qui a une assise géographique plus étendue au niveau du continent africain. Ceci montre que notre pays est également conscient de la nécessité et de la pertinence de gérer les problèmes de pêche transfrontières dans un contexte purement africain.

Paragraphe II : la Conférence ministérielle sur la Coopération Halieutique entre les États africains riverains de l'océan Atlantique (COMHAFAT)

La Conférence ministérielle sur la Coopération halieutique entre les États africains riverains de l'océan Atlantique (COMHAFAT) est une organisation intergouvernementale de coopération halieutique en Afrique, créée en 1989[499]. Elle regroupe vingt-deux (22) États[500] situés sur la côte Est Atlantique s'étendant de la Namibie, au Sud, jusqu'au Maroc, au Nord[501]. Elle s'inscrit

---

[496] Voir, par exemple, Elise Anne Clark, « *Strengthening regional Fisheries Management. The Application of the Duty to cooperate under the Law of the Sea Convention* », Intern's Report, ITLOS, Hamburg 2010

[497] D'autres schémas de réorganisation sont proposés dans le Plan d'action stratégique 2011 – 2015 de la CSRP.

[498] Selon le point 5.1 du Plan d'action stratégique 2011 – 2015, la vision est une description parfaite de l'idéal que l'on veut réaliser (par opposition à la situation actuelle). En conséquence, celle adoptée par la CSRP est la suivante : « *Être une institution de référence en matière de coopération et de gestion des ressources halieutiques dans la sous-région.* »

[499] Sur la présentation de la COMHAFAT, voir : www.comhaphat.org

[500] Les États membres sont le Maroc, la Mauritanie, le Cap-Vert, le Sénégal, la Gambie, la Guinée-Bissau, la Guinée, la Sierra Leone, le Liberia, la Cote d'Ivoire, le Ghana, le Bénin, le Togo, le Nigeria, Sao Tomé et Principe, le Cameroun, la Guinée équatoriale, le Gabon, le Congo, la République Démocratique du Congo, l'Angola et la Namibie

[501] La zone de couverture de la COMHAFAT concerne toutes les eaux sous la souveraineté et sous la juridiction des parties contractantes: de la Namibie au Sud jusqu'au Maroc au Nord. Voir l'interview de Monsieur Hachim El Ayoubi Secrétaire exécutif de la

dans une logique de coopération internationale pour améliorer le cadre de gestion durable de pêches pour ses États membres. La Convention constitutive de la COMHAFAT ou « *Convention régionale sur la Coopération halieutique entre les États Africains riverains de l'océan Atlantique* », adoptée le 05 juillet 1991 à Dakar au Sénégal, fixe les domaines et modalités de la coopération halieutique régionale entre les États membres. Le Directeur général de la FAO est le dépositaire de la Convention, entrée en vigueur en juillet 1995, lors de la 3ème session qui s'est tenue à Praia au Cap-Vert. Le Protocole relatif au cadre institutionnel de la COMHAFAT a été adopté le 19 octobre 1999 à Conakry en Guinée. La COMHAFAT est dotée de la personnalité juridique et son siège est basé à Rabat[502].

Le principal objectif de la COMHAFAT est la coopération effective et active entre les États membres pour une préservation des ressources halieutiques et un développement durable des pêcheries dans la région.

Pour ce faire, le mandat de la COMHAFAT consiste à promouvoir et renforcer la coopération régionale sur l'aménagement des pêches ; développer, coordonner et harmoniser les efforts et capacités des États membres pour la conservation, l'exploitation, la mise en valeur et la commercialisation des ressources halieutiques ; renforcer la solidarité à l'égard des États africains sans littoral et des États de la région géographiquement désavantagés ; et dynamiser l'ensemble des secteurs économiques nationaux sur la base des effets directs et induits qui peuvent résulter de l'exploitation des ressources halieutiques.

La mise en œuvre de ces missions peut se décliner dans les actions suivantes, notamment le renforcement de la formation professionnelle et technique maritime, le développement de la recherche halieutique et des sciences de la mer, la promotion du commerce et la valorisation des produits de la pêche, et la mise en œuvre des lois réglementant la pêche responsable.

Sur le plan institutionnel[503], la COMHAFAT s'appuie sur les organes suivants : la Conférence des Ministres[504], le Bureau[505] et le Secrétariat exécutif[506].

COMHAFAT in « *Revue Méditerranée Perspectives* » disponible sur : http://perspectivesmed.ma/.

502 L'Accord de Siège a été conclu entre la COMHAFAT et le Gouvernement du Royaume du Maroc, le 24 octobre 2009, El Jadida, Maroc. Voir : *http://www.comhafat.org/def.asp?codelangue= 23&info=1139&fonc=2*

503 La COMHAFAT avait engagé un processus de restructuration et de redynamisation qui a abouti en septembre 2011 à l'adoption par les Ministres du Bureau d'une lettre de Politique de gestion des ressources humaines accompagnée d'un organigramme, un nouveau Règlement intérieur, un Statut du Personnel, un Règlement financier et un Manuel de Procédures administratives, opérationnelles et comptables. Ces réformes qui préfiguraient un Secrétariat exécutif doté d'un personnel de qualité pouvant lui donner les capacités institutionnelles de mise en œuvre de ses missions sont à l'origine de la création de ce poste.

Les domaines d'intervention[507] de la Conférence dans le cadre de la mise en œuvre des objectifs stratégiques qui lui sont assignés par ses textes de création sont : la conservation et l'exploitation des ressources halieutiques[508], l'évaluation et la conservation des grands migrateurs[509], le suivi, le contrôle et la surveillance des bateaux de pêche[510], le développement de la production halieutique et des outils de production[511], la commercialisation des produits de la pêche[512], la planification et le financement du secteur des pêches[513], la condition sociale des marins pêcheurs[514], le renforcement de la formation

---

504 La Conférence des Ministres est l'organe d'orientation et de décision en matière de coopération halieutique entre les États membres. Elle tient ses réunions ou « sessions » tous les deux ans.

505 Le Bureau est l'organe de coordination et de contrôle des activités de la Conférence. Il tient ses réunions ordinaires une fois par an.

506 Le Secrétariat Exécutif qui a pour mission de dynamiser les activités de l'organisation en s'acquittant de toutes les tâches relatives aux aspects administratifs, organisationnels et de coordination qui lui sont assignées par la Conférence des Ministres et le Bureau. Le Maroc, acteur très actif au sein de cet organisme, est aujourd'hui à la tête de son secrétariat exécutif, en la personne de Hachim El Ayoubi.

507 Voir sur : *http://www.comhafat.org/def.asp?codelangue=23&info=1228&fonc=4*

508 Dans ce cadre, la COMHAFAT se fixe comme objectif de conjuguer les efforts, de mettre à profit les complémentarités, d'échanger les informations et d'harmoniser les politiques de conservation et d'aménagement entre les États membres.

509 Compte tenu de l'importance des grands migrateurs dans les pêcheries de la région, la COMHAFAT incite les pays membres à s'informer mutuellement sur leurs activités en matière d'évaluation et de conservation de ces espèces et à coordonner leurs actions dans ce domaine au niveau des organisations internationales compétentes.

510 La contribution de la COMHAFAT en la matière répond à un besoin pour les États membres de se concerter et de collaborer entre eux en vue de mettre en place un dispositif de surveillance et de contrôle des navires de pêche opérant dans la région.

511 Depuis sa création, la COMHAFAT joue un rôle horizontal et veille à ce qu'une approche intégrée soit mise en œuvre pour renforcer et favoriser le développement et la valorisation de la production halieutique, notamment dans le domaine de l'aquaculture dans les États membres afin que ses effets bénéfiques se répercutent sur le développement socio-économique de leurs populations.

512 Le commerce des produits de la pêche joue un rôle important dans le développement socio-économique des pays de la région. L'action de la COMHAFAT vise à instaurer une coopération bilatérale et multilatérale permettant la promotion du commerce intra-africain de poisson et l'accrois-sement des échanges commerciaux basés sur des mécanismes de transparence et de traçabilité.

513 La COMHAFAT s'emploie à promouvoir le secteur des pêches et des industries annexes en aidant à la mise en place, au sein des pays membres, de politiques et stratégies nécessaires au développement planifié des pêcheries de la région et de mécanismes de financement adaptés aux besoins du secteur

514 Consciente de l'importance de l'élément humain dans toute activité économique et du rôle moteur des marins pêcheurs, la COMHAFAT œuvre pour la mise en place de politiques nationales de travail des gens de mer basées sur une protection sociale des marins pêcheurs et une reconnaissance de leurs droits. Par ailleurs, selon l'ITF : « *La pêche illicite, non déclarée et non réglementée (INN) constitue l'une des plus graves menaces pour l'équilibre des pêches et des océans de la planète et, par conséquent, pour la sécurité de l'emploi des pêcheurs. Des transgressions flagrantes des droits humains et des droits des travailleurs*

professionnelle et technique[515], le développement de la recherche scientifique marine[516], la protection et la préservation de l'environnement marin[517] et l'harmonisation des politiques[518].

L'ensemble de ces rubriques combinées[519], si elles sont mises en œuvre de manière effective et renforcée, devraient permettre de lutter valablement contre la pêche INN dans la région africaine[520].

Dans le cadre de son action contre la pêche INN, la COMHAPHAT a noué des partenariats dont le Mémorandum d'entente avec le Conseil Consultatif Régional de la Pêche Lointaine (CCRPL ou LDRAC en anglais) de l'Union européenne[521] pour développer la coopération mutuelle en matière de lutte

---

sont par ailleurs étroitement associées à la pêche INN. L'ITF condamne aussi bien la pêche INN que ces transgressions et continue d'œuvrer pour les éliminer définitivement de l'industrie » Voir le site web de l'ITF à ce propos, *op. cit.*,

515 La COMHAFAT contribue à l'instauration de relations plus étroites entre les établissements de formation des Etats- membres et à la mise en place de réseaux et programmes conjoints de coopération en matière d'enseignement et de formation maritime liés à la pêche.

516 La COMHAFAT encourage les États membres à échanger leurs expériences en matière de recherche scientifique et favorise la coordination entre leurs instituts et le partage des données scientifiques relatives aux stocks de poisson.

517 La COMHAFAT incite les pays membres à intensifier leurs efforts pour assurer la protection et la préservation de l'environnement marin et s'emploie à renforcer les mécanismes de coopération bilatérale, sous régionale et internationale relatifs à l'aménagement des zones côtières de la région.

518 Pour parvenir à mettre en place une gestion efficace des pêcheries de la région, la COMHAFAT œuvre à encourager les États membres à harmoniser leurs législations, échanger des informations sur leurs réglementations et se concerter au niveau des instances internationales en vue d'adopter des politiques et positions communes dans les négociations en matière de pêche.

519 La convention couvre des domaines d'intervention variés qui incluent 14 axes, allant du suivi, contrôle et surveillance, à la planification, en passant par la commercialisation des produits de la pêche et le renforcement des capacités. Comme vous le voyez donc, il s'agit d'une convention qui a l'avantage d'être assez large et permet de répondre aux nombreux défis pour la gestion durable, qui nécessite des moyens considérables… les besoins s'élèvent actuellement à 1,5 million de dollars par an. Voir l'interview de Monsieur Hachim El Ayoubi Secrétaire exécutif de la COMHAFAT in « *Revue Méditerranée Perspectives* » disponible sur : http://perspectivesmed.ma/

520 En tant qu'instrument de coopération régionale, elle devrait travailler davantage à intégrer les dynamiques sous régionales en assurant la coordination entre les organisations sous régionales (CSRP, CPCO, COREP) qui, elles, traitent des problèmes sous régionaux. De ce fait, les grandes orientations comme la lutte contre la pêche illicite, l'approche éco systémique, la certification écologique, la gouvernance, etc., doivent être définies sur le plan régional et leur mise en œuvre sous régionale. Voir l'interview de Monsieur Hachim El Ayoubi Secrétaire exécutif de la COMHAFAT in « *Revue Méditerranée Perspectives* » disponible sur : http://perspectivesmed.ma/

521 C'est le Conseil consultatif régional de pêche lointaine (LDRAC) de l'UE. L'atelier s'est penché sur les moyens de développer le dialogue pour améliorer la gouvernance du secteur de la pêche en Afrique de l'Ouest et centrale, y compris augmenter la transparence et renforcer le suivi, le contrôle et la surveillance dans les pays côtiers, ceux-ci étant, d'après les participants, les meilleurs outils pour lutter contre la pêche INN.

contre cette forme de pêche et promouvoir la pêche responsable et durable, signé le mercredi 29 mai 2013 à Tanger au Maroc. Entre le 29 et le 30 octobre 2013, ils ont conjointement organisé un atelier[522] au Parlement européen, à Bruxelles sur « *L'amélioration de la bonne gouvernance et de la lutte contre la pêche INN au travers du dialogue LDRAC/CCRPL-ATLAFCO*[523]*/COMHAPHAT* » et rassemblant les représentants de pratiquement toutes les administrations des pêches des pays membres de la COMHAFAT, les administrations de l'UE, les organisations africaines et européennes et les ONG.

À côté de ces ORP couvrant des zones exclusivement africaines, le Sénégal, compte tenu de ses priorités et de ses besoins propres dans la gestion de certains stocks de poissons[524], a fait preuve d'une plus grande ouverture en adhérant ou participant à des organisations régionales des pêches qui ont des compétences plus poussées sur les questions d'aménagement et de conservation des ressources halieutiques.

SECTION II : LES ORGANISATIONS RÉGIONALES DE GESTION DES PÊCHES (ORGP) AUXQUELLES LE SÉNÉGAL EST MEMBRE

L'état préoccupant de la plupart des stocks halieutiques de la planète conjugué à des capacités d'exploitation surdimensionnées des principales flottes mondiales, nécessite un renforcement de la coopération internationale en matière de gestion des ressources de la pêche.

Cette coopération doit concerner aussi bien la gestion des stocks pouvant être pêchés dans les zones économiques exclusives des États côtiers concernés que ceux se trouvant pour tout ou partie en dehors de ces zones afin, d'une part, d'assurer la compatibilité des mesures adoptées en haute mer et celles

---

Les participants à l'atelier ont décidé d'établir un « *groupe de travail sur la pêche entre les pays d'Afrique riverains de l'Atlantique et l'UE* » pour formuler des recommandations sur : comment promouvoir la transparence, l'harmonisation des conditions d'accès, la cohérence des politiques de l'UE (politiques de pêche, commerciale et d'aide au développement), et les aspects de la régionalisation (développement de la stratégie de réforme du secteur de la pêche africain, le suivi, le contrôle et la surveillance au niveau régional, les procédures de contrôle régional). Les participants ont décidé de mettre l'accent sur les pêcheries au thon en tant qu'« étude de cas », afin d'évaluer l'efficacité des approches régionales et harmonisées pour la gestion de ces pêcheries.

522 Il s'agit de l'Atelier sur l'amélioration de la bonne gouvernance et la lutte contre la pêche INN de Bruxelles. 29-30 octobre 2013. L'événement a été organisé par la liaison du CCRPL – MEP Mme Carmen Fraga ESTEVEZ, membre du groupe PPE. Informations disponibles sur *http://www.comhafat.org/def.asp?codelangue=23&info=1177&fonc=5*

523 La COMHAPHAT est appelée en anglais « ATLAFCO » (Ministerial Conference on Fisheries Cooperation among African States Bordering the Atlantic Ocean)

524 Les ORP sont constituées à la fois de pays dits « *côtiers* », situés dans la région concernée, et de pays ayant des intérêts dans les pêcheries de cette région. Voir : *http://ec.europa.eu/fisheries ++/cfp/international/rfmo/index_fr.htm* Organisations régionales de gestion de la pêche (ORGP)

concernant les zones de souveraineté et, d'autre part, d'éviter que le principe de liberté de la haute mer ne soit dénaturé par une utilisation abusive et anarchique[525].

Actuellement, les États ont grandement conscience de la nécessité de devenir membres aux ORGP afin de garantir l'adoption de bonnes pratiques de pêche dans les zones de compétence de celles – ci ou, du moins, le respect par les navires des règles définies par ces ORGP. C'est le cas du Sénégal qui a compris très vite l'efficacité des actions concertées dans la lutte contre la pêche INN et qui intervient dans des ORGP comme la Commission internationale pour la conservation des thonidés dans l'atlantique (CICTA), la Commission des pêches pour le pacifique ouest et central (CPPOC) et la Commission des thons de l'océan indien. Les règles et le mode de fonctionnement de chaque ORGP sont adaptés à sa situation géographique et à ses missions.

Paragraphe I: La Commission internationale pour la conservation des thonidés de l'atlantique (CICTA)[526]

La Commission internationale pour la Conservation des Thonidés de l'Atlantique est une organisation intergouvernementale de pêche chargée de la conservation des thonidés et des espèces apparentées dans toutes les eaux de l'océan Atlantique et des mers adjacentes. Elle a été créée par voie de convention. En effet, la Conférence de la FAO, lors de sa treizième session tenue à Rome en novembre-décembre 1965, a autorisé le Directeur général de cette Organisation à convoquer une conférence de plénipotentiaires chargée d'élaborer et d'adopter une convention visant à établir une commission pour la conservation des thonidés dans l'Océan Atlantique[527].

Sur invitation du Gouvernement du Brésil, la Conférence de Plénipotentiaires[528] sur la Protection des Thonidés de l'Atlantique s'est réunie à Rio de

525 Voir à ce propos la Communication de la Commission européenne a au Conseil et au Parlement européen su « la Participation de la Communauté européenne aux Organisations Régionales de Pêche (ORP) » - COM/99/0613 final

526 La terminologie en anglais est ICCAT et c'est celle qui est la plus usitée, surtout par les francophones. Les langues officielles de l'ICCAT sont l'anglais, le français et l'espagnol.

527 Voir Acte final de la Conférence de plénipotentiaires sur la protection des thonidés de l'Atlantique qui s'est tenue à Rio de Janeiro, Brésil du 2 au 14 mai 1966. Le Sénégal était représenté à cette conférence. Cf. Textes de base de la Commission internationale pour la conservation des thonidés de l'Atlantique, 5eme révision, Madrid 2007.

528 Les Gouvernements des dix-sept États ci-après étaient représentés à la Conférence: Argentine, Brésil, Canada, Cuba, Espagne, États-Unis d'Amérique, France, Japon, Portugal, République de Corée, République démocratique du Congo, République Sud-Africaine, Royaume-Uni de Grande-Bretagne et d'Irlande du Nord, Sénégal, Union des républiques socialistes soviétiques, Uruguay, Venezuela. Les Gouvernements des trois États ci-après s'étaient fait représenter par des observateurs: Italie, Pologne, République fédérale d'Allemagne.

Janeiro du 02 au 14 mai 1966. La Conférence était saisie d'un projet de convention préparé par le Groupe de travail FAO sur l'utilisation rationnelle des ressources thonières de l'Océan atlantique, lors de sa deuxième session tenue à Rome du 06 au 13 juillet 1965, et des observations présentées par les gouvernements sur ce projet. À la suite des délibérations, la Conférence a établi et ouvert à la signature la Convention internationale pour la Conservation des Thonidés de l'Atlantique. La Convention est restée ouverte à la signature à Rio de Janeiro jusqu'au 31 mai 1966 et ensuite au siège de la FAO, à Rome[529]. Aux fins de réaliser les objectifs de la Convention, les parties contractantes sont convenues[530] de créer et d'assurer le maintien d'une commission, qui sera désignée sous le nom de Commission internationale pour la conservation des thonidés de l'Atlantique (CICTA). La Commission soumet tous les deux ans aux Parties contractantes un rapport sur ses travaux et sur ses conclusions, et les informe en outre, sur leur demande, de toutes questions ayant trait aux objectifs de la Convention.

Peut adhérer à la Commission tout gouvernement membre de l'ONU, toute agence spécialisée de l'ONU ou toute organisation intergouvernementale d'intégration économique[531] constituée par les États qui lui ont transféré la compétence de statuer sur des questions relevant de la Convention de la CICTA. Les instruments de ratification, d'approbation ou d'adhésion doivent être déposés auprès du Directeur général de la FAO et la qualité de membre est acquise dès la date de ce dépôt. Il y a actuellement 48 Parties contractantes[532].

La Conférence a élu Président S. E. le général Ney Aminthas de Barros Braga, Ministre de l'Agriculture du Brésil. La Conférence a élu comme vice-présidents: l'Argentine, l'Espagne, les États-Unis d'Amérique, la France, le Japon, le Sénégal et l'Union des républiques socialistes soviétiques. Elle a constitué les commissions et comités suivants:

Bureau de la Conférence : Président: le Président de la Conférence

Grande Commission: Président: M. J. L. McHugh (États-Unis d'Amérique)

Comité de Rédaction: Président: M. B. H. Brittin (États-Unis d'Amérique)

Commission de vérification des pouvoirs : Président: M. J. Rougé (France)

Le Directeur général de l'Organisation des Nations Unies pour l'Alimentation et l'Agriculture était représenté par M. R. I. Jackson, Sous-directeur général (pêches).

529 Voir www.iccat.es

530 Voir article III paragraphe 1 de la Convention de la CICTA.

531 Comme l'UE, par exemple.

532 Les États-Unis, le Japon, l'Afrique du Sud en 1967 ; le Ghana, le Canada et la France ((St-Pierre et Miquelon) en 1968 ; le Brésil et le Maroc en 1969 ; la République de Corée en 1970 ; la Cote d'Ivoire en 1972 ; l'Angola en 1976 ; la Russie et le Gabon en 1977 ; le Cap vert en 1979 ; l'Uruguay, SÃO TOMÉ E PRINCIPE et le Venezuela en 1983 ; la Guinée équatoriale en 1987 ; la République de Guinée en 1991 ; le Royaume uni et la Lybie en 1995 ; la République populaire de Chine en 1996 ; la Croatie, l'Union européenne et la Tunisie en 1997 ; le Panama en 1998 ; Trinidad et Tobago et la Namibie en 1999 ; Barbades en 2000 ; Honduras et Algérie en 2001 ; Mexique, Vanuatu et Iceland en 2002 ; la Turquie en 2003 ; Phillipines, Norway, Nicaragua, Guatemala et Sénégal en 2004 ; Belize et Syrie en

Le Sénégal est membre fondateur de la CICTA, il a signé la Convention le 14 mai 1966 et l'a ratifiée le 25 août 1971[533]. Ainsi, il a fait partie de la Commission dès le 25 août 1971 avant de la quitter[534] le 31 décembre 1988. Il est de nouveau revenu à la Commission depuis le 21 juillet 2004. Ce qui en fait un État membre à part entière.

L'ICCAT peut, en outre, octroyer le statut de coopérant[535] en suivant les procédures décrites dans sa Recommandation sur les critères visant à l'octroi du statut de Partie, Entité ou Entité de pêche non-contractante coopérante à l'ICCAT, de 2003.

La Convention établit que l'ICCAT est la seule organisation des pêches habilitée à réaliser les travaux requis aux fins de l'étude et de la gestion des thonidés[536] et des espèces apparentées[537] dans l'Atlantique. Ces études incluent la recherche concernant l'abondance, la biométrie et l'écologie des poissons, l'océanographie de leur milieu, et l'influence des facteurs naturels et humains sur leur abondance.

Les travaux de la Commission portent sur la collecte et l'analyse des informations statistiques relatives aux conditions et aux tendances actuelles

---

2005 ; Saint Vincent et les Grenadines en 2006 ; Nigeria et Égypte en 2007 ; Albanie, Sierra Leone et Mauritanie en 2008.

533 Le Président de la République du Sénégal a été autorisé à ratifier la Convention internationale sur la protection des thonidés de l'Atlantique, signé à Rio de Janeiro, le 14 mai 1966 par la loi N° 70-33 du 13 octobre 1970. Aujourd'hui le terme Conservation a remplacé celui de Protection dans le libellé de la Convention.

534 Le Sénégal n'est pas le seul à avoir eu à quitter la Commission. Le Cuba a fait partie de la Commission du 15-I-1975 au 31-XII-1991. Le BÉNIN a fait partie de la Commission du 9-I-1978 au 31-XII-1994. La France (membre depuis le 7-XI-1968), l'Espagne (membre depuis le 21-III-1969), le Portugal (membre depuis le 3-IX-1969), le Royaume-Uni (membre depuis le 10-XI-1995) et l'Italie (membre depuis le 6-VIII-1997) se sont retirés de la Commission suite à l'accès de la Communauté européenne le 14-XI-1997. Toutefois, la France continue d'être membre depuis le 24-XII-97 et le Royaume uni depuis le 19-I-1998 au nom de leurs territoires d'outre-mer non couverts par le Traité de Rome. Chypre (membre depuis le 20-III-2003) et Malte (membre depuis le 7-VIII-2003) se sont retirées de la Commission suite à l'accès de la Communauté européenne le 1-V-2004.
L'Union européenne a succédé à la Communauté européenne à partir du 1er décembre 2009.

535 Actuellement, ce statut est assumé par : le Taipei chinois, le Curaçao, la Colombie, le Suriname et El Salvador.

536 Environ 30 espèces relèvent directement de l'ICCAT : thon rouge de l'Atlantique (Thunnus thynnus thynnus), listao (Katsuwonus pelamis), albacore (Thunnus albacares), germon (Thunnus alalunga) et thon obèse (Thunnus obesus); espadon (Xiphias gladius) ; istiophoridés, tels que makaire blanc (Tetrapturus albidus), makaire bleu (Makaira nigricans), voilier (Istiophorus albicans) et makaire bécune (Tetrapturus pfluegeri) ; les thazards, comme le thazard atlantique (Scomberomorus maculatus) et le thazard barré (Scomberomorus cavalla); les thonidés mineurs, comme la thonine commune (Euthynnus alletteratus), l'auxide (Auxis thazard), et la bonite à dos rayé (Sarda sarda). Voir www.ICCAT.es

537 Selon l'article IV de la Convention (Scombriformes, à l'exception des familles Trichiuridae et Gempylidae et du genre Scomber)

des ressources halieutiques dans la zone de la Convention. La Commission s'occupe également de compiler les données relatives à d'autres espèces de poissons qui sont capturées dans le cadre de la pêche de thonidés (les « prises accessoires », principalement les requins) dans la zone de la Convention, et qu'aucune autre organisation de pêche internationale n'étudie.

Pour s'acquitter de ses fonctions, la Commission utilise, dans la mesure du possible, les services techniques et scientifiques des organismes officiels des parties contractantes et de leurs subdivisions politiques, ainsi que les renseignements émanant desdits organismes, et peut, si cela apparaît souhaitable, utiliser les services ou renseignements que peut fournir toute institution ou organisation publique ou privée, ou tout particulier. Elle peut également entreprendre, dans les limites de son budget, des recherches indépendantes destinées à compléter les travaux accomplis par les gouvernements et les institutions nationales ou par d'autres organismes internationaux.

La collecte d'informations passe par le rassemblement et l'analyse des renseignements statistiques relatifs aux conditions et tendances actuelles des ressources des pêcheries de thonidés de la zone de la Convention ainsi que par l'étude et l'évaluation des renseignements relatifs aux mesures et méthodes visant à maintenir, dans la zone de la Convention, les populations de thonidés à des niveaux permettant un rendement maximal soutenu et compatible avec une exploitation efficace de ces ressources[538].

La Commission présente aussi aux parties contractantes des recommandations visant les études et les enquêtes à entreprendre. Elle publie et, de façon générale, diffuse des rapports sur les résultats de ses travaux ainsi que des renseignements scientifiques d'ordre statistique, biologique et autres relatifs aux pêcheries de thonidés de la zone de la Convention.

La Commission est habilitée, sur la base des résultats d'enquêtes scientifiques, à prendre des recommandations visant à maintenir à des niveaux permettant un rendement maximal soutenu les populations de thonidés et d'espèces voisines qui peuvent être capturées dans la zone de la Convention. Ces recommandations sont applicables par les parties contractantes dans les conditions prévues par la Convention. À cause des conditions attachées à l'application des recommandations, celles-ci n'ont pas une force obligatoire absolue.

La CICTA a ainsi un rôle important à jouer dans la lutte contre la pêche INN qui est, pour l'essentiel, une pêche hauturière[539]. Toutefois, la plupart des recommandations de l'ICCAT ne pouvant être mises en application que

538 Voir l'article IV de la Convention internationale pour la Conservation des Thonidés de l'Atlantique, supra, première partie, titre II, chapitre I, section II, paragraphe I.

539 Elle se pratique plus en haute mer qui, contrairement aux zones côtières est moins surveillée.

pendant le débarquement[540], elles favorisent des mesures de surveillance et d'inspection et responsabilisent plus les États du port. C'est ainsi que, parmi les recommandations en matière de gestion et de conservation adoptées par l'ICCAT, lors de sa 18ème réunion ordinaire tenue à Dublin du 17 au 24 novembre 2003, figure celle n° 03 – 16 visant à adopter des mesures supplémentaires contre la pêche INN. Ce texte recommande aux parties contractantes et parties, entités ou entités de pêche non contractantes coopérantes, de prendre des mesures nécessaires en vue d'interdire les débarquements des navires de pêche, les mises en cages aux fins d'élevage et/ou le transbordement, sous leur juridiction, de thonidés ou d'espèces apparentées capturées dans le cadre d'activités de pêche INN[541].

Toujours dans cette dynamique, la Commission a mis en place le « *Registre ICCAT des navires* » incluant les Registres suivants, tels qu'établis par les Recommandations de l'ICCAT.

- Le Registre ICCAT des navires de plus de 20 mètres[542] : les navires de plus de 20 mètres non inclus dans ce Registre sont considérés comme n'étant pas autorisés à pêcher des thonidés ou des espèces apparentées dans la zone de la Convention ICCAT.

- Le Registre ICCAT des navires de charge[543] inclut les navires autorisés à recevoir des transbordements de thonidés et d'espèces apparentées dans la zone de la Convention ICCAT de grands palangriers thoniers.

- Le Registre ICCAT des navires de capture de thon rouge[544] inclut les navires autorisés à pêcher activement du thon rouge dans l'Atlantique Est et la Méditerranée.

- Le Registre ICCAT des autres navires de thon rouge[545] inclut tous les autres navires de pêche (à l'exception des navires de capture) autorisés à se livrer à des opérations relatives au thon rouge dans l'Atlantique Est et la Méditerranée.

- Le Registre ICCAT de navires de SWO-MED[546] contient les navires de pêche autorisés à capturer de l'espadon dans la Méditerranée.

---

540 Voir Rapport présenté par Marième Diagne Talla et Makane Diouf NDIAYE, *op. cit.*, note de bas de page 142.

541 TALLA et Makane, *Ibid.*note de bas de page 541

542 Ce registre est établi en vertu de la Recommandation de l'ICCAT concernant l'établissement d'un registre ICCAT des bateaux mesurant plus de 20 mètres autorisés à pêcher dans la zone de la Convention [Rec.11-12].

543 Ce registre est établi en vertu de la Recommandation de l'ICCAT établissant un programme pour le transbordement [Rec. 12-06].

544 Ce registre est établi en vertu de la Recommandation de l'ICCAT pour amender la recommandation de l'ICCAT visant à l'établissement d'un programme pluriannuel de rétablissement pour le thon rouge de l'Atlantique Est et de la Méditerranée [Rec. 12-03].

545 Ce registre est établi en vertu de la Recommandation de l'ICCAT [Rec. 12-03].

546 Ce registre est établi en vertu de la Rec. 11-03.

- Le Registre ICCAT de navires BET/YFT (TROP)[547] contient les navires de pêche autorisés à pêcher du thon obèse et de l'albacore dans la zone de la Convention ICCAT.

- La Liste des navires affrétés[548] fait apparaître les accords actuels et la durée de l'affrètement.

Prenant le contrepied de ces listes sus-évoquées qui indiquent clairement quels sont les navires autorisés à opérer dans la zone couverte, l'ICCAT tient une liste de navires INN (ou IUU en anglais)[549]. Le Secrétariat de l'ICCAT veille à la diffusion de la liste de navires IUU adoptée par l'ICCAT à sa réunion annuelle en la publiant sur le site web[550] de ce dernier. La liste IUU contient les informations pertinentes sur les navires présumés avoir mené des activités de pêche INN dans la zone de la Convention ICCAT et d´autres zones[551].

À côté de l'ICCAT, le Sénégal prend part aussi à d'autres ORGP dont la Commission des Pêches pour le Pacifique ouest et central.

Paragraphe II : La Commission des pêches pour le pacifique ouest et central (CPPOC)

La Commission des Pêches pour le Pacifique ouest et central est une organisation intergouvernementale de conservation et de gestion des ressources de la pêche dans l'Océan Pacifique. La Commission a été créée par une convention adoptée le 05 septembre 2000, qui est entrée en vigueur le 19 juin 2004. La Convention est conclue après six (6) années de négociations qui ont débuté en 1994[552].

L'objectif de la Convention est d'assurer, à travers une gestion efficace, la conservation et le développement à long terme des stocks de poissons grands migrateurs dans l'Océan Pacifique ouest et central en accord avec la Convention des Nations unies sur le droit de la Mer de 1982 et l'Accord des Nations unies sur les stocks chevauchants et les grands migrateurs du 04 décembre 1995. A cet effet, la Convention a établi une Commission pour la conservation et la gestion des grands migrateurs dans l'Océan Pacifique ouest et central.

---

547 Ce registre est établi en vertu de la Rec. 11-01.

548 Il s'agit de la liste telle que déclarée en vertu de la Rec. 02-21.

549 Comme il est établi dans la « *Recommandation de l'ICCAT amendant de nouveau la Recommandation 09-10 de l'ICCAT visant l'établissement d'une liste de navires présumés avoir exercé des activités de pêche illicites, non déclarées et non réglementées (IUU) dans la zone de la Convention IC* » [Rec.11-18].

550 La liste est disponible sur www.iccat.es

551 Conformément à l'Annexe I de la [Rec.11-18].

552 The period between the conclusion of the Convention and its entry into force was taken up by a series of Preparatory Conferences that laid the foundations for the Commission to commence its work. Voir: http://www.wcpfc.int

La CPPOC est l'organisation internationale chargée de la gestion du thon et des espèces apparentées dans l'océan Pacifique centre et ouest[553] où sont concentrées 60 % des pêches mondiales du thon, pour une valeur de près de 3 milliards de dollars au débarquement[554]. La Commission vise à éliminer la pêche INN, à corriger les problèmes entourant la gestion des pêches en haute mer (comme la surcapacité de la flotte ainsi que l'insuffisance des données statistiques et des renseignements sur les prises) et à encourager une collaboration multilatérale responsable dans la conservation et la gestion des stocks de poissons grands migrateurs.

La convention s'applique à toutes les espèces de poissons grands migrateurs figurant sur l'Annexe 1 de la CMB[555]. Parmi les espèces gérées par la CPPOC, on compte[556] la bonite à ventre rayé, l'albacore (thon à nageoires jaunes), le germon, le thon obèse, l'espadon, le makaire bleu et le makaire noir.

La CPPOC a trois organismes subsidiaires. Pour réaliser ses missions, la Commission s'appuie sur ces trois organismes que sont le Comité scientifique, le Comité technique et de la conformité et le Comité du Nord.

Le Comité scientifique produit des avis sur l'état des stocks de thonidés et des espèces capturées de façon accessoire dans les eaux tropicales et les eaux du Pacifique Sud.

Le Comité technique et de la conformité élabore des mesures de contrôle, suivi et surveillance.

---

553 La zone de la convention est formée de l'océan Pacifique centre-ouest, c'est-à-dire les eaux à l'ouest de 150° de longitude ouest. Voir à ce propos : Pêches et Océans Canada - www.mpo-dfo.gc.ca

554 Voir : Pêches et Océans Canada - www.mpo-dfo.gc.ca

555 Les espèces de grands migrateurs figurant à l'Annexe I sont : 1. Thon blanc germon , Thunnus alalunga; 2. Thon rouge : Thunnus thynnus; 3. Thon à gros œil : Thunnus obesus; 4. Bonite à ventre rayé: Katsuwonus pelamis; 5. Thon à nageoire jaune: Thunnus albacores ; 6. Thon noir 1 Thunnus atlanticus; 7. Thonine 1 Euthynnus alletteratus, Euthynnus affinis; 8. Thon à nageoire bleue: Thunnus Maccoyii; 9. Auxide 1 Auxis thazard, Auxis rochei; 10. Brème de mer 1 Bramidae ; 11. Martin 1 Tetrapturus angustirostrls, Tetrapturus belone, Tetrapturus pfluegeri, Tetrapturus albidus, Tetrapturus audax, Tetrapturus georgei, Makaira Mazara, Makaira indica, Makaira nigricans; 12. voilier 1 Istriophorus platypterusJ Istiophorus albicans ; 13. Espadon, Xlphias gladius; 14. Sauri ou balaou : Scomberesox saurus, calolabis saira, calolabis adocetus Scoaberesox saurus scombroides; 15. Ooryphène ou dorade tropicale : caryphaena hippurusI caryphaena eguiselis; 16. Requin, Bexanchus griseus, Cetorhinus maximus, Alopiidae, Rhincodon typus, Carchahinidae, Sphyrnidae, Isuridae; 17. cétacés (baleines et marsouins) : Physeteridae, Belaenopteridae, Balaenidae, Bachrichtiidae, Monodontidae, ziphiidae, Delphinidae. Cf. Nations Unies - Recueil des Traités 1994. page 127, Vol. 1834, 1-31363

556 Pour voir la liste complète des espèces gérées, consulter le site Web de la Commission : *http://www.wcpfc.int/* (disponible en anglais seulement).

Le Comité du Nord formule des recommandations pour assurer la gestion durable des stocks de poissons grands migrateurs du Pacifique Nord[557].

Les décisions[558] prises par la Commission sont de deux sortes :

- les résolutions qui sont des déclarations et les recommandations adressées aux États membres et aux États coopérants non membres de la Commission. Les résolutions et les recommandations ne lient pas, elles n'ont pas de force obligatoire ;

- les mesures de conservation et de gestion qui ont force obligatoire, elles lient les États membres et les États coopérants non membres de la Commission.

Parmi les réalisations[559] de la Commission, peuvent être citées celles énumérées ci – après et qui contribuent au renforcement des mesures de conservation et de gestion des espèces ciblées.

La CPPOC a interdit l'utilisation des filets dérivants en haute mer et a également pris des mesures pour empêcher les prises accessoires de requins, d'oiseaux de mer et de tortues de mer dans la pêche au thon.

Pour des questions de conservation, la CPPOC s'est fixé un objectif temporaire visant à maintenir le taux de reproduction du thon blanc du Pacifique Nord au-delà du niveau moyen de ses dix plus faibles estimations.

À sa réunion annuelle de 2010, la CPPOC a adopté un plan de gestion du thon rouge du Pacifique respectant l'avis scientifique.

Toujours à cette réunion annuelle de 2010, les membres ont convenu d'entreprendre en 2011 une revue du rendement de la CPPOC, comme recommandé lors de la réunion conjointe des organisations régionales de gestion des pêches du thon. Les principes élaborés pendant cette réunion conjointe forment les critères de cet examen.

En 2011, une évaluation du stock de thon blanc du Pacifique Nord n'a révélé aucun problème de conservation, ce qui prouve l'efficacité de la Commission des pêches du Pacifique Centre-Ouest dans la gestion de ce stock.

Toujours dans cette logique de développer des mesures de conservation et de gestion dans la zone visée, la Commission a établi une liste des navires présumés avoir pratiqué la pêche INN[560].

La CPPOC est composée de 25 membres[561] et de sept territoires participants[562]. Onze États non membres coopérants[563] participent aussi aux travaux de la Commission.

---

557 Stocks dont la plus grande partie de la biomasse se trouve historiquement au nord, de 20° de latitude nord.

558 Voir Aly SAMB, *op. cit.*, note de bas de page N° 124

559 Voir *http://www.wcpfc.int/*

560 A propos de la liste des navires INN de la CPPOC, voir : *http://www.wcpfc.int/wcpfc-iuu-vessel-list*

Les États parties à la Convention peuvent inviter, par consensus, d'autres États et organisations régionales d'intégration économique dont les ressortissants veulent pêcher dans la zone les espèces de poissons grands migrateurs, à adhérer à la Convention[564]. Pour sa part le Sénégal est accepté comme un État coopérant non membre.

C'est d'ailleurs avec le même statut que le Sénégal participe aux travaux de la Commission des thons de l'océan indien.

Paragraphe III : La Commission des thons de l'océan indien (CTOI)

La Commission des Thons de l'océan Indien (CTOI) est une organisation intergouvernementale établie au titre de l'article XIV de l'Acte constitutif de la FAO. Elle est mandatée pour gérer les thons et les thonidés[565] dans l'océan Indien et les zones adjacentes[566].

Les instruments internationaux de référence de la CTOI sont le Code de Conduite pour une Pêche Responsable et l'Accord de Conformité[567] de la FAO.

L'Accord portant création de la CTOI a été adopté par la cent cinquième session du Conseil de la FAO, le 25 novembre 1993. L'Accord est entré en vigueur avec l'accession du dixième membre, le 27 mars 1996[568].

---

561 L'Australie, le Canada, la Chine, les îles Cook, l'Union européenne, les États fédérés de Micronésie, la République des Fidji, la France, le Japon, la République de Kiribati, la Corée, la République des Îles Marshall, la République de Nauru, la Nouvelle-Zélande, la Nioué, la République des Palaos, la Papouasie-Nouvelle-Guinée, les Philippines, l'État indépendant du Samoa, les Îles Salomon, le Taipei chinois, le Tonga, le Tuvalu, les États-Unis d'Amérique et la République de Vanuatu. Voir : *http://www.wcpfc.int/*

562 Il s'agit de la Samoa américaine, le Commonwealth des Mariannes du Nord, la Polynésie française, la Guam, la Nouvelle-Calédonie, le Wallis-et-Futuna ainsi que le Tokelau. Voir : *http://www.wcpfc.int/*

563 Cooperating Non-member(s) are Belize, Democratic Peoples Republic of Korea, Ecuador, El Salvador, Indonesia, Mexico, Senegal, St Kitts and Nevis, Panama, Thailand, Vietnam. in *http://www.wcpfc.int/*

564 Voir Aly SAMB, *op. cit.*, note de bas de page N° 124

565 Les espèces qui relèvent du mandat de gestion de la CTOI sont : l'Albacore ; le Listao : Bonite à ventre rayé ; Patudo : Thon obèse ; le Germon ; le Thon rouge du sud ; le Thon mignon ; la Thonine orientale ; l'Auxide ; le Bonitou ; le Thazard rayé ; le Thazard ponctué ; le Makaire bleu de l'Indo Pacifique, le Makaire noir ; le Marlin rayé ; Voilier de l'Indo-Pacifique et l'Espadon. Voir à ce propos, l'Annexe B de la Convention portant création de la CTOI.. De surcroît, la Commission a demandé au Secrétariat de recueillir des données sur les espèces non-ciblées, associées et dépendantes de la pêche thonière.

566 La zone de compétence de la Commission comprend l'Océan Indien (correspondant, aux fins du présent Accord, aux zones statistiques 51 et 57 de la FAO) et les mers adjacentes situées au nord de la convergence Antarctique, dans la mesure où elles doivent être prises en compte pour assurer la conservation et la gestion des stocks qui pénètrent dans l'océan Indien ou en sortent au cours de leurs migrations. Voir: www.iotc.org

567 Il s'agit de l'Accord de 1993 visant à favoriser le respect par les navires de pêche en haute mer des mesures internationales de conservation. Op – cit première partie, titre I, chapitre I, section II, paragraphe II

La zone de compétence de la Commission comprend l'Océan indien et les mers adjacentes au nord de la convergence Antarctique, dans la mesure où elles doivent être prises en compte aux fins de la conservation et de l'aménagement des stocks qui pénètrent dans l'Océan indien ou en sortent au cours de leurs migrations[569].

La Commission doit promouvoir la coopération entre ses membres en vue d'assurer, grâce à une gestion appropriée, la conservation et l'utilisation optimale des stocks et de favoriser le développement durable de leur exploitation[570].

Pour mener à bien cette mission, la Commission s'appuie sur le Comité scientifique qui a été formellement créé dès la tenue de sa première session. Cet organisme conseille la Commission et les sous-commissions[571] sur la collecte des données et la recherche ainsi que sur l'état des stocks et intervient

---

568 Le règlement financier a été adopté à la première session extraordinaire qui s'est tenue à Rome, en Italie, du 21 au 24 mars 1997 et le règlement intérieur a été adopté lors de la Deuxième Session tenue à Mahé, aux Seychelles, du 22 au 25 septembre 1997.

569 Le poids total des captures des seize thonidés couverts par la convention de la CTOI a dépassé le million de tonnes depuis 1993. Les prises excédaient les 1.110.000 t en 1995 et 1996. Les thons représentent 85 % de ce total. Ces chiffres ne couvrent que partiellement les prises des flottes opérant sous pavillon de complaisance, qui ne déclarent pas habituellement leurs captures. Les prises dans l'Océan Indien représentaient 18 % du total mondial il y a dix ans ; elles représentent 24 % actuellement. Sur les dix dernières années pour lesquelles les statistiques sont disponibles, (1987-1996), les captures dans l'Océan Indien sont passées de 20 % à environ 75 % de plus que celles de l'Océan Atlantique.
La valeur estimée au producteur, se situe très approximativement, entre 2 et 3 milliards de dollars annuellement. Ceci ne tient pas compte de la valeur ajoutée qu'apportent les industries annexes et le conditionnement ou encore les bénéfices libérés en terme de prestations sociales telles que l'emploi et l'apport nutritionnel qui sont particulièrement importants dans des situations de pêcherie artisanale. L'océan Indien diffère des autres océans en ceci que la pêche artisanale capture autant de poisson que la pêche industrielle.

570 Voir l'article V de l'Accord portant création de la Commission des thons de l'océan Indien

571 Les sous-commissions seront ouvertes aux parties contractantes, qui sont les pays côtiers se trouvant sur l'aire migratoires des ressources concernées par la sous-commission en question ou des pays dont les bateaux exploitent les ressources. Elles fourniront un forum pour la consultation et la coopération sur des sujets liés à la conservation et à la gestion des ressources concernées. En particulier, ils examineront des options de gestion et recommanderont des mesures appropriées de gestion à la Commission.
Jusqu'ici, aucune sous-commission n'a été constituée. Ces organismes deviendront nécessaires quand la Commission aura déterminé que la gestion de certaines ressources est nécessaire. Toutefois, à sa 3e session, la Commission a décidé d'instaurer des groupes de travail permanents. Un premier groupe de travail est responsable de la collecte des données et des statistiques et le second s'occupe de la question des thons tropicaux. Ces groupes ont commencé leur travail immédiatement. Trois autres Groupes de travail ont été également créés pour le marquage, les thons néritiques et les poissons porte-épée. L'attention a également été accordée à un groupe de travail sur les thons des eaux tempérés. Les Groupes de travail sont ouverts à tous les intéressés et participants qui sont techniquement compétents et leurs rapports sont dirigés vers le Comité scientifique.

sur des questions de gestion. Les réunions du Comité scientifique ont lieu conjointement à celles de la Commission.

Afin d'atteindre ses objectifs, la Commission a, conformément aux principes énoncés dans les dispositions pertinentes de la Convention des Nations Unies sur le droit de la mer, les responsabilités suivantes :

- suivre en permanence l'état et l'évolution des stocks et recueillir, analyser et diffuser des informations scientifiques, des statistiques des prises et de l'effort de pêche, et d'autres données utiles pour la conservation et la gestion des stocks couverts par l'Accord et pour les pêcheries fondées sur ces stocks ;

- encourager, recommander et coordonner des activités de recherche et de développement concernant les stocks et les pêcheries couverts par l'Accord, et autres activités que la Commission pourrait juger appropriées, y compris des activités liées au transfert de techniques, à la formation et à la valorisation, compte dûment tenu de la nécessité d'assurer la participation équitable des membres de la Commission aux pêcheries, ainsi que des intérêts et besoins particuliers des membres de la région qui sont des pays en développement ;

- adopter[572] sur la base de données scientifiques probantes, des mesures de conservation et de gestion propres à assurer la conservation des stocks couverts par l'Accord et à promouvoir l'objectif de leur utilisation optimale dans l'ensemble de la zone ;

- suivre les aspects économiques et sociaux des pêcheries fondées sur les stocks couverts par l'Accord, en ayant plus particulièrement à l'esprit les intérêts des États côtiers en développement.

Lors des sessions, la Commission prend des décisions au sujet de la gestion des pêches aux thonidés. Ces décisions sont adoptées sous la forme de résolutions qui sont contraignantes[573] pour tous les membres de la Commission. Toutefois, une partie contractante qui pose une objection formelle n'est pas liée par cette résolution tant que cette objection persiste[574]. Les recommandations sont légèrement différentes en ceci qu'elles ne sont pas contraignantes pour les membres, mais reposent sur une adhésion volontaire.

Chaque membre[575] de la Commission doit veiller à ce que soient prises dans le cadre de sa législation nationale les mesures qui peuvent être nécessaires pour donner effet aux dispositions de l'Accord et mettre en œuvre

---

572 Conformément à l'Article IX de la Convention portant création de la CTOI.

573 Les mesures de conservation et d'aménagement ont force obligatoire pour les États membres et les États coopérants non membres de la Commission selon Aly SAMB, *op. cit.,*, note de bas de page N° 124.

574 Cette règle de non objection est en général partagée par beaucoup d'ORGP.

575 Pour plus de détails sur les obligations de chaque État membre, il faut se référer à l'article X.

les mesures de conservation et de gestion[576] contraignantes, y compris l'imposition de sanctions appropriées en cas d'infractions.

Les membres de la Commission doivent également coopérer pour échanger des informations sur la pêche de stocks visés par l'Accord, pratiquée par les nationaux d'États ou d'entités qui ne sont pas membres de la Commission.

Dans le cadre de ses activités de lutte contre la pêche illégale, la CTOI examine les informations fournies par ses membres sur les activités des navires de pêche qui pourraient diminuer l'efficacité des mesures de gestion et de conservation établies par elle. Les navires de pêche qui sont convaincus d'activités illégales sont ensuite inscrits[577] dans la « *Liste de navires présumés*[578] *avoir exercé des activités de pêche illégales, non réglementées et non déclarées dans la zone de la convention* », appelée « Liste INN »[579].

L'adhésion[580] à la CTOI est ouverte à tous les pays côtiers de l'océan Indien, et à tous les pays ou organismes régionaux d'intégration économique, membres de l'ONU ou d'une de ses institutions spécialisées, et pêchant des thons dans cet Océan. Les parties qualifiées pour accéder à la Commission peuvent le faire en déposant auprès du Directeur général de la FAO un instrument acceptant formellement d'être lié par les conditions de la convention de la CTOI.

La Commission, lors de sa quatrième session en 1999, a créé un nouveau statut de partie non-contractante coopérante[581]. Ce statut crée les mêmes obligations que celles qui s'appliquent aux membres sans, toutefois, que les parties coopérantes n'aient de droits de vote. Par ailleurs, aucune contribution financière au budget de la Commission n'est attendue des parties bénéficiant

---

576 Le Recueil des mesures de conservation et de gestion actives de la Commission des thons de l'océan Indien. (mis-à-jour le 08 août 2013) est disponible sur son site : *www.iotc.org*

577 Le processus de compilation, d'examen et d'inscription, ainsi que les conséquences pour les navires inscrits, sont décrits dans la résolution 11/03 de la CTOI (adoptée en 2011).

578 Par conséquent cette présomption peut être écartée par la preuve contraire, de même, dans certaines circonstances, le navire peut être réhabilite si ses gérants ou son Etat du pavillon établisse leur volonté sans équivoque de le conformer aux mesures de conservation et de gestion de l'ORGP concernée.

579 La Liste INN de la CTOI est disponible sur son site web : www.iotc.org.

580 Les pays adhérants de la CTOI sont les suivants : l'Australie, le 13 novembre 1996 ; le Belize en mai 2007 ; la Chine, le 14 octobre 1998 ; la Communauté Européenne, le 27 octobre 1995 ; les Comores, le 14 août 2001 ; l'Érythrée, le 09 août 1994 ; la France, le 03 décembre 1996 ; la Guinée, le 31 janvier 2005 ; l'Inde, le 13 mars 1995 ; l'Indonésie, le 09 juillet 2007 ; le Japon, le 26 juin 1996 ; le Kenya, le 29 septembre 2004 ; le Madagascar, le 10 janvier 1996 ; la Malaisie, le 22 mai 1998 ; les Maldives, le 13 Juillet 2011 ; Mauritius, le 27 décembre 1994 ; le Mozambique, le 13 Février 2012 ; l'Oman, le 05 avril 2000 ; le Pakistan, le 27 avril 1995 ; les Philippines, le 09 janvier 2004 ; la République de Corée, le 27 mars 1996. Les Seychelles, le 26 juillet 1995 ; la Sierra Leone, le 01 juillet 2008 ; le Sri Lanka, le 13 juin 1994. La République islamique d'Iran, le 28 janvier 2002 ; le Royaume-Uni, le 31 mars 1995 ; le Soudan, le 03 décembre 1996 ; la Tanzanie, le 18 avril 2007 ; la Thaïlande, le 17 mars 1997 ; Vanuatu, le 25 octobre 2002.

581 Les parties coopérantes non-contractantes sont l'Afrique du Sud et le Sénégal.

de ce statut. Le Sénégal a été admis au sein de la Commission des thons de l'océan Indien en qualité d'État coopérant non membre.

L'étude des organes de gestion des pêches auxquels le Sénégal est membre, et corollairement la déclinaison de leurs missions, montre que celles-ci peuvent être le centre d'importantes actions et réalisations dans le cadre de la lutte contre la pêche INN. C'est ce qui justifie la pertinence de réfléchir sur leur rôle, comme moyens à la disposition des États, donc du Sénégal, pour lutter contre cette forme de pêche qui menace dangereusement l'avenir du secteur halieutique.

CHAPITRE II

LES ORP : PRINCIPAUX VECTEURS DE LA COOPÉRATION INTERNATIONALE EN MATIÈRE DE GESTION ET D'EXPLOITATION DES RESSOURCES BIOLOGIQUES DE LA MER

La Convention des Nations Unies sur le droit de la Mer de 1982 a eu pour effet d'établir un équilibre entre les droits et obligations des États côtiers et ceux des pays qui réalisent des opérations de pêche en haute mer. Cet équilibre comporte, comme objectif premier, la durabilité de l'exploitation des ressources de pêche qui fait appel aux organisations régionales des pêches. L'évolution vers un rôle de plus en plus actif des organisations régionales des pêches et plus précisément des ORGP, s'est considérablement accélérée depuis la Conférence des Nations Unies sur l'environnement et le développement qui s'est tenue du 03 au 14 juin 1992 à Rio de Janeiro. À sa suite, ce rôle essentiel a été affirmé et réaffirmé par:

- l'Accord de conformité[582] de la FAO de 1993 ;
- le Code de conduite pour une pêche responsable de la FAO 1995[583] qui fait suite à la déclaration de Cancún de 1992[584] ;
- et l'Accord de New York sur les stocks chevauchants, adopté en 1995[585].

Les ORP qui sont ainsi un cadre associatif (**Section I**) constituent un moyen privilégié d'intervention et d'action concertées pour les États dans la lutte contre la Pêche INN (**Section II**).

SECTION I : LES ORP : UN CADRE INSTITUTIONNEL ASSOCIATIF DE COMMUNICATION ET DE COORDINATION POUR L'ACTION DU SÉNÉGAL DANS LA LUTTE CONTRE LA PÊCHE INN

Les premières ORP ont vu le jour au début du siècle, mais, pour l'essentiel, elles ont été créées au cours des quarante dernières années. L'évolution[586] de

---

[582] Accord de conformité, supra, première partie, titre I, chapitre I, section II.

[583] CCPR, *op. cit.,* première partie, titre I, chapitre I, section I.

[584] Déclaration de Cancún de 1992, *op. cit.*, note de bas de page 149.

[585] Accord de New York, *op. cit.*, première partie, titre I, chapitre I, and section II.

[586] L'élaboration d'une politique et d'une gestion des pêcheries en haute mer en général peut se décomposer en trois phases distinctes. La première phase, qui a duré jusqu'aux années 70, par le fait que les océans mondiaux étaient pour la plupart des eaux internationales auxquelles les pêcheurs pouvaient librement accéder ainsi que par le fait les États côtiers n'exerçaient leur juridiction que sur une bande de mer étroite ne dépassant pas trois milles

leur rôle est étroitement liée à la prise de conscience de la nécessité de gérer durablement les ressources halieutiques surtout qu'avec l'extension des zones économiques exclusives à 200 milles marins dans les années 70, les flottes de pêche lointaine ont dû redéployer leurs activités et ont aussi intensifié leur ponction sur les ressources, entraînant, le progrès technique aidant, une surexploitation préoccupante de la plupart des stocks[587].

La stabilisation des relations juridiques internationales et la mise en œuvre d'une coopération effective constituent un enjeu majeur pour l'avenir des pêches, surtout hauturières. Les organisations régionales de pêche constituent ainsi un outil parfaitement adapté, car définissant un cadre juridique leur permettant de prendre en compte les spécificités et les caractéristiques de leur zone en vertu de leur caractère régional[588]. Par leur biais, les États communiquent par le partage d'informations sur les activités de pêche INN et les mesures prises, se concertent et coordonnent leurs positions et actions.

Paragraphe I : Un cadre d'échanges d'informations

La communication des informations constitue une donnée fondamentale dans la lutte contre la pêche INN. En effet, toute action, pour être efficace, doit partir de la connaissance du milieu auquel il se destine. Pour cela, chaque

---

nautiques le long de la côte. Durant cette phase on a pu observer une augmentation considérable de l'effort de pêche ainsi que des progrès technologiques qui ont permis d'augmenter le volume des captures. Parallèlement, les États se sont rendus compte de la nécessité de coopérer au niveau régional afin de réduire les conflits relatifs à la ressource et pour éviter la surexploitation de la haute mer. Les premiers organes de gestion des pêches ont été créés. La deuxième phase s'est caractérisée par la « *fermeture des mers* » à partir du milieu des années 70 par le biais de l'extension de la juridiction des États côtiers sur les 200 milles nautiques et la réduction de l'ampleur de la gestion internationale des pêches à la suite de la IIIe Conférence des Nations Unies (CMB III). La mise en place d'une gestion des pêcheries hauturières est entrée dans sa troisième phase au début des années 1990 marquées par l'inquiétude croissante suscitée de la communauté internationale au sujet de la surpêche et l'adoption d'instruments juridiques et politiques tout à fait novateurs, tels que la Déclaration de Rio de 1992, l'Accord des Nations Unies sur les stocks chevauchants, en 1995, et le Code de conduite pour une pêche responsable de la FAO, en 1995, qui jetaient les bases de tout un nouveau dispositif de gouvernance de la pêche en haute mer. On peut rajouter à ces trois phases une quatrième phase consacrée à l'adoption des divers instruments internationaux intégrés aux Conventions remaniées et aux pratiques des ORGP. En outre, durant cette phase les principes énoncés dans ces instruments ont été mis en œuvre. - Source : Sen (1997). Voir l'ouvrage « *Renforcement des organisations régionales de la pêche* » © OCDE 2009, publié sous la responsabilité du Secrétaire général de l'OCDE. ISBN 978-92-64-07333-3 (imprimé), publié en anglais : Strengthening Regional Fisheries Management Organisations, disponible sur : www.oecd.org/editions/corrigenda.

587 Voir la Communication de la Commission au Conseil et au Parlement européen - Participation de la Communauté européenne aux Organisations Régionales de Pêche (ORP) : /* COM/99/0613 final */, supra note de bas de page 526.

588 Voir à ce propos la communication de la Commission européenne au Conseil et au Parlement européen sur « *la participation de la Communauté européenne aux Organisations Régionales de Pêche (ORP)* », *ibid.*, supra note de bas de page 526.

partie contractante a l'obligation de transmettre aux ORP un certain nombre d'informations relatives aux activités de sa flotte afin qu'elles puissent générer les mesures de conservation et de gestion adaptées. Ces informations sont de différents types: données de capture et d'effort de pêche, liste des navires autorisés à pêcher, données statistiques et d'échantillonnage[589], etc.

Le Code de conduite pour une pêche responsable de 1995 est conscient du rôle que les États peuvent faire jouer aux ORP dans ce domaine puisqu'il recommande à ceux-ci de faire tout ce qui est en leur pouvoir pour que la documentation relative aux opérations de pêche, aux captures de poissons et autres espèces conservées à bord et, pour ce qui concerne les rejets, les informations nécessaires à l'évaluation des stocks, comme en ont décidé les organes d'aménagement compétents, soient recueillies et systématiquement transmises auxdits organes[590].

Pour assurer la conservation et l'utilisation durable à long terme des stocks de poissons et, par conséquent, la maîtrise de la capacité et de l'effort de pêche, les ORP doivent assurer la collecte et le partage adéquats de données, y compris des estimations des prises accessoires et INN, et utiliser les meilleures informations scientifiques disponibles pour prendre leurs décisions. Ce qui suppose, dans le cadre des stratégies de conservation et de gestion des ORP, le partage des données recueillies avec des États côtiers et d'autres ORP au moyen d'ententes de gestion de données reconnues internationalement[591].

La collecte des données et le partage de l'information occupent une bonne place dans le système de coopération établi par l'ANUP et le Fonds d'assistance créé au titre de la partie VII dudit Accord[592] se fixe comme but de venir financièrement en aide aux États en développement parties à l'Accord, afin de les aider à appliquer celui-ci. En particulier, le paragraphe 14 des statuts du Fonds[593] prévoit qu'une assistance financière peut être demandée par

---

589 Communication de la Commission au Conseil et au Parlement européen - *Participation de la Communauté européenne aux Organisations Régionales de Pêche (ORP)* : /* COM/99/0613 final */, op.cit. note de bas de page 526.

590 Il s'agit du point 8.4.3 du Code de conduite pour une pêche responsable de 1995.

591 Communication de la Commission au Conseil et au Parlement européen - *Participation de la Communauté européenne aux Organisations Régionales de Pêche (ORP),* supra note de bas de page 526.

592 Voir la parte VII de l'Accord de New York. À sa cinquante-huitième session, dans sa résolution 58/14 du 24 novembre 2003, l'Assemblée générale a décidé de créer le « *Fonds d'assistance* » (« *le Fonds* »), au titre de la partie VII de l'Accord, en vue d'aider les États parties en développement à appliquer cet instrument.

593 Cf. Océans et droit de la mer, Division des affaires maritimes et du droit de la mer : Fonds d'assistance créé au titre de la partie VII de l'Accord aux fins de l'application des dispositions de la Convention des Nations Unies sur le droit de la mer du 10 décembre 1982 relatives à la conservation et à la gestion des stocks de poissons dont les déplacements s'effectuent tant à l'intérieur qu'au-delà de zones économiques exclusives (stocks chevauchants) et des stocks de poissons grands migrateurs. disponible sur :

les États parties en développement, en particulier les moins avancés d'entre eux et les petits États insulaires pour, entre autres, faciliter la participation de leurs représentants aux réunions et aux activités des organismes et arrangements régionaux et sous régionaux de gestion des pêcheries compétents ; pour renforcer leur capacité d'action dans la collecte de données et la recherche scientifique au niveau national et régional sur les stocks chevauchants et les stocks de poissons grands migrateurs ; et faciliter les échanges d'informations et de données d'expérience sur l'application de l'Accord[594].

Concernant le cas particulier des mesures du ressort de l'État du port, les ORP ont un rôle significatif à jouer dans l'application de l'Accord du 22 novembre 2009 sur les MREP[595] en raison de leur capacité de développer des initiatives spécifiquement adaptées aux régions de leurs ressorts respectifs, prenant en compte leurs besoins et enjeux particuliers[596].

Dans cette optique, des mesures pour mettre en œuvre l'Accord de 2009, dont la plupart relève d'un système d'échange d'informations performant, sont attendues de la part des ORP pour lutter contre la pêche INN. L'Accord leur demande ainsi de coopérer et d'échanger des informations avec d'autres entités. Les États parties coopèrent plus précisément au niveau des ORGP pour une application effective de l'Accord. L'interdiction de l'utilisation d'un port par un navire doit être notifiée aux ORP compétentes. Elles sont aussi informées de la levée de l'interdiction[597].

Il est demandé aux parties de s'accorder sur les niveaux minimum d'inspection des navires par l'intermédiaire, entre autres, des ORP. Celles-ci peuvent demander à l'État du port d'inspecter un navire sur lequel pèsent des

---

http://www.un.org/Depts/los/convention_agreements/fishstocktrustfund/fishstocktrustfund_fr.htm. Mis-à-jour: 16-12-2009.

594 Voir le document: Fonds d'assistance créé au titre de la partie VII de l'Accord aux fins de l'application des dispositions de la Convention des Nations Unies sur le droit de la mer du 10 décembre 1982 relatives à la conservation et à la gestion des stocks de poissons dont les déplacements s'effectuent tant à l'intérieur qu'au-delà de zones économiques exclusives (stocks chevauchants)et des stocks de poissons grands migrateurs préparé Océans et droit de la mer, Division des affaires maritimes et du droit de la mer, nations unies Copyright © 2011. Disponible sur *http://www.un.org/ Depts/los/convention_ agreements/fishstocktrust fund/fishstocktrustfund_fr.htm*.

595 Il s'agit de l'Accord sur les mesures du ressort de l'État du port de 2009, *op. cit.*, première partie, titre I, chapitre I, section II, paragraphe 2.

596 Les ORGP comme la Commission des Pêches pour l'Atlantique Nord-est (CPANE) 63, en raison, notamment, de l'homogénéité de leur adhésion ou de leur aisance à atteindre un consensus dans un groupe d'États sont aptes à favoriser l'application de l'Accord. En outre, l'Accord en tant qu'expression de l'engagement international, guide et témoin d'un minimum normatif, peut être utilisé comme un modèle pour des dispositifs régionaux de MREP plus énergiques et appropriés. Voir le document de l'OCDE « *Pourquoi la pêche pirate perdure: les ressorts économiques de la pêche illégale, non déclarée et non réglementée* », publié en 2005, *op. cit.*, note de bas de page N° 99.

597 Article 11 alinéas 3 et 5 de l'Accord MREP.

soupçons de pêche INN ou des activités liées à la pêche en soutien à la pêche INN et, en retour, l'État du port transmet les résultats de l'inspection d'un navire aux ORP appropriées. À l'issue d'une inspection, les ORP compétentes sont informées des conclusions lorsqu'il y a de sérieuses raisons de penser qu'un navire s'est livré à des activités de pêche INN ou à des activités liées à la pêche en soutien à la pêche INN[598].

Les ORP appropriées reçoivent le rapport de l'État du pavillon sur les mesures qu'il a prises à l'encontre d'un navire battant son pavillon et pour lequel il a été établi qu'il s'est livré à des activités de pêche INN ou à des activités liées à la pêche en soutien à la pêche INN[599].

La FAO demande aux organisations régionales de gestion des pêches appropriées de fournir des informations relatives aux mesures ou aux décisions qu'elles ont adoptées et mises en œuvre pour le respect des dispositions de l'Accord[600].

Les ORP sont ainsi appelées à jouer un rôle important avec d'autres entités dans l'application des mesures prévues par l'Accord du 22 novembre 2009. Pour jouer pleinement ce rôle, il est toutefois nécessaire que l'ORP concernée soit bien organisée et fonctionne efficacement. Autrement dit, pour mieux répondre aux exigences liées à l'application des mesures du ressort de l'État du port, les ORP inaptes devront être réformées pour s'adapter. En effet, seule l'adoption rapide de nouvelles mesures par les parties contractantes et non contractantes (PNC), une coopération mondiale efficace et surtout la nette amélioration du partage d'informations donneront aux autorités du monde entier les moyens d'être à la hauteur de ce défi[601].

Paragraphe II : Un cadre de concertation et de coordination entre les États

Les ORP offrent des forums qui permettent aux États de se concerter et de concilier leurs positions sur les mesures de conservation et de gestion à adopter pour lutter efficacement contre la pêche INN. En effet, les objectifs assignés aux ORP incluent la durabilité des ressources halieutiques dans le temps, dans le cadre d'une exploitation optimale (notamment une maximisation de la rente de ressources). Dans le cadre de leur fonctionnement,

---

598 Cf. article 12: Niveaux et priorités en matière d'inspection et article 15: Transmission des résultats de l'inspection.

599 Article 20 intitulé: Rôle de l'État du pavillon, en son paragraphe 5.

600 Article 6 de l'Accord MREP intitulé: Coopération et échange d'informations.

601 Voir le document de synthèse « *Port state performance* » ou « *Performance de l'État du port : mettre la pêche illicite, non déclarée et non réglementée sous plus de surveillance* » réalisé par Le Pew Environment Group qui est la section dévolue à la conservation de Pew Charitable Trusts, organisation non gouvernementale sans but lucratif. L'étude du Pew Environment Group sur la performance de l'État du port (Port State Performance) porte sur le rôle joué par l'État du port dans l'élimination de la pêche INN en évaluant l'efficacité de la mise en œuvre des mesures du ressort de l'État du port.

les ORP mettent en œuvre ces objectifs généraux à l'issue de négociations entre les États souverains qui en sont des parties contractantes. Les décisions sont souvent le résultat de compromis et concessions auxquels les États membres ont consenti au cours des négociations[602]. Chaque État adhérant assure la représentation de ses intérêts et est responsable vis-à-vis de ces organisations et des autres parties contractantes des engagements qu'il a pu y souscrire.

Les États qui participent[603] en qualité de partie contractante aux séances plénières des ORP, négocient, prennent la parole et participent au vote suivant leurs positions tout en s'assurant du respect de leurs engagements internationaux. Pour cela, les États s'appuient sur leurs experts techniques et restent en contact permanent avec eux par le biais de réunions de coordination sur place, afin d'affiner leurs positions et de les adapter, si nécessaire, en cas de développements imprévus[604].

À côté de cette participation aux séances plénières des ORP, les Etats, donc le Sénégal, participent également aux travaux des organes subsidiaires des ORP et aux groupes de travail. Ils doivent aussi garantir la participation aux réunions des conseils scientifiques soit directement, soit en se faisant assister par des experts scientifiques.

La participation des États aux instances de discussion et de décision des ORP est motivée par la volonté de prendre part activement à la définition des mesures de conservation et de gestion des ressources exploitées par leurs armateurs afin d'assurer, d'une part, la prise en compte des intérêts des nations de pêche lointaine au même titre que ceux des États côtiers, et ; d'autre part, la cohérence des principes mis en œuvre dans les diverses organisations régionales de pêche tout en respectant les spécificités propres à chacune[605].

Donc, il peut être noté dans ce domaine une coordination à double niveau : d'abord en interne, au niveau de chaque État membre, ensuite avec les autres États membres de l'ORP. Ce n'est que de cette manière que la cohérence pourra être assurée dans l'action de l'ORP concernée. Cette coordination doit aussi se faire avec les États côtiers et les autres organisations[606].

---

602 Voir « *Renforcement des organisations régionales de la pêche* », ouvrage publié en anglais: *Strengthening Regional Fisheries Management Organisations,* © OCDE 2009 disponible sur : www.oecd.org/editions/corrigenda. *op. cit.,* note de bas de page 571

603 A cet effet, le Sénégal joue un rôle remarquable au sein de l'ICCAT (surtout en 2007 – 2008).

604 Les pays développés disposent de fortes délégations avec toutes les expertises requises pour prendre des positions éclairées et peser conséquemment sur l'issue des négociations.

605 Sur ces développements, voir la communication de la Commission au Conseil et au Parlement européen - *Participation de la Communauté européenne aux Organisations Régionales de Pêche (ORP),* supra note de bas de page 526

606 Une autre question importante pour les organisations régionales de gestion des pêches est celle de la coordination avec les États côtiers et les autres organisations. « *Les différentes régions et organisations doivent travailler de manière compatible* », explique à ce sujet

Une fois ce rôle assumé par les ORP, elles vont servir aussi de cadre d'intervention pour les États membres dans la lutte contre la pêche INN.

SECTION II : LES ORP : UN CADRE FONCTIONNEL D'INTERVENTION COLLECTIVE POUR LE SÉNÉGAL POUR UNE CONCEPTION ET UNE MISE EN ŒUVRE DES MESURES DE LUTTE CONTRE LA PÊCHE INN

Les pays sont tenus, en vertu de la législation internationale, de coopérer pour gérer les stocks de poissons hauturiers[607], les stocks chevauchants et les stocks de poissons grands migrateurs. Les organisations régionales des pêches, en particulier les ORGP sont des organisations internationales qui se consacrent à la gestion durable des ressources halieutiques, notamment dans les eaux internationales. Le principal objectif des organisations régionales des pêches est de veiller à la gestion, la conservation et la protection de ces stocks de poissons conformément au mandat de leurs conventions respectives[608]. Par leur biais, les États élaborent et développent des règles et mesures de gestion et de conservation sur lesquelles ils s'engagent. Toutefois, même si des résultats considérables sont notés dans ce domaine grâce à leur intervention, une appréciation des résultats obtenus par elles, montre que beaucoup de progrès reste à accomplir pour réaliser les espoirs qu'elles ont suscités. En effet, il ne suffit pas d'harmoniser les positions et d'adopter des règles, les ORP doivent aussi développer des mécanismes ou mesures de veille pour s'assurer de leur mise en œuvre effective.

Paragraphe I : Un cadre de conception et d'élaboration de règles et mesures de lutte contre la pêche INN

Les organisations régionales des pêches sont des organismes internationaux qui se consacrent à la gestion durable des ressources halieutiques. Elles sont mises en place par des pays ayant des intérêts en matière de pêche dans une zone géographique spécifique. Certaines organisations interviennent sur l'ensemble des stocks de poissons d'une zone donnée pendant que d'autres se concentrent sur des espèces hautement migratoires, comme le thon et l'espadon, évoluant au sein de zones géographiques beaucoup plus vastes[609].

Les ORP constituent ainsi un élément important de la coopération internationale en matière de gestion des ressources halieutiques. Issues

---

M. Hallman, de la CITT. « *Le thon rouge et le thon blanc migrent dans tout l'océan Pacifique. Le thon rouge du Pacifique fraie au Japon mais, au cours de sa vie, il migre vers la Californie et le Mexique, puis repart vers le Pacifique Ouest. Il faut donc, pour assurer l'efficacité des mesures de conservation et de gestion de cette espèce, que les différents pays et les deux organisations régionales de gestion des pêches concernés se concertent.* ».

607 Ce sont les espèces qui évoluent en Haute mer exclusivement.

608 Voir le site du Canada : www.mpo-dfo.gc.ca.

609 Voir http://ec.europa.eu/fisheries/cfp/international/rfmo/index_fr.htm sur les Organisations régionales de gestion de la pêche (ORGP).

d'accords internationaux, elles constituent un cadre au sein duquel les représentants des États se réunissent pour définir, sur la base des meilleures données scientifiques disponibles, les modalités de gestion des ressources halieutiques. Elles ont donc pour mission de prévenir les conflits d'intérêts entre les nations pour l'exploitation des ressources marines et d'assurer un équilibre durable entre l'exploitation des ressources et leur conservation.

Leurs règles et mode de fonctionnement sont adaptés à leurs situations géographiques et priorités respectives. En règle générale, elles regroupent des États côtiers et d'autres parties concernées par les pêcheries en question[610] et servent ainsi de moyens d'intervention collective pour ces derniers.

Pendant longtemps, les ORP ont essentiellement joué un rôle consultatif en matière de conservation des ressources halieutiques et ce n'est qu'au début des années 70[611] qu'elles ont commencé à exercer des activités de gestion impliquant, au fur et à mesure de l'aggravation de l'état des stocks, l'adoption de mesures de conservation de ces derniers, puis de limitation des possibilités de pêche voire, plus récemment, de mesures dissuasives à l'égard des parties non contractantes[612]. Au cours des dernières années, leur nombre et leur importance ont considérablement augmenté. L'intensité de leur action s'est également accrue. Leur rôle, limité au départ et pour l'essentiel à la formulation d'avis en matière de conservation et de gestion des ressources halieutiques, s'est étendu à l'exercice de compétences en matière de gestion et de réglementation de l'exploitation de ces ressources. Les mesures ainsi adoptées dans ce cadre entraînent donc l'établissement et la définition de concepts et principes dessinant peu à peu l'architecture d'un ordre juridique international en matière de gestion des ressources halieutiques fondée sur la CMB et applicable en premier lieu aux parties contractantes, mais impliquant également, de plus en plus, la mise en œuvre de dispositions à l'égard des parties non contractantes[613].

Les ORP sont ainsi des institutions qui disposent du pouvoir d'établir des mesures de protection et de gestion de la pêche dans certaines zones maritimes et plus particulièrement en Haute mer. Elles ont, par conséquent, un rôle essentiel à jouer dans le système mondial de la gouvernance des pêches. Elles sont le principal moyen d'obtenir une coopération entre les nations de pêche,

---

610 Voir la Fiche technique de l'Union européenne sur les ORGP.

611 Voir la communication de la Commission au Conseil et au Parlement européen - *Participation de la Communauté européenne aux Organisations Régionales de Pêche (ORP)*: /*COM/99/0613 final*/*op. cit.*, note de bas de page 526.

612 Ceci montre que la règle pacta sunt servanda peut faire l'objet d'une autre lecture quand elle se confronte à l'impérieuse nécessité de protéger les ressources halieutiques. Voir la communication de la Commission au Conseil et au Parlement européen - *Participation de la Communauté européenne aux Organisations Régionales de Pêche (ORP)*: /*COM/99/0613 final*/*ibid.* cf. note de bas de page 526.

613 C'est le cas des parties coopérantes non membres, par exemple.

laquelle est essentielle à la conservation et à la gestion efficace de la pêche internationale[614].

Deux types d'ORP ont pu être identifiés[615]. Les premières sont responsables des grands migrateurs, et les secondes des espèces pélagiques[616] et démersales[617]. Si aujourd'hui encore quelques-unes de ces organisations ont un rôle purement consultatif, la plupart sont dotées de réelles compétences en matière de gestion.

En général, elles prennent trois types de décisions réglementaires qui concernent des limitations de la pêche (totaux admissibles des captures, nombre maximal de navires, durée et lieu des activités de pêche), des mesures techniques (définition du mode de fonctionnement des activités de pêche, engins autorisés et contrôle technique des navires et du matériel) et des mesures de contrôle (contrôle et surveillance des activités de pêche)[618].

---

614 Voir « *Pratiques exemplaires recommandées pour les ORGP* » dans le rapport d'un groupe d'experts indépendant pour la création d'un modèle d'amélioration de la gouvernance exercée par les organisations régionales de gestion des pêches - © The Royal Institute of International Affairs, 200710 St James's Square, London SW1Y 4LE *www.chathamhouse.org.uk* ISBN : 978 1 86203 193 7.

615 Cf. UE : Fiche technique sur les ORGP, *op. cit.,* note de bas de page 611

616 Un poisson est appelé pélagique lorsqu'il vit dans les eaux proches de la surface ou entre la surface et le fond. Le hareng, la sardine, l'anchois, le maquereau, le thon… sont des poissons pélagiques. Ces poissons se déplacent généralement en banc. Cf. Le-monde-de-la-pêche, disponible sur : *http://wwz.ifremer.fr/peche/Le-monde-de-la-peche/Les-ressources/ou/Les-profondeurs/Pelagique*.
Les ressources pélagiques hauturières ou côtières. Toute la filière thonière sénégalaise et la pêche sportive reposent sur les ressources pélagiques hauturières. Les ressources pélagiques côtières (plus de 70 % des prises réalisées dans la Zone Economique Exclusive Sénégalaise) constituent l'essentiel des captures de la pêche artisanale ainsi que la part la plus importante de la consommation annuelle per capita en poisson des populations sénégalaises. Les ressources pélagiques hauturières sont le thon, l'espadon, le voilier etc. et les ressources pélagiques côtières sont constituées par les sardinelles, chinchards, maquereaux, etc. Cf. site IKAGEL sur *http://www.ikagel.com/peche-senegal.php*.

617 Les espèces déverbales vivent au dessus du fond. Ces espèces sont très mobiles mais très dépendantes du fond d'où elles tirent leur nourriture. Parmi elles on trouve la dorade, le merlu, le merlan, la morue… Leur coloration varie du gris argenté au rouge. . Cf. Le-monde-de-la-pêche, *ibid.* Au Sénégal, les ressources démersales profondes sont constituées par les crevettes profondes et les merlus ; et les ressources démersales côtières (crevette blanche, rouget, dorades roses, mérous, seiche, poulpe, soles, etc.) ; Les ressources démersales côtières : comprennent principalement les crustacés (crevettes côtières, langouste, crabe, notamment), et la plupart des poissons dits nobles du Sénégal (soles, rouget, capitaines, mérous, dorades, notamment), des céphalopodes (poulpe). Elles supportent l'essentiel des opérations de pêche des chalutiers industriels et des embarcations de la pêche artisanale en raison de leur forte valeur marchande à l'exportation et sont à la base des activités de la plupart des industries de transformation et d'exportation installées au Sénégal. Quant aux ressources démersales profondes (crevettes, merlus) sont presque exclusivement pêchées par des chalutiers. Cf. site IKAGEL sur *http://www.ikagel.com/peche-senegal.php*.

618 UE : Fiche technique sur les ORGP, *op. cit.,* note de bas de page 611.

Ces décisions sont contraignantes pour leurs membres et, dans beaucoup de cas, doivent être transposées dans leur législation nationale[619]. La recherche scientifique fait également partie des tâches des ORP, qui peuvent par ailleurs apporter une assistance à leurs membres sur des aspects tels que le renforcement des capacités, la coopération extérieure et le développement de la pêche.

Les instruments internationaux consacrent le rôle fondamental des ORP pour assurer la mise en œuvre de la coopération internationale en matière halieutique. L'élaboration et l'entrée en vigueur de l'ANUP marquaient la volonté de la communauté internationale de renforcer les organisations régionales de gestion des pêches (ORGP) et depuis lors, ces dernières ont été pressées d'améliorer la gestion des ressources halieutiques sous leur juridiction. Les espoirs placés dans les ORGP ont grandi depuis plusieurs décennies parallèlement à la prolifération des règles contraignantes ou non (droit dur ou droit mou)[620].

À cet égard, l'ANUP a notoirement renforcé leur rôle, car il implique que: l'action des organisations existantes soit dynamisée et qu'il en soit créé lorsqu'elles font défaut ; les États qui n'en sont pas membres et qui ont des intérêts de pêche dans les zones concernées y adhèrent ou acceptent d'en appliquer les disciplines ; les mesures de conservation et de gestion des ressources soient compatibles entre la haute mer et la ZEE ; des procédures obligatoires de règlement pacifique des différends soient mises en place ; des schémas de contrôle appropriés soient mis en place au sein de ces organisations pour garantir l'application effective des décisions qu'elles ont adoptées.

Ceci démontre la tache fastidieuse dévolue aux ORP et qui appelle à leur nécessaire renforcement[621] et le dernier point ne fait que conforter l'importance de la mission de veille pour une mise en œuvre effective des mesures de conservation et de gestion, dévolue aux organisations régionales des pêches.

Paragraphe II : Un cadre de veille pour une mise en œuvre effective des mesures de lutte contre la pêche INN

Cette fonction est essentielle surtout devant la capacité d'adaptation extraordinaire des opérateurs INN dont les activités sont connues pour

---

619 Ce qui, au finish, laisse leur effectivité à la seule volonté et à l'action des États membres.

620 On peut citer l'Accord de New York et l'Accord sur les MREP d'une part ; et le PAI INN de l'autre.

621 Ainsi, à l'effet de favoriser une meilleure gouvernance des pêches internationales, les États œuvrent au renforcement des ORP existantes en veillant à ce qu'elles disposent des compétences et des ressources nécessaires pour assurer la réglementation et la conservation de la pêche dans leur région, y compris le pouvoir de lutter contre la pêche illicite, non déclarée et non réglementée (INN).

discréditer les efforts visant à gérer la pêche de manière durable et produire des conséquences environnementales, sociales et économiques négatives.

Ainsi, pour assurer la mise en œuvre effective des règles et mesures adoptées par elles, les ORP se dotent de mécanismes de gestion, notamment le suivi des captures, des programmes statistiques et le contrôle des flux commerciaux, leur permettant de suivre, en amont, la mise en œuvre des mesures de conservation par leurs membres. Dans la même rubrique, elles mettent en place des schémas d'inspection, de contrôle et de surveillance pour vérifier, en aval, le respect des mesures par les parties contractantes. Ces schémas prévoient des procédures d'arraisonnement et d'inspection qui renforcent la coopération entre membres[622]. On a pu constater que les mesures à prendre par les États du port, les contrôles à réaliser par l'État du pavillon et les programmes de documentation des captures contribuent à éliminer efficacement la pêche illégale dans certaines zones sous juridiction des ORP[623].

Parmi les pratiques de conformité et d'application[624] citées en référence pour les ORP, figurent un système de surveillance des navires centralisé pour faire directement rapport en temps réel au secrétariat de l'ORP concernée sur tous les navires participant à des opérations de pêche en haute mer et l'interdiction des transbordements effectués en mer ou leur étroite surveillance grâce à la mise en place d'un programme exhaustif des observateurs de la conformité[625] en vue d'en superviser toutes les opérations. Les débarquements et les transbordements dans le port doivent être permis uniquement lorsque l'État du pavillon confirme par écrit que le navire a respecté toutes les mesures pertinentes. Ceci atteste de la nécessité de mettre en place des programmes d'observateurs, particulièrement là où les zones relevant du territoire de compétence sont vastes et où les inspections en mer sont inexistantes ou déterminées au hasard.

---

622 Voir la communication de la Commission au Conseil et au Parlement européen - *Participation de la Communauté européenne aux Organisations Régionales de Pêche (ORP)*: /*COM/99/0613 final*/*op. cit.*, note de bas de page 526

623 Voir « *Renforcement des organisations régionales de la pêche* », ouvrage publié en anglais: Strengthening Regional Fisheries Management Organisations, © OCDE 2009 disponible sur: www.oecd.org/editions/corrigenda, *op. cit.*, note de bas de page 571

624 Voir Pratiques exemplaires recommandées pour les ORGP, Rapport d'un groupe d'experts indépendant pour la création d'un modèle d'amélioration de la gouvernance exercée par les organisations régionales de gestion des pêches : © The Royal Institute of International Affairs, 2007; The Royal Institute of International Affairs, 10 St James's Square London SW1Y 4LE - www.chathamhouse.org.uk - ISBN : 978 1 86203 193 7

625 Les ORGP devraient également envisager la possibilité de se doter des outils additionnels comme, entre autres, la mise en place de programmes d'observateurs, particulièrement là où les zones relevant du territoire de compétence sont vastes et où les inspections en mer sont inexistantes ou déterminées au hasard. Cf. Pratiques exemplaires recommandées pour les ORGP. *Op. cit.,* note de bas de page 608

De même, des mesures non discriminatoires relatives au commerce, comme les systèmes de documentation commerciale et de certification sur les prises, particulièrement pour les pêches de grande valeur doivent être adoptées. Pour être tout à fait efficaces, les ORP devraient accroître leurs efforts pour surveiller la structure commerciale, et cette surveillance sera facilitée par l'introduction de codes des échanges commerciaux spécifiques aux espèces et aux produits[626].

Toujours dans cette mission de veille, des schémas faisant la promotion de la conformité par les ressortissants des parties contractantes des ORP, leur demandant de s'assurer que les personnes physiques et morales placées sous leur champ de compétence ne s'adonnent pas à la pêche INN ou ne la favorisent pas, doivent être retenus. Des schémas pour cibler les tiers qui pêchent en contrevenant aux mesures de conservation et de gestion d'une ORP sont favorisés. Il en est de même des mécanismes pour partager avec les États côtiers adjacents et d'autres ORP, les renseignements concernant la surveillance ciblant les non-membres s'adonnant à des activités de pêche INN et de l'établissement d'une liste noire[627] des navires battant pavillon d'un État non signataire et d'une liste des États de pavillon irresponsables, suivi par des actions concertées contre ces navires et ces États. Pour plus d'efficacité et en vue de réduire les déplacements régionaux des activités de pêche INN, toutes les ORP devraient accepter de manière réciproque une liste commune de navires INN ; ce qui limiterait les chances pour les navires répertoriés sur une liste INN d'entrer de façon inaperçue dans des ports en dehors de la zone de la liste[628].

Toutefois, le succès des mécanismes d'application ne doit pas se mesurer au nombre d'infractions ou au nombre de mesures de répression prises, mais plutôt au niveau général d'application des règles[629]. Il s'agit, pour les

---

626 Pratiques exemplaires recommandées pour les ORGP, *ibid.*, *Op. cit.*, note de bas de page 608

627 Les « *listes noires* » sont également un bon moyen de dissuader les navires de pratiquer la pêche illicite dans une zone. M. Hoydal explique que « *les navires inscrits sur la liste noire se voient refuser l'accès aux ports des pays membres de l'organisation. Cette mesure a permis de faire reculer de 26 à 2 le nombre de navires de pays non membres présents dans la zone de l'Atlantique Nord-est administrée par la CPANE* ». in document sur la Reprise de la Conférence d'examen de l'Accord relatif à la conservation et à la gestion des stocks de poissons dont les déplacements s'effectuent tant à l'intérieur qu'au-delà de zones économiques exclusives (stocks chevauchants) et des stocks de poissons grands migrateurs : Assurer l'efficacité de l'Accord sur les stocks de poissons, New York, 24-28 mai 2010, www.un.org/Depts/los/index.htm, publié par le Département de l'Information de Nations Unies | Mai 2010 | DPI/2556 F *op. cit.*, Note de bas de page 250.

628 Voir le document de synthèse sur la « *Performance de l'État du port : mettre la pêche illicite, non déclarée et non réglementée sous plus de surveillance* », Pew Environment Group, *op. cit.*, note de bas de page 602.

629 Voir les propos de M. Hallman selon lesquels « *il est essentiel que les pêcheurs des pays participants soient assurés que tout le monde respecte les règles. À cet égard, il peut être*

organisations régionales de gestion des pêches, de veiller à ce que les flottes de pêche de leurs membres respectent les mesures de conservation et de gestion qui ont été adoptées.

Bien que la majorité des stocks de poissons de mer soient gérés par les ORP, en particulier les ORGP, la situation des pêches demeure de plus en plus préoccupante. En outre, le problème de la pêche illicite, non déclarée et non réglementée (INN) et le rôle qu'elle joue dans l'appauvrissement des stocks de poissons attirent de plus en plus l'attention de la communauté internationale[630]. Pourtant, les ORP ont un rôle essentiel à jouer dans la lutte contre la pêche illégale et leurs missions et statuts pourraient les amener à y jouer un rôle important.

Même si leur capacité à limiter la pêche INN varie considérablement, la plupart des organes régionaux des pêches encouragent et appliquent des mesures de lutte contre ces pratiques[631].

En effet, de nombreuses dispositions prises dans le cadre du PAI – INN et concernant les ORP, qui sont en fait des résolutions et des recommandations adoptées durant les assemblées générales de ces mêmes ORP, sont généralement formulées en des termes très vagues et leur mise en œuvre n'est pas toujours effective. Les ORP doivent absolument suivre l'application des résolutions et des résultats obtenus au niveau des parties contractantes et coopérantes et prendre note des défaillances ou des défauts de mise en œuvre[632].

---

utile que le programme d'application comprenne une composante internationale transparente ». cités dans le document sur la Reprise de la Conférence d'examen de l'Accord relatif à la conservation et à la gestion des stocks de poissons dont les déplacements s'effectuent tant à l'intérieur qu'au-delà de zones économiques exclusives (stocks chevauchants) et des stocks de poissons grands migrateurs : Assurer l'efficacité de l'Accord sur les stocks de poissons, New York, 24 – 28 mai 2010, publié par le Département de l'Information de Nations Unies | Mai 2010 | DPI/2556 F - *op. cit.,* Note de bas de page 250.

630 Voir « *Pratiques exemplaires recommandées pour les ORGP* » dans le rapport d'un groupe d'experts indépendant pour la création d'un modèle d'amélioration de la gouvernance exercée par les organisations régionales de gestion des pêches - © The Royal Institute of International Affairs, 200710 St James's Square, London SW1Y 4LE *www.chathamhouse.org.uk* ISBN : 978 1 86203 193 7. Op. cit. note de bas de page 615.

631 Ces mesures vont d'activités plutôt passives de sensibilisation ou d'information (principalement dans le cas des organes régionaux n'ayant pas compétence en matière de gestion des pêches) à des programmes plus offensifs de contrôle portuaire, aérien ou terrestre. Voir le document : « *Situation mondiale des pêches et de l'aquaculture* », FAO – 2013, *op. cit.,* note de bas de page N° 68.

632 Cela implique une action concertée, notamment par l'établissement d'une liste exhaustive des navires ; le développement de cadres juridiques harmonisés permettant de fixer des amendes extrêmement dissuasives ; l'échange d'informations concernant les opérateurs illégaux et les entreprises auxquelles ils appartiennent ; l'interdiction d'accès des opérateurs INN aux ports régionaux ; l'échange régional d'informations générées au niveau national sur les activités de pêche et sur les opérateurs et ; le refus d'octroyer des permis aux gros

Aujourd'hui, l'efficacité des ORP est fortement mise en doute[633], comme en témoignent les fréquents appels lancés régulièrement au sein des organisations internationales, comme l'ONU et la FAO, en faveur d'une amélioration de leur fonctionnement. Bien qu'un certain nombre d'instruments juridiques visant à régler les problèmes de la gouvernance internationale des pêches aient été mis en place au cours des vingt dernières années, on laisse souvent entendre qu'en général, les ORP n'ont pas réussi à prévenir l'appauvrissement des stocks de poissons en haute mer et la dégradation de leurs écosystèmes marins[634].

Toutefois, il ne faut pas perdre de vue que les organes régionaux des pêches sont des structures intergouvernementales et dépendent à ce titre de la volonté politique des États membres de mettre en œuvre les mesures convenues ou d'entreprendre des réformes.

La plupart d'entre eux ont du mal à s'acquitter de mandats devenus dans bien des cas inadaptés[635]. Pourtant, d'importants progrès ont été accomplis dans l'élargissement de la couverture mondiale de ces organes, à travers la mise en place de nouvelles structures renforcées[636]. En outre, plusieurs organes

---

fraudeurs avérés et dénoncés par des pays voisins. Voir OCDE, *Pourquoi la pêche pirate perdure: les ressorts économiques de la pêche illégale, non déclarée et non réglementée*, 2005, *op. cit.*, note de bas de page N° 99.

633 Certaines organisations non gouvernementales de protection de l'environnement soutiennent que ces organisations ne sont pas à la hauteur de la tâche en ce qui concerne la gestion des pêches, que la répartition des prises dont décident les gouvernements dépasse souvent largement les limites permettant d'assurer la viabilité des pêches, et que l'on ne fait pas assez pour assurer la conservation des écosystèmes marins. Cf. nations unies: Reprise de la Conférence d'examen de l'Accord relatif à la conservation et à la gestion des stocks de poissons dont les déplacements s'effectuent tant à l'intérieur qu'au-delà de zones économiques exclusives (stocks chevauchants) et des stocks de poissons grands migrateurs, New York, 24 – 28 mai 2010 et dont le thème central est : Assurer l'efficacité de l'Accord sur les stocks de poissons, Publié par le Département de l'Information de Nations Unies | Mai 2010 | DPI/2556 F. Pour plus d'informations, consulter le site www.un.org/Depts/los/index.htm, supra Note de bas de page 250.

634 Voir « *Pratiques exemplaires recommandées pour les ORGP* » dans le rapport d'un groupe d'experts indépendant pour la création d'un modèle d'amélioration de la gouvernance exercée par les organisations régionales de gestion des pêches - © The Royal Institute of International Affairs, 200710 St James's Square, London SW1Y 4LE www.chathamhouse.org.uk ISBN : 978 1 86203 193 7. *Op. cit.*, note de bas de page 615.

635 Voir le document : « *Situation mondiale des pêches et de l'aquaculture* », FAO – 2012, op. cit. note de bas de page N° 68.

636 Les organisations régionales de gestion des pêches, dont le nombre continue d'augmenter, sont au cœur du dispositif de la coopération internationale dans le domaine de la gestion et de la conservation des espèces de poissons, en particulier celles qui parcourent de grandes distances, comme le thon et le requin pour maintenir à des niveaux viables les stocks de poissons hauturiers. Elles ont pour fonction de veiller à la bonne gestion des stocks de poissons dans diverses zones et servent de cadre aux États pour décider des mesures de conservation et de gestion à prendre, notamment de la répartition des captures. Elles ont également pour tâche d'adopter et de faire appliquer des mesures de lutte contre la pêche illicite, non déclarée et non réglementée. Des organisations régionales ont été créées pour

régionaux des pêches ont fait réaliser des évaluations[637] indépendantes de leurs performances. La Conférence d'examen des Nations Unies de 2010[638] a estimé que la modernisation des ORP était une priorité et a noté que des progrès avaient été réalisés dans la définition des pratiques optimales applicables à ces organisations et dans l'évaluation de leurs performances au regard des normes émergentes. Certains organes régionaux des pêches ont déjà fait l'objet d'évaluations[639]. La Conférence d'examen a observé que ces évaluations étaient généralement jugées utiles, en particulier lorsqu'elles conduisaient à l'adoption de nouvelles mesures de gestion.

Toutefois, avec l'entrée en vigueur des politiques et des mesures qui ont été adoptées, divers éléments indiquent que la pêche INN est en recul dans certaines régions du monde[640]. Aujourd'hui, au-delà des frontières nationales,

---

gérer les pêches dans l'Atlantique, l'océan Austral, l'océan Indien et le Pacifique. Ces organisations ont en général pour membres les États côtiers de la région ainsi que les autres pays ayant des intérêts en matière de pêche dans la zone couverte par l'organisation. Leurs réunions sont habituellement ouvertes aux représentants de l'industrie de la pêche ainsi qu'aux organisations non gouvernementales, y compris les groupes de protection de l'environnement. Cf. nations unies: Reprise de la Conférence d'examen de l'Accord relatif à la conservation et à la gestion des stocks de poissons dont les déplacements s'effectuent tant à l'intérieur qu'au-delà de zones économiques exclusives (stocks chevauchants) et des stocks de poissons grands migrateurs, New York, 24 – 28 mai 2010 et dont le thème central est : Assurer l'efficacité de l'Accord sur les stocks de poissons, Publié par le Département de l'Information de Nations Unies | Mai 2010 | DPI/2556 F. Pour plus d'informations, consulter le site www.un.org/Depts/los/index.htm. *Op. cit.*, Note de bas de page 250.

637 Évaluer l'état des stocks de poissons : La plupart des organisations régionales de gestion des pêches tiennent des réunions annuelles où des décisions importantes sur l'état des stocks de poissons sont prises, sur la base d'évaluations scientifiques. Ces évaluations sont parfois menées par les experts de l'organisation ou par des organismes scientifiques indépendants, d'autres étant effectuées par des équipes scientifiques nationales. Parce qu'il est impossible de mesurer avec précision la quantité de poissons dans les océans, les scientifiques s'appuient sur un certain nombre d'indicateurs, comme les taux de prise et l'âge des poissons capturés, pour créer des modèles qui permettent de se faire une idée de l'état des stocks. On décide des quotas, c'est-à-dire de la répartition des prises, en se basant sur ces évaluations scientifiques. Les évaluations scientifiques fournissent également des informations sur la santé des différents écosystèmes et peuvent amener à recommander l'application de toute une gamme de mesures, y compris des moratoires sur la pêche dans certaines zones ou à certaines périodes. In *Reprise de la Conférence d'examen de l'Accord relatif à la conservation et à la gestion des stocks de poissons dont les déplacements s'effectuent tant à l'intérieur qu'au-delà de zones économiques exclusives (stocks chevauchants) et des stocks de poissons grands migrateurs*, New York, 24 – 28 mai 2010. Voir supra. Note de bas de page 250.

638 *Reprise de la Conférence d'examen de l'Accord relatif à la conservation et à la gestion des stocks de poissons dont les déplacements s'effectuent tant à l'intérieur qu'au-delà de zones économiques exclusives (stocks chevauchants) et des stocks de poissons grands migrateurs*, New York, 24 – 28 mai 2010. *Ibid. op. cit.*, Note de bas de page 250.

639 Voir « *La situation mondiale des pêches et de l'aquaculture* » FAO – 2012, *op. cit.*, note de bas de page N° 68.

640 La pêche INN est en recul notamment dans l'Atlantique Nord-est. Voir « *La situation mondiale des pêches et de l'aquaculture* » FAO – 2012. Op.cit. note de bas de page N° 68.

la coopération internationale doit impérativement s'intensifier si l'on veut améliorer la gestion mondiale des pêches et des ressources marines communes et préserver les emplois et les autres avantages économiques liés à la pêche durable.

Les mesures du ressort de l'État du port[641] permettent également de resserrer les contrôles en exigeant que les navires étrangers se conforment aux règles édictées par l'État dont relève le port dans lequel ils accostent. La documentation, les inspections au port, les listes noires, les mesures commerciales et les sanctions sont autant de moyens efficaces de faire respecter les règles, et un grand nombre d'entre eux ont été intégrés dans les instruments internationaux ces dernières années[642]. Il est attendu des ORP de nombreuses actions pour la mise en œuvre effective de ces mesures.

---

[641] Ces mesures peuvent comprendre des restrictions au débarquement et au transbordement du poisson.

[642] Voir la *Reprise de la Conférence d'examen de l'Accord relatif à la conservation et à la gestion des stocks de poissons dont les déplacements s'effectuent tant à l'intérieur qu'au-delà de zones économiques exclusives (stocks chevauchants) et des stocks de poissons grands migrateurs : Assurer l'efficacité de l'Accord sur les stocks de poissons,* New York, 24-28 mai 2010, supra, note de bas de page 250.

CONCLUSION DE LA PREMIÈRE PARTIE

Le secteur halieutique qui fait vivre plus de dix (10) pour cent de la population mondiale[643] et contribue à leur bien-être, demeure l'une des principales sources de protéines animales de grande qualité. Aujourd'hui, la production globale ne cesse de progresser et le commerce international du poisson a atteint de nouveaux sommets. Toutefois, de menaces graves, allant d'une gouvernance insuffisante à des pratiques contraires à la durabilité environnementale, pèsent sur le maintien de la contribution précieuse de ce secteur dans la lutte contre la faim et la pauvreté. Le défi d'une pêche durable pourvoyeuse d'aliments pour les générations futures, parait illusoire devant l'ampleur de la pêche INN et les activités qui s'y rapportent. À l'échelle internationale et régionale, mais avec des répercussions au niveau national, la communauté internationale est sur le qui-vive et se mobilise pour promouvoir la pêche durable et améliorer l'état et la capacité d'adaptation des écosystèmes malgré la complexité du phénomène de la pêche INN. Aujourd'hui, les actions sont conjuguées à tous les niveaux et sur tous les fronts pour faire face au fléau que constitue la pêche INN. Les États côtiers en développement sont le plus durement touchés par cette pêche, en raison de leurs capacités techniques limitées pour la détecter et l'éliminer. Actuellement, malgré les efforts notés de part et d'autre, cette pratique reste très répandue dans les ZEE des États côtiers et en haute mer. Les mesures de conservation et de gestion mises en place par les organismes régionaux des pêches, notamment les ORGP qui peuvent, en application de leur mandat, imposer aux États membres des décisions, manquent d'effectivité.

Dans nombre de régions du monde, le phénomène est tel qu'il s'invite régulièrement dans les débats posés à l'occasion des sessions des organismes régionaux des pêches, mais aussi au sein des réunions internationales sous l'égide notamment de la FAO et de l'Assemblée générale des Nations Unies, par exemple. À titre illustratif, la question de la pêche INN est abordée dans le rapport présenté en 2010 par le Secrétaire général des Nations Unies à l'Assemblée générale des Nations Unies[644]. Elle a aussi été longuement examinée à la section VI de la résolution 65/3857 de l'Assemblée générale des

[643] Voir *La situation mondiale des pêches et de l'aquaculture* FAO – 2012, *op. cit.*, note de bas de page N° 68.

[644] Assemblée générale des Nations Unies. 2011. *Les océans et le droit de la mer*. Rapport du Secrétaire général. Addendum [en ligne]. A/66/70/Add.1. New York, États-Unis d'Amérique. [Cité le 29 novembre 2011]. *http://daccess-dds-ny.un.org/doc/UNDOC/GEN/N11/296/01/PDF/N1129601. pdf? OpenElement.*

Nations Unies[645]. L'attention particulière portée à la pêche INN dans cette résolution témoigne de la menace que cette pratique fait peser sur les ressources halieutiques et les écosystèmes connexes, et de la nécessité d'intensifier le suivi, le contrôle et la surveillance des pêches en veillant, par ailleurs, à la mise en œuvre des instruments internationaux pertinents ainsi que des programmes de documentation des prises et de traçabilité. La résolution de l'Assemblée générale encourage aussi la coopération internationale entre les États dans la lutte contre la pêche INN, notamment par le biais des organismes régionaux des pêches. Peu de temps après l'Assemblée générale, le Comité des pêches de la FAO, à sa vingt-neuvième session, s'est également penché sur la question[646]. En 2011, le Processus consultatif informel ouvert à tous sur les océans et le droit de la mer, engagé sous l'égide des Nations unies[647], a lui aussi attiré l'attention sur cette pratique, dans le cadre du débat sur les activités de pêche non réglementées dans les ZEE et la mise en œuvre des instruments internationaux pertinents.

Si les États du pavillon sont tenus au premier chef, conformément au droit international[648], d'exercer un contrôle efficace sur leurs navires de pêche et de faire appliquer les mesures de conservation et de gestion en vigueur, force est de constater que nombre d'entre eux sont incapables de s'acquitter de ces responsabilités, décevant ainsi les espoirs de la communauté internationale. Les navires se livrent à des activités de pêche INN dans des zones situées hors de la juridiction des États du pavillon[649], à savoir en haute mer ou dans des périmètres relevant de la souveraineté ou de la juridiction d'autres États.

---

645 Assemblée générale des Nations Unies. 2011. Résolution adoptée par l'Assemblée générale. *Assurer la viabilité des pêches, notamment grâce à l'Accord de 1995 aux fins de l'application des dispositions de la Convention des Nations Unies sur le droit de la mer du 10 décembre 1982 relatives à la conservation et à la gestion des stocks de poissons dont les déplacements s'effectuent tant à l'intérieur qu'au-delà de zones économiques exclusives (stocks chevauchants) et des stocks de poissons grands migrateurs et à des instruments connexes* [en ligne]. A/RES/65/38. New York, États-Unis d'Amérique. [Cité le 29 novembre 2011]. *http://daccess-dds-ny.un.org/doc/UNDOC/GEN/N10/514/83/PDF/ N1051483.pdf? Open Elément*, *ibid.* note de bas de page 645

646 Les débats ont porté pour l'essentiel sur les activités que mène la FAO pour promouvoir et renforcer la lutte contre la pêche INN à l'échelle internationale. In « *Situation mondiale des pêches et de l'aquaculture* » FAO – 2012, *op. cit.*, note de bas de page N° 68

647 FAO. 2011. Rapport de la vingt-neuvième session du Comité des pêches. FAO, Rapport sur les pêches et l'aquaculture No 973. FAO. Rome. 59 pages. La pêche INN est un point récurrent de l'ordre du jour des sessions du Comité des pêches.

648 Voir l'Accord de conformité de la FAO, entre autres.

649 Le mécontentement que les activités de pêche INN des navires battant « *pavillon de non-conformité* » suscite dans la communauté internationale a conduit les Membres de la FAO à demander l'organisation d'une Consultation technique sur la performance de l'État du pavillon. Après des travaux préparatoires approfondis, la première session de la Consultation technique s'est tenue en mai 2011, et une session de suivi s'est tenue en mars 2012. La Consultation technique devrait déboucher sur l'adoption d'un ensemble de critères volontaires d'évaluation de la performance des États du pavillon et sur l'établissement d'une

En conséquence, le contrôle de ces navires INN relève de plus en plus des États côtiers, des États du port, des organismes régionaux des pêches et d'autres acteurs, qui doivent donc former du personnel et acquérir ou élaborer les outils et les mécanismes indispensables pour faire respecter les règles en vigueur et lutter efficacement contre la pêche INN.

Ceci implique des dépenses très lourdes et des réaménagements importants et a des répercussions considérables pour les pays en développement, comme le Sénégal qui, en plus, a la particularité d'avoir le triple statut d'État côtier, d'État du pavillon et d'État du port.

La volonté constante du Sénégal de lutter contre la pêche INN à travers son engagement dans la CMB [650], l'Accord de conformité[651] et les autres instruments non contraignants de la FAO, l'ANUP[652], l'Accord MREP[653], les règlements européens sur la pêche INN[654] et dans la coopération multilatérale, régionale, sous-régionale et bilatérale en matière de gestion, de conservation et de contrôle, suivi et surveillance des pêches, ne fait l'objet d'aucun doute. Toutefois, la force d'un engagement ne peut se mesurer ou s'apprécier que par rapport à son niveau de réalisation ou de matérialisation et la question est de savoir si, en l'état actuel du déroulement des actions en matière de lutte contre la pêche INN au Sénégal, il y a une adéquation véritable entre la volonté et les faits. Répondre à cette question sera l'objet de la deuxième partie de ce travail.

---

liste des mesures susceptibles d'être prises à l'encontre des navires battant pavillon d'un État ne répondant pas à ces critères. Les critères seront également assortis d'une procédure convenue d'évaluation de la conformité aux critères retenus. . In « *Situation mondiale des pêches et de l'aquaculture* » FAO – 2012, *op. cit.*, note de bas de page N° 68.

650 Il s'agit de la Convention des Nations Unies sur le droit de la mer, *op. cit.*, introduction, point I-2.

651 Il s'agit de l'Accord visant à favoriser le respect par les navires de pêche en haute mer des mesures internationales de conservation et de gestion, supra première partie.

652 Il s'agit de l'Accord de 1995 sur les stocks chevauchants et les grands migrateurs, supra première partie.

653 Il s'agit de l'accord relatif aux mesures du ressort de l'État du port visant à prévenir, contrecarrer et éliminer la pêche INN, supra première partie.

654 *Op. cit.*, Première partie, titre I, chapitre II, section II.

Deuxième partie

Une volonté insuffisamment matérialisée par l'environnement juridique national de lutte contre la pêche INN

L'engagement du Sénégal dans nombre d'organisations internationales compétentes dans le domaine des pêches ainsi que son adhésion, ou du moins sa participation, aux différents instruments destinés à garantir une pêche durable dans le monde sont très révélateurs de sa motivation à lutter contre la pêche INN. Dans les développements précédents, il a été grandement démontré l'importance de la coopération internationale dans la lutte contre cette forme de pêche, surtout par le cadre qu'offre les organisations internationales comme moyen de conception, d'impulsion et même de matérialisation des mesures d'ordre juridique, mais aussi technique relativement à la conservation et à la gestion durables des ressources marines où qu'elles se trouvent, mais aussi à la lutte contre la pêche INN. Toutefois, il est apparent que pour la mise en œuvre de ces mesures, dont la plupart appelle à une transposition au niveau national, les organismes internationaux s'appuient fortement sur les États, surtout membres, qui seuls, peuvent permettre d'atteindre les objectifs fixés en terme de réalisations. Cela suppose le passage du stade de l'engagement à celui de l'application effective. C'est ce qui justifie, d'une part, la revue critique de l'environnement juridique des pêches au Sénégal pour en apprécier la pertinence par rapport à sa mission de lutte contre la pêche INN et ; d'autre part, la proposition de réformes nécessaires pour endiguer ce fléau. Ainsi, il sera d'abord fait, pour l'apprécier, une étude du cadre juridique de lutte contre la pêche INN (Titre I), ensuite seront mises en exergue les difficultés et les perspectives dans la lutte contre la pêche INN au Sénégal (Titre II).

TITRE I

UN CADRE JURIDIQUE NATIONAL DE LUTTE CONTRE LA PÊCHE INN PEU ADAPTÉ

Consciente des risques que comportent les activités de pêche INN, la communauté internationale a, comme déjà démontré dans les développements précédents, entrepris depuis 2001 de mettre en place un certain nombre de mesures pour prévenir, contrecarrer et éliminer ces pratiques. Pour ce faire, l'implication de différentes institutions internationales et nationales est nécessaire. Dans ce cadre, les États côtiers, les États du pavillon et ceux du port ainsi que les organisations régionales de gestion des pêches (ORGP) sont voués à jouer respectivement un rôle déterminant dans cette croisade contre la pêche INN[655]. Le Sénégal dans la poursuite d'une politique de sauvegarde de ses ressources halieutiques a mis en place depuis plusieurs années, des mesures de gestion assorties d'un cadre juridique assez classique pour assurer une exploitation optimale et rationnelle des ressources halieutiques et par là, lutter contre la pêche illégale. Le système sénégalais de lutte contre la pêche INN, malgré les acquis, demeure encore une préoccupation pour les pouvoirs publics. En effet, avec les récentes évolutions dont il est fait état plus haut et surtout devant le caractère large du concept de pêche illicite, non déclarée et non réglementée qui se constitue d'un ensemble d'actes qui ont plusieurs effets néfastes, le cadre juridique sénégalais qui demeure très classique, a du mal à réaliser l'objectif de combattre cette pêche et de gérer durablement les ressources et conserver au mieux l'équilibre socio-économique devenu fragile dans les pêcheries nationales. Ainsi, la pêche INN demeure encore une préoccupation nationale dans un contexte marqué notamment par[656] :

- la recrudescence des incursions de navires étrangers pirates (navires thoniers, chalutiers pélagiques de gros tonnage, notamment) dans les eaux sous juridiction sénégalaise, principalement au niveau des zones transfrontalières ;

- les pratiques de pêche non durables des différents acteurs étrangers et nationaux, qui menacent l'équilibre des écosystèmes marins et les ressources halieutiques ;

---

655 Cf. Aly SAMB, *op. cit.,* note de bas de page N° 124.

656 Voir le Plan d'action national de lutte contre la pêche illicite, non déclarée et non réglementée au Sénégal, financé par le Programme PRAO- Sénégal. DPSP – 2013.

- les pratiques frauduleuses des navires de pêche étrangers et nationaux (transbordement, pavillon de complaisance, fausses déclarations de capture, notamment) ;

- le système de gestion inapproprié surtout dans la pêche artisanale où il existe de réelles difficultés d'application de la réglementation, y compris l'accès à la ressource qui est encore incontrôlé ;

- les défaillances liées aux statistiques de captures et de débarquements incluant les prises accessoires et les rejets en mer ;

- la faiblesse de la traçabilité des produits halieutiques sénégalais depuis la capture jusqu'au marché final de consommation.

Toutes ces contraintes énumérées appellent à une présentation et une étude du cadre juridique sénégalais de lutte contre la pêche INN au quadruple plan législatif, réglementaire, administratif et institutionnel pour mieux en apprécier la consistance.

Chapitre I

Des dispositions législatives et réglementaires de lutte contre la pêche INN plutôt générales

La pratique des Etats quant à leur engagement à lutter contre la pêche INN, se reflète d'abord dans leurs lois et règlements qui en constituent le soubassement et qui encadrent les activités de pêche dans les zones sous juridiction nationale[657]. Au Sénégal, une panoplie de textes s'applique à la pêche même si c'est à des degrés divers. Ainsi, lorsqu'un navire de pêche pénètre dans les eaux sous juridiction sénégalaise, il est soumis aux lois de police en vigueur dans le pays. Celles – ci se retrouvent de manière éparse aussi bien dans le Code de la Pêche maritime et les règlements pris pour son application, le Code de la Marine marchande et le Code des Douanes que dans la loi relative à la police des ports maritimes et le Règlement d'Exploitation du Port autonome de Dakar.

L'étude du présent chapitre permettra de faire un tour d'horizon des différents textes sur la matière et, par une analyse approfondie, faire ressortir les lacunes, difficultés et contraintes se reflétant sur leur contenu et leur applicabilité. Pour cela, une distinction sera faite entre les textes élaborés spécialement pour réglementer les activités de pêche et les textes n'abordant la question que de manière incidente.

Section I : Une prise en compte insuffisante de la problématique INN dans les textes spéciaux portant sur la pêche

Les textes spéciaux dont il est question ici sont constitués du Code de la pêche maritime et des règlements, notamment les décrets et arrêtés, pris pour son application. Ces textes nationaux sur la pêche fixent le régime applicable à cette activité et les modalités d'accès à la ressource dans les zones sous juridiction nationale. Ils définissent la zone sous juridiction nationale[658] et incluent les dispositions de la CMB relatives aux droits des États côtiers.

---

657 Tafsir Malick NDIAYE, *op. cit.*, note de bas de page N° 110

658 La loi sénégalaise n° 98-32 du 14 avril 1998 dispose en son article 2 que « *Les eaux maritimes sous juridiction sénégalaise sont constituées par la mer territoriale, la zone contiguë, la zone économique exclusive, les eaux intérieures marines ainsi que les eaux des fleuves et rivières jusqu'aux limites fixées par décret. La zone économique exclusive s'étend sur une largeur de 200 milles marins calculés à partir des lignes de base ayant servi à*

Il s'agira par ailleurs de voir dans la pratique, le niveau de mise en œuvre de certaines dispositions dudit Code dans le cadre de la lutte contre la pêche INN et le constat est que le Code de la pêche maritime contient des obstacles endogènes qui limitent son applicabilité dans la répression de la pêche INN et, par conséquent, mitige son efficacité.

Paragraphe I : Les dispositions du Code de la pêche maritime et des règlements pris pour son application

Dans le cadre de l'exploitation des ressources biologiques dans la zone sous juridiction nationale, le Code de la pêche maritime[659] du Sénégal est allé très loin en instituant un patrimoine halieutique national. Ainsi, aux termes de cette loi[660], les ressources halieutiques des eaux sous juridiction constituent un patrimoine national. Le droit de pêche dans les eaux maritimes sous juridiction sénégalaise appartient à l'État qui peut en autoriser l'exercice par des personnes physiques ou morales de nationalité sénégalaise ou étrangère. La gestion des ressources halieutiques est une prérogative de l'État.

L'Etat définit, à cet effet, une politique visant à protéger et conserver ces ressources et à prévoir leur exploitation durable de manière à préserver l'écosystème marin. L'État prévoit de mettre en œuvre une approche de prudence[661] dans la gestion des ressources halieutiques.

Ce texte offre des définitions de la pêche et des opérations connexes de pêche assez complètes. Ainsi, la pêche s'entend de l'acte de capturer ou de chercher à capturer, d'extraire ou de tuer, par quelque moyen que ce soit, des espèces biologiques dont le milieu de vie normal ou dominant est l'eau[662].

Les opérations connexes de pêche, quant à elles, incluent le transbordement[663] des produits de pêche dans les eaux maritimes sous juridiction

mesurer la mer territoriale ». Voir, aussi l'article 2 de la loi n° 2000-025/portant Code des Pêches de la République Islamique de Mauritanie, du 24/01/2000. Concernant les eaux des fleuves et rivières, le texte en question est le décret n° 75 – 1091 du 23 octobre 1975 fixant dans les estuaires navigables, les limites entre les zones de pêche maritime et continentale.

659 En 1976, le Sénégal a mis en place son premier Code de la pêche maritime pour réglementer les activités de pêche. Ce premier Code constituera d'ailleurs la base légale du système de protection et surveillance des pêches au Sénégal. Elle sera remplacée par la loi N° 87- 27 du 18 août 1987 portant Code de la pêche maritime qui est la précurseur de la loi 98 – 32 qui est actuellement en vigueur.

660 Code de la pêche maritime, Loi n° 98-32 du 14 avril 1998, précitée, Section 3, article 3 ; de même, Code des pêches de la Mauritanie, *op. cit.,* article 3. Les législations de ces deux pays apparaissent comme les plus complètes. Elles font l'objet d'évaluations périodiques pour tenir compte de la situation sur le terrain à l'instar du processus actuellement en cours au Sénégal.

661 Cf. la Loi N° 98 - 32 du 14 avril 1998 portant Code de la pêche maritime du Sénégal, Section III intitulée: Du patrimoine halieutique national et compose du seul article 3.

662 Article 4 de la loi sénégalaise précitée ; article 4 de la loi mauritanienne précitée.

663 Le principe c'est l'interdiction du transbordement. Toutefois, l'article 32 du Code de la pêche maritime du Sénégal dispose que les opérations connexes à la pêche, notamment le

nationale ; l'entreposage, le traitement ou le transport des produits de pêche dans les eaux maritimes sous juridiction nationale à bord de navires avant leur première mise à terre, ainsi que la collecte en mer des produits de pêche ; l'avitaillement ou l'approvisionnement de navires de pêche, ou toute autre activité de soutien logistique à des navires de pêche en mer[664].

En ce qui concerne l'aménagement[665] et la gestion des pêches, le Sénégal établit des plans[666] d'aménagement de pêcheries, annuels ou pluriannuels. Ces plans ont pour objet d'identifier les principales pêcheries et leurs caractéristiques et de spécifier les objectifs à atteindre en matière d'aménagement[667] et de gestion durable.

Les textes définissent, pour chaque pêcherie, le volume admissible de captures ou le niveau de l'effort de pêche optimal ainsi que le taux de captures accessoires autorisé, les différentes mesures d'aménagement, le programme des autorisations de pêche et ce, en concertation avec les organisations professionnelles et les experts[668]. La réalisation de ces mesures revient au ministre chargé des pêches qui, pour l'occasion, s'appuie sur un Conseil national consultatif[669] des pêches maritimes dans lequel on trouve des représentants de l'administration, de la recherche scientifique et des catégories socioprofessionnelles intéressées.

Certaines dispositions de la législation nationale peuvent s'avérer utiles pour faire face à certaines pratiques générées par la pêche illicite, non déclarée et non réglementée. Ainsi en est-il de la réglementation très détaillée sur les conditions d'accès pouvant être consenties aux navires de pêche étrangers, le débarquement, le marquage obligatoire, la déclaration des captures, l'arrimage ou encore les déclarations d'entrée et de sortie dans les zones sous juridiction nationale.

---

transbordement et la collecte des produits de pêche, peuvent être autorisées dans des cas exceptionnels qui font l'objet d'un arrêté du Ministre chargé de la pêche maritime. Cet arrêté fixe les conditions dans lesquelles les opérations seront autorisées, en ce qui concerne notamment, la zone, les espèces, les embarcations et les engins.

664 Article 5 et article 4 respectivement du Code de la pêche maritime du Sénégal.

665 Article 10 du Code de la pêche maritime du Sénégal.

666 Un plan d'aménagement de la crevette profonde est actuellement en cours d'exécution.

667 Il n'existe pas de définition claire et communément admise de l'aménagement des pêcheries. La définition suivante pourrait être adoptée: « *Résultat d'un processus intégré de rassemblement de l'information, d'analyse, de planification, de consultation, de prise de décisions, de répartition des ressources et de formulation et d'application des règlements ou des règles qui régissent les activités halieutiques - s'appuyant s'il y a lieu sur des mesures d'exécution - visant à maintenir la productivité des ressources et à assurer la réalisation des autres objectifs de la pêche.* » in L'aménagement des pêcheries par Kevern L. COCHRANE : Guide du gestionnaire des pêcheries Doc FAO.

668 Articles 9 et 10 de la loi mauritanienne ; voir aussi la loi gambienne de 1977 sur les pêches ; Loi sénégalaise précitée, article 10.

669 Article 11 du Code de la pêche du Sénégal.

Ainsi, les navires de pêche étrangers peuvent être autorisés à pêcher dans les eaux sous juridiction nationale dans le cadre d'accords internationaux ou autres arrangements[670] conclus entre l'État du Sénégal et la Partie étrangère dont ils battent le pavillon ou dans les ports de laquelle ils sont immatriculés.

Les navires de pêche autorisés à opérer dans les eaux sous juridiction nationale sont astreints au débarquement[671] de leurs produits et captures dans les ports sénégalais. Le débarquement s'entend de la mise effective à terre de tous les produits pêchés en vue de leur stockage, traitement, transformation et exportation. Cependant, pour des raisons techniques, les autorités nationales peuvent autoriser le transbordement[672] en rade des captures, sous contrôle douanier[673], en assimila-tion au débarquement.

Toutefois, afin d'assurer le respect effectif de l'obligation de débarquement des produits ou captures, les modalités de suivi et de contrôle des marées et des opérations de carénage des navires de pêches sont fixées par arrêté du ministre chargé des pêches[674]. Cette question de l'obligation de débarquement s'avère être une arme redoutable dans la lutte contre la pêche illicite.

La question du marquage ou autres dispositifs d'identification des navires de pêche a aussi une importance particulière. Les navires de pêche s'adonnant à la pêche illicite pratiquent souvent le repavillonnement pour échapper aux contrôles. Certains même s'adonnent au clonage[675] de leurs navires dotés de permis de pêche de façon à opérer dans plusieurs zones économiques exclusives. C'est pourquoi, les navires de pêche sont astreints au marquage obligatoire ou à d'autres dispositifs d'identification. Ils doivent exhiber en permanence les noms, lettres et numéros permettant leur identification. Il est interdit d'effacer, de rendre méconnaissable, de couvrir ou de cacher par un moyen quelconque le dispositif d'identification[676].

---

670 Voir les accords bilatéraux, *op. cit.,* Première partie, titre I, chapitre II, section I, paragr. II.

671 À propos de l'affrètement des navires de pêche au Sénégal, l'article 24 du décret N° 98-498 du 10 juin 1998 fixant les modalités d'application de la Loi portant Code de la pêche maritime les soumet, entre autres, à l'obligation de débarquer la totalité de leurs captures au Sénégal.

672 Article 32 du Code de la pêche maritime du Sénégal.

673 Voir Code des Douanes, infra deuxième partie, titre I.

674 Voir par exemple le Code de la pêche maritime sénégalais précité, article 49 al. i ; également le Code des pêches mauritanien précité, articles 17, 18 et 19.

675 Tafsir Malick Ndiaye, *op. cit.,* note de bas de page N° 110.

676 Voir l'article 36 du Code de la pêche du Sénégal en ce qui concerne la pêche artisanale : « *Les embarcations de pêche artisanale appartenant aux nationaux sont immatriculées et marquées conformément aux règles fixées par arrêté du Ministre chargé de la pêche maritime. Sans préjudice des dispositions de l'alinéa précédent et de l'obligation d'afficher le nom, le numéro et le port d'immatriculation, les navires de pêche autorisés à opérer dans les eaux sous juridiction sénégalaise doivent exhiber en permanence les lettres et numéros permettant leur identification conformément aux règles prescrites par voie réglementaire* » et l'article 54 du décret N° 98-498 Fixant les modalités d'application de la loi portant Code

Toutes ces questions révèlent l'importance de la déclaration sur les captures. La législation nationale prévoit en effet que les navires de pêche doivent transmettre à l'autorité compétente, les données statistiques et les informations sur les captures réalisées, dans les formes et délais qui auront été prescrits par arrêté du ministre en charge des pêches. À cet effet, les capitaines des navires doivent tenir un journal de pêche[677] à bord.

La déclaration sur les captures peut aussi s'avérer très utile devant la pratique consistant à mettre du poisson pêché en Afrique de l'Ouest sous emballage de pays asiatiques[678]. Cette pratique constitue un moyen commode pour brouiller les pistes et chercher à se soustraire au Règlement de l'Union européenne de 2008 relatif à la traçabilité des produits et ressources halieutiques[679], par exemple.

La législation nationale incorpore aussi des dispositions relatives à la déclaration à l'entrée et à la sortie des eaux sous juridiction nationale. Les navires de pêche sont ainsi tenus de communiquer à l'administration compétente les informations indiquant le moment et le lieu de leurs entrées et sorties des eaux sous juridiction nationale, leur position à intervalles réguliers, leurs cargaisons et titres justificatifs ou captures éventuelles effectuées[680].

De façon générale, la législation nationale contient également des dispositions très détaillées relatives au contrôle et à la surveillance des activités de pêche. Celles-ci vont de la recherche et la constatation des infractions[681] aux procédures administratives et juridictionnelles[682] en passant par l'énumération des agents habilités à dresser des procès-verbaux d'infraction[683] et des sanctions[684] applicables.

Les sanctions concernant la pêche industrielle, qui sont pour l'essentiel[685] constituées de peines d'amende, évoluent en fonction de la gravité des infractions.

---

de la pêche maritime pour ce qui concerne la pêche industrielle. Voir aussi l'article 33 de la loi mauritanienne.

677 Voir article 37 du Code de la pêche maritime du Sénégal.

678 Cf. Tafsir Malick Ndiaye, *op. cit.*, note de bas de page N° 110.

679 Le Conseil l'Union Européenne a adopté le Règlement (CE) N° 1005 du 29 septembre 2008 établissant un système communautaire destiné à prévenir, décourager et éradiquer la pêche illicite, non déclarée et non réglementée, modifiant les règlements (CEE) N° 2847/93, (CE) N° 1936/2001 et (CE) N° 601/2004 et abrogeant les règlements (CE) N° 1093/84 et (CE) N° 1447/1999. Le Règlement relatif à la pêche illicite de l'UE, qui s'inspire des instruments de la FAO en la matière, est entré en vigueur le 1er janvier 2010. Supra, première partie, titre I, chapitre II.

680 Article 38 du Code de la pêche maritime du Sénégal.

681 Articles 51 à 61 du Code de la pêche maritime du Sénégal.

682 Articles 68 à 82 du Code de la pêche maritime du Sénégal, *ibid.*

683 Article 48 du Code de la pêche maritime du Sénégal.

684 Articles 83 à 94 du Code de la pêche maritime du Sénégal, *ibid.*

685 La seule peine privative de liberté expressément prévue par le Code de la pêche maritime se trouve au niveau de son article 89 qui dispose que : « *Quiconque agresse ou s'oppose avec*

Ainsi, la sanction la plus élevée[686] est dévolue à la pêche sans autorisation et varie entre 150 000 000 et 200 000 000 F.CFA pour les navires de pêche étrangers et entre 25 000 000 et 30 000 000 F.CFA pour les navires sénégalais. Ces infractions peuvent, en outre, donner lieu à la confiscation des engins de pêche et des captures à bord.

Les autres infractions aux règles prescrites par le Code de la pêche maritime et les règlements pris pour son application sont énumérées et font l'objet d'une classification entre celles très graves et celles dites graves.

Les premières sont constituées par : (a) les transbordements de captures non autorisés ; (b) la pêche dans des zones interdites ; (c) la pêche pendant les périodes interdites ; (d) l'utilisation pour tous les types d'engins de pêche de tous moyens ou dispositifs ayant pour effet de rendre l'ouverture de la maille inférieure à l'ouverture minimale autorisée ou de réduire l'action sélective des engins de pêche ; (e) l'emploi d'un navire de pêche pour un type d'opération différent de celui pour lequel il est autorisé dans le cadre de la catégorie de licence dont il est titulaire ; (f) l'utilisation d'explosifs ou de substances toxiques à des fins de pêche ou leur transport à bord de navires de pêche sans autorisation ; (g) le défaut de débarquement des captures dans les ports du Sénégal lorsqu'il y a une obligation de débarquement[687].

Ces infractions sont punies d'une amende de 15.000.000 à 20.000.000 de francs CFA.

Les secondes, dites « *infractions graves* » aux règles prescrites par la loi sénégalaise sont constituées par : a) l'irrespect des règles relatives aux opérations connexes de pêche : b) la violation des règles relatives à la dimension du maillage ; c) la capture, la détention, le débarquement, la vente et la commercialisation d'espèces dont les tailles ou poids sont inférieurs aux minima autorisés ; d) la capture et la rétention d'espèces marines en violation des dispositions prescrites ; d) la violation des normes relatives aux captures accessoires et à leur destination ; f) les fausses déclarations des spécifications techniques des navires ; g) l'inobservation de l'obligation de communiquer les entrées et sorties ainsi que les positions et les captures ; h) la violation des dispositions relatives au marquage des navires ; i) l'irrespect de l'obligation de communiquer des données statistiques et des informations sur les captures

---

violence à l'action d'un agent de surveillance dans l'exercice de ses fonctions ou menace de violences ledit agent, commet une infraction passible d'une amende de 1.000.000 à 1.500.000 francs CFA et d'une peine de un à six mois de prison ou de l'une de ces peines seulement ».

686 Article 84 du Code de la pêche maritime.

687 Code de la pêche maritime sénégalaise précitée, Titre 8, chapitre 4, article 85. La loi mauritanienne précitée, Section 3, sous-section 1, article 64 contient les mêmes dispositions à deux différences prés : celles-ci concernent : « *e) l'utilisation d'explosifs ou de substances toxiques à des fins de pêche ou leur transport à bord de navires de pêche sans autorisation* » et « *d) l'emploi d'un navire de pêche pour un type d'opération différent de celui pour lequel il est autorisé dans le cadre de la catégorie de licence dont il est titulaire* ».

dans les journaux de pêche et la fourniture de données ou informations fausses ou incomplètes ; j) la destruction ou l'endommagement intentionnel d'embarcations de pêche, d'engins ou de filets appartenant à des tiers ; k) la destruction ou la dissimulation des preuves d'une infraction ; l) le refus pour un navire de pêche d'obtempérer à un ordre de stopper donné par un bâtiment de surveillance ; et m) l'irrespect des règles relatives à la limitation de capture de certaines espèces[688].

Ces infractions sont punies d'une amende de 3.000.000 à 5.000.000 F.CFA et dans le cas visé à l'alinéa (g), les explosifs ou substances toxiques sont confisqués.

Dans tous les cas (infractions graves ou très graves), elles peuvent, en outre, donner lieu à la confiscation des captures à bord.

Dans la loi n° 98-32 du 14 avril 1998 portant Code de la pêche maritime, il est aussi prévu des sanctions administratives prises par la ministre chargé de la pêche ou son représentant à l'encontre des auteurs d'infractions de pêche et pour d'autres motifs. La plus lourde de ces sanctions est sans nul doute l'amende issue de la transaction[689]. Cette dernière est la procédure administrative de sanction. Elle intervient en dehors de la voie juridictionnelle entre l'auteur de l'infraction de pêche et l'autorité administrative compétente.

Outre la transaction, le ministre chargé de la pêche peut aussi prendre d'autres mesures administratives. Ainsi, en guise de sanctions complémentaires, il peut suspendre ou retirer[690] une licence de pêche industrielle. Toutefois, il faut préciser que cette faculté existe pour le ministre chargé de la pêche maritime même en dehors de toute infraction. Ainsi, pour des motifs liés à conservation[691] de la ressource, il peut aussi suspendre ou retirer une licence de pêche industrielle.

L'étude de la législation nationale sur la pêche démontre que celle-ci traite de manière assez détaillée des activités de pêche dans les zones sous

---

688 Article 86 du Code sénégalais de la pêche maritime.

689 Les autres sanctions administratives consistent en la confiscation des captures et des engins de pêche et au retrait ou à la suspension de l'autorisation de pêcher.

690 Selon l'article 94 du Code de la pêche maritime: « *Le Ministre chargé de la pêche maritime ou le tribunal compétent peut dans tous les cas d'infractions, à titre de pénalité accessoire, retirer pour une période allant de un à trois mois ou abroger une licence de pêche dont le titulaire aurait commis une infraction aux règles prescrites par la présente loi ou les règlements pris pour son application* ».

691 L'article 26 du Code de la pêche maritime dispose que : « *Le Ministre chargé de la pêche maritime se réserve le droit de suspendre ou de retirer une licence de pêche pour des motifs liés à l'exécution des plans d'aménagement des pêcheries adoptés ou d'une évolution imprévisible de l'état d'exploitation des stocks concernés. La suspension ou le retrait d'une licence donne droit à une compensation de valeur équivalente aux redevances versées au titre de la période de validité non utilisée. En outre, en cas de nouvelles attributions de licences, la priorité est accordée aux navires dont les licences ont fait l'objet d'un retrait en application de l'alinéa premier du présent article* ».

juridiction sénégalaise et c'est justement là que, revers de la médaille, elle pêche par sa trop grande généralité par rapport aux questions spécifiques de la pêche INN. Ainsi, une analyse de l'évolution et de la progression rapides des activités et techniques de pêche INN au cours de ces deux dernières décennies ainsi que la panoplie de mesures qu'elle a générées à tous les niveaux des instances internationales, d'une part ; et de la responsabilisation accrue des États dans la mise en œuvre effective de ces mesures, d'autre part, montre que la législation sénégalaise est très en deçà des normes standards nécessaires pour une lutte efficace contre la pêche INN. Par ailleurs cette législation est limitée par des facteurs endogènes qui empêchent sa pleine application en matière de répression des activités de pêche INN.

Paragraphe II : Les limites liées à l'applicabilité de la législation nationale des pêches dans la répression de la pêche INN

Les activités effectuées par les navires nationaux ou étrangers dans les eaux placées sous la juridiction d'un État, sans l'autorisation de celui-ci ou contrevenant à ses lois ou règlements, sont considérées comme illicites[692].

Toutefois, cet aspect illicite ne suffit pas pour conférer à ces actes un caractère délictuel, autrement dit, pour être qualifiés d'infractions. En effet, en vertu du principe de la légalité en matière pénale, il faut préalablement que de telles activités soient définies comme des infractions dans les lois de l'État côtier dans les eaux duquel ces activités se sont déroulées. De même, pour que ces infractions soient punissables, il faut aussi que des sanctions soient déterminées dans les lois et règlements de l'État côtier[693]. Au Sénégal, cette exigence découle de la Constitution elle-même qui, dans la distinction du domaine[694] de la loi de celui du règlement[695], fait relever la détermination des crimes et délits ainsi que des sanctions qui leur sont applicables de celui de la première.

Pour cette raison, la législation sénégalaise comporte des limites endogènes quant à son application sur toute la chaîne d'activités en matière de pêche INN. Ainsi, il est bien vrai que les opérations effectuées par des navires battant pavillon d'États qui sont parties à une organisation régionale de gestion des pêches compétente, mais qui contreviennent aux mesures de conservation et de gestion adoptées par cette organisation et ayant un caractère contraignant pour les États ou aux dispositions pertinentes du droit international applicables sont considérées comme illicites[696]. Toutefois, malgré le caractère contraignant de ces mesures de conservation et de gestion prises par l'ORGP vis-à-vis de

[692] Plan d'Action international 2001 et Accord MREP du 22 novembre 2009.

[693] En matière pénale, il n'y a pas de peine sans texte ni au delà des textes.

[694] C'est l'article 67 de la Constitution du 22 janvier 2001 qui détermine les matières qui relèvent du domaine de la loi.

[695] Le règlement autonome découle de l'article 76.

[696] Cf. la définition de la pêche illicite donnée par le PAI – INN, op. cit. Introduction.

l'État du pavillon, leur violation par les navires de cet État ne pourra être considérée comme une infraction que si celle-ci est prévue par son droit interne. Il en est de même des sanctions qui pourraient y être appliquées. Celles-ci doivent être prévues par le droit interne de l'État du pavillon.

La non-déclaration ou la déclaration fallacieuse des activités ne peut être qualifiée d'infraction que si la loi de l'État côtier le prévoit. La loi ne peut pas simplement se limiter à dire qu'il y a eu violation d'une de ses dispositions lorsqu'elle n'a pas été respectée. Elle doit aller plus loin en qualifiant la violation d'infraction assortie éventuellement d'une sanction.

De même, la non-déclaration ou la déclaration fallacieuse d'une entreprise dans un État membre d'une organisation régionale de gestion des pêches ne pourrait être retenue comme infraction dans cet État que si elle est prévue dans sa législation. En effet, le fait que la non-déclaration ou la déclaration fallacieuse contrevienne aux procédures de déclaration de l'organisation ne suffit pas, il faut que l'infraction soit expressément prévue dans une loi sénégalaise et soit assortie d'une sanction.

Ce qu'il faut dire c'est que le Sénégal s'est engagé devant certaines organisations internationales à faire respecter certaines mesures de conservation et de gestion et d'appliquer ou de faire appliquer les résolutions et recommandations de ces dernières par les navires battant son pavillon. Ainsi, les navires de pêche industrielle ayant en principe un plus grand rayon d'action (Haute mer) doivent se soumettre, hormis aux lois et règlements de l'État dans lequel ils pêchent, à la réglementation internationale régissant les zones échappant aux règles des ZEE des États côtiers à travers notamment l'engagement à respecter les quotas accordés par les organes internationaux de gestion des pêches, le respect des tailles minima des espèces fixées et des engins autorisés. Toutefois, pour que cet engagement puisse être effectivement tenu, il faut franchir un obstacle technique pour pouvoir sanctionner les navires concernés en cas de non-respect de ces mesures. En effet, une sorte d'écran est constituée par la loi pénale qui, seule, peut permettre la qualification de ce non-respect d'infraction et prévoir la sanction qui lui est applicable. Ce qui, dans beaucoup de situations, n'est pas le cas en l'état actuel de la législation sénégalaise.

De manière générale, concernant les obligations internationales, y compris celles contractées par les États coopérants à une organisation régionale de gestion des pêches compétente, elles doivent être introduites dans le droit interne pour être opérantes[697]. Ceci est d'autant plus vrai que les accords internationaux renforcent les devoirs et les responsabilités des États du

[697] À titre illustratif, l'article 57 du Code de la pêche maritime dispose, à propos des agents de surveillance, que « *Les agents habilités limitent leurs opérations de vérification au respect des règles prescrites par la présente loi et les règlements pris pour son application* ».

pavillon vis-à-vis des navires qui portent leur nationalité[698]. En plus, ces arrangements mettent à la disposition des États parties des moyens afin qu'ils puissent prendre les meilleures dispositions susceptibles de contraindre tous les navires pêchant en haute mer à mieux respecter la réglementation internationale.

SECTION II : UNE INCIDENCE MINEURE DANS LES TEXTES NATIONAUX INDIRECTEMENT LIÉS À LA LUTTE CONTRE LA PÊCHE INN

Le Code de la pêche maritime et les règlements pris pour son application ne sont pas les seuls textes pertinents dans la lutte contre la pêche INN. En effet, du fait de la complexité et de la transversalité du phénomène ainsi que de son caractère pernicieux, il est requis l'intervention de tous à tous les niveaux. De fait, les autres législations nationales intéressant intégralement ou même partiellement la zone maritime, qui est le domaine de prédilection de la pêche INN, ne peuvent être ignorées.

Ainsi, à côté du Code de la pêche maritime et des règlements pris pour son application, d'autres textes permettent de prendre en charge de manière incidente la question de la lutte contre la pêche INN.

Paragraphe I : les législations nationales à caractère maritime

Les textes concernés sont le Code de la marine marchande [699] dont le champ d'application s'étend sur tous les navires immatriculés au Sénégal, aux équipages et aux passagers qui y sont embarqués ainsi qu'à toutes les personnes, quelle que soit leur nationalité qui, bien que non présentes à bord, auraient commis une infraction à ses dispositions ou celles de ses textes d'application, sans préjudice toutefois des dispositions particulières d'accords internationaux[700], d'une part ; et la loi relative à la police des ports maritimes[701] qui s'applique dans les limites territoriales des ports maritimes à l'exclusion des ports militaires[702]. Cette dernière devrait pouvoir jouer un rôle important dans le contexte d'internationalisation et de responsabilisation accrue des États du port à travers le renforcement des MREP. Toutefois, de manière générale, il faut préciser ici que les textes en vigueur n'envisagent pas clairement et spécifiquement les mesures du ressort de l'État du port vis-à-vis

698 Accord de la FAO visant à favoriser le respect, par les navires de pêche en haute mer, des mesures internationales de conservation et de gestion du 24 novembre 1993, *op. cit.*, Première partie, titre I, chapitre I, section II, paragr. II

699 Voir la loi n 2002-22 du 16 août 2002 portant Code de la Marine marchande, publiée au J.O. N° 6060 du samedi 17 août 2002

700 Ces dispositions ne sont toutefois pas applicables aux navires battant pavillon étranger sauf dispositions expresses contraires citées par le Code. Voir l'article premier a) de la loi n° 2002-22 du 16 août 2002 portant Code de la Marine marchande

701 Il s'agit de la loi n° 2010 – 09 du 23 avril 2010 relative à la police des ports maritimes.

702 Article 1er de la Loi relative à la police des ports maritimes, *Ibid.*

des navires étrangers. Tout ne relève à ce niveau que de l'interprétation et de l'application, par analogie, des dispositions existantes.

A. La loi portant Code de la marine marchande

Le Code de la Marine marchande comporte une série de dispositions qui, si elles étaient précisées, renforcées et orientées dans le domaine de la pêche INN, peuvent produire des effets bénéfiques dans la lutte contre ce fléau.

Ce Code qui détermine l'étendue de la ZEE[703], zone de pêche par excellence au Sénégal, comporte une définition très exhaustive des ports, comparée à l'accord MREP de 2009[704]. Ce Code reconnaît comme faisant partie des ports[705]:

- Sur l'eau: les digues, darses, môles, rades, mouillages, jetées et chenaux d'accès ou de dérivation ;

- À terre: les bâtiments, installations et équipements, terrains et voies de communication nécessaires aux activités portuaires.

Cette définition peut justifier certainement que le Sénégal en tant qu'État du port puisse étendre les mesures qu'il est censé prendre dans le cadre de la lutte contre la pêche INN, jusque dans les installations dans lesquelles le produit est traité, éventuellement transformé, emballé et distribué. Il reste entendu que l'extension des mesures de lutte contre la pêche INN aux activités autres que celles de contrôle au débarquement est faite pour une plus grande efficacité dans la lutte contre ce fléau.

Par ailleurs, suivant le droit international, les ports sont situés dans les eaux intérieures d'un État, et dans celles-ci, l'État exerce sa souveraineté. C'est sous ce chapitre que l'Accord MREP reconnaît[706] à chaque partie le droit de prendre toutes mesures nécessaires pour assurer sa juridiction et son contrôle aussi bien pour les navires battant son pavillon, que ceux qui tentent d'avoir accès à ses ports ou qui y sont déjà entrés. Ainsi, si aucune mention expresse n'a été faite dans le Code de la pêche maritime d'une quelconque réglementation de l'accès au port, le Code de la Marine marchande[707] lie l'octroi des autorisations d'entrée et de sortie des ports à l'accomplissement des prescriptions sanitaires et douanières et à l'observation des règlements portuaires et maritimes.

---

703 Selon l'article 7 du Code de la Marine marchande : « *La Zone Économique Exclusive ne* s'étend pas au-delà de 200 milles marins des lignes de base à partir desquelles est mesurée la largeur de la mer territoriale ».

704 Dans l'article premier point g de l'Accord MREP de 2009, le terme port est défini comme englobant les terminaux au large, ainsi que les autres installations servant au débarquement, au transbordement, à la transformation, à l'approvisionnement en carburant ou à l'avitaillement.

705 Article 10 du Code de la Marine marchande.

706 Article 3 de l'Accord MREP.

707 Article 15 du Code de la Marine marchande.

Concernant la communication de documents et de renseignements, le Code de la Marine marchande[708] oblige le Capitaine de tout navire à présenter aux autorités compétentes, lors de l'entrée dans le port, ou à tout autre moment fixé par lesdites autorités, les documents usuels concernant le navire.

Quant à l'inspection[709] du navire qui intéresse plusieurs administrations, le Code de la Marine marchande[710] impose à tout navire battant pavillon sénégalais ou non, de faire l'objet, à tout moment, de contrôle dans les ports du Sénégal, par l'autorité maritime. Cependant, dans la pratique, dès réception des prévisions d'escales des navires envoyées par le PAD, l'Autorité maritime programme la visite desdits navires en fonction du risque qu'ils peuvent représenter.

Enfin, la loi portant Code de la Marine marchande prévoit[711] un certain nombre de mesures applicables aux navires étrangers dont un ou plusieurs membres de l'équipage auraient commis une infraction prévue par lui ou les règlements pris en application. Il s'agit notamment d'infractions à la police de la navigation, à la police de la pollution et de droit commun.

Lorsque de telles infractions ont été constatées, le Chef du service de la Marine marchande peut arrêter le navire, jusqu'au dépôt, auprès du Trésor public, d'un cautionnement dont il fixe le montant. Le cautionnement est destiné à garantir l'exécution des condamnations.

Si le Code de la Marine marchande contient certaines dispositions dont l'application dans le contexte de la pêche INN peut s'avérer utile, leur caractère sécuritaire et sanitaire essentiellement orienté en constitue un frein. Ce Code ne prévoit pas des mesures spécifiques à prendre par l'État du port en cas d'infractions liées aux activités de pêche. Il partage cette généralité avec la loi relative à la police des ports maritimes.

B. La loi relative à la police des ports maritimes

La loi n° 2010-09 du 23 avril 2010 relative à la police des ports maritimes du Sénégal est relativement récente par rapport aux codes de la Pêche maritime et de la Marine marchande et l'on pouvait s'attendre légitimement et au vu des dernières évolutions dans le domaine des MREP en matière de pêche INN, à ce que des dispositions sur la question y soient incorporées.

---

[708] Article 16 du Code de la Marine marchande, *ibid.*

[709] L'inspection est définie ici comme la vérification de la conformité par rapport aux référentiels (réglementation et normes) en vigueur.

[710] Article 48 du Code de la Marine marchande.

[711] Article 623 du Code de la Marine marchande.

Toutefois, ce texte ne comporte aucune disposition spécifique sur la question[712] et son application en matière de pêche INN ne peut s'opérer que de manière inductive.

Concernant l'accès aux ports et pour une identification correcte des navires, cette loi[713] impose la montée de pavillon dans le port. Ainsi, tout navire, qui entre dans un port du Sénégal, y séjourne ou en sort, doit arborer le pavillon de sa nation et ses marques distinctives[714].

Cette loi précise toutefois que les conditions d'entrée, de sortie et de séjour des navires sont fixées par des décrets portant règlement d'exploitation et règlement de police. Cette disposition se trouve d'ailleurs dans le Règlement d'exploitation du Port autonome de Dakar[715]. Selon ce texte, soixante-douze (72) heures[716] avant l'arrivée du navire, il est fait obligation au consignataire de déposer à la Capitainerie du port de pêche un avis d'arrivée (AVARNAV) selon le modèle préétabli à cet effet. Dans ce formulaire, les informations demandées tiennent compte des préoccupations des administrations impliquées. Aussi, cette formalité permet-elle de mettre en place un dispositif pour l'accueil des navires.

Aujourd'hui, avec l'entrée en vigueur du Code international sur la sécurité des navires et installations portuaires, plus connu sous le vocable anglais de Code ISPS[717], l'étendard des mesures du ressort de l'État du port ne cesse de s'accroître. Trop rapidement assimilé à un ensemble de moyens destinés à lutter exclusivement contre le terrorisme, ce code est destiné en fait à lutter, mais aussi à savoir détecter et prévenir tout acte illicite ou de malveillance comme, pourquoi pas, la pêche illicite. Ce code incorpore en effet un certain nombre de prescriptions fonctionnelles dont les plus visibles concernent le contrôle de l'accès aux navires et aux installations portuaires. Il est largement pris en compte dans la loi relative à la police des ports maritimes, surtout en ce qui concerne la sûreté portuaire[718].

---

[712] En réalité même si la loi date de 2010, le projet avait été ficelé bien avant la conclusion de l'Accord MREP par le Ministère de l'Economie maritime du Sénégal et transmis au Secrétaire général du Gouvernement pour les formalités d'adoption. Ce sont les lenteurs administratives qui justifient sa promulgation à cette date. Malgré tout, il y a une nécessité de coordination entre les différents services au delà même de leurs spécialités (pêche, transport maritime, marine marchande, ports, fonds marins etc.).

[713] Article 7 et 8 de la loi relative à la police des ports maritimes.

[714] Le navire doit, en outre s'il est étranger, arborer le pavillon sénégalais au mât de misaine.

[715] Chapitre III du Règlement d'exploitation du port approuvé et rendu exécutoire par décret n° 65 – 342 du 19 mai 1965, certaines dispositions ont été modifiées ponctuellement, mais la révision générale de ce texte est en cours.

[716] Il s'agit de vingt-quatre (24) heures dans le texte initial.

[717] ISPS signifie « *International Ships and Port Facilities Code* ».

[718] La sûreté maritime portuaire a pour but de détecter les menaces d'actes illicites qui pèsent sur les navires, les ports et les installations portuaires, et de prendre les mesures de protection contre ces menaces. Le Titre III comportant les articles 17 à 22 y sont réservés.

Ainsi selon la loi relative à la police des ports[719], pour des raisons de sûreté, l'autorité maritime peut demander à l'autorité investie du pouvoir de police portuaire d'interdire ou de restreindre l'accès et les mouvements des navires, bateaux ou engins flottants dans la zone[720] portuaire de sûreté ou d'ordonner l'expulsion de ces derniers.

Toujours en matière de sûreté, la loi[721] est allée plus loin en instituant, à titre préventif, la possibilité pour les agents verbalisateurs[722] de procéder à la visite professionnelle[723] des navires pour la sûreté des opérations portuaires.

À côté de la loi sur la police des ports maritimes, le Code des Douanes peut aussi incidemment être invoqué dans la lutte contre la pêche INN

Paragraphe II : La législation douanière : le Code des Douanes

Parmi les missions exercées par les Douanes sénégalaises, celle fiscale parait très importante puisqu'elles perçoivent des droits et taxes. Pourtant, dans le prolongement de cette mission, les douanes ont un rôle économique non négligeable se résumant à la création d'un environnement propice à l'activité de production, mais aussi à la promotion du commerce licite. Les douanes sénégalaises prêtent assistance à d'autres administrations par l'application de réglementations particulières pour leur compte. Il s'y est ajoutée, récemment, la mission de sécurisation et de facilitation de la chaîne logistique internationale qui implique un contrôle rigoureux des marchandises à tous les stades, de la fabrication à la destination finale, en passant par le transport[724].

---

719 Article 18.

720 Il revient à l'autorité maritime de déterminer la zone et les installations portuaires de sûreté. La zone comprend le port dans ses limites territoriales et les espaces terrestres contiguës intéressant la sûreté des opérations portuaires. Quant aux installations, ce sont celles qui se trouvent dans ladite zone. Voir l'article 17.

721 Article 21 de la loi relative à la police des ports maritimes.

722 À l'exception des officiers de police judiciaire, les agents verbalisateurs visés à l'article 13 de la loi peuvent procéder à cette visite. Ces agents sont : les officiers, officiers adjoints et maîtres de port, les ingénieurs et agents assermentés en service dans les ports maritimes, les pilotes, les officiers de police judiciaire, les agents habilités de la Marine marchande et de la police sanitaire et les officiers commandant les bâtiments de l'État, en matière de balisage. Les agents des douanes peuvent également procéder à la visite des navires dans les conditions prévues à l'alinéa précèdent sans préjudice des dispositions du Code des douanes. *Ibid.* article 21 de la loi relative à la police des ports maritimes. La rédaction de cet article est le résultat d'un véritable compromis pour rassurer la douane qui ne voulait pas qu'il y ait d'équivoque par rapport à ses missions traditionnelles mais aussi le Ministère de la Justice qui craignait que les officiers de police judiciaire ne sachent pas faire la part des choses entre cette visite professionnelle et la perquisition ; ce qui est très critiquable.

723 Cependant, cette visite ne peut pas être effectuée sur les parties du navire à usage exclusif d'habitation, les locaux syndicaux et ne peut concerner les personnes, les bagages, les colis et les marchandises. Pendant cette visite, les agents chargés des contrôles peuvent se faire communiquer tous documents nécessaires aux visites auxquelles ils procèdent.

724 www.douanes.sn

Ces missions résultent de la loi n° 2014 - 10 du 28 février 2014 portant Code des Douanes du Sénégal qui établit un système de contrôle[725] et de surveillance[726] des navires qui, appliqué à la pêche INN, peut contribuer efficacement à son recul, et ce, surtout que ledit Code prévoit la surveillance douanière pour non seulement assurer le respect de la réglementation douanière, mais aussi, et c'est très important, des autres dispositions applicables aux marchandises[727].

Ces missions qui s'exercent sur le territoire douanier[728], permettent aux agents des douanes, en vue de la recherche de la fraude ou pour des raisons de sécurité, de procéder à la visite des marchandises, des moyens de transport et à celle des personnes, à l'entrée, à la sortie, en transit ou en transbordement[729].

Dans le cadre de ces visites, les agents des douanes peuvent visiter tout navire[730] se trouvant dans la zone[731] maritime du rayon des douanes et dans la zone contiguë[732]. Ils peuvent ainsi aller à bord de tous bâtiments qui se trouvent dans les ports ou rades ou qui montent ou descendent les fleuves, les rivières ou canaux. Ils peuvent y demeurer jusqu'à leur déchargement ou sortie[733]. À bord de ces navires, les capitaines et commandants ont l'obligation de les recevoir, les accompagner et, s'ils le demandent, faire ouvrir les écoutilles, les chambres et armoires de leurs bâtiments ainsi que tous les autres locaux et colis désignés pour la visite.

---

[725] Selon l'article 1er point 6 de la loi n° 2014-10 du 28 février 2014 portant Code des Douanes du Sénégal, le contrôle douanier est constitué par l'accomplissement d'actes spécifiques, tels que la vérification des déclarations et des marchandises, le contrôle de l'existence et l'authenticité des documents, l'examen de la comptabilité des entreprises autres écritures, le contrôle des moyens de transport ou de personnes, le contrôle des bagages et des autres marchandises transportées par ou sur des personnes, l'exécution d'enquêtes administratives et autres actes similaires, en vue d'assurer le respect de la réglementation douanière et, le cas échéant, des autres dispositions applicables aux marchandises sous surveillance douanière.

[726] L'article 1er point 23 de la loi N° 2014 - 10 du 28 février 2014 portant Code des Douanes du Sénégal définit la surveillance douanière comme toute action menée par l'administration des douanes en vue d'assurer le respect de la réglementation douanière et, le cas échéant, des autres dispositions applicables aux marchandises.

[727] Article 1er point 23 du Code des Douanes.

[728] Selon l'article 2 de la loi N° 2014-10 du 28 février 2014 portant Code des Douanes du Sénégal, le territoire douanier comprend l'ensemble de territoire de la République du Sénégal y compris ses eaux territoriales et son espace aérien ; et des zones franches, soustraites à tout ou partie de la réglementation douanière peuvent être constituées par la loi dans le territoire douanier.

[729] Article 45 du Code des Douanes.

[730] Article 48 du Code des Douanes du Sénégal.

[731] Une zone de surveillance spéciale est organisée le long des frontières terrestres et maritimes. Elle constitue le rayon des douanes. *Ibid.* article 27 alinéa 2 du Code des Douanes, *Ibid.*

[732] La zone contiguë est définie à l'article 30 du Code des Douanes du Sénégal qui reprend les dispositions de la CMB.

[733] Y compris les navires militaires selon l'article 49 du Code des Douanes du Sénégal.

Quel que soit le mode de transport, aucune marchandise ne peut être déchargée sans l'autorisation du service des douanes. Les déchargements doivent avoir lieu dans les conditions fixées par arrêté du ministre chargé des Finances[734]. Le débarquement des navires ne peut, sauf dérogation[735] accordée par le ministre des Finances, avoir lieu que sur les quais des ports ou les bureaux de douane sont établis[736].

Cependant, la loi portant Code des Douanes ne prévoit pas de dispositions qui permettent à une autorité de la douane de refuser l'entrée ou l'utilisation des installations portuaires pour quelque motif que ce soit. La visite d'un navire ne peut aboutir qu'à la constatation d'une infraction qui sera sanctionnée pénalement (confiscation, amendes ou emprisonnement) ou non[737].

Les pirogues et autres embarcations de moins de dix tonneaux de jauge brute sont tenues de présenter leur chargement au bureau ou poste de douane le plus voisin du lieu de leur provenance pour y accomplir les formalités exigées et recevoir un récépissé[738].

Enfin, les agents des douanes peuvent, à tout moment, visiter les installations et dispositifs du plateau continental et de la zone économique. Ils peuvent également visiter les moyens de transport concourant à leur exploration ou à l'exploitation de leurs ressources naturelles, à l'intérieur des zones de sécurité prévues par la loi et dans la zone maritime du rayon des douanes[739].

Tous ces développements montrent le maillon important que les Douanes peuvent constituer dans la chaîne de responsabilités de l'État du port, à côté des autorités portuaires.

En conclusion, nous pouvons retenir que les douanes sénégalaises suivent l'origine[740] des produits débarqués ou transbordés, ainsi que les transactions commerciales pour des raisons de fiscalité et de licéité. Dans ce cadre, elles jouent un rôle important dans de la surveillance des pêches notamment pour le contrôle et la lutte contre l'importation frauduleuse des équipements prohibés, notamment les monofilaments et autres, ou l'infiltration de ces équipements

---

[734] Article 86 du Code des Douanes du Sénégal.

[735] Article 66 aliéna 2 et 3 du Code des Douanes du Sénégal.

[736] Article 66 aliéna 1er du Code des Douanes du Sénégal.

[737] Voir Aly SAMB, *op. cit.*, note de bas de page N° 124.

[738] Article 65 du Code des Douanes du Sénégal, toutefois, sont dispensées de cette obligation, les bateaux et pirogues de nationalité sénégalaise se livrant à la pêche et dont les opérations ne sont pas soumises à aucune formalité de douane. Le contraire aurait pourtant permis au Sénégal de faire preuve de plus d'efficacité dans son rôle d'Etat du pavillon.

[739] Article 50 du Code des Douanes du Sénégal.

[740] Selon l'article 17 alinéa 2 du Code des Douanes du Sénégal, le pays d'origine d'un produit est celui où ce dernier a été récolté, extrait du sol ou fabriqué. Lorsque le produit a été fabriqué dans plusieurs pays, le pays d'origine est celui où a eu lieu la transformation la plus substantielle où la dernière transformation substantielle.

prohibés au niveau des différentes frontières notamment vers celle du Nord, et le blanchiment du poisson dans certaines zones à travers les structures industrielles[741].

Tous ces textes évoqués dans le présent chapitre, si leurs dispositions sont combinées et améliorées, pourraient avoir un rôle déterminant dans le combat quotidien contre la pêche INN par la rationalisation des moyens. Cependant, cette amélioration ne doit pas seulement se limiter à ces seuls textes, mais elle doit également intervenir dans l'organisation et le fonctionnement des organismes chargés de leur mise en œuvre.

---

[741] Une coordination s'installe, DPSP/Douane, par des échanges d'informations, notamment en cas de doute sur un navire de pêche INN. Voir Diagnostic du Système de Suivi, Contrôle et Surveillance des pêches au Sénégal. PRAO/Sénégal. Source DPSP.

CHAPITRE II

UN CADRE INSTITUTIONNEL ET ADMINISTRATIF DE LUTTE CONTRE LA PÊCHE INN À AMÉLIORER

Les textes sont très importants dans la lutte contre la pêche INN, car ils reflètent le niveau d'engagement et de motivation des autorités sénégalaises dans la détermination des règles pour faire face à ce fléau. Toutefois, ces règles ne peuvent pas être opérationnelles toutes seules et leur efficacité ou effectivité va dépendre aussi du niveau d'engagement et d'intervention des structures chargées de leur application ou mise en œuvre. Cette application va se situer à deux niveaux. D'abord le premier niveau fait intervenir les services administratifs chargés d'élaborer les mesures relatives à la pêche maritime et de veiller à leur application. Ensuite, le deuxième niveau concerne le règlement des litiges en matière de pêche qui fait intervenir aussi bien des autorités administratives, dans le cas de la transaction, que judiciaires, en cas de choix de la voie juridictionnelle.

SECTION I : LA NÉCESSAIRE RÉNOVATION DES SERVICES ADMINISTRATIFS IMPLIQUÉS DANS LA LUTTE CONTRE LA PÊCHE INN

Ces services dépendent, pour l'essentiel du Ministère de la Pêche et des Affaires maritimes du Sénégal. Les attributions du ministre en charge de ce secteur sont organisées par décret[742]. Ainsi, sous l'autorité du Premier ministre, le ministre de la Pêche et des Affaires maritimes prépare et met en œuvre la politique définie par le Chef de l'État dans les domaines de la pêche, de la pisciculture, de la mise en valeur des fonds marins, des infrastructures portuaires et des transports maritimes.

Toutes ces importantes missions démontrent la place centrale qu'occupe ce ministère dans la gestion durable et rationnelle des ressources halieutiques et donc dans la lutte contre la pêche INN, car ayant sous sa responsabilité l'essentiel des structures chargées de mettre en œuvre les mesures nécessaires à cet effet.

À côté, étant donné que la gestion des pêches nécessite la mise en place d'un cadre répressif pour assurer la mise en œuvre des sanctions prévues par

---

[742] Décret n° 2012-645 du 4 juillet 2012 relatif aux attributions du Ministre de la Pêche et des Affaires maritimes.

les différents textes portant sur l'objet et qui, dans certains cas, fait recours à la voie juridictionnelle, le rôle des organes investis de la mission de police judiciaire ne pourra pas être occulté.

Paragraphe I : L'intervention des administrations chargées traditionnellement de la pêche

Ces administrations dépendent du ministre de la Pêche et des Affaires maritimes qui a une grande responsabilité en la matière. Dans l'exercice de ses fonctions, le ministre chargé de la Pêche veille, entre autres, à l'information des pouvoirs publics sur l'état des ressources halieutiques et s'assure de leur exploitation durable tant par la pêche artisanale qu'industrielle. Il instruit les demandes de licence de pêche et délivre leur autorisation après une procédure d'adjudication publique transparente et, s'agissant de la pêche industrielle, il contrôle son activité afin qu'elle ne détruise ni n'appauvrisse le milieu naturel marin.

En rapport avec le ministre des Forces armées et le ministre de l'Intérieur, il est chargé de la protection des richesses halieutiques et la surveillance des pêches.

Il est responsable d'un bon fonctionnement de la filière de traitement des produits de la pêche. Il s'assure de la valorisation de ces produits et encourage leur exportation. Il veille à ce que les professionnels de la pêche disposent de qualifications adaptées, soutient l'activité de la pêche artisanale et promeut sa modernisation.

Il représente le Sénégal dans toutes les rencontres internationales sur la pêche et il signe les accords de pêche entre le Sénégal et les pays étrangers.

D'un autre côté, ce département est chargé de la mise en place et du développement d'infrastructures portuaires alignées sur les meilleurs standards internationaux et, à ce titre, assure la tutelle des ports, de la Marine marchande et de toutes les structures en charge de la construction et de la maintenance navales.

L'État du Sénégal, à travers le ministère en charge de la pêche, a ainsi défini sa politique[743] en matière de pêche. Celle-ci repose sur la lettre de politique sectorielle (LPS)[744] et cette dernière se fixe comme objectif premier,

---

[743] Dans l'article 3 alinéa 2 du Code de la pêche maritime, il est précisé que : « La gestion des ressources halieutiques est une prérogative de l'État. L'État définit, à cet effet, une politique visant à protéger, à conserver ces ressources et à prévoir leur exploitation durable de manière à préserver l'écosystème marin ».

[744] En 2007, après une étude diagnostique du secteur de la pêche, une lettre de politique sectorielle de la pêche a été adoptée. En effet, les évolutions récentes de la politique sectorielle (caractérisées par : I. un recentrage des priorités sur l'aménagement des pêcheries ; II. la promotion de l'aquaculture ; III. la valorisation des produits halieutiques ; IV. une contribution optimale du secteur à la croissance et à la réduction de la pauvreté) ont amené le Gouvernement à élaborer une lettre de politique sectorielle visant les objectifs

la gestion durable et la restauration des ressources halieutiques et de leurs habitats. Pour atteindre ses objectifs, le ministère chargé de la pêche s'appuie sur des administrations qui dépendent principalement de lui.

Toutes ces importantes missions démontrent la place centrale qu'occupe ce ministère dans la gestion durable et rationnelle des ressources halieutiques et donc dans la lutte contre la pêche INN, car ayant sous sa responsabilité l'essentiel des structures compétentes en la matière.

Si d'autres structures interviennent, c'est seulement de manière accessoire et essentiellement dans le cadre de la coopération dans le domaine de la surveillance des pêches. C'est pourquoi les activités de ces dernières seront étudiées en diagonal par le biais de leur interaction avec les missions des administrations chargées traditionnellement de la pêche. Les administrations dont il s'agit dans ce paragraphe et qui font partie des directions centrales du Ministère en charge[745] de la pêche sont la Direction des pêches maritimes, la Direction des Industries de Transformation de la pêche et la Direction de la Protection et de la Surveillance des Pêches[746].

A. La Direction des pêches maritimes (DPM)

La Direction des Pêches maritimes, jadis appelée Direction de l'Océanographie et des Pêches maritimes (DOPM), est chargée de l'élaboration et de la

---

suivants : 1- définir les options politiques fortes du Gouvernement sur la base d'un diagnostic actualisé de la situation du secteur et d'une bonne compréhension des enjeux du moment ; 2- disposer d'un cadre de référence permettant d'orienter et de rendre cohérentes les interventions de l'État et des partenaires au développement dans le secteur de la pêche et de l'aquaculture au cours des trois prochaines années ; 3 - améliorer l'efficacité de la politique sectorielle par l'introduction de modalités de suivi de la mise en œuvre des actions et mesures prioritaires.

La Lettre de politique sectorielle vise à accélérer ces réformes, à accroître leur efficacité en renforçant notablement la cohérence des interventions, des projets et programmes publics sur la base d'objectifs clairement définis, priorisés et hiérarchisés. Elle vise en même temps à fédérer toutes les initiatives de l'État et des partenaires au développement (bailleurs de fonds, ONG) autour d'un document de référence consensuel. La version officielle de la LPS date d'avril 2007. Le document est signé par le Ministre d'État, Ministre de l'Economie maritime, des Transports maritimes, de la pêche et de la Pisciculture Souleymane Ndéné NDIAYE et par le Ministre d'État, Ministre de l'Economie et des Finances Abdoulaye DIOP.

745 Cette formulation est préférée car la dénomination de ce Ministère est très évolutive.

746 Ce qu'il faut retenir ici c'est que la Direction des Industries de Transformation de la pêche et la Direction de la Protection et de la Surveillance des Pêches sont nées, en 2000, des flancs de la Direction des Pêches maritimes, à l'époque appelée Direction de l'Océanographie et des Pêches maritimes (DOPM). Elles sont issues respectivement du Projet de surveillance des Pêches au Sénégal (PSPS,) financé par le Canada et logé à la DOPM, et du Bureau de contrôle des produits halieutiques (BCPH) qui était un démembrement de cette Direction et qui jouait un rôle important dans le contrôle de la qualité des produits halieutiques et surtout ceux destinés à l'exportation à travers ses antennes implantées à l'aéroport et au Port autonome de Dakar.

mise en œuvre de la politique de l'État en matière de pêches maritimes artisanale et industrielle[747]. À ce titre, elle est chargée notamment[748] :

- de l'élaboration et de la mise en œuvre des plans d'aménagement des pêcheries maritimes, en relation avec les structures publiques et les organisations professionnelles privées concernées ;

- d'assurer la gestion des pêcheries maritimes exploitées conformément aux plans d'aménagement ;

- de promouvoir la coopération en matière de pêche maritime aux niveaux sous régional, régional et mondial ;

- de veiller à l'élaboration et à l'application des lois et règlements relatifs à l'exercice de la pêche maritime ;

- d'instruire les dossiers de demande d'autorisation de pêche ;

- de veiller à l'élaboration et à l'exécution des projets et programmes de développement des pêches maritimes ;

- d'assurer la collecte, le traitement et la publication des statistiques des captures pour la pêche maritime ;

- de contrôler la salubrité et la qualité des produits de la pêche maritime destinés au marché national ;

- d'assister les organisations professionnelles des pêches maritimes ;

- de veiller au perfectionnement des professionnels de la pêche artisanale maritime ;

- d'assurer l'expérimentation, la vulgarisation des équipements, des techniques et des résultats de la recherche dans le domaine de la pêche maritime.

Pour la mise en œuvre de ses missions, la DPM s'appuie sur trois divisions que sont la Division de la Gestion et de l'Aménagement des Pêches maritimes, la Division de la Pêche industrielle et celle de la Pêche artisanale[749].

---

747 Décret n° 2011 – 1255 du 23 août 2011 portant organisation du Ministère de l'Economie maritime. Voir aussi la cours administration des pêches, IUPA 2012-2013.

748 Selon Monsieur Aly SAMB, le fait de mettre à la charge de la DPM la mise en œuvre de toute la politique de l'État en matière des pêches maritimes artisanale et industrielle peut créer des confusions. Cela implique qu'une multitude de tâches peuvent être assignées à la DPM aussi bien du point de vue administratif, réglementaire que technique. En effet, « *la mise en œuvre de la politique de l'Etat en matière des pêches maritimes artisanale et industrielle* » pour une Direction de l'Etat peut supposer que dans le domaine dont il est question, la totalité des attributions inhérentes à la mission lui sont confiées. C'est pourquoi, dit-il, le concept « notamment » utilisé par la suite est important en ce sens qu'il permet de relever les attributions spécifiques qui reviennent spécifiquement à la DPM. Voir Étude diagnostique approfondie de l'environnement juridique et judiciaire pour lutter contre la pêche Illicite non déclarée et non réglementée, *op. cit.,* note de bas de page N° 124.

749 Pour plus de détails, consulter l'arrêté ministériel n° 2466 du 19 avril 2006 portant organisation et fonctionnement de la DPM qui définit ses missions.

L'étude de ces missions montre que la DPM intervient dans des domaines aussi diversifiés que variés, allant de l'aménagement des pêcheries au contrôle et à la surveillance des pêches en passant notamment par l'instruction des dossiers de demande d'autorisation de pêche, l'élaboration des textes législatifs et réglementaires, la participation à la coopération internationale en matière de pêche, le contrôle de la qualité des produits halieutiques et la gestion des statistiques des captures pour la pêche maritime.

Toutes ces attributions ainsi énumérées nous renseignent beaucoup sur les moyens et la capacité d'intervention de la DPM dans le cadre de la lutte contre la pêche INN. Parmi ces attributions, il sera retenu en premier lieu, l'instruction des dossiers de demande d'autorisation de pêche[750] qui joue un rôle essentiel dans tout système de gestion des pêches. En effet, à travers les autorisations des pêches, beaucoup de questions peuvent être réglées notamment la gestion des captures et de la capacité des pêches, des engins de pêche, des zones et périodes de pêche et des espèces pêchées.

En deuxième lieu, sera invoquée la compétence d'intervention dans la coopération internationale qui, par conséquent, lui permet de jouer un rôle important dans les activités des organisations internationales de pêche ; et celle de la collecte, du traitement et de la publication des statistiques des captures pour la pêche maritime qui est aussi essentielle si l'on sait l'importance que la transmission des données joue dans les relations avec les ORGP et les autres États dans le cadre de la lutte contre la pêche INN. À cet effet, il faut relever

---

[750] La DPM s'appuie sur la Commission consultative d'attribution des licences de pêche, créée auprès du Directeur (de l'Océanographie et) des Pêches maritimes une commission consultative d'attribution des licences de pêche industrielle dont la composition est la suivante : Président : le Directeur de l'Océanographie et des Pêches maritimes ; Secrétaire : le Chef de la division de la pêche industrielle à la Direction de l'Océanographie et des Pêches maritimes ; Membres : - un représentant de la Primature ; - le Directeur de la Marine marchande ; - le Directeur de l'Observatoire économique de la Pêche maritime au Sénégal ; - le Directeur de la structure chargée de la protection et de la surveillance des pêches du Sénégal ; - un représentant du Ministère des Forces armées ; - un représentant du Centre de Recherches océanographiques de Dakar-Thiaroye ; - le représentant du Ministère chargé des finances ; deux représentants des armateurs. Voir article 14 du décret N° 98-498 fixant les modalités d'application du Code de la pêche maritime.
L'article 16 du même décret précise les attributions de la commission qui est de donner son avis : - sur toute question relative à l'octroi de licences de pêche à des navires de pêche industrielle, qui lui aura été soumise par le Ministre chargé de la pêche maritime ; - à l'occasion de toute demande de licence ou de tout octroi de licence à un navire qui opère pour la première fois dans les eaux sous juridiction sénégalaise ; - lorsqu'il y a demande de renouvellement de la licence d'un navire qui a été immobilisé pendant une période de deux (2) ans au moins ; - à l'occasion de l'application de l'article 26 de la loi N° 98 – 32 du 14 avril 1998 portant code de la pêche maritime qui l'autorise le Ministre chargé de la pêche maritime à suspendre ou retirer une licence de pêche pour des motifs liés à l'exécution des plans d'aménagement des pêcheries, à une évolution imprévisible de l'état d'exploitation des stocks ou à de violations répétées de la réglementation.

que si d'autres structures[751] collectent et diffusent des données dans le cadre de leurs missions respectives, la DPM est l'interlocutrice officielle des organisations internationales des pêches maritimes.

En troisième lieu, la compétence de veiller à l'élaboration et à l'exécution des projets et programmes[752] de développement des pêches maritimes se matérialise par des activités élaborées dans le cadre de la lutte contre la pêche INN à travers notamment :

- le Programme national d'immatriculation[753] informatisée qui permet, outre de régler la question du marquage et de l'identification des embarcations de pêche artisanale, de déterminer et de maîtriser le parc piroguier et, par voie de conséquence, la capacité de ce sous-secteur de la pêche ;

- et des programmes instaurant la cogestion[754] des pêcheries artisanales à travers les Conseils locaux de pêche artisanale[755] et les comités locaux de pêche[756].

---

751 CRODT, DPSP, DITP.

752 Diagnostic du Système de Suivi, Contrôle et Surveillance des pêches au Sénégal. PRAO/Sénégal, *op. cit.,* note de bas de page N° 742.

753 Voir l'arrêté ministériel n° 001718 du 19 mars 2007 portant immatriculation et marquage des embarcations de type artisanal. L'arrêté fixe de nouvelles règles d'immatriculation et de marquage plus modernes des embarcations de type artisanal. Les exigences préalables à l'immatriculation et au marquage des embarcations de type artisanal sont aussi plus strictes.

754 Des accords dits de « *Cogestion* » ont été signés entre le Ministre de l'Economie maritime et quatre « *Comités locaux de pêcheurs* » que sont Betenty, Ouakam, Ngaparou et Foundioungne. D'une manière générale, l'objet des accords consiste « à définir le cadre d'intervention de chaque Comité local dans la mise en œuvre des initiatives de cogestion ». Les domaines particuliers sur lesquels portent ces accords diffèrent cependant selon la localité. Voir Aly SAMB, *op. cit.,* note de bas de page N° 124.

755 Dans chaque région où il existe des activités de pêche maritime le Ministre chargé de la pêche maritime peut instituer, par arrêté, des conseils locaux de pêche artisanale. Chaque conseil est composé de représentants locaux de l'administration, d'élus, de notables, de pêcheurs artisans, d'associations de pêcheurs artisans, de transformateurs, de mareyeurs et d'aquaculteurs. Les membres du conseil sont désignés par le Ministre chargé de la pêche maritime sur proposition du chef du service régional de la pêche maritime en concertation avec les organisations professionnelles de pêche maritime locales. Les séances du conseil sont présidées par le chef de l'exécutif régional ou son représentant. Le président peut inviter à participer aux séances du conseil, toute personne dont il juge la présence utile compte tenu de l'ordre du jour.
Les conseils locaux de pêche artisanale ont, notamment, pour rôle : (a) de donner, sur demande du Ministre chargé de la pêche maritime ou de son représentant, des avis sur toutes les questions relatives aux activités de pêche artisanale et de culture marine dans la localité concernée ; (b) d'assurer l'information des pêcheurs artisans et des aquaculteurs sur toutes les mesures relatives à la pêche maritime et à la culture marine dans leur localité ; (c) d'organiser les pêcheurs de la localité de manière à réduire et à régler les conflits entre communautés de pêcheurs et entre pêcheurs employant différentes méthodes de pêche ; (d) d'organiser les pêcheurs artisans afin qu'ils puissent assister l'administration dans les opérations de suivi et contrôle des activités de pêche. Un arrêté du Ministre chargé de la pêche maritime fixe un statut-type des conseils locaux des pêches maritimes. Voir les

Enfin, en dernier lieu, parmi toutes les attributions qui sont dévolues à la DPM, celle de « *veiller à l'application des lois et règlements relatifs à l'exercice de la pêche maritime* », répond le mieux aux conditions de lutte contre la pêche INN. Toutefois, il ne s'agit que de la réglementation nationale en matière de pêche maritime et, dans la pratique, les actions de la DPM se limitent à faire respecter la réglementation sur la pêche artisanale. La DPM n'initie pas ou n'entreprend pas d'actes destinés à faire respecter la réglementation en matière de pêche industrielle et pourtant, c'est justement cette catégorie qui intéresse le plus le Sénégal quand il s'agit de faire appliquer les normes internationales de lutte contre la pêche INN.

L'action de la DPM est prolongée par la Direction des Industries de Transformation de la pêche qui est responsable de la filière de l'exportation des produits halieutiques au Sénégal.

B. La Direction des Industries de Transformation de la pêche (DITP)

La Direction des Industries de Transformation de la Pêche est chargée de l'élaboration et de la mise en œuvre de la politique de l'État en matière de transformation, de conservation, de transport et de commercialisation des produits de la pêche et de l'aquaculture sur toute la filière de l'exportation[757]. Pour lui permettre de réaliser cette mission générale, des attributions spécifiques lui sont dévolues, notamment :

- la proposition de textes législatifs et réglementaires sur les normes de transformation, de traitement, de conservation, de transport et de commercialisation des produits de la pêche et de l'aquaculture ;

- La délivrance des agréments aux industries de transformation et aux structures connexes notamment les moyens de transport, les fabriques de glace et les sites de débarquement ;

- le contrôle de la qualité des produits de la pêche et de l'aquaculture, sur toute la filière de l'exportation ;

- la fourniture d'un appui-conseil en matière de valorisation des produits de la pêche et de l'aquaculture ;

- la participation à la promotion et à la satisfaction de la demande nationale en produits de la pêche et de l'aquaculture ;

---

articles 7 à 10 du décret N° 98-498 fixant les modalités d'application de la Loi portant Code de la pêche maritime. À ce sujet, 33 CLPA ont été créés au niveau national. Source DPM.

756 Les comités locaux de pêcheurs (CLP) ont été créés dans les sites du programme de Gestion Durable des Ressources Halieutiques (GDRH). L'arrêté n° 02884 du Ministre en Charge de la Pêche, en date du 31 mars 2010 a conféré aux CLP le droit de prendre des initiatives de cogestion, avec l'approbation des CLPA concernés et sous réserve du respect des dispositions juridiques en vigueur.

757 Voir l'article 16 du décret n° 2011-1255 du 23 août 2011 portant organisation du Ministère de l'Economie Maritime.

- la collecte, le traitement et la publication des statistiques en matière de transformation, de conservation et de commercialisation des produits de la pêche et de l'aquaculture au niveau industriel.

Cette direction[758] s'appuie sur trois divisions[759] pour mettre en œuvre ses missions.

La DITP, en sa qualité de maître d'œuvre de la politique de l'État dans son domaine, joue un rôle central dans la filière de l'exportation des produits halieutiques. Son intervention est particulièrement importante pour les produits destinés au marché européen qui est de plus en plus exigeant en matière de qualité et de traçabilité. En effet, le Sénégal, à travers son Autorité compétente (AC)[760], a été agréé à l'exportation des produits halieutiques vers l'Union européenne par décision n° 96/355/CEE du 30 mai 1996 et c'est la DITP qui fait justement office de cette fonction[761].

Elle se charge ainsi du contrôle sanitaire des produits halieutiques destinés à l'exportation et des installations industrielles, notamment les établissements à terre, l'armement de pêche industrielle, les structures connexes, les entrepôts frigorifiques, les sites de débarquement, les fabriques de glace et les moyens de transport. Elle est également habilitée à délivrer les déclarations de transformation des captures dans le cadre du système de certification des captures des produits destinés au marché de l'Union européenne[762].

Cette direction lutte contre le blanchiment des produits de la mer à travers certaines usines à terre qui offrent leurs couvertures d'agrément à des navires étrangers qui opèrent la pêche INN. C'est pourquoi elle délivre la déclaration préalable d'importation des produits halieutiques[763]. Elle travaille en collaboration avec les services de la Direction de la Protection et de la Surveillance des Pêches (DPSP) et les services déconcentrés[764] pour compléter le dispositif[765] de certification des captures.

---

[758] L'arrêté n° 002202 du 5 mars 2012 fixe les règles d'organisation et de fonctionnement de la Direction des Industries de Transformation de la pêche.

[759] Il s'agit de la Division des Inspections et du Contrôle, la Division de la Législation et du Suivi des Industries et de la Division de la Promotion et de la Valorisation des Produits.

[760] On entend par autorité compétente, une autorité centrale d'un état membre de l'UE, compétente pour effectuer les contrôles sanitaires ou toute autorité à qui elle aura délégué cette compétence.

[761] Au Sénégal, l'autorité compétente est dénommée comme suit : Ministère de la Pêche et des Affaires maritimes (MPAM), Direction des Industries de Transformation de la Pêche (DITP), Division des Inspections et du Contrôle (DIC).

[762] Cela entre dans la réponse aux exigences de l'UE dans le cadre de la certification des captures destinées à son marché sur la base du Règlement européen de 2008 sur la pêche INN. *op. cit.,* Première partie, titre I chapitre II, section II.

[763] Diagnostic du Système de Suivi, Contrôle et Surveillance des pêches au Sénégal. PRAO/Sénégal. *Op. cit.,* note de bas de page N° 742.

[764] Au niveau déconcentré, les services régionaux, départementaux et les postes de contrôle de la pêche et de la surveillance, représentent l'Autorité en charge de la pêche dans leurs

Toutefois, vu les moyens et la synergie des efforts que la lutte contre la pêche INN nécessite, l'intervention de la DITP dans le cadre de cette pêche devrait être corrélée avec ses actions à tous les niveaux du contrôle sanitaire et de qualité des produits halieutiques. Ses missions pourraient être revues et des attributions claires lui être confiées, dans son domaine d'intervention, dans la lutte contre la pêche INN. Ceci participera du renforcement et de la synthétisation du système de la surveillance et n'enlèvera en rien à la DPSP de son rôle central dans la lutte contre la pêche INN.

C. La Direction de la protection et de la surveillance des pêches (DPSP)

La surveillance des pêches constitue le maillon essentiel dans le dispositif de lutte contre la pêche INN. Le Sénégal l'a très tôt compris puisque vers les années 80, devant les prémisses d'une extension de la juridiction de l'État côtier sur les ressources se situant dans la zone maritime jouxtant ses côtes à travers l'officialisation irréversible du concept de zone économique exclusive (200 milles)[766], le Sénégal décida de renforcer son dispositif de surveillance pour la haute mer avec deux (2) patrouilleurs (PHM[767] de 55 mètres) habilités à cet effet.

Toujours dans cette logique du renforcement de son système de surveillance, le Sénégal, grâce à la coopération canadienne à travers l'Agence de Coopération et de Développement International (ACDI), s'est doté, en 1981, d'une structure administrative à travers le Projet de Protection et de Surveillance des Pêches (PSPS)[768] auprès de la Direction de l'Océanographie et des pêches maritimes, chargée de la mise en œuvre de la politique des pêches pour planifier et coordonner toutes les actions de surveillance des pêches au niveau national, menées par toutes les parties prenantes.

La décennie allant de 1981 à 1991 correspond à une véritable montée en puissance dans le domaine de la surveillance des pêches grâce à la coopération canadienne, mais aussi au renforcement de la coopération au niveau sous régional[769]. La motorisation de la pêche artisanale se développe, les conflits

---

circonscriptions respectives. À ce titre, toutes les missions de suivi, contrôle et surveillance des pêches dans leurs localités leur incombent.

Ces services régionaux, départementaux, et postes de contrôle coordonnent, dans leurs localités toutes les activités de surveillance, menées par les stations côtières de surveillance. Cependant la DPSP reste tout de même responsable de l'entretien et de la réparation des équipements de communication et de détection. Diagnostic du Système de Suivi, Contrôle et Surveillance des pêches au Sénégal, *op. cit.,* note de bas de page N° 742.

765 Pour plus de détails, il faut voir les missions de la DPSP, infra point C suivant.

766 Cela ressortait des négociations de la CMB.

767 PHM : patrouilleurs de haute mer de 55m de longueur avec une autonomie supérieur à 20 jours pour une vitesse moyenne de 17 nœuds.

768 PSPS : Projet de surveillance des pêches au Sénégal financé par le Canada.

769 Création de la CSRP en 1985.

entre pêche artisanale et pêche industrielle se multiplient du fait de la raréfaction croissante des ressources.

Devant cette nouvelle dynamique, la structure chargée de la surveillance installe tout le long de la façade maritime, sept (7)[770] stations côtières de surveillance, pour mieux prendre en compte les enjeux liés au suivi, contrôle et surveillance (SCS) des ressources halieutiques, sécuriser la frange côtière, circonscrire les conflits latents entre la pêche artisanale et la pêche industrielle, et participer à l'encadrement et au contrôle de la pêche artisanale.

En 2000, la structure de surveillance, qui était initialement un projet soutenu par la coopération canadienne et logé au niveau de la Direction de l'Océanographie et des pêches maritimes, va évoluer en une Direction nationale de la protection et de la surveillance des pêches[771], et prend ainsi une envergure territoriale beaucoup plus importante.

La Direction de la Protection et de la Surveillance des Pêches, comme son nom l'indique, a pour vocation majeure de veiller au respect des règles établies en matière de conservation et de gestion des ressources biologiques aquatiques. Pour être plus précis, elle est chargée[772] de l'élaboration et de la mise en œuvre de la politique définie par l'Etat en matière de surveillance des pêches maritime et continentale ainsi que dans le domaine du contrôle et du renforcement de la sécurité de la pêche artisanale.

Compte tenu du rôle que cette direction joue dans le respect de la réglementation des activités de pêche, ses attributions méritent d'être énumérées intégralement. Ainsi, elle est notamment chargée, en relation avec les structures concernées[773] :

- de la police des pêches maritime et continentale ;

- du contrôle et du suivi de la sécurité des embarcations de pêche artisanale et des pêcheurs artisans ;

- de l'élaboration et l'application des lois et règlements en matière de police des pêches maritime et continentale ;

---

770 Ce chiffre a évolué et les stations côtières sont aujourd'hui au nombre de 10. Source : Diagnostic du Système de Suivi, Contrôle et Surveillance des pêches au Sénégal, *op. cit.*, note de bas de page N° 742.

771 La DPSP a été créée par décret N° 2000-833 du 16 octobre 2000 portant organisation du Ministère de la Pêche, pour servir de base institutionnelle SCS au Sénégal, en remplacement du projet Protection et Surveillance des Pêches du Sénégal (PSPS).

772 Voir l'article 15 du décret n° 2011-1255 du 23 août 2011 portant organisation du Ministère de l'Economie maritime.

773 Ceci dénote du rôle de coordination joué par la DPSP à côté d'autres structures intervenant dans la surveillance des pêches notamment l'Armée de l'Air, la Marine nationale, la Gendarmerie nationale, la Police nationale, les Douanes sénégalaises et les éléments français au Sénégal (appelés autrefois les Forces françaises du Cap-Vert) qui interviennent dans les patrouilles aériennes.

- de veiller à l'application des lois et règlements en matière de sécurité des pêcheurs artisans et de leurs embarcations ;

- de la conduite des procédures administratives relatives aux infractions en matière de pêche industrielle ;

- de l'identification, l'élaboration et l'exécution des projets et programmes en matière de surveillance des pêches maritime et continentale ;

- de la mise en œuvre des accords de coopération en matière de surveillance des pêches et du suivi des relations avec les structures régionales et nationales compétentes ;

- de participer à la sécurité maritime, à la lutte contre la pollution, à la recherche et au sauvetage en mer ;

- de participer à la mise en œuvre de la politique définie en matière de formation dans le domaine de la surveillance des pêches maritime et continentale ainsi que de la sécurité en mer de la flotte artisanale ;

- de faire toute proposition visant au renforcement de la sécurité des pêcheurs artisans et de leurs embarcations ;

- de collecter, traiter et diffuser les statistiques sur la surveillance des pêches maritime et continentale ;

- de participer à la collecte des statistiques sur la sécurité en mer de la flotte artisanale ;

- de la certification des captures dans les eaux sous juridiction sénégalaise destinées au marché de l'Union européenne[774].

La Direction de la Protection et de la Surveillance des Pêches est structurée en trois divisions que sont la Division des Opérations de Surveillance, la Division des Inspections, du Contrôle et de la réglementation et la Division de la Sécurité de la Pêche artisanale. Ces démembrements assurent plus spécifiquement les missions qui sont dévolues à la Direction à travers une répartition des tâches opérée par arrêté[775]. Ainsi, la Division des Opérations de Surveillance (DOPS) est chargée de la coordination des opérations effectuées par des moyens navals et aériens déployés pour la surveillance des pêches ainsi que du recueil et de la diffusion des événements nautiques dans le cadre de la sécurité de la pêche artisanale ; la Division des Inspections et du Contrôle (DIC) est responsable du suivi, de la constatation et de la répression des infractions commises par les navires et autres embarcations, en application du Code de la Pêche maritime. Quant à la Division de la Sécurité de la Pêche

---

[774] La DPSP est désignée Autorité compétente par arrêté ministériel n° 01975 du 05/03/2010, pour délivrer les certificats de capture conformément aux exigences du Règlement européen de 2008 sur la pêche INN, *op. cit.*, Première partie, titre I, chapitre II, section II,

[775] Arrêté n° 002467 du 19 avril 2006 portant organisation et fonctionnement de la DPSP.

artisanale (DSPA), elle est chargée du suivi de la sécurité de la Pêche artisanale[776].

Toujours, pour permettre à la DPSP de dérouler sa mission le long de la côte sénégalaise, dix (10) stations côtières[777] de surveillance entretiennent une relation fonctionnelle avec elle.

Toutefois, la DPSP n'a pas hérité de tous les moyens et de l'autonomie financière du PSPS, capables de lui donner la flexibilité nécessaire pour mener à bien les opérations de surveillance et soutenir les parties prenantes. Chargée initialement de planifier et de coordonner toutes les activités et opérations de surveillance des pêches menées par les différents acteurs, la DPSP s'est progressivement retrouvée avec des missions supplémentaires nouvelles notamment la contribution à la sécurité[778] de la pêche artisanale, la certification de l'origine des captures, la prise en charge des nouvelles orientations d'aménagement des pêcheries, le contrôle de l'effectivité de l'immatriculation des pirogues avec l'instauration des permis de pêche, la surveillance des aires marines protégées et des récifs artificiels[779], et le suivi des concessions des droits d'accès[780] aux ressources avec un système de régulation par zone et par groupes d'espèces.

Toutes ces nouvelles mesures vont nécessiter une adaptation de l'organisation du dispositif de surveillance en fonction des besoins ainsi qu'une coordination efficace des interventions des différents acteurs et des moyens appropriés avec un personnel suffisamment qualifié[781].

À côté des administrations chargées traditionnellement et à titre principal de la pêche, l'Agence nationale des Affaires maritimes qui est placée sous la tutelle technique du ministre de la Pêche et des Affaires maritimes, devrait pouvoir jouer un rôle important dans ce dispositif.

---

776 La prise en charge de la question de la sécurité de la pêche artisanale en tant que telle revient à l'Agence nationale des Affaires maritimes.

777 Ces stations côtières de surveillance sont installées au niveau des régions maritimes de St louis, Lompoul, Fass Boye, Kayar, Yoff, Mbour, Joal, Djiffere, Kafountine et Cap Skiring.

778 D'une certaine manière les navires qui opèrent la pêche INN sont nuisibles à la sécurité en mer. En effet, pour ne pas être détectés, ceux qui pratiquent la pêche INN enfreignent souvent des règles de sécurité de base, comme l'obligation de laisser les feux de navigation allumés la nuit, ce qui met en danger les autres usagers des mers. Cf. « *Directives techniques pour une pêche responsable N 9 : mise en œuvre du Plan d'action international visant à prévenir, contrecarrer et éliminer la pêche INN* », FAO – Rome 2002

779 De plus en plus de zones d'immersion de récifs artificiels ou ZIRA, sont créées.

780 Diagnostic du Système de Suivi, Contrôle et Surveillance des pêches au Sénégal financé par le PRAO/Sénégal, DPSP, *op. cit.*, note de bas de page N° 742.

781 Diagnostic du Système de Suivi, Contrôle et Surveillance des pêches au Sénégal, *ibid.*, cf. aussi note de bas de page N° 742.

Paragraphe II : Le rôle de l'Agence nationale des Affaires maritimes (ANAM)

l'Agence nationale des Affaires maritimes a été créée pour mieux faire face aux engagements du Sénégal dans le cadre de la Convention des Nations unies sur le droit de la mer ainsi que des conventions internationales relatives à la sûreté et à la sécurité maritimes qui ont donné des responsabilités nouvelles aux États dans le domaine de l'exploitation et de la préservation des ressources marines, de la protection de l'environnement marin, de la sûreté et de la sécurité maritimes et des installations portuaires.

Elle est née de la fusion de la Direction de la Marine marchande et de la Direction des Ports et des Transports maritimes intérieurs[782] dont l'existence concomitante obligeait à un éclatement des compétences maritimes, source de multiples dysfonctionnements juridiques, structurels, opérationnels et infrastructurels[783].

L'Agence, qui relève de la tutelle technique du ministre chargé de la Marine marchande, est chargée[784] de la mise en œuvre de la politique de l'État en matière de marine marchande, dans ses différents volets pêche, commerce et plaisance ainsi que de la mise en œuvre des dispositions de la loi n° 2002-22 du 16 août 2002 portant Code de la Marine marchande, des conventions maritimes internationales et des autres législations et réglementations en vigueur.

Tout ceci permet de dire qu'il a été confié à l'ANAM la lourde mission de réaliser toutes les aspirations de l'État relatives aux activités de marine marchande et de faire respecter les dispositions du Code de la Marine marchande ainsi que celles des conventions internationales qui lient le Sénégal dans ce domaine.

Les domaines d'intervention de l'ANAM sont ainsi très larges. Toutefois, parmi ceux-ci, peuvent être cités notamment : l'administration des navires et des gens de mer, la participation à la police de la navigation maritime et fluviale, de la pollution marine et du domaine public maritime ainsi que la surveillance de la circulation des navires et embarcations non pontées en mer et dans les voies navigables.

---

[782] Ces directions dépendaient du Ministère de l'Economie maritime, de la Pêche et des Transports maritimes.

[783] Voir le rapport de présentation du Décret n° 2009-583 du 18 juin 2009 portant création, organisation et fonctionnement de l'Agence nationale des Affaires maritimes (ANAM).

[784] Pour le détail des missions de l'ANAM, il faut se référer à l'article 3 du Décret n° 2009-583 du 18 juin 2009 portant création, organisation et fonctionnement de l'Agence nationale des Affaires maritimes (ANAM). *Ibid.*

Les activités de pêche INN ne figurent pas précisément dans les domaines d'intervention de l'ANAM. Quant à la loi portant Code de la Marine marchande, il a déjà été évoqué son caractère orienté[785].

Cependant, l'ANAM étant l'Autorité compétente en matière d'immatriculation des navires, peut, à cet égard, jouer un rôle important dans la lutte contre la pêche INN. En effet, le contrôle des activités antérieures des navires sollicitant la sénégalisation constitue une phase importante dans la surveillance des pêches de même que les inspections effectuées en préalable à la délivrance des titres de sécurité et de navigation.

Également, dans le cadre de la recherche d'indices concordants permettant de confondre valablement un navire de pêche illicite, elle peut fournir des informations fiables sur les activités suspectes des navires sur lesquels pèsent des présomptions de pêche INN[786].

Enfin, les inspecteurs de la sécurité des navires, disposant de l'habilitation nécessaire en matière de recherche et de constatation des infractions aux dispositions pertinentes du Code de la pêche, peuvent, aussi, être un personnel d'appoint au dispositif du système de suivi, contrôle et surveillance des pêches[787].

Dans le contexte de la pêche INN, l'intervention des différentes structures invoquées dans la présente section, dans le cadre de la mise en œuvre des textes législatifs et réglementaires dont elles sont chargées de l'application, a pour objet principal de veiller à leur respect. La recherche, la constatation et la répression des infractions font ainsi intervenir d'autres entités, suivant les cas, à côté des services traditionnels du Ministère chargé de la pêche.

SECTION II : UN INDISPENSABLE RENFORCEMENT DES SERVICES CHARGÉS DE LA RÉPRESSION DE LA PÊCHE INN

Déclarer un comportement ou une activité illicite, n'a de sens que si cet acte est érigé en infraction assortie d'une sanction par les textes en vigueur. Même si tous les actes répréhensibles en matière de pêche INN ne constituent pas des infractions au sens de la loi, il faut quand même reconnaître que le

---

785 Voir supra, le Code de la Marine marchande a été étudié dans le chapitre premier du titre I de la deuxième partie de la présente étude. À propos des lacunes des dispositions de ce Code dans le cadre de la lutte contre la pêche INN Voir aussi Aly SAMB, *op. cit.,* note de bas de page N° 124.

786 « *Directives techniques pour une pêche responsable N 9 : mise en œuvre du Plan d'action international visant à prévenir, contrecarrer et éliminer la pêche INN* », FAO – Rome 2002. Les exploitants des navires de pêche INN ont tendance à refuser aux équipages leurs droits fondamentaux quant aux modalités d'emplois, telles que les salaires, les normes de sécurité et divers aspects des conditions de vie et de travail et l'ANAM qui joue le rôle d'inspecteur du travail dans l'emploi des gens de mer peut aider à détecter la pêche INN en signalant systématiquement ce genre de situation.

787 Voir Diagnostic du Système de Suivi, Contrôle et Surveillance des pêches au Sénégal. PRAO/Sénégal, *op. cit.,* note de bas de page N° 742

Code de la pêche maritime du Sénégal et les règlements pris pour son application ont prévu une série d'infractions[788] classées et sanctionnées suivant leur gravité et dont certaines peuvent être qualifiés d'actes INN en matière de pêche[789]. Toutefois, limiter l'analyse aux seules prescriptions de la loi serait artificiel et illusoire, car la constatation des infractions et la mise en œuvre des sanctions est tout aussi essentiel dans tout système répressif et ceci nécessite la mise en place d'un cadre institutionnel permettant la prise en charge correcte de ces questions. Les voies de règlements des litiges en matière de pêche INN peuvent faire intervenir des institutions au niveau national, mais aussi international, par le recours à la juridiction du Tribunal international du droit de la mer.

Paragraphe I : Un cadre répressif judiciaire national très classique

Ce cadre judiciaire intéresse l'instruction et la sanction des infractions. Les infractions en matière de pêche en général et de pêche INN en particulier, malgré leur caractère spécialisé, ne font l'objet d'aucune disposition particulière dans leur prise en charge sur le plan institutionnel. Elles obéissent aux procédures ordinaires et classiques et, sauf pour le cas de la transaction, font intervenir les juridictions de droit commun. Suivant les différentes phases de la procédure concernée, vont intervenir soit les autorités administratives soit les autorités judiciaires.

A. Des opérations de recherche et de constatation des infractions non rationnalisées

Les infractions en matière de pêche doivent être recherchées et constatées par les agents compétents pour permettre leur sanction. Si dans la théorie cette opération de recherche et constatation des infractions est confiée à un nombre relativement important de personnalités appartenant à des structures administratives différentes, en pratique le rôle central de la DPSP ne fait l'objet d'aucun doute.

1. Les agents légalement habilités à dresser des procès-verbaux

La compétence pour la constatation des infractions est dévolue aux agents de surveillance des pêches, habilités par le Code de la pêche maritime à rechercher et à constater les infractions aux règles prescrites par lui et les règlements pris pour son application. Ces agents qui font l'objet d'une liste énumérative dans ledit Code[790] sont :

---

788 A propos des infractions et sanctions prévues par le Code de la pêche maritime, voir supra, deuxième partie, titre 1er, chapitre I, paragraphe 1-A de la présente étude.

789 Ainsi, en est – il de la pêche sans autorisation, de l'absence de déclaration ou de la déclaration fallacieuse des activités de pêche à l'autorité nationale qui sont conformes à une partie de la définition de la pêche INN donnée par le PAI – INN, op. cit. pp. 36 à 38

790 Article 48 du Code de la pêche maritime.

- les agents de l'administration des pêches maritimes nommés par le ministre chargé de la pêche maritime ;

- les officiers et les officiers mariniers de la Marine nationale ;

- les officiers et sous-officiers de l'Armée de l'air ;

- les agents des parcs nationaux marins et les agents des eaux et forêts dans le ressort de leur compétence territoriale ;

- les administrateurs des affaires maritimes ;

- les officiers de police judiciaire de la Gendarmerie nationale et de la Police ;

- les agents des douanes.

En dehors de ceux commissionnés, les agents verbalisateurs doivent être assermentés[791].

Ces agents de surveillance peuvent aussi, même en l'absence de mandat spécial, prendre les mesures pratiques[792] nécessaires pour s'assurer du respect des règles prescrites par le Code de la pêche maritime et les règlements pris pour son application. Ils peuvent, notamment : ordonner à tout navire en activité de pêche ou effectuant des opérations connexes à la pêche se trouvant dans les eaux sous juridiction sénégalaise de stopper[793] et d'effectuer toutes les manœuvres nécessaires à la visite du navire ; procéder à la visite du navire en mer ; demander la production de la licence de pêche, du journal de pêche ou de tout autre document relatif au navire ou aux captures qui se trouvent à bord et, éventuellement, prendre des copies de ces documents ; inspecter les engins de pêche utilisés à bord ou à partir du navire et, à cette fin, faire retirer de l'eau

---

791 Le serment est enregistré sans frais au greffe de la juridiction et n'est pas renouvelé en cas de changement de résidence dans le ressort d'une autre juridiction. La formule du serment est la suivante : « *Je jure et promets de bien et loyalement remplir mes fonctions et d'observer en tous les devoirs qu'elles m'imposent* ». Article 48 du Code de la pêche maritime.

792 Article 49 du Code de la pêche maritime.

793 Sur les détails pratiques de cette mesure, voir l'article 51 du Code de la pêche maritime qui dispose que : « *Dans l'exercice des pouvoirs que lui confère l'article 49 de la présente loi, le commandant d'un navire ou d'un aéronef de surveillance peut, par tout moyen sonore, lumineux, visuel ou radioélectrique, sommer tout navire de pêche se trouvant dans les eaux maritimes sous juridiction sénégalaise de stopper immédiatement.*
Lorsque plusieurs navires de pêche se trouvent dans la zone où opère le navire ou l'aéronef de surveillance, les signaux émis par ce dernier s'adressent à tous et l'ordre de stopper doit être exécuté par l'ensemble des navires.
Toutefois, lorsque le navire est en activité de pêche, il lui est donné la possibilité de terminer sa manœuvre. Le lieu de la première détection reste cependant le lieu de l'infraction si celle-ci est, le cas échéant, constatée.
Dans le cas d'opérations menées à partir d'un bâtiment de surveillance, si le navire de pêche refuse de stopper à la troisième sommation, un coup de semonce ou une rafale peut être tiré à sa hauteur pour l'obliger à stopper. Cette semonce est renouvelée deux fois. Après la troisième semonce, s'il y a toujours refus d'obtempérer, le commandant du navire ou de l'aéronef de surveillance est autorisé à tirer au but ».

les engins de pêche ; examiner les captures à bord ; visiter à bord tout local où ils auraient des raisons de penser que des produits capturés ont été entreposés.

À quai, ils peuvent procéder à l'inspection de tout navire de pêche, de son équipement et de ses captures ; effectuer l'inspection de la production de tout établissement de traitement des produits de la pêche et examiner tout document relatif aux captures qui y sont traitées ou qui transitent par l'établissement ; examiner les documents des sociétés de pêche relatifs aux captures effectuées ou ayant fait l'objet de transbordement ; donner tout ordre raisonnablement nécessaire pour assurer le respect des dispositions du Code de la pêche maritime et des règlements pris pour son application.

Dans le cadre de la réalisation de cette mission, ces agents habilités peuvent requérir des forces de l'ordre, l'aide en personnel et en matériel qui leur est indispensable[794].

Les infractions de pêche donnent lieu à l'établissement d'un procès-verbal[795] élaboré suivant un modèle type[796] et contenant tous les renseignements pertinents[797] y relatifs, tous les éléments ou preuves circonstanciées et d'éventuels témoignages. Le procès-verbal est signé par les agents verbalisateurs, par les témoins éventuels et par l'auteur de l'infraction[798] qui peut faire ses observations. En cas de refus de signature ou d'absence de l'auteur de l'infraction, mention en est faite au procès-verbal.

Le procès-verbal[799] accompagné de toutes les pièces pertinentes est transmis au ministre chargé de la pêche maritime ou à son représentant, en l'occurrence le Directeur de la Protection et de la Surveillance des pêches, par l'agent verbalisateur, dès son retour de mission. Dans le cas où aucun responsable de l'infraction ou du navire ne pourrait être entendu ou identifié par les autorités sénégalaises, le procès-verbal est envoyé au Procureur de la République afin qu'une information soit ouverte[800]. Les procès-verbaux dressés font foi jusqu'à preuve contraire[801] de l'exactitude des infractions qu'ils constatent ainsi que de l'exactitude et de la sincérité des aveux et déclarations qu'ils rapportent[802].

---

794 Article 50 du Code la pêche maritime.

795 Article 58 du Code de la pêche maritime, *ibid.*

796 Selon l'article 58 du Code de la pêche maritime, « un arrêté du Ministre chargé de la pêche maritime établit un modèle de procès-verbal ».

797 Sur le modèle de PV disponible à la DPSP, se trouvent les informations relatives au navire, aux engins de pêche et aux prises.

798 Ceci permet de respecter le principe du contradictoire.

799 Article 59 du Code la pêche maritime.

800 Article 60 du Code la pêche maritime.

801 Ceci atteste du caractère présomptif des faits rapportés qui peuvent être écartés par la preuve contraire.

802 Article 61 du Code la pêche maritime.

En cas de surveillance en mer, tout navire de pêche ayant donné lieu à l'établissement d'un procès-verbal d'infraction peut être dérouté et conduit au port sénégalais le plus proche ou le plus convenable par le navire de surveillance ou sur ordre de l'aéronef de surveillance[803]. Il s'agit là d'une mesure provisoire pour éviter que le navire puisse se soustraire à une sanction éventuelle.

Si tous les agents de surveillance inscrits sur la liste élaborée dans le Code de la pêche maritime à cet effet, effectuaient de manière effective et constante cette mission qui leur est dévolue « *en dehors de tout mandat spécial* », des avancées notables auraient pu être relevées dans les résultats de la surveillance de la pêche INN. C'est pourquoi, il parait pertinent de s'interroger sur la pratique de la surveillance qui, en fait, révèle un niveau d'intervention très déséquilibré des différents agents concernés par la fonction de surveillance des pêches.

2. La monopolisation de fait des opérations de surveillance et de police judiciaire[804] par la DPSP

La loi n° 65-61 du 21 juillet 1965[805] portant Code de procédure pénale, modifiée dispose que la police judiciaire est exercée sous la direction du Procureur de la République par les officiers et agents de police judiciaire (gendarmes et policiers), ainsi que les fonctionnaires et agents auxquels sont attribués par la loi certaines fonctions de police judiciaire. Elle ajoute que « *les fonctionnaires et agents de l'administration et des services, auxquels certains pouvoirs de police judiciaire sont attribués par des textes spéciaux, exercent ces pouvoirs dans les conditions et limites fixées par ces textes* »[806].

Les différents textes de loi qui prévoient des mesures sur des navires se livrant à des activités de toutes sortes, énumèrent chacune, en plus des officiers de police judiciaire[807], les différentes catégories de fonctionnaires et agents de l'administration et des services qui sont habilités[808] à rechercher, constater et dresser des procès-verbaux sur les infractions déterminées dans ces lois. À ces fonctionnaires et agents ont été attribués des pouvoirs de police spéciaux par

803 Article 62 du Code la pêche maritime.

804 La loi 65-61 du 21 juillet 1965 portant Code de procédure pénale, modifiée précise en son article 12 que la police judiciaire est chargée de rechercher et de constater les infractions à la loi pénale, d'en rassembler les preuves et d'en rechercher les auteurs.

805 Article 14 du Code de procédure pénale.

806 Article 21 alinéa premier du Code de procédure pénale.

807 Les Officiers de police judiciaire ont une compétence de police judiciaire générale. Ils sont compétents pour connaître de toutes les infractions.

808 Loi 98-32 du 14 avril 1998 portant Code de la pêche maritime, article 48 ; Loi n° 2010-09 du 23 avril 2010 relative à la police des ports maritimes, article 13 ; Loi n° 2014-10 du 28 février 2014 portant Code des Douanes, articles 301 ; Loi n° 2002-22 du 16 août 2002 portant Code de la Marine marchande, article 695.

les lois qui régissent respectivement leur domaine d'intervention. Ils n'ont de pouvoir de police judiciaire que dans les matières qui sont traitées par ces lois.

La loi n° 98-32 du 14 avril 1998 portant Code de la pêche maritime est la loi qui attribue des pouvoirs de police judiciaire spéciale en matière de surveillance des pêches à des fonctionnaires à côté des officiers de police judiciaire, de la Gendarmerie et de la Police nationale[809].

Au Sénégal, la DPSP est l'autorité compétente chargée de la coordination des opérations de suivi, contrôle et surveillance des pêches[810]. Pour lutter efficacement contre toutes les formes de pratique de pêche INN, différentes autres structures sont aussi concernées. Ainsi en est – il de la Marine nationale, chargée de l'exploitation des unités navales sur l'ensemble des eaux sous juridiction nationale, de l'Armée de l'air qui est responsable des opérations de surveillance aérienne ainsi que des autres services de contrôle que sont la Douane, l'ANAM[811], la police, la gendarmerie et d'autres directions nationales comme la DITP, la DPM et, de manière générale, toutes les structures dont les agents sont impliqués dans la surveillance des pêches conformément aux dispositions du Code de la pêche maritime[812].

Toutefois, même s'il a été précisé, dès le départ, que la DPSP n'exerce pas les missions qui lui sont attribuées d'une manière isolée et qu'elle doit le faire en relation avec d'autres structures, il faut reconnaître que, par la force des choses, elle se trouve au centre des activités de police et de surveillance des pêches. En effet, même si elles ont été désignées comme chargées de veiller à l'application des dispositions du Code de la pêche maritime et des règlements pris pour son application, notamment par le biais de la surveillance des pêches, les autres structures n'assurent, en général, leurs obligations dans la lutte contre les actes de pêche INN que de manière incidente dans le cadre des textes qui régissent leurs activités[813].

D'ailleurs dans la pratique, notamment en matière de pêche industrielle, hormis la contribution qu'apportent la Marine nationale et l'Armée de l'Air, la DPSP est le service de référence en matière de surveillance des pêches. Ainsi, au sein des différentes structures chargées des problèmes de pêche maritime,

---

809 Article 48 du Code de la pêche maritime.

810 Voir le document « *Stratégie de lutte contre la pêche illicite, non déclarée et non réglementée au Sénégal* », avril 2013, financé par le programme PRAO Sénégal, source : DPSP, *op. cit.*, note de bas de page 80.

811 Parmi les corps de fonctionnaires inscrits dans le décret n° 77-1011 du 24 novembre 1977, portant statut particulier du cadre des fonctionnaires de la Marine marchande, seul celui des Administrateurs des Affaires maritimes est cité parmi les agents verbalisateurs énumérés à l'article 48 du Code de la pêche maritime.

812 Article 48 du Code de la pêche maritime, *op. cit.*,note de bas de page 792.

813 Il s'agit notamment le Code des douanes, le Code de la marine marchande qui, rappelons – le, ne sont même pas spécialisés sur la thématique de pêche de manière générale et, par conséquent, ne peuvent jouer qu'un rôle mineur et incident dans la lutte contre la pêche INN.

la DPSP semble être mieux située[814] du point de vue institutionnel pour lutter contre la pêche INN. En effet, en matière de lutte contre la pêche INN, la DPSP est présente à toutes les étapes du contrôle des activités de pêche et lorsque la Marine nationale ou l'Armée de l'Air interviennent, c'est essentiellement pour les besoins des opérations de la navigation maritime et aérienne.

De manière pratique et illustrative, le contrôle des activités de pêche s'opère à trois niveaux[815].

Il y a d'abord le contrôle à terre qui se fait à quai et au niveau des industries ou usines de pêche.

Dans le premier cas concernant le contrôle à quai, les programmes d'inspections sont élaborés par la DPSP, par le biais de la Division Inspection et Contrôle qui est opérationnelle vingt-quatre heures sur vingt-quatre (24h/24). Une équipe d'inspection est programmée journalièrement à quai et comprend un agent de la DPSP assermenté, désigné en général parmi les inspecteurs des pêches et qui fait office de chef d'équipe ainsi que deux observateurs des pêches et un policier.

Une fois à bord, l'équipe d'inspection peut notamment exiger la présentation de la licence de pêche, du journal de pêche ou de tout autre document relatif au navire ou aux captures qui se trouvent à bord et éventuellement prendre des copies de ces documents ; inspecter les captures à bord ainsi que les engins de pêche utilisés ; visiter à bord tout local où ils auraient des raisons de penser que des produits capturés ou des engins prohibés auraient pu être entreposés ; examiner les documents de pêche relatifs aux captures effectuées ou ayant fait l'objet de transbordement et donner tout ordre raisonnablement nécessaire pour assurer le respect des dispositions de la loi portant Code de la pêche maritime et des règlements pris pour son application.

Dans le second cas concernant le contrôle au niveau des usines de pêche, les équipes de contrôle de la DPSP, habilités à contrôler les établissements de traitement des produits de la pêche, peuvent examiner tout document relatif aux captures des produits traités (certificat de première vente, certificat de capture, etc.), faire la mensuration des espèces traitées, demander l'origine des produits stockés dans les chambres de stockage (avec comme preuve à l'appui notamment le certificat à la première vente).

Il y a ensuite le contrôle en mer qui est effectué par l'équipe d'inspection composée de personnel de la Marine nationale, d'un inspecteur des pêches et d'un observateur des pêches. Cette équipe doit prendre des mesures pratiques

---

814 Voir Aly SAMB, *op. cit.*, note de bas de page N° 124.

815 Source : www.DPSP.sn

nécessaires pour s'assurer du respect de la législation des pêches et des règlements pris pour son application.

À cet effet, l'équipe d'inspection peut, en plus de toutes les prérogatives qui sont reconnues aux contrôleurs à quai, ordonner à tout navire en activité de pêche ou effectuant des opérations connexes à la pêche se trouvant dans les eaux sous juridiction sénégalaise de stopper et d'effectuer toutes les manœuvres nécessaires à sa visite et inspecter les engins de pêche utilisés à bord ou à partir du navire et, à cette fin, faire retirer de l'eau les engins de pêche[816].

Il y a enfin la patrouille aérienne qui a moins de précision que les autres méthodes de surveillance, car se faisant à distance. Les patrouilles aériennes sont effectuées par des aéronefs de la DPSP, de l'Armée de l'Air sénégalaise ou des Éléments français[817] au Sénégal. Les équipes d'inspection sont composées de l'équipage de l'aéronef et d'un agent de la DPSP.

L'opération consiste à survoler les navires en mer, à les identifier et à les photographier avec un appareil qui génère automatiquement les coordonnées géographiques (latitude et longitude) de l'unité de pêche. Une fois à terre, les données sont exploitées par la DPSP pour établir les cas d'infractions[818] et procéder aux arraisonnements nécessaires.

---

816 Cette méthode est appelée la procédure ordinaire par le Code la pêche maritime. Selon l'article 54 dudit Code : « *la procédure ordinaire est normalement employée dans les cas où les conditions autorisent la visite du navire, le navire contrôlé est seul et a immédiatement obtempéré à l'ordre de stopper. La procédure ordinaire implique qu'une équipe dirigée par un officier ou un officier marinier et pouvant comporter d'autres agents de surveillance des pêches soit envoyée à bord du navire de pêche. Cette équipe a notamment pour mission, de vérifier les documents de bord et le journal de pêche, les engins de pêche et les captures. Lorsqu'il apparaît qu'une infraction a pu être commise, le chef d'équipe se fait remettre le journal de pêche et note les renseignements de position, de route et de vitesse qu'il relève dans le journal de pêche, en veillant à numéroter les pages correspondantes du document et appose sa signature devant les indications qu'il a recueillies. Il dresse procès-verbal de l'infraction* ».

817 Voir l'article intitulé : Mission de surveillance des pêches au large du Sénégal pour le Falcon 50M de la Marine nationale, publié sur le site de la Marine nationale : *http://www.defense.gouv.fr/ marine/actu-marine/mission-de-surveillance-des-peches-au-large-du-senegal-pour-le-falcon-50m-de-la-marine-nationale* Mise à jour : 10/01/2014 19:13. Selon ce document : « *Dans le cadre des accords de coopération franco-sénégalais, un avion de surveillance maritime Falcon 50M est déployé à Dakar depuis le 10 décembre 2013 pour une mission de surveillance des pêches au large du Sénégal. Lors de ce type de mission, le Falcon 50M embarque un inspecteur de la direction de la protection et de la surveillance des pêches sénégalaises. Cet inspecteur procède aux constatations de flagrant délit de pêche illégale. Lors des vols de surveillance, 5 navires ont été pris en flagrant délit de pêche illégale en ZEE sénégalaise. L'un d'entre eux a été arraisonné par les autorités sénégalaises et se trouve actuellement au port de Dakar* ».

818 Cette méthode est appelée la procédure a vue par l'article 55 du Code de la pêche maritime. Selon cet article : « *La procédure de recherche et de constatation à vue est normalement utilisée lorsque les conditions n'autorisent pas la visite du navire, le navire de pêche n'a pas obtempéré aux sommations ou a pris la fuite ou les navires de pêche dans la zone sont*

Ce qu'il faut préciser, c'est qu'en dehors des agents verbalisateurs énumérés dans le Code de la pêche maritime, d'autres acteurs locaux interviennent dans la surveillance des pêches. Toutefois, la participation de ces acteurs dans le contrôle et la surveillance est plus nette en matière de pêche artisanale. En effet, en accompagnement des processus de cogestion des pêcheries artisanales, le concept de surveillance participative fait surface dans le secteur artisanal pour tenter de mieux suivre et contrôler les activités de la pêche artisanale. Plusieurs acteurs sont concernés, notamment la DPSP, le programme de Gestion intégrée des Ressources marines et côtières (GIRMAC)[819], le programme de Gestion durable des Ressources halieutiques (GDRH)[820], les ONG et les administrations locales des pêches.

---

trop nombreux pour être contrôlés individuellement. La procédure à vue ne peut intervenir que pour la constatation des infractions de défaut de licence, de refus d'obtempérer à l'ordre de stopper, de pêche pendant une période interdite, de pêche dans une zone interdite et de réalisation d'opérations connexes à la pêche non autorisées. Dans le cas particulier de la recherche et de la constatation des infractions par un aéronef, les renseignements pertinents sont relevés par l'équipage. Ces renseignements constituent des moyens de preuve faisant foi jusqu'à preuve contraire ».

819 Il s'agit du Programme de Gestion intégrée des Ressources marines et côtières qui est logé au niveau de la Direction des Parcs nationaux du Ministère de l'Environnement. Son objectif essentiel est la conservation des espèces en danger et des écosystèmes représentatifs. Il comporte deux composantes. La première est la composante pêche qui a pour but le développement de pêcheries durables. Quant à la seconde composante, c'est celle de la biodiversité avec comme objectif la conservation des habitats critiques et des espèces.

La composante pêche se décline en six sous-composantes devant aboutir à une utilisation durable des ressources halieutiques. Le ministère en charge de la pêche et les organisations communautaires cogèrent les pêcheries sur la base d'une connaissance des tendances évolutives des stocks, des tendances de l'industrie de la pêche et des déplacements saisonniers. Cette composante est structurée en 6 sous-composantes :

La révision des dispositions réglementant l'accès et l'exploitation des ressources halieutiques en diagnostiquant les textes législatifs et réglementaires qui régissent la gestion des écosystèmes et des ressources marines et côtières ;

Le développement des capacités des acteurs locaux à gérer les ressources par des campagnes d'éducation et de sensibilisation pour l'adoption d'un code de conduite pour une pêche responsable, l'appui aux initiatives communautaires de gestion durable et la vulgarisation du Code de la pêche et des autres textes réglementaires ;

La mise en place d'un système concerté de surveillance côtière de la pêche au niveau des zones sensibles telles les îles Betenti, Lompoul, Cap Skirring, Kafountine et Djifère, la création de brigades mixtes de surveillance et le renforcement des moyens de contrôle des navires de pêche ;

La mise en place d'activités alternatives par la promotion de l'aquaculture, de l'écotourisme et l'identification des opportunités d'activités économiques y compris la migration des pêcheurs nationaux vers d'autres zones de pêche sous-exploitées dans le contexte d'un plan de reconversion ;

La promotion de méthodes d'utilisation durable des ressources marines et côtières basée sur les connaissances et pratiques traditionnelles durables de pêche, la création de centres polyvalents de pêche et la sensibilisation sur le problème de la surexploitation des ressources ;

La surveillance participative est une action concertée et commune de surveillance et de protection des ressources par et pour les communautés de pêcheurs en parfaite collaboration avec l'administration locale des pêches. Dans son opérationnalité, une brigade de cosurveillance chargée des patrouilles et des contrôles, est mise sur place. Cette brigade est composée des professionnels de la pêche, des services déconcentrés de l'administration des pêches et des eaux et forêts, des notables de la localité concernée, de la mairie, des ONG et des autres organisations agissant dans le cadre de la gestion des pêches[821].

Dans tous les cas, la verbalisation en cas d'infraction doit être faite par un agent assermenté de l'administration en conformité avec la réglementation en vigueur. Ceci permet de dresser un procès-verbal de constatation d'infraction qui va être transmis à l'administration de la surveillance des pêches pour l'application, si elle est avérée, de la sanction correspondante. Cette phase d'application de la sanction fait intervenir différentes autorités.

B. La répression des infractions

Au Sénégal, la répression des infractions en matière de pêche INN peut emprunter deux voies : la voie juridictionnelle et la voie transactionnelle. Il est évident que si les autorités judiciaires ne peuvent intervenir que dans la voie juridictionnelle, celles administratives, tout en détenant l'exclusivité de la procédure en matière transactionnelle, interviennent également dans la phase judiciaire.

1. La voie juridictionnelle : l'intervention du juge de droit commun

Au Sénégal, il n y a pas de juridiction spécialisée en matière maritime et plus particulièrement dans le domaine du droit des pêches maritimes. De fait, ce sont les juges de droit commun qui auront à traiter d'une question aussi technique que les délits de pêche avec toutes les subtilités que cela comporte. En plus, cette compétence est circonscrite aux infractions commises dans les eaux sous juridiction sénégalaise. Ce qui est très problématique au vu des responsabilités qui incombent au Sénégal en sa qualité d'État du pavillon chargé de faire respecter les mesures internationales[822] de conservation et de

---

Le renforcement des capacités pour une augmentation de la valeur ajoutée des produits halieutiques par l'identification de nouvelles méthodes de valorisation des produits halieutiques, l'amélioration des conditions de débarquement, de transport et de conservation des produits, le renforcement de l'hygiène et de la qualité dans le secteur de la transformation artisanale, l'identification de nouveaux marchés et l'utilisation des résultats de la recherche sur la transformation des produits halieutiques. Plus d'infos sur www.girmac.sn. Cf. aussi http://www.sendeveloppementlocal.com/Girmac_r32.html

820 Pour plus de détails sur le programme de Gestion durable des Ressources halieutiques (GDRH), Cf. infra, note de bas de page 1068

821 Cf. www.DPSP.sn

822 Voir l'Accord de conformité de la FAO ratifié par le Sénégal, *op. cit.*, première partie, titre I, chapitre I, section II, paragraphe II

gestion des ressources halieutiques en haute mer, surtout que l'on sait que le Sénégal est doté d'une flotte de pêche hauturière[823], même si modeste.

Ainsi, selon le Code de la pêche maritime[824], dans les eaux maritimes sous juridiction sénégalaise, les tribunaux de la République du Sénégal sont compétents pour connaître de toutes les infractions aux règles prescrites par lui et les règlements pris pour son application.

Les actions et poursuites font intervenir le Ministère chargé de la pêche maritime et le parquet. Elles sont ainsi exercées directement par le représentant du ministre chargé de la pêche maritime, devant les juridictions compétentes, sans préjudice du droit qui appartient au Ministère public près ces juridictions[825]. Les tribunaux dont il s'agit font l'objet des développements suivants.

- Le Tribunal régional

Les infractions de pêche sont classées dans la catégorie des délits. Lorsqu'un contentieux en matière de pêche est soumis en première instance devant le tribunal, il est du ressort du tribunal régional de traiter l'affaire. Le tribunal régional est une juridiction de droit commun c'est-à-dire qu'il est compétent pour juger les litiges de toutes matières sauf ceux que la loi a attribués à des juridictions spécialisées, ce qui n'est pas le cas en matière de pêche. Il statue en premier ressort en matière pénale pour les litiges qui ne sont pas soumis au tribunal départemental (contraventions et certains délits)[826]. Dans ce cas, le représentant du ministre chargé de la pêche maritime dûment cité ou averti par le Parquet, expose l'affaire devant le tribunal et est entendu à l'appui de ses conclusions[827]. C'est sur cette base que le juge va rendre sa décision.

---

823 Les navires de pêche hauturière ciblent les ressources pélagiques hauturières regroupent les thonidés tropicaux majeurs (albacore, listao et patudo), les petits thonidés (thonine, auxide, maquereau bonite, bonite à dos rayé), et les espèces apparentées telles que le voilier atlantique, le marlin bleu et l'espadon. Il s'agit essentiellement de poissons prédateurs, vivant en bancs, hautement migrateurs et se déplaçant entre la surface et 300 m de profondeur généralement au large, au-delà du plateau continental.
La flottille industrielle basée à Dakar, composée essentiellement de canneurs congélateurs sénégalais (6), français (1) et espagnols (7), exploite les mattes de thons présentes dans la zone de la Guinée à la Mauritanie en 2O11. Les prises totales des canneurs sénégalais en 2010 sont estimées à 4 606 tonnes (1 168 tonnes d'albacore, 2 412 tonnes de listao, 844 tonnes de patudo, 73 tonnes de thonine, 107 tonnes d'auxide). Ainsi, les captures ont connu une réduction par rapport à 2009 (6 720 tonnes). Cette réduction de la production observée dans les pêcheries thonières suit celle de l'effort de pêche qui est passée de 1 574 jours de pêche en 2009 à 1 220 jours de pêche en 2010. Voir Diagnostic du Système de Suivi, Contrôle et Surveillance des pêches au Sénégal. PRAO/Sénégal, *op. cit.*, note de bas de page N° 742

824 Article 79 du Code de la pêche maritime

825 Article 80 alinéa 1er du Code de la pêche maritime

826 Voir Aly SAMB, *op. cit.*, note de bas de page N° 124

827 Article 80 alinéa 2 du Code de la pêche maritime

Les décisions des tribunaux régionaux frappées d'appel sont portées devant la Cour d'appel.

- La Cour d'appel

Elle est compétente pour connaître en appel des décisions rendues en première instance par les tribunaux régionaux statuant en matière pénale sur des infractions de pêche[828]. C'est ce qui ressort du Code de la pêche maritime[829] lorsqu'il déclare que les jugements pour infraction aux règles prescrites par lui et les règlements pris pour son application sont notifiés au représentant du ministre chargé de la pêche maritime qui peut, concurremment avec le Ministère public, interjeter appel.

La décision de faire appel peut aussi venir du défenseur et c'est ainsi que le Code de la pêche maritime dispose que sur l'appel de l'une ou de l'autre partie, le représentant du ministre chargé de la pêche maritime a le droit d'exposer l'affaire devant la Cour et de déposer ses conclusions[830].

- La Cour suprême, juge de cassation

Sous réserve des matières relevant de la compétence d'attribution d'autres juridictions, la Cour suprême se prononce sur les pourvois en cassation pour, entre autres, incompétence, violation de la loi ou de la coutume, dirigés contre les arrêts et jugements rendus en dernier ressort par toutes les juridictions[831]. Les délits de pêche n'échappent à cette règle et en ce qui les concerne, la Cour suprême est compétente pour connaître en dernier ressort des jugements rendus par la Cour d'appel en matière d'infraction de pêche. C'est la chambre[832] criminelle de la Cour suprême qui est compétente pour connaître des pourvois en cassation en matière pénale[833].

---

828 Voir Aly SAMB, supra, note de bas de page N° 124

829 Article 81 alinéa 1er du Code de la pêche maritime

830 Article 81 alinéa 2 du Code de la pêche maritime

831 Article 2 de la Loi organique n° 2008-35 du 7 août 2008 portant création de la Cour suprême.

832 La Cour suprême comprend quatre chambres. Chaque chambre instruit et juge les affaires de sa compétence soumises à la Cour suprême en vertu des articles 2, 4 et 5 de la Loi organique portant sa création. Ainsi, la chambre criminelle connaît des pourvois en cassation en matière pénale ; la chambre civile connaît des pourvois en cassation en matière civile et commerciale et la chambre sociale connaît des pourvois en cassation en matière sociale. Quant à la chambre administrative, elle est juge en premier et dernier ressort de l'excès de pouvoir des autorités exécutives, ainsi que de la légalité des actes des collectivités locales ; elle est compétente, en dernier ressort, dans les contentieux des inscriptions sur les listes électorales et des élections aux conseils des collectivités locales et, d'une manière générale, elle juge les contentieux qui lui sont dévolus par le code électoral. Voir l'exposé des motifs de la Loi organique n° 2008-35 du 7 août 2008 portant création de la Cour suprême

833 Sur les dispositions spéciales relatives aux recours en matière pénale, voir les articles 58 à 70 de la Loi organique n° 2008-35 du 7 août 2008 portant création de la Cour suprême.

En matière de pourvoi en cassation, la Cour suprême ne connaît pas du fond des affaires, sauf dispositions législatives contraires, ce qui fait dire qu'elle est juge du droit[834].

En résumé, il peut être affirmé que dans la procédure juridictionnelle, la saisine du Tribunal compétent est opérée par le représentant du ministre chargé de la pêche maritime ou par l'armateur, le commandant ou le représentant du navire et ce, sans préjudice des pouvoirs du Ministère public. Dans le cas où le Tribunal estime le navire coupable des faits qui lui sont reprochés, aucune difficulté ne se pose dans la gestion du dossier. L'armateur, le commandant ou le responsable du navire procède au paiement de l'amende infligée au niveau des services du Trésor public. Sur présentation de la preuve du paiement de l'amende et autres sommes à la charge de l'armateur, du commandant ou du responsable du navire, le Tribunal fait procéder à la restitution du cautionnement[835] par le Trésor public.

Lorsque l'une des parties n'est pas satisfaite de la décision qui a été rendue en première instance, des voies de recours sont offertes par le droit ; d'abord en deuxième instance devant la Cour d'appel et en dernier lieu, un pourvoi en cassation peut être déposé devant la Cour suprême.

Ce qu'il faut toutefois préciser, c'est que l'action publique en matière d'infraction aux règles prescrites par le Code de la pêche maritime et les

---

[834] Article 2 de la Loi organique n° 2008-35 du 7 août 2008 portant création de la Cour suprême.

[835] Le cautionnement est réglé par les articles 64 et 76 à 78 du Code de la pêche maritime. Selon l'article 64, tout navire ayant servi à commettre une infraction aux règles prescrites par le Code ou aux règlements pris pour son application peut être retenu dans un port sénégalais jusqu'au paiement des pénalités correspondantes ou jusqu'au versement au Trésor Public d'un cautionnement dans les conditions fixées par l'article 76 et suivants du Code de la pêche maritime. Le Chapitre III dudit Code est consacré au versement d'un cautionnement. Son article 76 dispose que le Ministre chargé de la pêche maritime ou son représentant ou le tribunal compétent, selon le cas, fait procéder à la libération du navire et de son équipage retenu conformément aux dispositions de l'article 64 précité, dès le paiement d'un cautionnement, sur demande de l'armateur, du commandant ou du représentant local du navire. Cette décision intervient dans un délai maximum de soixante-douze heures après l'introduction d'une demande de mise en libération du navire et de son équipage. L'article 77 précise que le montant du cautionnement ne doit pas être inférieur au maximum de l'amende encourue pour l'infraction constatée et que le Ministre chargé de la pêche maritime ou son représentant, assisté par la commission consultative mentionnée à l'article 68 du Code de la pêche maritime fixe le montant du cautionnement. Enfin, l'article 78 s'intéresse au sort qui sera réservé au cautionnement et dispose que le cautionnement est restitué dans les cas suivants : (a) une décision de non-lieu ou d'acquittement a été prononcée en faveur des prévenus ; (b) une transaction, réglée dans son intégralité, a été versée ; (c) le tribunal a condamné le ou les auteurs de l'infraction et il a été procédé au paiement intégral des amendes, dépenses et émoluments à la charge des auteurs de l'infraction conformément au jugement et, le cas échéant, des pénalités dues au retard de paiement.

règlements pris pour son application se prescrit après un délai de trois ans[836] à partir du jour où l'infraction a pu être constatée par procès-verbal.

Le choix de ces juridictions de droit commun en matière pénale et la non-spécialisation des magistrats, aujourd'hui confrontés à des exigences nouvelles dans le contexte de la pêche INN, méritent une réflexion approfondie sur l'efficacité du recours à la voie juridictionnelle dans le règlement des litiges en matière de pêche INN.

Dans les faits, même si le Code de la pêche maritime a prévu deux voies en matière de répression des infractions dans le domaine de la pêche, le recours à la voie transactionnelle est privilégiée au détriment de la voie juridictionnelle.

2. La prééminence de fait de la voie non juridictionnelle : la transaction

La procédure juridictionnelle est très rarement mise en œuvre à cause des difficultés qui existent pour accéder aux Cours et Tribunaux, mais aussi à cause du coût et de la lenteur de la justice[837]. Ceci entraîne de fait la prééminence de la procédure administrative ou la transaction.

La loi autorise le ministre chargé de la pêche ou son représentant à transiger avec les auteurs des infractions de pêche[838]. Une commission consultative a été créée[839] pour assister l'autorité administrative chargée de transiger. La loi précise que la transaction est approuvée par écrit par le

---

[836] Article 82 du Code de la pêche maritime

[837] Voir Aly SAMB, *op. cit.*, note de bas de page N° 124

[838] L'article 68 du Code de la pêche maritime dispose que : « *le Ministre chargé de la pêche maritime ou son représentant, est autorisé à transiger au nom de l'État avec les auteurs d'infractions aux règles prescrites par la présente loi et les règlements pris pour son application. Il peut être assisté par une commission consultative dont la composition et les attributions sont fixées par voie réglementaire. S'agissant des infractions concernant la pêche artisanale, définies à l'article 87, le représentant du Ministre chargé de la pêche maritime au sens du présent article est le chef du service régional de la pêche maritime* ».

[839] Voir article 68 du Code de la pêche maritime et les articles 65 et 66 de son décret d'application à propos de la Commission consultative pour les infractions de pêche. Selon l'article 65 du décret : « *En application de l'article 68 de la loi N° 98 – 32 du 14 avril 1998 portant code de la pêche maritime, il est créé auprès du ministre chargé de la pêche maritime une commission consultative pour les infractions en matière de pêche maritime. La composition de la commission est la suivante: Président : le représentant du Ministre de la Pêche et des Transports maritimes ; Membres : - le Directeur de l'Océanographie et des Pêches maritimes ; - le Directeur de la Marine marchande ; - le Directeur de la structure de protection et de surveillance des Pêches au Sénégal ; - un représentant du Ministère chargé des Forces Armées ; - un représentant du Ministère chargé des Finances* ». *l'article 66 ajoute que* « *La commission consultative pour les infractions est chargée de donner des avis au Ministre chargé de la pêche maritime ou son représentant sur : - les dossiers de transaction, en vertu des dispositions de l'article 67 et suivants de loi N° 98 – 32 du 14 avril 1998 portant code de pêche maritime ; - le montant du cautionnement prévu à l'article 75 et suivants de la loi N° 98 – 32 du 14 avril 1998 portant code de la pêche maritime* ». Ce dernier article montre le caractère non contraignant des délibérations de la Commission qui ne sont que des avis ne liant pas leur destinataire.

ministre chargé de la pêche et que la conclusion[840] de la transaction doit aboutir au versement immédiat d'une amende. Le défaut de paiement entraîne la saisie de la juridiction répressive compétente[841].

Les dispositions de la loi sur la transaction ne souffrent d'aucune ambiguïté. L'autorité administrative autorisée à transiger, discute avec le responsable du navire ayant commis une infraction de pêche. Les deux parties se mettent d'accord sur le montant de l'amende de transaction à verser par le responsable du navire. Le montant de l'amende retenue ne peut être inférieur à celui de l'amende encourue pour l'infraction commise[842] conformément aux dispositions du Code de la pêche maritime. Le montant de l'amende conclue doit être versé immédiatement et intégralement au Trésor public. La loi ne prévoit ni une dérogation à cette règle ni la possibilité pour le responsable du navire de se soustraire à l'obligation de verser le montant de l'amende de transaction au Trésor public.

En outre, la loi précise que la transaction éteint l'action publique,[843] mais que le défaut de paiement de l'amende de transaction entraîne la saisie de la juridiction répressive[844]. Autrement dit, tant que l'amende de transaction n'est pas versée au service compétent du Trésor public, le navire ayant commis l'infraction peut être poursuivi devant le Tribunal compétent.

Toutefois, malgré sa généralisation, la procédure administrative comporte des tares liées à une pratique[845] de la transaction qui dénature l'esprit et la lettre de la loi portant Code de la pêche maritime. Ce qui fait que la procédure juridictionnelle, malgré ses imperfections, a des avantages sur la procédure administrative. Elle comporte de nombreuses garanties notamment en ce qui concerne la transparence dans la conduite de la procédure, l'égalité des parties devant le Tribunal et la certitude du recouvrement des amendes infligées par le Tribunal ou la Cour[846].

Toutefois, si les magistrats et les juridictions sénégalaises ne sont pas spécialisés, il n'en est pas de même du Tribunal international du droit de la mer et de ses juges qui ont une compétence avérée qui peut être mis à profit par des États comme le Sénégal.

---

840 L'article 69 ajoute que la conclusion de la transaction peut être subordonnée à l'abandon des engins et produits saisis ou du montant de la vente des produits saisis au profit de l'État.

841 Article 70 du Code la pêche maritime

842 Article 71 du Code de la pêche maritime

843 Article 72 du Code de la pêche maritime

844 Article 70 alinéa 2 du Code de la pêche maritime.

845 Voir infra, pour les développements à ce propos, cf. Paragraphe II de la Section première du Chapitre premier du Titre II de la Deuxième partie de ce travail.

846 Aly SAMB, *op. cit.,* note de bas de page N° 124

Paragraphe II : Des possibilités de recours à la juridiction du Tribunal international sur le droit de la mer peu utilisées

Le Tribunal international du droit de la mer est institué par la Convention des Nations unies sur le droit de la mer de 1982[847]. Il a été créé à la suite de l'entrée en vigueur de la CMB, le 16 novembre 1994[848]. Son siège est établi à Hambourg[849]. Toutefois, sa création à travers cette Convention n'en fait pas moins un organe judiciaire indépendant, mais qui entretient des relations étroites avec l'Organisation des Nations unies[850]. Le Tribunal a été créé en tant qu'instance spécialisée chargée de traiter des différends découlant de l'interprétation et de l'application de la Convention de Montego Bay.

Ainsi, même s'il n'est pas l'unique[851] instance appelée à connaître des différends en matière de droit de la mer, le tribunal peut, de par sa

---

847 L'article 287 relatif au choix de la procédure dispose que : « *1. Lorsqu'il signe ou ratifie la Convention ou y adhère, ou à n'importe quel moment par la suite, un État est libre de choisir, par voie de déclaration écrite, un ou plusieurs des moyens suivants pour le règlement des différends relatifs à l'interprétation ou à l'application de la Convention: a) le Tribunal international du droit de la mer constitué conformément à l'annexe VI, b) la Cour internationale de Justice, cl un tribunal arbitral constitué conformément à l'annexe VII, dl un tribunal arbitral spécial, constitué conformément à l'annexe VIII, pour une ou plusieurs des catégories de différends-qui y sont spécifiés* ».
L'Annexe VI de la CMB est consacré au statut du TIDM.il y est prévu, en son article 2 que le Tribunal est un corps de 21 membres indépendants élus parmi les personnes jouissant de la plus haute réputation d'impartialité et d'intégrité et possédant une compétence notoire dans le domaine du droit de la mer. Une représentation des principaux systèmes juridiques du monde et une répartition géographique équitable sont assurées dans la composition du Tribunal.

848 Après l'élection des premiers juges le 1er août 1996, le Tribunal est entré en fonction à Hambourg le 1er octobre 1996. L'inauguration officielle du Tribunal a eu lieu le 18 octobre 1996. *www.itlos.org*

849 Hambourg a été choisie pour accueillir le siège du Tribunal par les représentants des États qui ont participé à la troisième Conférence des Nations unies sur le droit de la mer, par un vote au scrutin secret le 21 août 1981. Le choix de Hambourg, ville portuaire réputée pour sa grande tradition de navigation internationale et de commerce maritime, est mentionné à l'article 1, paragraphe 2, du Statut du Tribunal. Le bâtiment du siège a été financé par le Gouvernement fédéral de l'Allemagne (à hauteur de 80 %) et par la Ville libre et hanséatique de Hambourg (à hauteur de 20 %), et mis, exempt de loyer, à la disposition du Tribunal. *www.itlos.org*

850 Le Tribunal et l'ONU ont conclu un accord relatif à la coopération et aux relations entre les deux institutions. L'ONU a accordé au Tribunal le statut d'observateur à l'Assemblée générale. En outre, le personnel du Tribunal est rémunéré suivant le régime commun des Nations Unies en matière de traitements, indemnités et autres prestations, tel qu'il est géré par la Commission de la fonction publique internationale. Le Tribunal participe à la Caisse commune des pensions du personnel des Nations Unies. *www.itlos.org*

851 Le Tribunal est l'un des moyens de règlement des différends découlant de l'application ou de l'interprétation de la Convention. Les autres moyens sont la Cour internationale de Justice, un tribunal arbitral constitué conformément à l'annexe VII de la Convention, et un tribunal arbitral spécial, constitué conformément à l'annexe VIII de la Convention. L'Assemblée générale des Nations Unies a reconnu la contribution qu'apporte le Tribunal au

spécialisation et à travers sa jurisprudence, jouer un rôle important comme source de formation de règles supplétives et interprétatives dans le domaine de la pêche INN.

Dans le prolongement de la Convention des Nations unies sur le droit de la mer de 1982, la jurisprudence du tribunal permet de préciser les droits et obligations de l'État côtier dans la zone économique exclusive[852].

Lorsque différentes activités sont menées dans la zone économique exclusive, il est possible que les dispositions de la Convention de 1982 restent en deçà de la pratique des États, laquelle permet, avec la jurisprudence[853], de trouver des éléments de réponse à des problèmes non réglés par la Convention. Dès lors, il s'avère utile de s'interroger sur la saisine du tribunal.

A. Les conditions de saisine du Tribunal

Les différends sont soumis au Tribunal par des États Parties[854]. Le Tribunal est également ouvert aux entités autres que les États Parties à la Convention dans tous les cas expressément prévus à la partie XI de la Convention[855], ou dans toute autre instance introduite conformément à tout autre accord[856] conférant compétence au Tribunal qui est accepté par toutes les parties à cette affaire.

Tous les différends relevant de l'application ou de l'interprétation de la Convention des Nations Unies sur le droit de la mer peuvent être portés devant le Tribunal. D'une manière générale, toutes les parties à une affaire sont tenues d'accepter la compétence du Tribunal, avant que celui-ci ne soit saisi de

---

règlement pacifique des différends conformément à la Partie XV de la Convention et a souligné le rôle important que joue le Tribunal et l'autorité qu'il exerce en matière d'interprétation et d'application de la Convention.

852 Il s'agit de droits souverains aux fins d'exploration et d'exploitation, de conservation et de gestion des ressources biologiques ainsi que la mise en application de ses lois et règlements.

853 A propos de la jurisprudence du Tribunal international sur le droit de la mer, consulter : *www.itlos.org*.

854 Actuellement, les États Parties à la Convention sont au nombre de 166. Ce nombre comprend 165 États et une organisation internationale (la Communauté européenne). Une liste complète des États Parties est disponible sur les pages Internet de la Division des affaires maritimes et du droit de la mer de l'Organisation des Nations Unies.

855 La partie XI de la Convention des Nations Unies sur le droit de la mer prévoit, par exemple, que des sociétés privées ou des personnes physiques peuvent porter des différends découlant d'activités menées dans la Zone devant la Chambre pour le règlement des différends relatifs aux fonds marins.

856 C'est le cas de l'Accord CMA conclu dans le cadre de la CSRP et sur la base de laquelle, une demande d'avis consultatif a été transmise au Tribunal par la Commission sous régionale des pêches (CSRP). Voir à ce propos, le communiqué de presse du TIDM réf. : ITLOS/Press 190. Les communiqués de presse du Tribunal, documents et autres informations peuvent être obtenus sur le site Internet du Tribunal (*www.tidm.org ou www.itlos.org*).

l'affaire. Cette compétence peut être acceptée avant que le différend n'intervienne, ou postérieurement[857].

Les affaires dont le Tribunal a été saisi jusqu'à ce jour ont porté essentiellement sur les points suivants : prompte mainlevée des navires et prompte libération des équipages en vertu de l'article 292[858] de la Convention de Montego Bay, juridiction de l'État côtier dans ses zones maritimes, liberté de la navigation, droit de poursuite, milieu marin, pavillons de complaisance et conservation des stocks de poissons. La compétence du Tribunal s'étend également à des différends découlant d'autres accords[859] qui confèrent compétence au Tribunal.

Une fois régulièrement saisi, le Tribunal pourra rendre sa décision qui va produire un certain nombre d'effets.

B. Les effets juridiques des décisions du Tribunal

Les décisions du Tribunal ont un caractère obligatoire et toutes les parties à un différend sont tenues de s'y conformer. Toutefois, le Tribunal ne dispose d'aucun moyen pour les faire appliquer[860].

Concernant les mesures conservatoires prescrites par le Tribunal, les parties à un différend sont tenues de s'y conformer sans délai, soit au titre de l'article 290, paragraphe 1er[861], soit au titre de l'article 290, paragraphe 5[862], de la Convention des Nations unies sur le droit de la mer.

Il n'existe pas des voies de recours contre les décisions du Tribunal. Celles-ci sont définitives. Toutefois, le Règlement du Tribunal prévoit des dispositions concernant les demandes en interprétation ou en révision d'un arrêt.

---

857 www.itlos.org

858 L'article 292 de la Convention traite des procédures de prompte mainlevée de l'immobilisation des navires et de prompte libération de leurs équipages, lorsqu'il est allégué que l'État qui a immobilisé le navire n'a pas observé les dispositions de la Convention prévoyant la prompte mainlevée de l'immobilisation du navire ou la mise en liberté de son équipage dès le dépôt d'une caution raisonnable ou d'une autre garantie financière. En vertu de son Règlement, le Tribunal est tenu de rendre son arrêt, en de telles affaires, dans les 30 jours qui suivent la date de présentation de la demande.

859 Il y a une nuance par rapport à la note de bas de page N° 806 puisque, si dans son cas c'est plutôt l'institutionnalisation de la compétence qui est recherchée, ici, le différend porte sur les dispositions de l'Accord lui-même.

860 www.itlos.org

861 Selon l'article 290 alinéa 1, si une cour ou un tribunal dûment saisi d'un différend considère, prima facie, avoir compétence en vertu de la présente partie (ou de la section 5 de la partie XI), cette cour ou ce tribunal peut prescrire toutes mesures conservatoires qu'il juge appropriées en la circonstance pour préserver les droits respectifs des parties en litige ou pour empêcher que le milieu marin ne subisse de dommages graves en attendant la décision définitive.

862 Quant à l'alinéa 2 de l'article 290, il dispose que les mesures conservatoires peuvent être modifiées ou rapportées dès que les circonstances les justifiant ont changé ou cessé d'exister.

Ce qu'il faut remarquer, c'est que les problèmes relatifs à la pêche illicite, non déclarée et non réglementée se sont posés à maintes reprises devant le Tribunal international du droit de la mer, mais seulement à titre incident dans le cadre de la procédure particulière de prompte mainlevée ; ce qui fait qu'il n'a pu jusqu'ici les traiter de manière approfondie[863]. En effet, la nature particulière de la procédure ne permet absolument pas au Tribunal d'apprécier les actions d'un État côtier dans l'exercice de ses droits souverains. Le paragraphe 3 de l'article 292 de la CMB[864] ne laisse subsister aucun doute à ce propos. Cette procédure instituée à l'article 292 se destine très modestement, à assurer la prompte mainlevée de l'immobilisation d'un navire dès le dépôt d'une caution en attendant la fin des procédures judiciaires internes[865]. C'est ce qui avait poussé le Juge Tafsir Malick NDIAYE à inviter les organismes régionaux de gestion des pêches à penser à demander des avis consultatifs au Tribunal sur ces questions pour que celui-ci puisse les examiner de façon plus

---

863 Cf. Tafsir Malick NDIAYE, *op. cit.*, note de bas de page N° 110

864 Selon l'article 292 paragraphe 3 : « La cour ou le tribunal examine promptement cette demande et n'a à connaitre que de la question de la main levée ou de la mise en liberté. Sans préjudice de la suite qui sera donnée à toute action dont le navire, son propriétaire ou son équipage peut être l'objet devant la juridiction nationale appropriée. Les autorités de l'État qui a procédé à l'immobilisation ou à l'arrestation demeurent habilitées à ordonner à tout moment la mainlevée de l'immobilisation du navire ou la mise en liberté de son équipage.

865 Dans l'affaire du « *Tomimaru* », (Japon c. Fédération de Russie), arrêt du 6 août 2007, l'aboutissement des procédures judiciaires internes à la Fédération de Russie a rendu « la demande du Japon […] sans objet et qu'il n'y a dès lors pas lieu de statuer » (§ 82 de l'arrêt). Le Tomimaru est un navire de pêche battant pavillon japonais. Il détenait un permis de pêche l'autorisant à pêcher de la goberge de l'Alaska et du Hareng dans la région Ouest de la mer de Béring situé dans la ZEE de la Fédération de Russie, où il a été inspecté et arraisonné. Il a été découvert à bord du navire 20 tonnes de goberge de l'Alaska éviscérée qui n'étaient pas mentionnées dans le journal de pêche, ainsi que certains types de poissons dont la capture est interdite (divers types de Flétan ; de la raie ; de la morue et plusieurs types d'espèces démersales). Selon les autorités russes, la quantité de poisson capturé illicitement est de 62 186,9 kg et des dommages estimés à 8,8 millions de roubles (environ 34.500 dollars des États-Unis). [Voir Lettre en date du 22 décembre 2006 du Parquet interrégional pour la protection de la nature au Kamtchatka informant le Consul général du Japon à Vladivostok, et le paragraphe 25 de l'arrêt du Tribunal international du droit de la mer]. Le Tribunal d'instance de Petropavlosk-Kamtchatskii ordonna la confiscation du navire Tomimaru. Cette décision sera confirmée le 24 janvier 2007 par le Tribunal régional de Kamtchatka à la suite d'un recours du propriétaire du navire. Ce dernier présentera une objection écrite dans le cadre de la procédure russe de révision par une juridiction supérieure. La procédure était en instance devant la Cour suprême de la Fédération de Russie lors du dépôt de la demande de mainlevée devant le Tribunal international du droit de la mer. La Cour suprême devait rejeter l'objection concernant la Confiscation du Tomimaru étant donné « *[…] qu'il n'y existait pas de motifs permettant de réviser l'arrêt sur la base des arguments présentés dans l'objection* » (§ 46 de l'arrêt du TIDM). Le Tribunal international du droit de la mer note que la décision de la Cour suprême de la Fédération de Russie met un terme aux procédures devant les tribunaux nationaux. Il considère que la demande est sans objet (§§ 79 et 81 de l'arrêt du 6 août 2007). À noter que tous les arrêts du TIDM peuvent être consultés sur le site du Tribunal : www.itlos.org.

complète[866]. Son vœu semble être exaucé puisqu'à la date du 28 mars 2013[867], une demande d'avis consultatif a été transmise au Tribunal international du droit de la mer par la Commission sous régionale des pêches (CSRP) dont le Sénégal est membre. Cette demande fait suite à la résolution adoptée au cours de sa quatorzième session extraordinaire (25 - 29 mars 2013), par la Conférence des Ministres de la CSRP et par laquelle, elle a habilité le Secrétaire permanent de la CSRP à « *saisir le Tribunal international du droit de la mer [...] aux fins de rendre un avis consultatif sur les questions suivantes:*

1. Quelles sont les obligations de l'État du pavillon en cas de pêche illicite, non déclarée et non réglementée (INN) exercée à l'intérieur de la Zone Economique Exclusive des États tiers ?

2. Dans quelle mesure l'État du pavillon peut-il être tenu pour responsable de la pêche INN pratiquée par les navires battant son pavillon ?

3. Une organisation internationale détentrice de licences de pêche peut-elle être tenue pour responsable des violations de la législation en matière de pêche de l'État côtier par les bateaux de pêche bénéficiant desdites licences ?

4. *Quels sont les droits et obligations de l'État côtier pour assurer la gestion durable des stocks partagés et des stocks d'intérêt commun, en particulier ceux des thonidés et des petits pélagiques ?* »

Cette résolution a été adoptée conformément à l'article 33 de la Convention[868] du 8 juin 2012 relative à la détermination des conditions minimales d'accès et d'exploitation des ressources halieutiques à l'intérieur des zones maritimes sous juridiction des États membres de la Commission sous régionale des pêches (CCMA), selon lequel la Conférence des ministres peut habiliter le Secrétaire permanent de la CSRP à porter une question juridique spécifique devant le TIDM.

À la suite de cette saisine, le Tribunal a invité les États Parties à la Convention, la Commission sous régionale des pêches et d'autres organisations intergouvernementales à présenter, jusqu'au 29 novembre 2013, des exposés écrits sur la pêche INN[869]. Le tribunal a ensuite reporté cette échéance au 19 décembre 2013[870]. Ceci est chose faite puisqu'il a reçu beaucoup de réactions d'États[871] et d'organisations de pêche[872] dans le délai

---

866 Voir T.M. Ndiaye, « *The Advisory Function of the International Tribunal for the Law of the Sea* », Chinese Journal of International Law, Advance Acess published July 22, 2010 by Oxford University Press, doi : 10.1093/Chinesejil/jmq022 ; spec. §§ 58-89.

867 Voir le Communiqué de presse ITLOS/Press 190 à cette date et relatif à « *Une demande d'avis consultatif soumise au Tribunal international du droit de la mer par la CSRP* ». *www.itlos.org*

868 Il s'agit de la CCMA, *op. cit.*, première partie, titre I, chapitre II, section II, paragraphe I

869 Ordonnance du 24 mai 2013, ITLOS/Press 194

870 Ordonnance du 3 décembre 2013

871 Dans son exposé, le Japon déclare accorder une attention particulière au fait qu'avec la présente espèce, le Tribunal, dans sa formation plénière, est pour la première fois saisi d'une

imparti. Toujours dans le traitement de cette affaire, le Président du Tribunal a fixé[873] au 14 mars 2014, la date d'expiration du délai dans lequel des exposés écrits sur les exposés présentés pourraient être déposés par les États et organisations intergouvernementales ayant présenté des exposés écrits et plusieurs réactions ont été notées dans les délais. Sur cette base, le tribunal a fixé[874] au 02 septembre 2014 la date d'ouverture de la procédure orale au cours de laquelle pourront être présentés les exposés oraux sur les derniers exposés écrits présentés.

La procédure à suivre semble être longue, mais à l'issue, elle pourrait permettre de répondre à quelques questions de fond qui intéressent particulièrement des pays de la sous-région ouest-africaine, dont le Sénégal, pour leur permettre de mieux faire face à leurs responsabilités en qu'État côtier, mais aussi et surtout, en tant qu'État du pavillon.

L'analyse sans complaisance du cadre juridique de lutte contre la pêche INN, mis en place par le Sénégal dans le contexte des dernières évolutions au niveau international, montre que celui-ci est aujourd'hui dépassé et doit être revu tant sur le plan institutionnel que sur celui des textes. C'est pourquoi, dans le titre qui suit, il sera question de montrer concrètement en quoi consistent les lacunes notées dans le cadre juridique de lutte contre la pêche INN, avant de faire des propositions de solutions pour son amélioration.

---

demande d'avis consultatif. Il estime nécessaire, dans ce contexte, de donner certains éclaircissements sur la portée de la compétence consultative du Tribunal avant de traiter le fond de la demande de la CSRP.

872 www.itlos.org

873 Ordonnance du 20 décembre 2013

874 Ordonnance du 14 avril 2014

TITRE II

DIFFICULTÉS ET PERSPECTIVES DANS LA LUTTE CONTRE LA PÊCHE INN

Même si quelques réalisations sont notées grâce aux efforts fournis par le Sénégal dans le domaine de la lutte contre la pêche INN, il faut relever que le cadre juridique qu'il a mis en place est en déphasage par rapport aux exigences nées, ces dernières années, de la responsabilisation accrue de l'État du pavillon et, plus récemment, de l'État du port pour faire face au phénomène INN. De nouvelles règles sont nées des dernières conventions internationales, mais aussi des décisions des organisations internationales de pêche sur la question et qui engagent le Sénégal. De fait, il parait opportun d'analyser ce cadre juridique par rapport à ce nouveau contexte avant de dégager les perspectives qui s'offrent pour améliorer l'efficience de l'intervention du Sénégal dans la lutte contre la pêche INN. Ceci permettra de cerner les lacunes intrinsèques à ce cadre juridique avant de faire des propositions dans le sens de son amélioration.

CHAPITRE I

L'INADÉQUATION DU CADRE JURIDIQUE SÉNÉGALAIS FACE AUX EXIGENCES INTERNATIONALES EN MATIÈRE DE LUTTE CONTRE LA PÊCHE INN

Le cadre juridique national sénégalais laisse en rade beaucoup de nouvelles dispositions dont la prise en compte est pourtant essentielle dans la lutte contre la pêche INN, car devant permettre au Sénégal d'être suffisamment outillé pour répondre de ses obligations que lui confère son statut d'État côtier, mais aussi de celui du port et du pavillon. Il s'agira ici de présenter de manière précise ces lacunes, avant de s'intéresser au cas particulier de la pêche artisanale qui, dans le contexte des exigences en matière de pêche INN, constitue un véritable casse-tête pour les autorités chargées de la pêche. Aujourd'hui, au Sénégal comme partout ailleurs dans la sous-région ouest-africaine[875], le défi le plus important reste la lutte contre l'implication de la pêche artisanale dans les activités de pêche INN ; d'où la pertinence de son analyse dans le cadre de cette étude. Cependant, il faudra, auparavant, cerner les insuffisances notées dans la législation sénégalaise et découlant aussi bien de son contenu que de sa mise en œuvre.

SECTION I : UNE LÉGISLATION SOUVENT LACONIQUE

Le Sénégal dans la poursuite d'une politique de sauvegarde de ses ressources halieutiques a, en effet, mis en place depuis plusieurs années, un cadre législatif et réglementaire qui, malgré les acquis, demeure encore très en deçà des attentes légitimes nées de l'évolution du droit et de la pratique internationale dans le domaine de la pêche INN qui, rappelons-le, constitue une préoccupation importante pour les pouvoirs publics. Cette forme de pêche est devenue un fléau mondial qu'il convient de combattre pour gérer durablement les ressources et conserver au mieux l'équilibre socio-économique devenu fragile dans les pêcheries nationales et, le Sénégal accuse un très grand retard dans la prise en charge satisfaisante de cette question sur le plan juridique. Ainsi, une étude du cadre législatif et réglementaire sénégalais des pêches montre que celui-ci décèle d'importantes lacunes qui s'analysent non seulement par rapport à son contenu, mais aussi par les

[875] Voir l'exposé écrit de la CSRP dans le cadre de la demande d'avis consultatif présentée par cette organisation au TIDM conformément à l'Ordonnance du 24 mai 2013, ITLOS/Press 194 sur *www.itlos.org*

défaillances notées au niveau de sa mise en œuvre. C'est la raison pour laquelle ces lacunes peuvent être constatées aussi bien dans les dispositions de la loi portant Code de la pêche maritime et des règlements pris pour son application que dans les exigences du respect de la réglementation en vigueur.

Paragraphe I : La non-transposition de mesures internationales de lutte contre la pêche INN dans la législation interne

Ces dernières années, le droit international a beaucoup évolué dans l'édiction de mesures, aussi bien non contraignantes que contraignantes, destinées à faire face à la pêche INN. Le Code de la pêche sénégalais qui date de 1998, et les règlements pris pour son application n'ont pas pu suivre ce rythme et ne permettent pas, à ce stade, de lutter de manière acceptable contre la pêche INN qui nécessite une intervention, non seulement sur les navires, battant ou non le pavillon sénégalais et pêchant dans les eaux sénégalaises, mais aussi sur ceux opérant au-delà en raison des attributs que notre pays tire de ses qualités d'État du pavillon et d'État du port.

Le premier handicap qui est essentiel est plutôt d'ordre formel et tient au champ d'application de la loi n° 98-32 du 14 avril 1998 portant Code de la pêche maritime et des règlements pris en application. La loi portant Code la pêche maritime[876] limite l'application de ses dispositions aux eaux maritimes sous juridiction sénégalaise. Ainsi, seuls les navires qui ont commis une infraction de pêche dans ces eaux, de quelque nationalité qu'ils puissent être, peuvent être pris, poursuivis et sanctionnés. Ce qui permet au Sénégal d'assumer pleinement son rôle d'État côtier conformément à la CMB de 1982 qui précise que l'État côtier possède dans sa ZEE « *des droits souverains aux fins d'exploration et d'exploitation, de conservation et de gestion des ressources naturelles biologiques*[877] ». À ce titre, la CMB de 1982[878] ajoute que « *dans l'exercice de ses droits souverains d'exploration, d'exploitation, de conservation et de gestion des ressources biologiques de la zone économique exclusive, l'État côtier peut prendre toutes mesures y compris l'arraisonnement, l'inspection, la saisie et l'introduction d'une instance judiciaire, qui sont nécessaires pour assurer le respect des lois et règlements qu'il a adoptés conformément à la Convention* ».

Toutefois, la circonscription restrictive de l'application des dispositions du Code de la pêche maritime au cadre strictement national pose de sérieux problèmes pour le Sénégal lorsqu'il s'agit de faire respecter ses engagements en tant qu'État du pavillon et État du port.

En effet, aujourd'hui la responsabilité première de l'État du pavillon[879] quant au respect des mesures internationales de conservation et de gestion par

---

876 Article premier

877 Article 56 paragraphe 1.a de la CMB

878 Article 73 alinéa 1er de le CMB

879 Accord de conformité de la FAO de 1993

ses navires de pêche ne fait l'objet d'aucune équivoque. Assumer cette responsabilité est d'autant plus essentiel que le Sénégal a développé une flotte de pêche hauturière[880] appelée à opérer le plus souvent dans les eaux internationales. Par conséquent, l'inapplicabilité des dispositions du Code de la pêche maritime à la zone d'intervention de ces navires constitue un sérieux obstacle sur le plan juridique.

Concernant les MREP, l'Accord du 22 novembre 2009[881], prévoit leur application par l'État aux navires qui ne sont pas autorisés à battre son pavillon[882] et qui cherchent à entrer dans son ou ses ports ou qui se trouvent dans l'un de ses ports, avec des exceptions[883] que l'on retrouvera dans les conditions d'application. Cela implique clairement que les activités de pêche INN ont été commises par les navires visés dans les eaux d'autres États côtiers et qu'ensuite, ces navires vont dans les ports d'États tiers soit pour y débarquer, transborder, conditionner et transformer du poisson, soit pour y bénéficier d'autres services portuaires.

À titre illustratif, dans la mise en œuvre des MREP, les navires autorisés à entrer dans un port seront privés de certains privilèges[884], lorsque : l'agent habilité à inspecter le navire constate que celui-ci ne dispose pas d'une autorisation valable pour la période en cours pour pratiquer la pêche ou des activités liées à la pêche dans les eaux maritimes de l'État du pavillon ; l'agent habilité à inspecter le navire constate que celui-ci ne dispose pas d'une autorisation valable pour la période en cours pour se livrer à la pêche ou aux activités liées à la pêche dans un État côtier lorsque certaines preuves indiquent que le navire a pêché dans les eaux dudit État côtier ; l'agent habilité à inspecter détient des preuves que les captures se trouvant à bord ont été prises en violation de la réglementation sur la pêche dans les eaux maritimes d'un État côtier ; l'État du pavillon ne confirme pas dans un délai raisonnable,

---

880 Se référer à la situation des canneurs, *op. cit.,* note de bas de page 255

881 Il s'agit de l'Accord MREP, *op. cit.,* première partie, titre I, chapitre I, section II, paragr. II

882 Article 3 alinéa 1

883 Toujours selon l'article 3 alinéa 1, l'exception concerne: a) les navires d'un État voisin se livrant à une pêche artisanale de subsistance, à condition que l'État du port et l'État du pavillon coopèrent pour faire en sorte que ces navires ne se livrent pas à la pêche INN ni à des activités liées à la pêche en soutien à la pêche INN, et b) des navires porte-conteneurs qui ne transportent pas de poisson ou qui transportent seulement du poisson ou, s'ils en transportent, seulement du poisson qui a été débarqué auparavant, à condition qu'il n'existe pas de sérieuses raisons permettant de soupçonner que ces navires se sont livrés à des activités liées à la pêche en soutien à la pêche INN

884 Ils ne seront pas autorisés à débarquer, à transborder, à conditionner et à transformer les captures qui n'ont pas été débarquées une première fois ainsi qu'à bénéficier d'autres services portuaires tels que l'approvisionnement en carburant, l'avitaillement, l'entretien ou le passage en cale sèche. Article 18 paragraphe 1.b). Toutefois, selon le paragraphe 2 du même article, "nonobstant le paragraphe 1 du présent article, une Partie ne refuse pas à un navire vise par ce paragraphe l'utilisation des services du port qui sont indispensables à la santé ou à la sécurité de l'équipage ou à la sécurité du navire".

à la demande des autorités compétentes de l'État du port, que les captures se trouvant à bord du navire ont été prises dans le respect de la réglementation applicable édictée par une ORGP ; l'agent habilité à inspecter a des motifs raisonnables de penser que le navire s'est livré, d'une manière ou d'une autre, à la pêche INN ou à des activités de soutien à la pêche INN[885].

Toutes ces actions qui se déroulent en dehors des eaux sous juridiction sénégalaise, se heurtent à la limite spatiale circonscrite par le Code de la pêche maritime.

Des questions de fond peuvent aussi être invoquées comme des lacunes, même si elles sont noyées par l'obstacle de taille sus évoqué.

Ainsi, pour ce qui est du refus d'entrée au port et d'utilisation du port, l'Accord prévoit un certain nombre de mesures[886] à mettre en œuvre par l'État du port qui peut ainsi refuser l'entrée de son port à un navire étranger ou lui refuser l'utilisation de son port[887]. Ainsi, l'État du port peut décider d'autoriser[888] ou de refuser[889] l'entrée de son port à un navire étranger sur la base des informations contenues dans l'annexe A[890] de l'Accord ou d'autres

---

885 À moins que le navire ne puisse établir : qu'il a agi conformément aux mesures de conservation et de gestion ; et dans le cas d'apport de personnel, d'approvisionnement et de soutien que le navire bénéficiaire ne s'était pas encore au moment du service livré à des activités de pêche INN ou des activités de soutien à la pêche INN.

886 L'article 8 de l'Accord MREP fait de la notification préalable une des conditions d'accès au port.

887 Articles 9 et 11 de l'Accord MREP

888 Les navires auxquels l'État du port peut refuser l'entrée de son port peuvent être autorisés à entrer dans le port afin exclusivement de les inspecter et de prendre des mesures appropriées conformes au droit international qui soient au moins aussi efficaces que l'interdiction d'entrée dans le port.

889 Toutefois, il existe des exceptions au refus d'entrée et d'utiliser un port. Un navire s'étant livré à des activités de pêche INN ou à des activités de soutien à la pêche INN ne peut se voir opposer un refus d'accès au port ou un refus d'utilisation des installations du port dans les cas suivants : en cas de force majeure ou de détresse ; lorsqu'il s'agit de prêter assistance à des personnes, à des navires ou à des aéronefs en danger ou en détresse ; lorsque les services du port sont indispensables à la sécurité ou à la santé de l'équipage ou à la sécurité du navire, à condition que le besoin de ces services soit dûment prouvé ; pour la mise au rebut du navire. Articles 10 et 11 paragraphe 2 de l'Accord MREP

890 Les informations à fournir au préalable par les navires de pêche demandant l'autorisation d'entrer dans un port sont: 1. Port d'escale envisage ; 2. État du port ; 3. Date et heure d'arrivée estimées ; 4. Objet de l'accès au port ; 5. Nom du port et date de la dernière escale ; 6. Nom du navire ; 7. État du pavillon ; 8. Type de navire ; 9. IRCS (indicatif international d'appel radio) ; 10. Contact pour information sur le navire ; 11. Propriétaire(s) du navire ; 12. ID certificat d'immatriculation ; 13. ID navire OMI, si disponible ; 14. ID externe, si disponible ; 15. ID ORGP, s'il y a lieu ; 16. SSN/VMS 17. Dimensions du navire 18. Nom et nationalité du capitaine du navire ; 19. Autorisations de pêche appropriées ; 20. Autorisations de transbordement appropriées ; 21. Informations sur les transbordements intéressant les navires donateurs ; 22. Capture totale à bord et 23. Capture à débarquer

informations relatives à des activités de pêche INN menées par le navire en question[891].

Cependant, aucune mention expresse n'a été faite dans le Code de la pêche maritime quant à une quelconque réglementation de l'accès au port. Le Code de la Marine marchande[892] exige, avant toute autorisation d'entrée et de sortie des ports, l'accomplissement des prescriptions sanitaires et douanières et l'observation des règlements portuaires et maritimes. Cette exigence est reconduite par le chapitre III du Règlement d'exploitation[893] du port approuvé et rendu exécutoire par le décret n° 65 – 342 du 19 mai 1965[894]. Cependant, dans ces deux textes évoqués, la formalité requise sur les conditions préalables d'entrée dans un port ou plus précisément l'avis d'arrivée du navire comme son nom l'indique n'est pas en soi une demande d'autorisation d'accès, mais une simple information de l'arrivée du navire qui en est l'objet. Également, la communication des entrées et sorties s'analyse non pas comme une demande d'autorisation d'accès ou de sortie, mais comme une information d'usage.

Pour ce qui est de l'éventuel refus de l'accès au port, aucune mention n'en est faite, et les seules restrictions relevées concernent le blocage des opérations de débarquement ou la rétention d'un navire dans un port en cas de non accomplissement de certaines formalités ou de commission de certaines infractions. Ces mesures, faut-il le relever, interviennent seulement lorsque le navire est déjà dans le port et a déjà fait l'objet d'une inspection non concluante. Aucune disposition des différents textes précités n'est en conformité avec la mesure proprement dite d'interdiction de l'accès au port pour présomption de pêche INN.[895]

De même, si le Code de la pêche maritime impose à tout navire autorisé à opérer dans les eaux maritimes sénégalaises de communiquer au service compétent du Ministère chargé de la pêche maritime, par tous moyens appropriés, son entrée et sa sortie des eaux sous juridiction sénégalaise et de déclarer sa position et ses captures dans les conditions et la périodicité

---

891 L'État du port refuse aussi l'entrée de son port à un navire lorsqu'il dispose de preuves suffisantes établissant que le navire s'est livré à la pêche INN ou à des activités liées à la pêche en soutien à la pêche INN, en particulier si le navire figure sur une liste de navires s'étant livrés à la pêche INN ou des activités liées à cette pêche, la liste doit avoir été confectionnée par une ORGP pertinente. Article 9 alinéa 4 de l'Accord MREP

892 Article 15 de l'Accord MREP

893 Selon le règlement d'exploitation du port, soixante-douze (72) heures [vingt-quatre (24) heures dans le texte initial] avant l'arrivée du navire, il est fait obligation au consignataire de déposer à la Capitainerie du port de pêche un avis d'arrivée (AVARNAV) selon le modèle préétabli à cet effet. Dans ce formulaire, les informations demandées tiennent compte des préoccupations des administrations impliquées. Aussi, cette formalité permet de mettre en place un dispositif pour l'accueil des navires.

894 Certaines dispositions ont été révisées ponctuellement, mais la révision générale de ce texte est en cours.

895 Article 9 alinéa 4 de l'Accord MREP

prescrites par la réglementation[896], cette mesure ne s'applique qu'aux navires nationaux et aux navires étrangers autorisés à pêcher dans les eaux sénégalaises. Ce qui n'intègre en rien les responsabilités du Sénégal dans les MREP. En effet, dans le Code de la pêche maritime, le Sénégal ne prend pas des mesures à l'encontre des navires de pêche en sa qualité d'État du port, mais plutôt en sa qualité d'État côtier conformément à la CMB 82[897]. C'est pourquoi, le refus d'entrer dans un port et le refus d'utilisation d'un port au Sénégal ne sont pas prévus par le Code de la pêche maritime. Ses dispositions ne sont applicables que pour les navires en situation de pêche ou qui se sont livrés à la pêche dans les eaux sous juridiction sénégalaise. Ceci permet également de rappeler les lacunes dans la prise en charge des navires battant le pavillon national, mais qui opèrent hors des eaux sous juridiction sénégalaise et sur lesquels, le Sénégal a pourtant une compétence permanente et continue en vertu des obligations qu'il a contractées au niveau international.

D'autres questions, de moindre importance, peuvent être aussi notées dans la cohérence entre certaines dispositions du Code de la pêche maritime et celles de l'Accord MREP. Ainsi, par exemple, concernant la notion de pêche et des activités connexes, la définition donnée par l'Accord MREP du 22 novembre 2009[898] et celle donnée par la loi portant Code de la pêche maritime ne se recoupent pas complètement, car il existe notamment des différences[899]

---

[896] Arrêté N 007958 du 05 décembre 2005 portant organisation et fonctionnement du système de positionnement et de localisation des navires de pêche opérant dans les eaux sous juridiction sénégalaise. (VMS)

[897] Article 56, paragraphe premier et article 73

[898] Article premier, paragraphes c et d

[899] Selon l'article premier paragraphe c) de l'Accord intitulé « *Emploi des termes* », on entend par « pêche » la recherche, l'attraction, la localisation, la capture, la prise ou le prélèvement de poisson ou toute activité dont on peut raisonnablement s'attendre à ce qu'elle aboutisse à l'attraction, à la localisation, à la capture, à la prise ou au prélèvement de poisson. Le paragraphe d) ajoute « *on entend par «activités liées à la pêche» toute opération de soutien, ou de préparation, aux fins de la pêche, y compris le débarquement, le conditionnement, la transformation, le transbordement ou le transport des poissons qui n'ont pas été précédemment débarqués dans un port, ainsi que l'apport de personnel et la fourniture de carburant, d'engins et d'autres provisions en mer* ».
Quant au Code de la pêche maritime, il consacre sa Section IV, composée des articles 4 et 5, à la définition de la pêche et des opérations connexes de pêche. L'article 4 dispose : « *Au sens de la présente loi et des règlements pris pour son application, s'entend par pêche, l'acte de capturer ou de chercher à capturer, d'extraire ou de tuer par quelque moyen que ce soit des espèces biologiques dont le milieu de vie normal ou dominant est l'eau. La pêche comprend toutes activités ayant pour finalité directe la capture, telles que la recherche de poisson et l'utilisation d'instruments destinés à attirer les animaux marins quel que soit l'espèce à laquelle ils appartiennent* ». L'article 5 lui, précise que « *Les opérations connexes de pêche incluent : (a) le transbordement des produits de pêche dans les eaux maritimes sous juridiction sénégalaise ; (b) l'entreposage, le traitement ou le transport des produits de pêche dans les eaux maritimes sous juridiction sénégalaise à bord de navires avant leur première mise à terre, ainsi que la collecte en mer des produits de pêche ; (c) l'avitaillement*

dans la formulation des termes utilisés. Toutefois, pour ce qui concerne le sens des termes, les différences ne sont pas apparentes, car les deux textes leur donnent approximativement le même sens.

Toutes ces lacunes notées, même si elles ne sont pas exhaustives, permettent d'avoir une idée de l'ampleur de la tâche qui attend le Sénégal pour être aux normes dans son rôle d'État du pavillon et d'État du port. Pourtant ces lacunes ne se limitent pas aux carences notées dans le contenu de la législation des pêches, mais elles touchent aussi l'effectivité de l'application des dispositions du Code de la pêche maritime.

Paragraphe II : Une application effective des règles largement défaillante

Rien ne sert de légiférer ou de réglementer si les administrés peuvent, à leur guise, contourner les règles sans difficulté aucune ou si l'État, lui-même, n'a pas les moyens de garantir leur mise en œuvre. Ainsi certaines obligations contenues dans le Code de la pêche maritime et les règlements pris pour son application ne sont pas appliquées ou ne le sont pas de manière correcte et l'État ne prend pas toujours les mesures qui s'imposent pour garantir le respect de la loi.

Ainsi, en est-il, par exemple, de la réglementation sur l'embarquement des observateurs à bord des navires pêchant dans les eaux sénégalaises.

En effet, dans l'objectif d'une gestion durable des ressources halieutiques situées dans leurs zones économiques exclusives, la Convention des Nations-Unies 1982 sur le Droit de la mer[900], ratifiée par le Sénégal, reconnaît aux États côtiers, la possibilité d'embarquer des observateurs à bord des navires de pêche opérant dans les eaux maritimes relevant de leur juridiction.

En conformité avec ces dispositions et pour optimiser son système de surveillance des pêches maritimes, le Sénégal a mis sur pied, en 1982, un programme Observateur dans le cadre du Projet de Protection et de Surveillance des Pêches (PSPS) avec l'appui de la Coopération canadienne[901].

Cette question des observateurs est prise en compte par la réglementation[902] sénégalaise qui définit ces derniers comme des agents recrutés par le Ministère chargé de la pêche maritime et qui ont pour fonction générale d'observer les activités de pêche à la lumière des obligations souscrites par le titulaire de la licence et relatives notamment, aux engins, aux zones de pêche, à la quantité et

---

ou l'approvisionnement de navires de pêche ou toute autre activité de soutien logistique à des navires de pêche en mer ».

[900] Article 62 du décret d'application du Code de la pêche maritime

[901] Voir PSPS, *op. cit.*, note de bas de page 747

[902] Article 57 du décret N° 98-498 du 10 juin 1998 portant application de la loi 98-32 du 14 avril 1998 portant Code de la Pêche au Sénégal

à la nature des espèces capturées et de rendre compte aux autorités compétentes.

Il en résulte que les observateurs qui ne sont pas des agents assermentés, ne sont pas habilités à constater des infractions[903].

Ces observateurs jouent un rôle important dans le dispositif de surveillance des pêches, car, de par leur intervention[904], ils assurent le contrôle des activités des navires et la collecte de statistiques de pêche participant ainsi à la collecte de données pour permettre à des institutions comme le Centre de Recherches océanographiques de Dakar Thiaroye (CRODT)[905] de réaliser leurs travaux de recherche. Ce dispositif permet de vérifier le respect des zones de pêche ainsi que la conformité des opérations de pêche et de recueillir des informations sur la pêche[906].

Si les navires étrangers opérant dans les eaux sénégalaises par le biais d'accords avec leurs Etats respectent cette formalité sans rechigner, des

---

903 Selon l'article 57 alinéa 2 du décret d'application du Code de la pêche, les observateurs ne sont pas habilités à constater des infractions en matière de pêche au sens de l'article 48 de la loi N° 98 – 32 du 14 avril 1998 portant code de la pêche maritime. Toutefois, leurs observations et rapports peuvent être utilisés comme éléments de preuve simple à l'occasion des procédures de sanctions pour infractions en matière de pêche.

904 Selon l'article 60 du décret d'application du Code de la pêche : « *Le commandant du navire de pêche doit, notamment, fournir à l'observateur : (a) sur demande, les renseignements qu'il sollicite ; (b) la possibilité d'avoir accès aux appareils de navigation ou de surveillance ; (c) l'autorisation de communiquer autant que nécessaire avec le service compétent du ministère chargé de la pêche maritime au moyen du matériel de communication se trouvant à bord ; (d) la possibilité d'accéder à toutes les parties du navire où se déroulent des activités de pêche, de transformation et d'entreposage ; (e) une assistance pour examiner les engins de pêche à bord du navire ; (f) l'autorisation de filmer ou photographier les activités de pêche ainsi que les engins ou équipements de pêche ; (g) la permission de procéder à des tests, observations et enregistrements, de prendre et de prélever tout échantillon en vue de déterminer l'étendue des activités du navire ; (h) nourriture et logement lorsque l'observateur doit rester à bord du navire pendant plus de quatre (4) heures sans interruption* ».

905 Le CRODT, qui est placée sous la tutelle fonctionnelle et hiérarchique de l'Institut Sénégalais de Recherches Agricoles (ISRA), est l'une des principales institutions nationales en charge des recherches portant sur l'océanographie et les ressource halieutiques. À ce titre, le centre est chargé de la réalisation des évaluations périodiques des principales ressources halieutiques présentes dans la ZEE sénégalaise ainsi que du suivi des habitats aquatiques dont elles dépendent au sein des écosystèmes concernés. Les principaux bénéficiaires des résultats des programmes de recherche du centre sont le Ministère chargé de la Pêche ainsi que les ONG et les partenaires au développement intervenant dans le secteur halieutique. En tant qu'institution de recherches sur les ressources halieutiques, elle appuie également les structures impliquées dans les processus d'élaboration, de mise en œuvre et de suivi des plans d'aménagement et d'initiatives de cogestion locale des pêcheries, et d'une manière générale, dans la définition et le suivi des politiques de gestion et de développement des pêches maritimes et continentales. In Diagnostic du système de suivi, contrôle et surveillance des pêches au Sénégal, *op. cit.*, note de bas de page N° 742

906 *Ibid.* Diagnostic du système de suivi, contrôle et surveillance des pêches au Sénégal, *op. cit.*, note de bas de page N° 742

difficultés subsistent, notamment dans l'embarquement des observateurs à bord des navires battant pavillon sénégalais. En effet, depuis 1998, les navires sénégalais n'embarquent plus d'observateurs, en violation des dispositions du Code de la pêche alors même qu'ils représentent, au moins 85 % des navires arraisonnés[907]. Cette situation a incontestablement des incidences négatives sur la gestion de la ressource.

Il y a lieu d'insister sur le fait que les armateurs sénégalais se sont toujours opposés[908] à cette exigence de la loi en brandissant, à chaque fois, des arguments liés à la rentabilisation de leurs exploitations et à l'exiguïté de leurs embarcations.

Dans tous les cas, l'effort à la fois fastidieux et coûteux de protection et de surveillance de la ressource ne saurait s'accommoder d'une politique discriminatoire[909] dans l'embarquement des observateurs qui oblige le navire

---

907 Au Sénégal, il est généralement admis que la pêche INN est beaucoup plus le fait, des navires de pêche industriels nationaux, et des pirogues de pêche artisanale, que des navires étrangers. En effet, les statistiques disponibles à la DPSP, montrent bien que les navires nationaux font plus l'objet d'arraisonnement que les navires étrangers travaillant dans le cadre des accords ou d'affrètement. Les infractions persistantes tant pour la pêche industrielle que la pêche artisanale portent sur l'utilisation d'engins prohibés et la pêche d'espèces juvéniles. Cf. Diagnostic du système de suivi, contrôle et surveillance des pêches au Sénégal, *Ibid.*, *op. cit.*, note de bas de page N° 742.
De manière générale, même si on ne dispose pas de données statistiques fiables, la pêche INN réalisée dans les eaux sous la juridiction des États côtiers est en grande partie le fait de navires immatriculés dans les États côtiers et consiste en particulier à réaliser des sous déclarations ou des déclarations frauduleuses concernant les captures. Cf. Directives techniques pour une pêche responsable N 9 : mise en œuvre du Plan d'action international visant à prévenir, contrecarrer et éliminer la pêche INN », FAO – Rome 2002, *op. cit.*,

908 D'ailleurs, tous les ministres qui ont eu à se succéder à la tête du département depuis 1998, ont essayé mais n'ont jamais réussi à trouver une solution définitive à cette lancinante équation de l'embarquement des observateurs dans les navires sénégalais, au même titre que les navires étrangers. Voir à ce propos la « *Note sur la situation des observateurs* », préparée par Madame Fatou DIOUF, conseiller juridique du Ministre à l'époque, dans le cadre des travaux de la « Commission de réflexion, chargée d'examiner et de proposer des solutions appropriées aux questions essentielles liées à la gestion des observateurs » mise en place par le Ministre de l'Economie Maritime Djibo Leyti KA en mai 2005.

909 Cf. « *Directives techniques pour une pêche responsable N 9 : mise en œuvre du Plan d'action international visant à prévenir, contrecarrer et éliminer la pêche INN* », FAO – Rome 2002. Certains États côtiers, en particulier parmi les pays en développement, s'efforcent de contrôler les activités de pêche des navires de pêche étrangers ayant obtenu l'autorisation d'opérer dans leurs eaux de façon plus stricte que les navires immatriculés dans leur propre territoire. Cette attitude a conduit certains propriétaires à immatriculer leurs navires de pêche dans ces mêmes États côtiers, de façon à éviter des contrôles plus rigoureux. Voir le document de M. Transform Aqorau : « *illegal, unreported and unregulated fishing : considerations for developping countries* ».

étranger à prendre un observateur là ou l'armateur sénégalais est libre d'agir à sa guise[910].

Aujourd'hui, malgré leur effectif qui s'est beaucoup amoindri[911], les observateurs sont sous employés dans la mission initiale justifiant leur recrutement. Depuis 2004, ils sont de plus en plus sédentarisés avec leur redéploiement sur l'ensemble du dispositif de surveillance à savoir : les stations côtières, les vedettes de surveillance, les divisions et bureaux rattachés de la DPSP.

À côté des règles contenues dans le Code de la pêche maritime, il existe des facteurs exogènes, surtout d'ordre pratique, qui empêchent l'application, ou du moins l'application correcte de la loi et même pour les catégories d'infractions à la pêche INN qui y sont invoquées.

Ainsi, en est-il, par exemple, de l'engagement à faire respecter la réglementation par le contrôle de la zone commune[912] entre le Sénégal et la

---

910 Selon l'article 58 du décret d'application du Code de la pêche maritime: « *L'armateur ou son représentant ou le commandant doit adresser une demande écrite d'embarquement d'observateurs au service compétent du ministère chargé de la pêche* ».

911 Entre le premier recrutement en 1982 et le dernier en 1991, quatre- vingt quatorze (94) observateurs ont travaillé pour le compte de la surveillance des pêches. Trente-deux ans (32) après, il ne reste que quarante-quatre (44) éléments en activité. Le différentiel dégagé est de cinquante (50) agents. Source DPSP

912 A la suite de leur différend relatif à la délimitation de leur frontière maritime, la République de Guinée-Bissau et la République du Sénégal ont décidé, par l'Accord du 14 Octobre 1993, d'exploiter en commun une Zone maritime commune. L'accord du 14 octobre 1993, conformément à ce qui a été convenu entre les deux Parties dès le début des négociations, a mis fin au contentieux non pas par le parachèvement de la délimitation de leurs espaces maritimes respectifs, mais par la création d'une zone maritime de coopération et l'exploitation en commun de ses ressources. Conclu pour une période de 20 ans, renouvelable par tacite reconduction (article 8), ses principales dispositions portent sur la délimitation de la zone, le partage des ressources provenant de son exploitation et les modalités de cette exploitation.
Pour ce qui est de la délimitation de la zone d'exploitation commune, aux termes de l'article premier, la zone d'exploitation commune est « située entre les azimuts 268° et 220° tracés à partir du Cap Roxo » (7). Toutefois, « *les mers territoriales respectives de la Guinée-Bissau et du Sénégal sont exclues de cette zone d'exploitation commune* ».
Lors des négociations, l'accord entre les représentants des deux Parties s'est facilement réalisé sur cette exclusion des mers territoriales respectives de la zone d'exploitation commune. Et étant donné l'interdépendance du plateau continental et de la zone économique exclusive, il a été également admis sans difficulté que la zone sera constituée par une partie de chacun de ces deux espaces, délimitée par des lignes uniques tracées de part et d'autre de l'azimut 240° à partir du Cap Roxo. Par contre, en ce qui concerne le tracé de ces lignes, les deux Parties ne sont parvenues à un accord qu'après de longues et difficiles négociations qui ont duré presque deux ans (de janvier 1992 à octobre 1993). L'enjeu était de déterminer quelle portion de son plateau continental et quelle portion de sa zone économique exclusive chaque État devait affecter à la constitution de la zone d'exploitation commune. En fait, les zones économiques exclusives respectives n'ayant pas été délimitées et ne devant pas l'être, par l'accord des parties, par les négociations en cours, les divergences portaient plus exactement sur la portion de plateau continental que chaque État devait abandonner au profit

Guinée Bissau, dévolu aux structures de surveillance des deux pays, par délégation de l'Agence de Coopération[913] et qui reste aujourd'hui difficile à assurer. Les deux États se sont engagés à exercer individuellement des missions de contrôle dans la zone selon leurs disponibilités. Toutefois, l'éloignement des moyens opérationnels du système de SCS du Sénégal de cette zone et les moyens limités de la Guinée Bissau ne permettent pas à ces deux États d'y exercer une présence dissuasive[914] ; d'où une violation perpétuelle de la réglementation dans cette zone. La défaillance de la surveillance dans cette zone résulte des textes qui l'organisent et qui ne sont que le fruit d'un compromis politique très difficile entre les deux pays et qui n'est pas forcément synonyme d'efficacité[915].

L'Agence de Coopération pour la gestion de la zone commune, qui a délégué[916] ses pouvoirs de surveillance aux deux États n'assure pas apparemment le suivi et l'appui nécessaires pour fortifier ce système de surveillance. Le Sénégal devrait alors prendre des initiatives dans le sens de la révision des textes régissant le contrôle de cette zone, pour une meilleure

---

de la zone. D'abord parce que cet espace étant désormais délimité par une ligne loxodromique d'azimut 240° par l'accord du 26 avril 1960. Selon l'accord du 26 avril 1960, le phare du cap Roxo représente « *le point d'intersection du prolongement de la frontière terrestre (entre le Sénégal et la Guinée-Bissau) et de la laisse de basse mer* ».

La validité de l'Accord ayant été reconnue par la sentence arbitrale du 31 juillet 1989 et confirmée par l'arrêt de la Cour internationale de Justice du 12 novembre 1991, chacun des deux États était mieux à même d'apprécier les exigences de l'autre et, en conséquence, l'effort qui lui était demandé sur ce plan. Ensuite et surtout parce que la zone recèle un potentiel d'hydrocarbures non négligeable. Cependant, le seul gisement trouvé à ce jour dans la zone, le Dôme Flore, est situé à l'intérieur du plateau continental du Sénégal, juste au nord de la ligne d'azimut 240°, avec une partie qui jouxte cette ligne. Cf. Ibou Diaité: "Le règlement du contentieux entre la Guinée-Bissau et le Sénégal relatif à la délimitation de leur frontière maritime", Annuaire français de droit international Année 1995 Volume 41 Numéro 41 pp. 700-710

913 Pour la gestion et l'exploitation des ressources naturelles de cette zone, les deux États ont créé une organisation intergouvernementale, dénommée l'Agence de Gestion et de Coopération (AGC).

En 1996 et en 1997, les gouvernements du Sénégal et de la Guinée Bissau ont formalisé, respectivement, le transfert de leurs droits et obligations en matière de gestion et d'exploitation des ressources halieutiques de la Zone maritime commune à l'Agence.

L'accès aux ressources halieutiques de la Zone maritime commune est autorisé aux navires de pêche détenteurs de licences de pêches en cours de validité, délivrées par l'un ou l'autre des États Parties. L'exercice de la pêche à l'intérieur de la Zone sous juridiction de l'Agence se fait conformément aux dispositions législatives et réglementaires en vigueur en République de Guinée-Bissau. Cf. site AGC : *www.agc-sngb.org/fr/index.php?pg=peche*

914 Diagnostic du système SCS, DPSP 2013, *op. cit.*, note de bas de page N° 742

915 Stratégie de lutte contre la pêche INN au Sénégal, *op. cit.*, note de bas de page N° 80

916 En 1997, l'Agence a signé un Protocole d'Accord de rétrocession de droit de gestion et d'exploitation des ressources halieutiques aux États Parties. Ce Protocole d'Accord, définit les modalités et les conditions de rétrocession. Cf. site AGC : *www.agc-sngb.org/fr/index.php?pg=peche*

efficacité du système et surtout pour s'adapter au contexte mondial de la lutte contre la pêche INN[917].

Pourtant, toutes ces défaillances dans l'application de la réglementation des pêches, notées dans le présent paragraphe ne sont rien comparées aux nombreuses irrégularités notées dans le sous-secteur de la pêche artisanale et qui, prises dans leur ensemble, entravent dangereusement les objectifs de lutte contre la pêche INN que s'est fixés le Sénégal.

SECTION II : LES DIFFICULTÉS PARTICULIÈRES LIÉES À LA GESTION DE LA PÊCHE ARTISANALE

La distinction entre pêche artisanale et pêche industrielle est basée sur les types d'embarcations utilisées. Pour établir cette distinction, l'article 11 du décret n° 98-498 du 10 juin 1998 portant application de la loi portant Code de la pêche maritime[918] dispose que « *les embarcations de pêche artisanale sont des embarcations qui ne sont pas pontées, utilisant des moyens de capture qui ne sont pas manœuvrés mécaniquement et qui n'ont d'autre moyen de conservation que la glace ou le sel* ».

La flottille artisanale maritime et continentale est passée de 12 619 pirogues en 2005[919] à 18 900 en juin 2012[920], soit une augmentation de 50 %. Le plus grand nombre de pirogues est observé dans la région de Thiès avec 5 876 unités, suivie de la région de Dakar avec 4 119 unités. La région de Kaolack montre le plus faible nombre avec 201 pirogues. En 2011, l'effort de pêche total de la flottille artisanale est de 936 990 sorties avec un maximum de 105 709 sorties rien que pour le mois de mai.[921]

Concernant spécifiquement la pêche artisanale maritime au Sénégal, elle représente 80 % des débarquements des captures c'est-à-dire 321 473 tonnes sur les 401 842 tonnes qui ont été débarquées en 2009. 15 176 pirogues ont été recensées et elles figurent sur une base de données. Dans cet ensemble, on peut compter 8000 pirogues motorisées et 3000 pirogues non motorisées pratiquant la pêche maritime. Le reste des embarcations est constitué par des pirogues utilisées pour d'autres activités (pêche continentale, transport, tourisme et autres)[922].

Cette flottille artisanale maritime, avec sa grande capacité de pêche, constitue une sérieuse préoccupation pour les autorités sénégalaises qui éprouvent de grandes difficultés à la maîtriser et à assurer sa conformité à la réglementation.

---

917 Stratégie de lutte contre la pêche INN au Sénégal, DPSP, *op. cit.*, note de bas de page N° 80
918 Article 8 de la Loi n° 98-32 du 14 avril 1998 portant Code de la pêche maritime
919 Rapport CRODT, 2005
920 Programme national d'immatriculation, 2012
921 Statistique de la pêche maritime sénégalaise en 2011 : Pêche artisanale, Pêche industrielle et pêche thonière, source DPM
922 Cf. Aly SAMB, *op. cit.*, note de bas de page N° 124

Paragraphe I : Une insuffisante organisation du secteur

Au Sénégal, le secteur de la pêche joue un rôle socio-économique de premier plan. Les captures globales de la zone économique exclusive sont de 400.000 tonnes en 2012, représentant une valeur estimée à plus de 90.000.000 FCFA. La motorisation des pirogues a évolué de 1997 à 2012 avec un pourcentage estimé à plus de 90 %[923]. Les pêcheurs dotés d'une plus grande autonomie, vont de plus en plus loin et même au-delà des frontières. Cette évolution du parc piroguier est accompagnée d'effets pervers perceptibles à plusieurs niveaux. Avec le nombre sans cesse croissant de pirogues exerçant dans les pêcheries sénégalaises, l'espace géographique est devenu relativement étroit et il s'en suit, dans certaines régions et parfois pendant des saisons bien déterminées, une concentration anormalement élevée de pêcheurs utilisant des engins de pêches variés, ce qui entraîne une forte compétition entre eux[924].

On retrouve les embarcations de pêche artisanale dans leur très grande majorité sous forme de pirogues en bois[925] mesurant entre 3 mètres et 28 mètres. Ces embarcations sont disséminées tout le long du littoral sénégalais et opèrent pour la plupart dans les eaux maritimes sous juridiction du Sénégal[926]. Les types de pêche pratiqués et les engins utilisés sont nombreux et variés. Ils comprennent des filets, des palangres, des lignes et des pièges qui sont utilisés pour pêcher les espèces pélagiques, démersales et benthiques. Ceci fait que les espèces visées[927] par la pêche artisanale sont aussi nombreuses[928].

Les mouvements d'unités de pêche vers ou en provenance des pays voisins ne sont pas maîtrisés. Les pêcheurs artisans disposent également de divers engins et il est fréquent, selon les saisons, de voir des pirogues passer des cibles pélagiques à celles démersales[929]: les pirogues de senne tournante

---

923 www.DPSP.sn

924 Cf. supra : www.DPSP.sn

925 La SIRN a un programme de construction de modèle de pirogues de dernière génération qui sont plus résistantes et le projet est bien avancé. La Société d'exploitation desdites pirogues aurait même été constituée. Cf. Entretien avec Monsieur Samba NDIAYE, DG de la SIRN à l'occasion de l'étude sur la mise en place d'une Ecole supérieure d'études maritimes en remplacement de l'Ecole nationale de Formation maritime, le 1er juillet 2013.

926 Mais on retrouve quand même une bonne partie des embarcations de pêche artisanale appartenant à des Sénégalais, basées dans les pays voisins et qui opèrent dans les eaux de ces pays. Certaines pirogues basées au Sénégal pêchent souvent dans les eaux des pays voisins. Dans cette catégorie, on compte les pirogues qui font des marées de 15 jours sans accoster ou utiliser les services d'une autre embarcation. D'autres pirogues, transpostées par les navires ramasseurs opèrent dans des eaux de la région plus lointaines (ex. Angola et Gabon). Voir Aly SAMB, *op. cit.*, note de bas de page N° 124

927 En dehors des pirogues à ligne poulpe ou seiche lors de la période d'abondance de ces espèces (2 021 unités), toutes les autres ciblent les poissons, les requins-raies et les gastéropodes "yeti" selon la Mission de préparation du rapport provisoire de projet Sénégal du 12/05/04 au 22/05/04 Joseph Catanzano TCP/SEN/2909 réf.: Note 004/PRSPA

928 Aly Samb, *op. cit.*, note de bas de page N° 124

929 Aly samb, *op. cit.*, note de bas de page N° 124

servent en saison chaude de pirogue glacière ou participent à la campagne de pêche du poulpe.

Tout ceci démontre la complexité de la pêche artisanale qui entraîne de sérieuses difficultés dans sa gestion et son organisation.

À cela, s'ajoute que les embarcations de pêche artisanale ne sont pas soumises aux dispositions de la loi portant Code de la Marine marchande sur la nationalité. Elles font partie des embarcations (pirogues) dispensées du titre de nationalité[930]. À la place, un certificat d'exemption devrait leur être délivré. Dans la pratique, le certificat d'exemption n'est pas délivré aux embarcations de pêche artisanale. Juridiquement parlant, les embarcations de pêche artisanale ne portent pas le pavillon du Sénégal. Ceci se vérifie autant sur les embarcations pêchant dans les eaux sénégalaises que celles pêchant dans les eaux des autres pays. La nationalité est reconnue par déduction, autrement dit, toute embarcation de pêche artisanale appartenant à une personne de nationalité sénégalaise est considérée comme étant une embarcation de pêche de nationalité sénégalaise. Ceci peut pousser les étrangers désirant contourner

---

930 Voir les articles suivants du Code de la Marine marchande : Article 87 Définition : Le titre de nationalité sénégalaise est l'acte administratif qui confère au navire le droit de porter le pavillon de la République du Sénégal avec les avantages qui s'y attachent. ; Article 88 Obligation d'avoir à bord le titre de nationalité: Tout navire sénégalais qui prend la mer doit avoir à bord son titre de nationalité ; Article 89 Dispense : Un décret fixe les catégories de navire et d'embarcation dispensées du titre de nationalité. À cet effet, il leur est délivré par l'Autorité Maritime compétente un certificat d'exemption qui fait foi de titre de nationalité.
L'article 73 du Décret n° 2004-283 du 5 mars 2004 fixant les modalités d'application de la loi n° 2002-22 du 16 août 2002 portant Code de la marine marchande ajoute : - « *Peuvent être autorisés à naviguer sans être astreints à la possession préalable d'un acte de nationalité :*
1. Les canots et chaloupes, quel qu'en soit le tonnage, qui dépendent de navires munis d'un acte de nationalité et qui sont inscrits, à ce titre, à l'inventaire du mobilier du bord.
Ces canots et chaloupes devront porter de façon apparente le nom et le numéro d'immatriculation du navire auquel ils servent d'annexes ;
2. les dragues marines et bateaux employés au transport des vases ;
3. les embarcations de tout tonnage naviguant exclusivement à l'intérieur des ports et rades ;
4. les embarcations de tout tonnage naviguant exclusivement dans la partie maritime des fleuves ou rivières sans jamais prendre la mer ;
5. les embarcations de 2 tonneaux de jauge brute et au - dessous, employées à la pêche en vue des côtes, à la récolte des herbes marines ou à tous autres usages, excepté le transport des marchandises ;
6. les bâtiments de plaisance de 10 tonneaux et au - dessus qui ne se livrent à aucune opération commerciale ;
7. les embarcations de moins de 30 tonneaux de jauge brute qui ne naviguent pas au-delà des limites du cabotage national et ne se livrent pas à l'activité des transports ;
8. les pirogues quel qu'en soit le tonnage, sous réserve qu'elles ne se livrent à aucune opération de transport, sauf dispositions contraires fixées par arrêté du Ministre chargé de la Marine marchande ». J.O. N° 6167 du Samedi 26 juin 2004

la réglementation et bénéficier des avantages accordés à la pêche artisanale nationale, d'opérer par le biais de citoyens sénégalais.

Tout ce qui précède caractérise la complexité du problème de la pêche artisanale au Sénégal lorsqu'il s'agit de prendre des mesures de conservation et de gestion des ressources halieutiques visées et de les faire respecter par les acteurs qui évoluent dans ce type de pêche. La difficulté de maîtriser les activités de pêche artisanale ne peut que favoriser les pratiques de pêche illicite, non déclarée et non réglementée dans ce sous-secteur.

La particularité de la pêche artisanale au Sénégal rend aussi très difficile l'application, à son égard, des mesures de l'État du port prévues par les dispositions de l'Accord du 22 novembre 2009[931], d'autant plus que les embarcations de pêche n'ont pas pour habitude de débarquer leurs captures dans les ports. Elles les débarquent plutôt au niveau des sites de débarquement aménagés ou non.

D'autre part, les embarcations de pêche artisanale appartenant aux ressortissants des pays voisins, qu'il s'agisse d'embarcations pêchant dans nos eaux ou non, ne fréquentent jamais les ports sénégalais. Ces embarcations comme celles appartenant aux Sénégalais n'ont pas besoin des services des ports et débarquent leurs captures dans les sites de débarquement[932].

C'est pourquoi l'application des mesures de l'État du port prévues par l'Accord du 22 novembre 2009 aux embarcations de pêche artisanale sera particulièrement difficile pour le Sénégal. Pour y remédier, il convient donc d'adopter des mesures plus appropriées à la pêche artisanale.

La lutte contre la pêche artisanale INN implique une maîtrise complète de ce type de pêche et malgré tous les efforts consentis, force est de constater, dans la réalité, que les services de l'administration des pêches sont encore loin de maîtriser complètement les activités de pêche artisanale. Ceci est valable autant pour les activités de pêche artisanale conduites dans nos eaux que pour celles menées dans les eaux d'autres pays par les embarcations sénégalaises. Ce défaut de maîtrise concerne aussi bien les pêcheurs qui sont impliqués dans ces activités, les embarcations qu'ils emploient, les engins de pêche qu'ils utilisent que les types de pêche qu'ils pratiquent[933].

Les pêcheries artisanales sont, en effet, très difficiles à maîtriser du fait de leur mode de gestion. Le nombre important de métiers et d'acteurs agissant de façon informelle et une gouvernance inadaptée avec des difficultés

---

931 Accord MREP, *op. cit.,* première partie, titre I, chapitre I, section II, paragr., II

932 L'application des mesures techniques (engins, tailles de capture) au niveau de la pêche artisanale reste très difficile à cause de la multiplicité des points de débarquement, de la faible organisation des acteurs et des moyens réduits dont dispose l'administration. Cf. exposé écrit N 1 de la CSRP adressé au TIDM dans le cadre de sa demande d'avis consultatif sur la pêche INN.

933 Aly SAMB, *op. cit.,* note de bas de page N° 124.

d'application des textes, constituent des facteurs favorisant les activités de pêche illicite sur cette pêcherie. L'approche par une surveillance participative dans les processus de cogestion connaît des difficultés du fait de l'absence de mesures d'accompagnement en matière de suivi, contrôle et surveillance[934].

Les autorités devraient, à travers les différentes phases d'application de mesures législatives et réglementaires de conservation et de gestion appropriées, arriver à une maîtrise convenable des pêcheurs, des embarcations et des engins. Par exemple, au moment de délivrer le permis de pêche, vérification doit être faite de l'identité de son propriétaire, des différents passages de l'embarcation, de la régularité des engins et des types de pêche. Cela doit permettre de faire respecter l'ensemble des mesures édictées pour une meilleure conservation et une bonne gestion des ressources halieutiques.

Paragraphe II : L'obstacle du respect des normes établies en matière de pêche

La pêche artisanale n'est pas encore suffisamment réglementée ; ce qui favorise les pratiques de pêche illicite, non déclarée et non réglementée. On retrouve cette réglementation dans la loi portant Code de la pêche maritime, dans son décret d'application et dans différents arrêtés ministériels. Le but recherché à travers les différentes mesures prises, est d'asseoir le développement durable des ressources visées par ce type de pêche.

La réglementation en matière de pêche maritime interdit, de manière générale, l'usage de matières explosives ou de substances ou d'appâts ainsi que la pêche, la détention et la commercialisation des espèces protégées. Elle exige aussi l'immatriculation et le marquage des embarcations de pêche artisanale.

Des infractions spécifiques propres à la pêche artisanale, au nombre de sept, ont été définies par la loi[935]. Celle-ci prévoit aussi des amendes allant de 15 000 à 50 000 FCFA pour les auteurs desdites infractions, et le Chef du

---

934 Diagnostic du Système de Suivi, Contrôle et Surveillance des pêches au Sénégal. PRAO/Sénégal, *op. cit.*, note de bas de page N° 742

935 Selon l'article 87 du Code de la pèche maritime : « *constituent des infractions spéciales propres à la pêche artisanale : (a) l'inobservation des règles de sécurité prescrites pour la pêche artisanale ; (b) la pêche pendant les périodes interdites ; (c) l'irrespect des règles relatives à la dimension des mailles des filets ; (d) l'utilisation d'explosifs ou de substances toxiques à des fins de pêche ou leur transport à bord des embarcations de pêche artisanale sans autorisation ; (e) la capture, la détention, le débarquement, la vente et la commercialisation d'espèces dont les tailles ou poids sont inférieurs aux minimaux autorisés ; (f) la capture ou la rétention d'espèces marines dont la capture est interdite ; (g) l'irrespect de toute autre condition relative à l'exercice de la pêche artisanale.*
Les infractions définies du présent article sont punies d'une amende de 15.000 à 50.000 francs CFA. Dans le cas de l'alinéa (d), les explosifs et substances toxiques sont confisqués. Un arrêté du Ministre chargé de la pêche maritime fixe les conditions d'application des sanctions prévues par les infractions propres à la pêche artisanale ».

Service régional des pêches est désigné par la loi[936] comme étant le Représentant du ministre chargé de la pêche en matière de transaction pour les infractions à la pêche artisanale.

Le décret fixant les modalités d'application de la loi portant Code de la pêche maritime prévoit que le ministre chargé de la pêche ou son représentant peut interdire l'exercice de la pêche artisanale dans certaines conditions[937]. D'autres mesures principales de conservation des ressources halieutiques visées par la pêche artisanale sont aussi définies dans le décret d'application de la loi portant Code de la pêche maritime. Celles-ci concernent notamment la réglementation du maillage des filets de pêche[938], l'interdiction d'utiliser et de détenir des filets monofilaments et multi monofilaments en nylon et la réglementation des tailles et poids minima des espèces[939].

Nombreux arrêtés ont été pris en application de la loi portant Code de la pêche maritime et de son décret d'application. Les mesures qu'ils apportent ont notamment pour objet de venir compléter ou préciser les mesures de conservation et de gestion fixées dans ces textes. Il s'agit, notamment de :

1) l'arrêté ministériel n° 5952 du 25 août 1999 fixant les sanctions complémentaires relatives aux filets fabriqués à partir d'éléments monofilaments et multi monofilaments en nylon : l'utilisation et la détention de ces types de filets étant interdites, une fois qu'ils sont confisqués par les agents de surveillance, ils doivent être détruits ;

---

936 L'article 68 alinéa 2 de la loi portant Code de la pêche maritime est ainsi libellé : « *S'agissant des infractions concernant la pêche artisanale, définies à l'article 87, le représentant du Ministre chargé de la pêche maritime au sens du présent article est le chef du service régional de la pêche maritime* ».

937 Voir les articles suivants du décret d'application de la loi portant Code de la pêche maritime : « *Article 12 - Le Ministre chargé de la pêche maritime ou son représentant se réserve le droit d'interdire l'exercice d'activité de pêche artisanale pour les motifs suivants : (a) lorsque l'embarcation a été construite, achetée, transformée ou reconvertie sans autorisation préalable dans les conditions qui auront été définies ; (b) quand l'embarcation n'a pas été immatriculée et marquée conformément aux règles prescrites ; (c) lorsque les engins de pêche n'auront pas été recensés selon les règles qui auraient été prescrites par arrêté du ministre chargé de la pêche maritime ; (d) lorsque la décision est nécessaire en vue de garantir une gestion adéquate des ressources halieutiques ou d'assurer une bonne exécution du plan d'aménagement des pêcheries en vigueur ; (e) si l'embarcation ne satisfait pas aux normes de sécurité et de navigabilité* ». Article 13 – « *Un arrêté du Ministre chargé de la pêche maritime définit : (a) les conditions d'application de l'article 12 du présent décret ; (b) toutes autres conditions nécessaires à l'application des dispositions de la présente section* ».

938 Article 28 du Code de la pêche maritime

939 Selon l'article 30 du Décret d'application de la loi portant Code de la pêche maritime : « *Il est interdit d'utiliser ou de détenir à bord des embarcations de pêche des filets maillants fabriqués à partir d'éléments monofilaments ou multimonofilaments en nylon* ».

2) l'arrêté ministériel n° 005916 du 25 octobre 2005 portant instauration d'un permis[940] de pêche artisanale : malgré les effets pervers de la multiplication des embarcations et des engins de pêche artisanale qui se font sentir depuis le début des années 1980, le régime de l'accès aux ressources pour la pêche artisanale est demeuré libre jusqu'à la prise de cet arrêté. Donc depuis le 25 octobre 2005, la pêche à pied et la pêche à partir d'une embarcation sont soumises à la possession d'un permis de pêche ;

3) l'arrêté ministériel n° 001718 du 19 mars 2007 portant immatriculation et marquage des embarcations de type artisanal : l'arrêté fixe de nouvelles règles d'immatriculation et de marquage plus modernes des embarcations de type artisanal. Les exigences préalables à l'immatriculation et au marquage des embarcations de type artisanal sont aussi plus strictes ;

4) l'arrêté ministériel n° 09388 du 05 novembre 2008 portant création, organisation et fonctionnement de Conseils locaux de Pêche artisanale

---

[940] La base juridique de cet arrêté a été contestée puisque le Code de la pêche maritime ne prévoit expressément que la licence de pêche pour la pêche industrielle. Cet arrêté est fondé sur les articles 21 du Code de la pêche et 27 de son décret d'application. L'article 21 dispose : « *Sans préjudice des autres clauses d'habilitation contenues dans la présente loi, des mesures réglementaires sont, en tant que de besoin, adoptées pour mettre en œuvre ses dispositions. Ces mesures portent, notamment, sur : (a) les conditions spéciales d'octroi, de renouvellement, de suspension, de reconversion et de retrait de la licence de pêche industrielle ; (b) les conditions éventuellement applicables à la pêche de subsistance, de recherche scientifique et technique, sportive et commerciale ; (c) l'organisation et le fonctionnement du système de contrôle et de surveillance des pêches maritimes ; (d) les droits et obligations des observateurs, ainsi que les modalités de leur embarquement à bord des navires et les conditions d'exercice de leurs activités ; (e) les mesures de conservation et d'aménagement des ressources halieutiques, notamment ouverture minimale des mailles des filets, tailles et poids minimaux des espèces, périodes de fermeture des zones de pêche, zones d'accès limité ou réservé, restrictions relatives aux captures accessoires, limitation ou prohibition de certains types de navires, d'engins ou de méthodes de pêche ; (f) la classification des navires et la définition des types et caractéristiques des engins de pêche ; (g) la limitation du volume de capture de certaines espèces par la fixation d'un maximum de captures autorisées ou de toute autre méthode d'aménagement favorisant la conservation des ressources et la protection de l'environnement marin ; (h) le régime des dispositifs de concentration de poissons ; (i) les normes de sécurité des embarcations de pêche artisanale* ». Quant à l'article 27, il prévoit que le Chapitre IV du décret définit les principales mesures de conservation en vigueur dans les eaux maritimes sous juridiction du Sénégal et que le Ministre chargé de la pêche maritime est habilité à les compléter ou à prendre des mesures de nature plus restrictive par arrêté. Les mesures de conservation définies dans ce chapitre portent sur: les engins de pêche et le maillage des filets (Section I) ; les tailles et poids minima des espèces (Section II) ; les zones de pêche (Section III) ; et les prises accessoires (Section IV). La lecture de ces deux dispositions ne permet pas d'asseoir, de manière claire, une base de création d'une redevance. De même on conçoit mal que le Code de la pêche maritime prévoit clairement l'exigence de détenir une licence de pêche pour opérer la pêche industrielle là où le permis pour la pêche artisanale est établi de manière inductive à partir des mesures complémentaires de conservation pouvant être prises en matière de pêche.

maritime : l'arrêté crée huit conseils locaux de pêche artisanale, décrit leur composition et fixe leurs attributions ainsi que leur mode de fonctionnement ;

5) l'arrêté ministériel n° 0777 du 23 novembre 2009 portant réglementation de l'utilisation des palangres à KAYAR : l'arrêté réglemente l'utilisation des palangres côtières dans des zones de pêche de KAYAR ;

6) l'arrêté ministériel n° 09077 du 08 novembre 2010 portant création, organisation et fonctionnement de Conseils locaux de Pêche artisanale maritime : l'arrêté crée cinq conseils locaux de pêche artisanale, décrit leur composition et fixe leurs attributions ainsi que leur mode de fonctionnement ;

7) l'arrêté préfectoral n° 11 465 du 28 octobre 2011 portant validation des initiatives locales de la gestion des petits pélagiques dans le département de Mbour : l'arrêté fixe des mesures de conservation relatives à la taille des sardinelles et à l'utilisation de certains engins de pêche ;

8) l'arrêté ministériel n° 006397 du 29 août 2012 portant gel de l'immatriculation des embarcations de type artisanal : cet arrêté instaure le gel de l'immatriculation de toute nouvelle embarcation de pêche artisanale devant exercer dans les eaux sous juridiction sénégalaise à des fins de limitation de la capacité de pêche artisanale et de l'accès à la ressource. À cet effet, et sauf quelques cas exceptionnels, toute délivrance de nouvelles cartes d'immatriculation est suspendue ;

9) l'arrêté interministériel n° 004676 du 02 février 2013 fixant, pour l'année 2013, les montants, les modalités de paiement et de répartition des redevances du permis de pêche artisanale : l'arrêté fixe pour l'année 2013, les montants des redevances annuelles à payer pour les trois types[941] de permis de pêche artisanale. Il abroge et remplace l'arrêté interministériel n° 001808 du 15 mars 2006 fixant pour l'année 2006 les montants et les modalités de paiement des redevances du permis de pêche artisanale[942].

L'ensemble des mesures prises vise à créer un meilleur environnement législatif et réglementaire propre à assurer un développement durable des ressources halieutiques visées par la pêche artisanale. La réussite de cet

---

L'article 2 fixe les redevances du permis de pêche artisanale à des montants forfaitaires annuels ainsi répartis : Permis A pour la pêche à pied : 5000 F CFA ; Permis B pour les pirogues de moins de 13 mètres : 15 000 F CFA ; Permis C pour les pirogues de 13 mètres et plus : 25 000 F CFA. Quant à l'article 3. Il prévoit pour les ressortissants de pays africains, basés au Sénégal et pêchant en dehors de tout accord de leur pays avec le Sénégal des redevances fixées comme suit : Permis A pour la pêche à pied : 100 000 FCFA ; Permis B pour les pirogues de moins de 13 mètres : 200 000 F CFA ; Permis C pour les pirogues de 13 mètres et plus : 300 000 F CFA. Toutefois, il faut préciser que l'arrêté ministériel n° 005916 du 25 octobre 2005 portant instauration d'un permis de pêche artisanale n'a pas prévu le cas des ressortissants de pays africains, basés au Sénégal et pêchant en dehors de tout accord de leur pays avec le Sénégal.

942 Jusqu'en 2013, date de son abrogation, cet arrêté de 2006 était resté en vigueur alors qu'il fixait les redevances pour 2006. Ce qui dénote une certaine incohérence.

objectif principal passe par une maîtrise complète des activités de pêche artisanale, une application rigoureuse des dispositions législatives et réglementaires ainsi que par le respect par les acteurs de la pêche artisanale desdites dispositions. Ce sont les conditions préalables pour lutter efficacement contre la pêche INN et pour parvenir à son élimination[943]. Mais c'est justement là où le bât blesse.

En effet, aujourd'hui, le défi le plus important reste la lutte contre l'implication de la pêche artisanale dans les activités de pêche INN. Cette importante composante des flottes de pêche de la sous-région ouest-africaine, qui assure l'essentiel des débarquements de produits destinés à la consommation locale, continue de considérer l'accès à la ressource comme étant un droit coutumier et a donc du mal à se conformer aux législations nationales[944]. De plus en plus d'embarcations de pêche artisanale contribuent à l'aggravation de la pêche INN et opèrent au Sénégal et dans la sous-région dans des embarcations en bois de plus en plus grandes avec des boîtes en polystyrène dans lesquelles les pêcheurs artisans mettent de la glace pour préserver leurs captures plus longtemps. Des moteurs hors-bords de plus en plus puissants et des réserves importantes de carburant leur permettent d'effectuer des marées de près de deux semaines[945].

L'importance de la flotte piroguière (20 000 unités environ), la diversité des engins de pêche mis en œuvre et l'accès libre à la profession[946] en vigueur rendent inefficace la gouvernance de la pêche artisanale. Cette situation exacerbe les infractions et les difficultés d'application des textes législatifs et réglementaires et favorisent les activités de pêche artisanale illicite[947].

En plus de l'irrespect des normes relatives à la sécurité, le problème principal de la pêche artisanale reste aujourd'hui encore, l'utilisation des engins de pêche prohibés[948] que seule la ferme volonté politique[949] des

---

943 Aly samb, *op. cit.,* note de bas de page N° 124

944 Voir exposé écrit N 1 de la CSRP dans le cadre de la demande d'avis consultatif présentée par cette organisation au TIDM

945 *Ibid.* exposé écrit N 1 de la CSRP dans le cadre de la demande d'avis consultatif présentée par cette organisation au TIDM

946 Il n'y a pas d'exigence particulière pour être pêcheur artisan, n'importe qui peut accéder à la profession. La détermination du statut du pêcheur artisan, avec éventuellement la délivrance d'une carte professionnelle est une phase essentielle des conditions d'accès, ceci pour déceler dès l'entame qui est pêcheur et qui ne l'est pas ; surtout que le déclin de certains secteurs a entrainé une entrée massive dans la pêche augmentant du coup la pression sur la ressource. Cf. *http://www.oceandocs.net/ bitstream/1834/2894/2/convention-CSRP.pdf*

947 Plan d'action national INN, *op. cit.,* note de bas de page N° 657

948 Cette question est d'actualité avec les événements regrettables qui se sont produits récemment à Thiaroye. En effet, le mardi 27 mai 2014, à la suite d'une opération de récupération de filets monofilaments, dont l'utilisation est interdite par le Code de la pêche maritime, par des agents de la surveillance des pêches, il y a eu de la résistance de la part des pêcheurs artisans et il s'en est suivi une altercation et des agents de surveillance ont été bastonnés par des pêcheurs en furie. Pis, ces derniers ont saccagé la mairie de Thiaroye, des

responsables de ce secteur peut éradiquer. Les multitudes infractions constatées (manque de gilet de sauvetage, défaut de permis de pêche à bord), sans effets réels, peuvent décrédibiliser la stratégie de lutte contre les activités de pêche illicite.

Au-delà même des eaux côtières, plus précisément dans les pays limitrophes, les pirogues sénégalaises sont souvent arraisonnées, leur matériel confisqué et, parfois même, leur équipage arrêté pour des mauvaises pratiques de pêche ou pour absence d'autorisation de pêche. Le Sénégal doit jouer pleinement son rôle État du pavillon et sanctionner effectivement les pirogues qui s'adonnent à la pêche INN dans les États voisins[950]. Ceci passe par un

---

bus TATA et Dakar Dem Dikk et un bateau et auraient brûlé la seule pirogue de la direction des pêches et un bateau appartenant au Ministre charge de la Pêche, Mr HAIDAR. Ce qui a entrainé beaucoup de réactions dont des menaces de plaintes et amené la DIRPA, dans sa communication sur l'affaire, à déclarer que : « *Cet incident met en exergue le risque encouru par les éléments de la Marine et de la DPSP face à des pêcheurs artisanaux qui ne respectent pas les règles élémentaires de préservation de la ressource halieutique et posent des actes de défiance manifestes à l'action de la force publique* ». Ces événements ont été relayés par beaucoup de journaux. Cf. *http://www.seneweb.com/news/S%C3%A9curit%C3%A9/reaction-de-la-dirpa-laquo-les-pecheurs-posent-des-actes-de-defiance-manifestes-a-l-rsquo-action-de-la-force-publique-raquo_n_127132.html* : Réaction de la DIRPA : « Les pêcheurs posent des actes de défiance manifestes à l'action de la force publique », par Le Quotidien | Lequotidien | Vendredi 30 mai, 2014 17:59. Cf. aussi Destruction de bus à Thiaroye: DDD et l'AFTU portent plainte contre X Par Aps | APS | Vendredi 30 mai, 2014 19:12 ; Emeutes de Thiaroye/mer : Aly Haïdar revient sur le film des événements accuse et annonce une plainte Par Ferloo | Ferloo.com | Vendredi 30 mai, 2014 18:25 ; Échauffourées à Gorée entre pêcheurs et gendarmes et marins: Ce qui s'est réellement passé Par SenewebNews |Seneweb.com| Vendredi 30 mai, 2014 15:53 ; *http://www.dakaractu.com/Manifestations-des-communautes-de-pecheurs-a-Thiaroye-Greenpeace-appelle-au-calme-et-au-dialogue-national_a67668.html ;* Suite aux saccages des pêcheurs de Thiaroye sur Mer, le ministre de la pêche, DDD et AFTU contre-attaquent, source : senpolitic du 31 mai 2014

[949] Concernant les monofilaments, au delà même de l'interdiction de leur utilisation, les autorités sénégalaises doivent agir en amont et prohiber leur importation et leur commercialisation. En effet la tentation de leur utilisation est forte étant donné leur accessibilité et leur disponibilité sur le marché qui ne constitue nullement une infraction. Cf. : « *Pêche-Utilisation des filets mono-filaments : quand le ministère du Commerce encourage l'incivisme* » : SENPOLITIC... *Les nombreuses campagnes de sensibilisation et des opérations de saisie, qui parfois se déroulent dans la violence, n'y feront rien. Des pêcheurs artisanaux continuent de recourir à des filets mono-filaments aux conséquences néfastes pour la ressource halieutique, aidés en cela par l'incohérence du gouvernement. Alors que l'utilisation du filet à mono-filament est interdite au Sénégal depuis 1998, dans le secteur de la pêche, le ministère du Commerce autorise son importation et sa commercialisation au niveau national. Ce qui encourage l'incivisme de pêcheurs artisanaux qui s'obstinent à braver cette interdiction, en s'en procurant, quitte à en découdre avec les garde-côtes.* Par Sud quotidien, source : Senpolitic du 31 mai 2014

[950] Le Sénégal doit jouer pleinement son rôle d'État du pavillon pour rassurer les pays voisins que ses navires ou embarcations ne se livrent pas à la pêche INN. Cette coopération peut impacter positivement les facilités d'accès à la ressource accordés par ces pays à nos pêcheurs et diminuer la pression sur la ressource et les risques d'infraction à l'intérieur des zones sénégalaises. Voir Diagnostic du SCS au Sénégal, *op. cit.,* note de bas de page N° 742

contrôle des activités de la pêche artisanale dans les pays limitrophes notamment en Mauritanie, en Guinée et en Gambie. Au-delà même du fait qu'il s'agit là d'une obligation découlant de l'Accord de 2009[951] sur les Mesures État du Port et du respect de la réglementation[952] de l'UE sur la certification des captures, ceci est tout simplement une obligation de bon voisinage[953].

L'inadéquation du cadre juridique sénégalais de lutte contre la pêche INN devant les exigences de plus en plus accrues sur le plan international n'est plus à démontrer. Ce cadre, en l'état actuel, caractérisé par de nombreuses défaillances dans l'élaboration et la mise en œuvre des normes juridiques, exacerbées par les activités d'un secteur de pêche artisanale loin d'être maîtrisée, appelle à des réformes en profondeur, tant sur le plan de la réglementation que sur celui de l'organisation administrative et institutionnelle. Ceci nous amène à explorer les perspectives pour permettre au Sénégal d'être crédible dans l'œuvre, ô combien noble, de lutte contre la pêche INN.

---

951 Il ressort de l'article 3 point 1. a de l'Accord que: 1. Chaque partie, en sa qualité d'État du port, applique le présent accord aux navires qui ne sont pas autorisés à battre son pavillon et qui cherchent à entrer dans son ou ses port(s) ou qui se trouvent dans l'un de ses ports, à l'exception, entre autres, a) des navires d'un État voisin se livrant à une pêche artisanale de subsistance, à condition que l'État du port et l'État du pavillon coopèrent pour faire en sorte que ces navires ne se livrent pas à la pêche INDNR ni à des activités liées à la pêche en soutien à la pêche INN.... ».

952 Cf. article 12, paragraphe 4, du règlement (CE) no 1005/2008 et le règlement (CE) no 1010/2009 de la Commission en ce qui concerne les dispositions administratives relatives aux certificats de capture modifié par le Règlement (UE) no 395/2010 de la Commission Règlement (UE) du 7 mai 2010 du 7 mai 2010. La délivrance d'un certificat constitue une condition préalable à l'importation de produits de la pêche dans la Communauté. Ce certificat doit contenir des informations attestant la légalité des produits concernés. Il doit être validé par l'État du pavillon des navires de pêche ayant capturé le poisson concerné, conformément à l'obligation que lui impose le droit international de faire en sorte que les navires de pêche battant son pavillon respectent les règles internationales en matière de conservation et de gestion des ressources halieutiques. Il est essentiel que le régime de certification s'applique à toutes les importations de produits de la pêche en mer dans la Communauté et aux exportations de celle-ci. Ce régime s'applique également aux produits de la pêche transportés ou transformés dans un pays autre que l'État du pavillon avant d'entrer sur le territoire de la Communauté. Des exigences particulières s'appliquent par conséquent à ces produits, de manière à garantir que les produits qui entrent sur le territoire de la Communauté ne soient pas différents de ceux dont la légalité a été validée par l'État du pavillon. Cf. L 286/2 FR Journal officiel de l'Union européenne 29.10.2008.

953 Stratégie de lutte contre la pêche INN au Sénégal. DPSP, avril 2013, *op. cit.*, note de bas de page N° 80

CHAPITRE II

LES PERSPECTIVES DANS LA LUTTE CONTRE LA PÊCHE INN

La lutte contre la pêche INN nécessite des interventions combinées, se déroulant à plusieurs niveaux pour permettre une bonne maîtrise de la question. Celles-ci passent par différents moyens dont la finalité véritable est d'asseoir un système efficace pour faire face de manière durable au défi d'endiguer cette forme de pêche. Il faudra nécessairement renforcer le cadre juridique national de lutte contre la pêche INN, mais ceci ne peut pas se faire ex nihilo. Cela nécessite de s'appuyer sur les acquis et de se tracer une feuille de route claire pour réaliser les reformes normatives et institutionnelles nécessaires et préalables qui doivent accompagner toute politique durable de gestion de la problématique INN. Il faudra ainsi repenser le cadre juridique national de lutte contre la pêche INN et rendre effectif le plan d'action national élaboré à cet effet.

SECTION I : LE NÉCESSAIRE RENFORCEMENT DU CADRE JURIDIQUE NATIONAL DE LUTTE CONTRE LA PÊCHE INN

Le cadre législatif et réglementaire des pêches mis en place par le Sénégal a démontré ses limites objectives et ne peut, en aucun cas, être un répondant digne pour la pêche INN. Le Sénégal est aujourd'hui concerné de plusieurs manières par la question de la lutte contre la pêche INN qui appelle à une reformulation importante du cadre législatif et réglementaire de la pêche maritime pour intégrer les mesures découlant des engagements internationaux qu'il a contractés. Ce cadre devra pouvoir lui permettre de mener les actions croisées que requièrent ses responsabilités en sa triple qualité d'État côtier, du pavillon et du port. Toutefois, au-delà même de l'élaboration des textes sur la pêche INN, les autorités sénégalaises doivent se donner les moyens de les mettre en œuvre et de garantir leur respect. C'est là la seule condition pour avoir un système de lutte acceptable et dissuasif. Il s'agira de refondre le cadre juridique de la pêche maritime pour le rendre adéquat. Toutefois, étant donné qu'une réforme ne peut pas reposer sur des principes uniquement, il faudra aussi garantir la mise en œuvre effective des sanctions prévues par la législation des pêches pour assurer leur effet dissuasif.

Paragraphe I : une refonte indispensable du cadre juridique national de la pêche maritime

Elle nécessite une intervention à un double niveau. Elle doit, d'une part, combler le vide juridique que constitue la non-intégration de certaines dispositions essentielles de lutte contre la pêche INN qui empêche le Sénégal d'avoir une base légale pour agir et, par conséquent, le contraint parfois même à l'inaction. Elle doit, d'autre part, reformuler, réadapter ou compléter certaines dispositions pertinentes existantes dans la réglementation des pêches maritimes pour renforcer leur efficacité et leur opérationnalité dans la lutte contre la pêche INN.

A. L'intégration des dispositions essentielles de lutte contre la pêche INN

Sur ce premier point, l'extension du champ d'application des lois et règlements en matière de pêche maritime à tous les navires qui désirent fréquenter les ports du Sénégal ou qui battent son pavillon, et ce, quel que soit le lieu de la commission de l'infraction, est un préalable indispensable. Cela permettra au Sénégal, en plus d'assumer son rôle d'État côtier, de faire face à ses responsabilités en tant qu'État du pavillon et du port.

L'état actuel de la législation nationale ne permet pas une bonne prise en charge de la pêche INN et une reprise intégrale des éléments de la définition de cette pêche par le PAI-INN[954] de la FAO dans la liste des infractions

---

[954] Dans le Plan d'Action International visant à prévenir, à contrecarrer et à éliminer la pêche illicite, non déclarée et non réglementée (PAI-INN), la FAO donne la définition suivante de la pêche INN :

« *3.1. Par la pêche illicite, on entend des activités de pêche :*

3.1.1. effectuées par des navires nationaux ou étrangers dans les eaux placées sous la juridiction d'un État, sans l'autorisation de celui-ci, ou contrevenant à ses lois et règlements ;

3.1.2. effectuées par des navires battant pavillon d'États qui sont parties à une organisation régionale de gestion des pêches compétente, mais qui contreviennent aux mesures de conservation et de gestion adoptées par cette organisation et ayant un caractère contraignant pour les États ou aux dispositions pertinentes du droit international applicable ; ou

3.1.3. contrevenant aux lois nationales ou aux obligations internationales, y compris celles contractées par les Etats coopérant avec une organisation régionale de gestion des pêches compétente.

3.2. Par pêche non déclarée, on entend des activités de pêche :

3.2.1. qui n'ont pas été déclarées, ou l'ont été de façon fallacieuse, à l'autorité nationale compétente, contrevenant ainsi aux lois et règlements nationaux ; ou

3.2.2. entreprises dans la zone de compétence d'une organisation régionale de gestion des pêches compétente, qui n'ont pas été déclarées ou l'ont été de façon fallacieuse, contrevenant ainsi aux procédures de déclaration de cette organisation.

3.3. Par pêche non réglementée, on entend des activités de pêche ;

3.3.1. qui sont menées dans la zone de compétence d'une organisation régionale de gestion des pêches compétente par des navires sans nationalité, ou par des navires battant pavillon

prévues par le Code de la pêche maritime, en les précisant au besoin, est nécessaire de même que la détermination de sanctions adéquates pour produire un effet dissuasif[955].

En effet, sur l'ensemble des éléments de définition de la pêche INN contenues dans le PAI – INN, la loi n° 98-32 du 14 avril 1998 portant Code de la pêche maritime n'érige en infractions que :

- les activités de pêche illicite effectuées par les navires nationaux ou étrangers dans les eaux placées sous la juridiction du Sénégal, sans l'autorisation de celui-ci, ou contrevenant à ses lois ou règlements [956];

- les activités de pêche contrevenant aux lois nationales [957];

- les activités de pêche qui n'ont pas été déclarées ou l'ont été de façon fallacieuse à l'autorité sénégalaise compétente, contrevenant ainsi aux lois et règlements nationaux[958].

Plus grave encore, ces infractions ne sont sanctionnées que lorsqu'elles se passent dans les eaux sous juridiction du Sénégal. Ces deux situations font que de nombreuses pratiques en matière de pêche, considérées comme illicites du point de vue du droit international, ne sont pas sanctionnées au Sénégal, car n'étant pas des infractions au sens de la loi.

De manière générale, les droits et devoirs de l'État du port dans la lutte contre la pêche INN doivent figurer dans la loi portant Code de la pêche maritime et ses règlements d'application. Ces mesures portent notamment, avec quelques conditionnalités, sur les domaines suivants :

- l'entrée au port qui nécessite la désignation des ports habilités[959] à accueillir les navires qui, avant tout accès, doivent faire une demande

---

d'un État non partie à cette organisation, ou par une entité de pêche, d'une façon non conforme ou contraire aux mesures de conservation et de gestion de cette organisation ; ou 3.3.2. qui sont menées dans des zones, ou visent des stocks pour lesquels il n'existe pas de mesures applicables de conservation ou de gestion, et d'une façon non conforme aux responsabilités de l'État en matière de conservation des ressources biologiques marines en droit international »[954]. Voir supra pp. 36 a 38

955 Selon le point 16. du PAI –INN, la législation nationale devrait porter de manière effective sur tous les aspects de la pêche illicite, non déclarée et non réglementée.

956 Pêche illicite au sens du point 3.1.1. du PAI – INN

957 Pêche illicite au sens du point 3.1.3 du PAI - INN

958 Pêche non déclaré au sens du point 3.2.1 du PAI – INN

959 Ces ports doivent disposer de moyens suffisants pour mener des inspections en vertu de l'Accord MREP. Article 7 de l'Accord MREP. Au Sénégal, les ports et sites de débarquement dans lesquels les navires pourront demander d'entrer sont les suivants : port autonome de Dakar ; site de Kayar ; site de Ouakam ; site de Hann ; site de Thiaroye ; site de Mbour ; site de Joal ; site de Boudody (Ziguinchor) et le site de Kafountine. Toutefois, chaque fois qu'un port ou un site de débarquement obtiendra un agrément, le Ministre chargé de la pêche maritime pourra l'ajouter par arrêté ledit port ou site dans la liste des ports et sites dans lesquels les navires pourraient demander à entrer. Aly SAMB, *op. cit.*, note de bas de page N° 124

préalable d'entrée[960] au port dans des délais raisonnables et accompagnée de toutes les informations pertinentes[961]. Sur cette base essentiellement, l'Etat peut décider d'autoriser ou, sauf cas de force majeure, de refuser[962] l'entrée dans son port ;

- L'utilisation des ports[963] qui implique que l'autorisation d'entrée au port ne donne pas le droit de disposer des services portuaires aux navires qui se sont livrés ou sont suspectés de s'être livrés à la pêche INN ;

- Les inspections et actions de suivi qui nécessitent la détermination des niveaux et priorités[964] en matière d'inspection à travers un nombre annuel à atteindre par chaque Etat et avec la priorité accordée à des navires qui présentent certaines irrégularités.

Ces inspections doivent être conduites[965] par des inspecteurs qualifiés[966] et identifiables et avec la coopération du capitaine du navire, et s'opérer sur toutes les zones pertinentes du navire, captures, engins et documents permettant de vérifier le respect des mesures de conservation et de gestion. Elles doivent être menées de manière correcte, transparente et non discriminatoire et sans entrave aucune pour les activités du navire ou les droits du capitaine du navire. Les résultats[967] des inspections qui doivent comporter au minimum, l'information requise à l'annexe C de l'Accord MREP, doivent être transmis[968] à l'État du pavillon du navire inspecté et à tous les autres États et organisations internationales concernés. Dans la communication des informations en général, l'échange par la voie électronique[969] est encouragé. En cas de pêche INN supposée ou avérée, les États et organisations internationales concernés sont informés et les services portuaires refusés au navire délinquant[970].

Étant donné les importants pouvoirs reconnus à l'État du port dans la conduite des inspections, il a été jugé nécessaire d'exiger la communication des voies de recours[971] prévues par ses lois et règlements nationaux à l'égard

---

960 Article 8 de l'Accord MREP

961 Annexe A de l'Accord MREP

962 Article 9 de l'Accord MREP

963 Article 11 de l'Accord MREP

964 Article 12 de l'Accord MREP

965 Les fonctions des inspecteurs sont énoncées à l'annexe B de l'Accord MREP en tant que norme minimale.

966 Article 17 de l'Accord MREP: Chaque partie veille à ce que ses inspecteurs soient correctement formés en prenant en compte les lignes directrices pour la formation des inspecteurs qui figurent à l'annexe E. Les parties s'efforcent de coopérer à cet égard.

967 Article 14 de l'Accord MREP

968 Article 15 de l'Accord MREP

969 Article 16 de l'Accord MREP

970 Article 18 de l'Accord MREP

971 Article 19 de l'Accord MREP

des mesures de l'État du port prises par ladite partie[972], y compris l'information relative aux services publics et aux institutions judiciaires existants à cet effet, ainsi que l'information sur tout droit de réparation prévu par ses lois et règlements nationaux, en cas de perte ou dommage subi du fait de tout acte de la partie dont l'illégalité est alléguée.

Le succès de ces mesures dépend de la volonté de l'État du pavillon[973] qui doit demander à ses navires de coopérer avec l'État du port dans le cadre des inspections effectuées, exhorter l'État du port à inspecter ou à prendre toute autre mesure compatible sur ses navires se trouvant ou cherchant à entrer dans son port, lorsqu'il a de sérieuses raisons de penser qu'un navire autorisé à battre son pavillon s'est livré à la pêche INN ou à des activités liées à la pêche en soutien à la pêche INN. L'État du pavillon doit également encourager les navires autorisés à battre son pavillon à débarquer, transborder, conditionner et transformer le poisson et à utiliser les autres services portuaires, dans les ports des États qui agissent conformément à l'Accord MREP, ou d'une manière qui lui soit compatible[974].

En cas de pêche INN avérée par un de ses navires, notifiée par l'État du port à l'État du pavillon, ce dernier prend sans attendre les mesures coercitives prévues par ses lois et règlements, en informe les autres parties, États du port appropriés et, le cas échéant, les autres États et organisations régionales de gestion des pêches appropriés, ainsi que la FAO, sur les mesures qu'elle a prises à l'égard des navires autorisés à battre son pavillon. Il veille à ce que les mesures appliquées aux navires autorisés à battre son pavillon soient au moins aussi efficaces que les mesures appliquées aux navires s'il devait agir en sa qualité d'État du port.

Tout ceci conforte l'importance de la réforme que le Sénégal doit entreprendre sur le plan juridique pour s'adapter aux normes internationales. De manière générale, au-delà même de la facilitation de la mise en œuvre des MREP, le Sénégal doit accomplir son rôle d'État du pavillon en prescrivant des sanctions pour les navires sénégalais se livrant à la pêche INN.

De même, en sera-t-il de l'élargissement de l'application des mesures contre la pêche INN aux embarcations de pêche artisanale, dont les activités sont souvent minimisées. Cela suppose aussi l'élaboration de dispositions sur le contrôle des embarcations de pêche artisanale sénégalaises qui vont opérer dans les eaux des pays voisins[975]. Pour cela, toutes les embarcations de pêche

---

972 En vertu des articles 9, 11, 13 ou 18 de l'Accord MREP.

973 Article 20 de l'Accord MREP.

974 Les parties sont encouragées à élaborer, y compris par l'intermédiaire d'organisations régionales de gestion des pêches et de la FAO, des procédures justes, transparentes et non discriminatoires pour identifier tout État qui pourrait ne pas se comporter conformément au présent accord ou d'une manière qui lui soit compatible. Article 20 alinéa 3

975 Les embarcations de pêche artisanale qui vont pêcher dans les eaux des États voisins sont connues des agents de l'Administration des pêches. Au niveau de chaque région de pêche,

artisanale autorisées à opérer dans les eaux sous juridiction sénégalaise doivent être astreintes à débarquer leurs captures dans un port ou un site de débarquement agréé situé au Sénégal, sous réserve de dispositions contraires contenues dans les accords de pêche conclus par le Sénégal.

Pour mieux se familiariser avec les opérations d'inspection, les annexes de l'Accord du 22 novembre 2009 doivent également être introduites dans la loi portant Code de la pêche maritime. Il s'agit de l'Annexe A qui concerne les informations à fournir au préalable par les navires de pêche demandant l'autorisation d'entrer dans un port ; l'Annexe B qui établit les procédures d'inspection de l'État du port ; l'Annexe C relative aux résultats de l'inspection des navires ; l'Annexe D qui contient les systèmes d'information sur les mesures du ressort de l'Etat du port ; et l'Annexe E qui fixe les lignes directrices pour la formation des inspecteurs.

Une fois cette étape accomplie, il faudra aussi revoir et, au besoin, reformuler la législation existante pour garantir sa conformité aux normes internationales.

B. La reformulation des dispositions pertinentes existantes dans la réglementation des pêches pour renforcer leur efficacité dans la lutte contre la pêche INN

Sur ce second point, il s'agira de rendre plus performante la réglementation en vigueur en l'adaptant à la lumière de la pratique. La réglementation des pêches ne doit pas se limiter à régler des situations ponctuelles, mais, au-delà, elle doit accompagner les mesures d'aménagement, de conservation et de gestion des ressources halieutiques.

Ainsi, vu l'importance que représente les observateurs dans le dispositif de surveillance des pêches et donc, dans la préservation de la ressource, il faut compléter la réglementation sur leur embarquement pour rendre effective cette mesure en en faisant une condition d'octroi de la licence de pêche et en érigeant le refus d'embarquer des observateurs en une infraction assortie d'une sanction.

L'instauration d'un registre national des navires de pêche devrait également entrer dans la politique de gestion des pêches. Un registre

---

une liste de ces embarcations doit être confectionnée. Tout le monde est au courant lorsqu'une embarcation de pêche se prépare pour aller pêcher à l'étranger. Elle s'avitaille en carburant, en nourriture et autres produits. C'est à ce moment que les agents de l'Administration des pêches doivent contrôler si l'embarcation dispose d'une autorisation d'accès aux ressources situées dans les eaux d'un pays voisin. Toute embarcation préparée pour une pêche de deux semaines devrait se voir refuser de prendre la mer si elle n'est pas pourvue d'une autorisation de pêche valide délivrée par un pays voisin. Cf. Aly SAMB, *op. cit.*, note de bas de page N° 124

national[976] d'enregistrement de tous les navires nationaux de pêche et les navires étrangers autorisés à pêcher au Sénégal est disponible à la DPSP[977]. Ce registre, permet d'enregistrer les caractéristiques des navires selon un modèle standard. Cependant, il se limite uniquement à la collecte d'informations sur les navires de pêche et, par conséquent, n'a pas d'impact sur le suivi, contrôle et surveillance des pêches. Il devrait aller au-delà pour être un instrument de prise de décision. Il devrait, en dehors des informations classiques sur les navires, comporter les informations sur le comportement des navires délinquants, le nom des capitaines et des propriétaires de navires qui se livrent à des actes illicites et les récidivistes, mais aussi sur la traçabilité des changements des caractéristiques, notamment du jaugeage.

La certification des captures[978] qui est un système qui couvre la traçabilité des produits de pêche, de la capture à la commercialisation, en passant par le transport et la transformation, doit être mieux organisée par les textes. Ce régime qui a été instauré par les règlements européens visant à prévenir, à décourager et à éradiquer la pêche illicite, non déclarée et non réglementée permet un contrôle adéquat de la chaîne d'approvisionnement des produits de la pêche dans les marchés de l'Union européenne. Le certificat de capture est utilisé pour attester que les captures ont été effectuées conformément aux lois, aux règlements et aux mesures internationales de conservation et de gestion applicables.

Pour être en conformité avec les normes européennes, le Sénégal a institué le certificat de capture par arrêté[979]. Toutefois ce texte appelle quelques observations.

La certification des captures en matière de pêche, établie en vue de contrôler le respect des règles de conservation et de gestion au niveau national et international, en raison de son importance[980], devrait trouver son principe expressément posé au niveau de la loi portant Code de la pêche maritime; les modalités de sa mise en œuvre pourraient ensuite être précisées par voie réglementaire.

Quant au fond, l'arrêté[981] instituant le certificat de capture prévoit qu'en cas de violation des règles qu'il prescrit, les sanctions applicables sont celles

---

976 Cf. Arrêté Ministériel n° 853 du 3 mars 2005 portant création, organisation et fonctionnement du registre national des navires de pêche.

977 Diagnostic du Système de Suivi, Contrôle et Surveillance des pêches au Sénégal. PRAO/Sénégal. *Op. cit.,* note de bas de page N° 742

978 A l'origine, le système a été instauré par le Règlement (CE) n° 1005/2008 du 29 novembre 2008, modifié. Le règlement (CE) n° 1010/2009 du 22 octobre 2009 porte les modalités d'application du Règlement 1005/2008. Supra, première partie, titre I, chapitre II, section II.

979 Arrêté n° 01975 du 05 mars 2010

980 Il s'agit de règles relatives à la conservation et à la gestion des ressources halieutiques.

981 Article 8 de l'arrêté instituant le certificat de capture

prévues par le décret n° 69-132 du 12 février 1969[982] relatif au contrôle des produits de la pêche. Ce décret qui traite du contrôle de la salubrité et de la qualité des produits de la pêche avant leur consommation ne peut pas opérer en matière de conservation et de gestion des ressources halieutiques et encore moins dans la lutte contre la pêche illicite, non déclarée et non réglementée. Les sanctions à prévoir en cas de manquements aux règles prescrites pour la certification des captures doivent figurer dans la loi portant Code de la pêche maritime pour avoir le même traitement que les autres infractions en matière de pêche.

Enfin, au-delà même du fait que la certification des captures entre dans l'application de mesures commerciales nationales et internationales pour répondre aux normes et exigences du marché international, elle doit servir de base à l'établissement de mécanismes plus contraignants pour le marché local. Il s'agit pour le Sénégal de mettre en œuvre les mesures relatives au commerce internationalement convenues[983]. Ainsi, le Sénégal doit, conformément aux droits et obligations établis par l'OMC et au droit international en général, prendre toutes les mesures nécessaires pour empêcher le commerce ou l'importation sur son territoire, du poisson capturé par des navires identifiés par une ORGP ou toute autre instance reconnue, comme s'étant livrés à une pêche illicite, non déclarée et non réglementée. Il doit communiquer les informations sur la pêche INN aux individus et entreprises opérant sur son territoire et dont les activités sont souvent liées à la pêche, et les inciter à ne pas avoir de relations commerciales avec ceux qui participent à la pêche INN directement ou à titre auxiliaire. Pour plus de résultats, il doit mettre en place une législation érigeant en infraction ce type d'activités ou le commerce de poissons ou de produits issus de la pêche INN.

S'agissant de la pêche artisanale, l'accès doit être réglementé et soumis à un certain nombre de conditions. Cette exigence peut être prise en compte aussi bien dans l'arrêté[984] instaurant un permis de pêche artisanale que dans l'arrêté[985] portant sur l'immatriculation et le marquage des pirogues.

De plus, l'arrêté portant instauration d'un permis de pêche artisanale doit être revu et modifié. Ses dispositions actuelles ne contribuent en rien à une bonne conservation et gestion des ressources halieutiques visées par la pêche artisanale et, conséquemment à la lutte contre la pêche INN. La catégorisation

---

[982] Ce décret réglemente le contrôle de la qualité des produits de la pêche ainsi que la délivrance et l'usage du certificat d'origine et de salubrité qui est délivré par la DITP. Il ne concerne nullement le certificat de capture qui a pour but de lutter contre la pêche INN.

[983] Cf. PAI –INN, FAO 2001, *op. cit.,* et les « *Directives techniques pour une pêche responsable N 9 : mise en œuvre du Plan d'action international visant à prévenir, contrecarrer et éliminer la pêche INN* », FAO – Rome 2002.

[984] Arrêté ministériel n° 005916 du 25 octobre 2005 portant instauration d'un permis de pêche artisanale.

[985] Arrêté interministériel n° 1718 du 19 mars 2007 portant sur l'immatriculation et le marquage des pirogues

des permis de pêche artisanale ne doit pas utiliser comme unique critère la longueur des embarcations, elle doit aussi prendre en compte d'autres éléments comme les engins de pêche utilisés[986] et les types de pêche pratiqués. Les types de pêche ne coïncident pas[987] toujours avec les engins utilisés.

Quant à l'arrêté interministériel portant immatriculation et marquage des pirogues auprès des services de la Direction des Pêches maritimes et qui concerne toutes les pirogues, qu'elles soient destinées à la pêche, au transport de personnes ou de marchandises, ou à la plaisance, il a pour but uniquement le recensement et le contrôle de la navigabilité de ces embarcations[988].

Dans ce souci de recensement, la création de registres des embarcations de pêche artisanale au niveau national et au niveau des régions de pêche doit être prévue par la loi. Ces registres seront utilisés à des fins d'aménagement, de conservation et de gestion des ressources halieutiques ciblées par la pêche artisanale.

Les expériences de cogestion locale qui visent à responsabiliser les acteurs dans la gestion locale des pêcheries, y compris la surveillance participative, entraînent des ruptures donnant naissance à diverses interprétations d'ordre juridique et réglementaire[989] et doivent aussi être mieux réglementées. La loi doit prévoir les dispositions sur la cogestion des pêcheries entre l'État et les organisations professionnelles, notamment en matière de pêche artisanale, pour préciser sa place dans le dispositif de surveillance et lui donner une base plus fiable.

Enfin, rien ne justifie la limitation des infractions en matière de pêche artisanale aux sept catégories d'infractions prévues par l'article 87[990] de la loi n° 98-32 du 14 avril 1998. En effet, le Sénégal devra songer à appliquer

---

[986] Près d'une vingtaine de types d'engins ont été répertoriés dans les principaux sites de débarquement. Cf. Aly SAMB, *op. cit.*, note de bas de page N° 124

[987] Avec certains types de pêche on utilise une seule embarcation et un seul engin. D'autres types de pêche utilisent plusieurs embarcations pour un seul engin. Enfin d'autres types de pêche utilisent une seule embarcation et plusieurs engins. Dans un proche avenir, il sera nécessaire de parvenir à une réglementation spécifique de types de pêche et des engins utilisés. Par exemple limitation du nombre d'embarcations ou d'engins utilisés. Aly SAMB, *op. cit.*, note de bas de page N° 124.

[988] Voir le Rapport d'une mission effectuée au Sénégal, du 27 avril au 06 mai 2010 afin d'évaluer les systèmes de contrôle en place régissant la production des produits de la pêche destinés à l'exportation vers l'Union européenne. Commission européenne – Direction générale de la santé des consommateurs, Direction F - Office alimentaire et vétérinaire Ares(2010)474021/DG(SANCO) 2010-8545 - RM FINAL. Toutefois, avec la prise de l'arrêté ministériel n° 006397 du 29 août 2012 portant gel de l'immatriculation des embarcations de type artisanal devant exercer dans les eaux sous juridiction sénégalaise, à des fins de limitation de la capacité de pêche artisanale et de l 'accès à la ressource, l'espoir peut être permis quant à l'ébauche de mesures d'aménagement et de conservation.

[989] Voir le Plan d'action national de lutte contre la pêche INN, *op. cit.*, note de bas de page N° 657

[990] Supa, note de bas de page N° 936

certaines infractions prévues pour la pêche industrielle à celle artisanale, étant donné que ces actes[991] sont aussi commis par les acteurs de la pêche artisanale, mais, pour le moment, ils ne sont pas constitutifs d'infractions pour ce qui la concerne. Ainsi, par exemple, en est-il de la pêche sans autorisation qui, malgré sa gravité et l'instauration, par la suite, du permis de pêche, n'est pas expressément constitutive d'une infraction au sens de l'article 87 du Code de la pêche maritime, dédié à la pêche artisanale.

Toutes ces actions à entreprendre sont importantes pour améliorer le cadre législatif et réglementaire de la pêche INN. Toutefois, même amélioré, ce cadre ne produira des résultats tangibles que si l'application des dispositions qui le sous-tendent n'est pas entravée.

Paragraphe II : L'application des sanctions prévues par la législation des pêches

Le Code de la pêche maritime et les règlements pris pour son application ont posé des règles qui s'imposent aux acteurs du secteur de la pêche et dont l'inobservation est considérée comme une infraction donnant lieu à des sanctions. Pourtant ceci n'est pas toujours respecté et, dans certaines situations, on a pu noter la léthargie des autorités là où, justement, elles devraient agir énergiquement pour garantir l'application des mesures de gestion et de la conservation de la ressource.

Cette situation encourage la réticence des administrés à respecter la loi. Pourtant, aujourd'hui, il est clair que dans le milieu de la pêche, et peut-être plus particulièrement dans celui de la pêche artisanale, les administrés ne consentent volontairement à respecter les mesures de conservation édictées

---

[991] Ainsi, en est-il de certaines infractions prévues en matière de pêche industrielle par les articles 85 et 86 du Code de la pêche maritime telles que : la pêche dans des zones interdites ; l'utilisation pour tous les types d'engins de pêche de tous moyens ou dispositifs ayant pour effet de rendre l'ouverture de la maille inférieure à l'ouverture minimale autorisée ou de réduire l'action sélective des engins de pêche ; l'emploi d'un navire de pêche pour un type d'opération différent de celui pour lequel il est autorisé dans le cadre de la catégorie de licence dont il est titulaire ; la capture et la rétention d'espèces marines en violation des dispositions prescrites ; la violation des normes relatives aux captures accessoires et à leur destination ; les fausses déclarations des spécifications techniques des navires et notamment celles qui portent sur le tonnage de jauge brute des navires autorisés à opérer dans les eaux maritimes sous juridiction sénégalaise ; l'inobservation de l'obligation de communiquer les entrées et sorties ainsi que les positions et les captures ; la violation des dispositions relatives au marquage des navires de pêche adoptées en vertu de l'article 36 du Code de la pêche ; l'irrespect de l'obligation de communiquer des données statistiques et des informations sur les captures dans les journaux de pêche et la fourniture de données ou informations fausses ou incomplètes ; (j) la destruction ou l'endommagement intentionnel d'embarcations de pêche, d'engins ou de filets appartenant à des tiers ; la destruction ou la dissimulation des preuves d'une infraction aux règles prescrites par la présente loi et par les règlements pris pour son application ; le refus pour un navire de pêche se trouvant dans les eaux sous juridiction du Sénégal d'obtempérer à un ordre de stopper donné par un bâtiment de Surveillance.

que lorsqu'ils savent qu'il existe un risque réel d'être sanctionnés en cas de violation de celles-ci. Il faut donc que le risque de sanction plane en permanence pour produire un effet dissuasif.

Ce qu'il faut remarquer concernant la pêche artisanale, c'est que le renforcement du cadre législatif et réglementaire qui régit cette activité ne suffit pas pour lutter efficacement contre la pêche INN. Malgré tous les avantages que l'État lui accorde, ce secteur reste souvent réfractaire au respect de la loi. Il faut arriver à une application rigoureuse des règles législatives et réglementaires qui sont prises pour la conservation et la gestion des ressources halieutiques visées par la pêche artisanale. Cela passe par la restauration de l'autorité des agents de la surveillance des pêches face aux pêcheurs artisans. En effet, face à ces derniers, les agents des pêches ont été progressivement mis en situation d'infériorité par les gouvernants, les hommes politiques et les dirigeants des organisations socio-professionnelles des pêcheurs. Les groupes de pression se manifestent sous toutes les formes pour faire renoncer les agents des pêches à appliquer la réglementation en vigueur. Pire, des menaces des sanctions politiques par certains groupes de pêcheurs à l'encontre du pouvoir en place risquent de faire supprimer de la réglementation d'importantes mesures de conservation[992]. Devant cette situation, les autorités sénégalaises sont interpelées et doivent prendre leurs responsabilités pour une application effective des mesures de sanction.

Plus grave même, dans certaines situations, les sanctions effectivement prononcées ne sont pas exécutées. Cela se passe surtout en matière de transaction. En effet, à partir des dispositions fixées par la loi sur la transaction[993], sont nées et se sont développées certaines pratiques qui perdurent au point de se substituer aux procédures prévues par le Code de la pêche maritime. Ainsi, les responsables des navires auteurs d'infractions de pêche ne sont plus, pratiquement, obligés de verser immédiatement et intégralement les amendes aux services du Trésor public après la conclusion de la transaction. Actuellement, le paiement des amendes de transaction se fait selon un système qui consiste à échelonner les créances. Ainsi, les responsables des navires, notamment sénégalais, ayant commis des infractions peuvent continuer tranquillement leurs activités et échelonner le paiement des amendes en versant périodiquement une somme d'argent[994]. Certains responsables de

---

[992] Cf. Aly SAMB, *op. cit.*, note de bas de page N° 124

[993] Voir les articles 68 à 74 du Code de la pêche maritime.

[994] Selon l'article 70 du Code de la pêche maritime : « *La transaction est approuvée par écrit par le Ministre chargé de la pêche maritime. La conclusion de la transaction doit aboutir au versement immédiat d'une amende. Le défaut de paiement entraîne la saisine de la juridiction répressive compétente* ».

navires même, omettent tout simplement de s'acquitter de leurs engagements[995].

Une autre pratique plus contestable consiste pour l'autorité administrative à annuler[996] tout bonnement les créances dues par les navires sénégalais au titre des amendes par transaction. Une telle pratique n'est pourtant pas expressément prévue par les textes en vigueur. On évoque souvent le pouvoir discrétionnaire[997] attaché aux attributions de l'autorité administrative pour justifier de telles décisions.

Il s'agira de définir un cadre juridique adéquat pour améliorer la transparence dans le traitement des dossiers d'arraisonnement dont l'effectivité est une recommandation du PAI-INN[998]. En effet, la finalité recherchée à travers toutes les mesures qui seront prises pour lutter contre la pêche INN peut être compromise si le droit n'évolue pas en matière de

---

995 Dans l'argumentaire des questions posées dans la demande d'avis consultatif adressée au TIDM, la CSRP évoque les faits suivants : « *En 2010 : un État membre de la CSRP a arraisonné, dans sa ZEE, deux navires qui pêchaient dans le cadre d'un Protocole d'accord signé entre cet État membre et une organisation internationale. Les deux navires de pêche qui battaient le pavillon d'un pays partie à l'organisation internationale, avaient commis une infraction à la législation de pêche de l'État membre.*
Les navires ont été condamnés à une amende conforme à la législation en vigueur dans l'État membre, et dont le paiement a été fait partiellement par le représentant de l'armateur, sous condition de payer dans un délai déterminé par les autorités de cet État membre, le reliquat de la dite amende. L'État membre prêtant foi à la déclaration du représentant de l'armateur, et en tenant en compte du fait que les navires concernés opéraient dans le cadre d'un Protocole d'accord signé avec cette organisation, avait libéré les navires sans exiger une caution.
À l'expiration du délai retenu pour le paiement du reliquat de l'amende, l'armateur des navires ne s'est pas exécuté et les navires ne sont jamais revenus dans la ZEE de l'État membre. Face à cette situation, l'État membre concerné a interpellé l'organisation internationale signataire de l'accord pour la prise de mesures appropriées en vue du paiement de l'amende en souffrance. En réponse, l'organisation internationale s'est déclarée incompétente pour imposer à l'État du pavillon le paiement de l'amende ou pour payer à la place de l'État du pavillon.
Le cas est donc resté ainsi sans solution à ce jour ». Ce qui, selon la CSRP justifie la question 3. À savoir : « *Lorsqu'une licence de pêche est accordée à un navire dans le cadre d'un accord international avec l'État du pavillon ou avec une structure internationale, cet État ou cette organisation peut-il être tenu responsable des violations de la législation en matière de pêche de l'État côtier par ce navire ?* » Voir l'exposé écrit de la CSRP de novembre 2013. www.itlos.org

996 Voir Aly SAMB, *op. cit.*, note de bas de page N° 124.

997 A noter que la commission consultative pour les infractions en matière de pêche maritime créée auprès du ministre chargé de la pêche maritime en application de l'article 68 de la loi N° 98 – 32 du 14 avril 1998 ne peut que donner des avis à ce dernier ou à son représentant sur les dossiers de transaction. Cf. supra notes de bas de page N° 819 et 820 pour plus de détails sur les articles 68 du Code de la pêche maritime et 65 et 66 de son décret d'application à propos de la Commission consultative pour les infractions de pêche.

998 Le point 24.10 du PAI – INN invite les États à lutter contre la pêche INN en assurant l'application effective de régimes d'arraisonnement.

traitement des dossiers d'infractions et si certaines pratiques qui existent, dans ce cadre, à côté du droit, ne sont pas éliminées. En effet, pour décourager la commission d'infractions en matière de pêche, il est nécessaire que toute infraction de pêche constatée et verbalisée soit effectivement sanctionnée et que le responsable du navire mis en cause s'acquitte effectivement de l'amende qui lui a été infligée. Pour cela, la poursuite des procédures d'arraisonnement jusqu'à leur terme, sans pression aucune, est nécessaire[999]. Cette arme dissuasive ne prend de la valeur que quand elle est effectivement utilisée. Il faut aussi qu'elle le soit sans discrimination.

En définitive, une application rigoureuse de la réglementation par les agents compétents est nécessaire pour lutter contre la pêche INN. Ainsi en sera-t-il, par exemple, de la réglementation sur l'embarquement des observateurs à bord des navires sénégalais autorisés à pêcher dans les eaux sous juridiction sénégalaise.

De même, les sanctions retenues à l'encontre des navires de pêche doivent être mises en œuvre de façon effective et transparente. Une bonne gouvernance des pêches passe par la promotion de la transparence dans les procédures et le traitement des arraisonnements et dans l'application des sanctions[1000].

Mieux, à côté de l'application effective des sanctions, le Sénégal devrait encourager les acteurs à respecter et à appliquer les lois et règlements en matière de pêche. Pour cela, il devrait envisager de conditionner les avantages accordés dans le secteur de la pêche en général, notamment l'accès au carburant détaxé, les exonérations sur les matériels de pêche et intrants, les facilitations d'accès aux fonds de roulement des entreprises, les points francs et autres facilités accordées, à un engagement réel de pratiquer une pêche responsable par les acteurs de la pêche eux-mêmes. Bénéficieront des avantages ceux qui pêchent de façon responsable[1001] et qui seront en quelque

---

[999] Cf. « *Stratégie de lutte contre la pêche illicite, non déclarée et non réglementée au Sénégal* », avril 2013, élaborée par la DPSP dans le cadre du Programme PRAO-Sénégal, *op. cit.*, note de bas de page N° 80.

[1000] *Ibid.* la Stratégie de lutte contre la pêche INN- DPSP, *op. cit.*, note de bas de page N° 80

[1001] Il convient de signaler que la suppression des subventions et différentes aides économiques est une recommandation du Plan d'action international sur la gestion de la capacité de pêche. Plus particulièrement, ce plan invite tous les Etats à réduire et à progressivement éliminer tous les facteurs (notamment les subventions et les incitations aides économiques), qui contribuent à la constitution d'une capacité de pêche excédentaire, compromettant ainsi la durabilité des ressources biologiques marines. La réalisation de cet engagement représentera certes une tâche considérable aux niveaux international et national mais les États sont invités à entreprendre immédiatement de mettre un terme à toutes les formes de soutien économique de la part des pouvoirs publics à la pêche INN. Rien ne saurait justifier de la part des États le maintien d'une aide en faveur de ceux qui se livrent à la pêche INN ou qui, tout simplement risque de l'être. Cf. Plan d'action international sur la gestion de la capacité de pêche, FAO – 1999. Voir aussi Directives techniques pour une pêche responsable: mise en œuvre du Plan

sorte ainsi récompensés, là où ceux qui s'adonnent à la pêche illicite seront sanctionnés[1002]. Par ce biais même, le Sénégal mettra en œuvre une recommandation du PAI – INN[1003].

Pour atteindre tous ces objectifs, des réformes en profondeur sont nécessaires et celles – ci peuvent trouver leur origine dans le plan d'action national de lutte contre la pêche INN, élaboré par le Sénégal.

SECTION II : UNE MISE EN ŒUVRE EFFICACE DU PLAN D'ACTION NATIONAL DE LUTTE CONTRE LA PÊCHE INN

Le Plan d'action international visant à prévenir, à contrecarrer et à éliminer la pêche illicite, non déclarée et non réglementée de la FAO de 2001[1004], dans ses dispositions, avait invité les États, dès que possible et dans un délai de trois ans maximum à compter de son adoption, d'élaborer et d'appliquer des plans d'action nationaux pour mieux atteindre les objectifs qu'il s'est fixés et, de donner pleinement suite à ses dispositions dans le cadre de leurs programmes et budgets de gestion des pêches. Pour être plus efficient, le PAI–INN recommande que les plans nationaux prévoient, le cas échéant, des mesures visant à donner suite aux initiatives prises par les organisations régionales de gestion des pêches compétentes en vue de prévenir, de contrecarrer et d'éliminer la pêche illicite, non déclarée et non réglementée. Pour cela, la pleine participation et l'engagement de toutes les parties prenantes intéressées, qui incluent l'industrie, les communautés de pêcheurs et les organisations non gouvernementales, est nécessaire et les États devraient l'encourager.

En réaction à ces recommandations, le Sénégal a initié un processus inclusif[1005] qui a abouti, seulement en 2013[1006], à l'élaboration d'un plan

---

d'action international visant à prévenir, contrecarrer et éliminer la pêche INN, FAO – Rome 2002.

1002 Stratégie de lutte contre la pêche illicite, non déclarée et non réglementée au Sénégal, avril 2013, élaborée par la DPSP dans le cadre du Programme PRAO-Sénégal, *op. cit.,* note de bas de page N° 80

1003 Selon le point 23 du PAI – INN relative aux incitations économiques : les États devraient, dans la mesure où leur législation nationale le permet, éviter d'accorder un soutien économique, y compris des subventions, à des sociétés, navires ou personnes se livrant à la pêche illicite, non déclarée et non réglementée.

1004 Il s'agit du point 25.du PAI - INN, approuvé, par le Comité des Pêches de la FAO le 02 mars 2001. Cf. supra, première partie, premier titre, chapitre I, section I, paragraphe 2 de la présente étude.

1005 Toutes les administrations, ONG et autres structures concernées, ont été impliquées dans l'élaboration du plan d'action. Mieux, ces entités interviennent dans la mise en œuvre du plan à travers le cadre de suivi-évaluation mis en place. Ainsi, pour la mise en œuvre du plan il est mis en place trois cadres: un cadre de pilotage, un cadre opérationnel et un cadre de suivi – évaluation.

Au niveau du pilotage, un Comité est créé par arrêté du Premier Ministre pour les besoins d'orientation du plan. Il se réunit au moins une fois par an. Il approuve et supervise le programme annuel d'exécution du plan. Le Comité de pilotage analyse et vérifie les rapports d'exécution ainsi que les rapports de suivi – évaluation préparés et soumis par l'unité d'action national de lutte contre la pêche INN. Ce plan est conçu à la suite d'études diagnostiques approfondies de l'environnement juridique et judiciaire pour lutter contre la pêche INN[1007], et du système de suivi, contrôle et surveillance des pêches[1008] au Sénégal ainsi qu'après l'élaboration d'une stratégie nationale[1009] de lutte contre la pêche INN. Il s'inscrit, au niveau national, dans les objectifs stratégiques de gestion durable des ressources halieutiques de la Lettre de Politique sectorielle des pêches et de l'aquaculture (LPS-PA) et s'inspire, au niveau international, des principes et normes du Plan d'Action international visant à prévenir, à contrecarrer et à éliminer la pêche Illicite, non déclarée et non réglementée (PAI-INN). L'étude du Plan d'action

---

opérationnelle (DPSP) et l'unité de suivi-évaluation du plan. Il est composé comme suit : La primature, à travers la HASSMAR ; le Ministère chargé de la Pêche, à travers : la Direction de la Protection et de la Surveillance des Pêches, la Direction des Pêches maritimes, la Direction de la Pêche continentale, la Direction des Industries de Transformation des Produits de la Pêche, l'Agence nationale des Affaires maritimes, la Cellule d'Etudes et de Planification, le Port Autonome de Dakar ; le Ministère chargé de l'Environnement et de la Protection de la Nature, à travers : la Direction des Aires marines protégées communautaires ; la Direction des Parcs nationaux ; le Ministère des Forces Armées, à travers : la Marine nationale, l'Armée de l'Air, la Gendarmerie nationale (section de l'environnement) ; le Ministère de l'intérieur, à travers la Direction générale de la Sureté nationale ; le Ministère de l'Economie et des Finances, à travers : la Douane, la Direction Générale des Finances ; les autres structures techniques et organismes, notamment : le Centre de Recherches Océanographiques de Dakar Thiaroye (CRODT), les représentants des professionnels de la pêche industrielle, les représentants des professionnels de la pêche artisanale. La Présidence du Comité est assurée par le Premier Ministre ou son Représentant et secrétariat par le Ministère chargé de la pêche à travers la DPSP.

Au niveau opérationnel, le Ministère chargé de la pêche est responsable de l'exécution du plan. Une unité opérationnelle est mise en place sous la présidence de la DPSP. Elle a en charge la planification opérationnelle et l'élaboration des rapports d'exécution du plan. L'Unité opérationnelle est composée des structures suivantes : la Direction de la Protection et de la Surveillance des Pêches ; la Direction des Pêches maritimes ; la Direction des Industries de Transformation des Produits de la Pêche ; la Direction de la Pêche continentale ; la Marine Nationale ; l'Armée de l'Air ; le Port Autonome de Dakar ; la Douane ; les organisations professionnelles de la pêche, dans le cadre de la surveillance participative. Cette unité se réunit tous les trois mois et à chaque fois que de besoin.

Au niveau du suivi-évaluation, un Comité est mis en place. Il a pour mission d'élaborer le rapport de suivi-évaluation du plan, sur la base d'une synthèse et d'une analyse globale des informations collectées auprès de l'unité opérationnelle du plan. Le comité se réunit tous les trois mois et élabore les rapports trimestriels de suivi. Il est composé de points focaux des différentes structures en charge de la mise en œuvre du plan et de la Cellule d'Etudes et de Planification du ministère chargé de la pêche qui assure la présidence.

1006 Le délai recommandé par le PAI – INN de la FAO qui devait démarrer en 2001, date de son adoption, devait expirer en 2004, c'est-à-dire trois ans après.

1007 Cf. Aly SAMB « *Étude diagnostique approfondie de l'environnement juridique, réglementaire et judiciaire pour combattre la pêche INN* », *op. cit.*, note de bas de page N° 124.

1008 Diagnostic du système de suivi contrôle et surveillance des pêches au Sénégal, PRAO Sénégal – DPSP, *op. cit.*, note de bas de page N° 742

1009 Stratégie nationale de lutte contre la pêche INN, PRAO Sénégal – DPSP 2013, *op. cit.*, note de bas de page 80.

national permet d'indiquer les exigences de renforcement des moyens de la surveillance, d'une part ; et la rationalisation ainsi que l'optimisation du système de surveillance des pêches, d'autre part.

Paragraphe I : Le renforcement des moyens de la surveillance des pêches

Cette exigence peut se résumer à travers cette recommandation du PAI-INN[1010] qui invite les États à veiller à ce que les capacités techniques et les ressources nécessaires pour son application soient disponibles, y compris, le cas échéant, en instituant un système de financement aux niveaux national, régional ou mondial et en privilégiant la coopération internationale.

La réalisation de cette recommandation doit permettre de matérialiser l'objectif principal du Plan d'action national qui est d'éradiquer la pêche INN dans la ZEE sénégalaise par un renforcement des moyens de la surveillance des pêches et une meilleure coordination des interventions et actions au niveau national, régional et international.

Il s'agit pour le Sénégal de mettre en place un système de surveillance capable de relever le défi de la pêche INN et ce n'est pas fortuit si l'élaboration du Plan d'action national est coordonnée par la DPSP, structure chargée à titre principal de la surveillance des pêches. Pour cela, des initiatives sont nécessaires sur le plan normatif, institutionnel, matériel, financier et des ressources humaines.

Sur le plan normatif et institutionnel, des réformes s'imposent. Concernant le premier point, il s'agira de renforcer le cadre législatif et réglementaire de la lutte contre la pêche INN par la mise en œuvre des différentes propositions faites dans les développements précédents et relatives à la reformulation de certains textes existants pour mieux intégrer la question INN, à l'élaboration de nouvelles règles sur la pêche INN et à la garantie de l'application des textes.

Concernant le cadre institutionnel, il doit viser à renforcer l'administration de la surveillance des pêches et valoriser la structure chargée de la recherche océanographique vu son importance dans le dispositif de lutte contre la pêche INN pour améliorer en continu les plans d'aménagement et de gestion mis en place dans le cadre de la mise en œuvre de la politique des pêches.

La DPSP en tant qu'autorité compétente, chargée de mettre en œuvre la stratégie de lutte contre la pêche INN, doit s'adapter à travers une réorganisation institutionnelle qui devra lui permettre de se muer en une structure administrative dotée de la personnalité juridique et de l'autonomie financière[1011] pour mieux faire face à des responsabilités, de plus en plus

[1010] Voir le point 33. du PAI – INN

[1011] Elle peut devenir une agence, un établissement public ou autre. Cela nécessite une volonté politique sans faille et l'État devrait s'y engager au vu des bénéfices qu'il peut en tirer en

accrues, évolutives et nécessitant une grande réactivité, dans la lutte contre la pêche INN.

Sur le plan matériel et opérationnel, la DPSP a renforcé son dispositif naval de surveillance en se dotant, en 2006, de six (6) vedettes de surveillance dont quatre (4) de 12 mètres et deux (2) de 20 mètres pour mieux appuyer la surveillance côtière[1012]. À partir de cette même année 2006, d'autres structures comme la Douane, la Gendarmerie et la Police, se sont toutes dotées de leurs propres moyens opérationnels de surveillance maritime avec l'acquisition de vedettes de 12 à 20 mètres[1013]. Il ressort de ces éléments que les pouvoirs publics accordent une attention particulière au secteur maritime et plus particulièrement à son volet pêche.

L'intervention de ces vedettes peut être importante si l'on sait que l'essentiel des pratiques de pêche INN enregistrées ces dernières années concernent les pêcheries démersales côtières et profondes[1014].

Toutefois, beaucoup de navires des pays de l'Est viennent pêcher, de manière illégale, les ressources pélagiques côtières de novembre à mai, période de leur migration dans les eaux sous juridiction sénégalaise[1015]. L'affaire très médiatisée[1016] du navire de 120 mètres « *Oleg Naidenov* »[1017],

---

termes d'économie sur les énormes pertes annuelles constatées, dues à la pêche illicite et qui, selon une étude de MRAG, s'élèvent à plus de $30 millions.

1012 Diagnostic du système de suivi contrôle et surveillance des pêches au Sénégal, PRAO Sénégal – DPSP, *op. cit.,* note de bas de page N° 742

1013 Diagnostic du système de suivi contrôle et surveillance des pêches au Sénégal, PRAO Sénégal – DPSP, *ibid., op. cit.,* note de bas de page N° 742

1014 PAN – INN, *op. cit.,* première partie, titre I, chapitre I, section I et paragraphe 2 de la présente étude

1015 *Ibid.* PAN – INN, *op. cit.,* première partie, titre I, chapitre I, section I et paragraphe 2 de la présente étude

1016 Voir à ce propos ces articles de la presse sénégalaise portant sur l'Affaire :
Article publié sur Senego.net du lundi 20 janvier 2014, à 17:38 intitulé: Le bateau russe, Oleg Naidenov, libéré par le Sénégal pour un million de dollars et selon lequel : « *Le chalutier russe détenu par le Sénégal devrait être libéré ce lundi, selon le propriétaire du navire. Une caution d'un million de dollars avait été versée.*
Feniks, la société russe qui détient le Oleg Naidenov, a finalement payé une amende de 1 million de dollars pour obtenir la libération du navire, déclare un porte-parole de la pêche de l'État russe vendredi dernier.
Le chalutier a été saisi par les autorités sénégalaises au large de la côte de Guinée-Bissau, le 4 Janvier pour avoir pêché illégalement dans les eaux du Sénégal ».
Article publié sur DAKARACTU.COM, le 22/01/2014, à 15:28, intitulé : Un accord enfin trouvé dans l'affaire du bateau arraisonné: Les russes versent finalement 600 millions FCFA d'amende et selon lequel « *Après plusieurs jours de tractations et de négociations, un accord été finalement trouvé entre la partie russe et les autorités sénégalaises. D'après les dernières informations reçus, les Russes ont finalement versé par le biais d'une banque de la place, comme on dit, la somme de 600 millions de nos francs comme amende. Objet du litige, le bateau russe pris en flagrant délit de pêche illicite dans les eaux sénégalaises et arraisonné à vue, sera libéré dans les quarante-huit heures, nous dit-on. Le ministre de la pêche Aly Haïdar a promis une conférence de presse pour lever toutes les*

battant pavillon russe et arraisonné le 4 janvier 2014 pour pêche illégale et escorté jusqu'au port de Dakar, est très illustratrice. Et ceci n'est pas un cas isolé[1018].

Le manque de moyens d'intervention lourds[1019], notamment de patrouilleurs de haute mer et l'envergure des navires pirates par rapport aux vedettes de surveillance disponibles, ne permet pas toujours de les arraisonner. Sur le plan opérationnel, les patrouilleurs de haute mer de la Marine nationale, acquis dans les années 70, sont devenus indisponibles pour la plupart. L'avion de surveillance maritime, le Twin-Otter, en fin de potentiel, a été échangé avec un autre aéronef de type Islander BN-2T moins performant[1020]. Des difficultés de couverture complète de l'espace maritime sénégalais commencent à apparaître.

équivoques, démentir les intox car les Russes dans cette affaire avaient mené une guerre médiatique à outrance, alors qu'à la lumière, ils avaient tort sur toute la ligne.
L'Agence fédérale russe de la pêche a annoncé avoir conclu un accord sur la levée du séquestre d'un chalutier industriel arraisonné début janvier par le Sénégal, moyennant une caution d'un million de dollars.
Joint plus tôt au téléphone, le ministre sénégalais de la Pêche Haïdar El-Ali a indiqué que le navire n'avait pas encore été relâché et qu'il ne le serait qu'après les procédures de dépôt de la caution et l'émission d'un reçu du trésor sénégalais. La Russie avait déjà annoncé, une semaine plus tôt, avoir obtenu la levée du séquestre du navire de 120 mètres, arraisonné le 4 janvier pour pêche illégale et escorté jusqu'au port de Dakar. L'Information avait été démentie par Dakar ».

1017 Ce bateau russe pris en flagrant délit de pêche illicite dans les eaux sénégalaises (à 85 km du littoral bissau-guinéen) et arraisonné à vue, a été libéré après avoir payé une amende de 600 millions de F.CFA. Voir Seneweb.com | Mardi 18 février, 2014 12:15

1018 Un navire ukrainien long de 125 m, a été arraisonné au large des côtes sénégalaises avec mille (1000) tonnes de poissons pêchées. Voir Seneweb News | Seneweb.com | Mardi 18 février, 2014 12:15. De même, a l'occasion d'un point de presse tenu le vendredi 25 avril 2014 et diffusé dans le Journal télévisé de 19 heures 45 minutes de la SEN TV, le Ministre chargé de la pêche M. Ali HAIDAR après avoir annoncé la signature d'un accord de pêche avec l'UE, a révélé l'arraisonnement d'un bateau pirate qui a changé plusieurs fois de nationalité et qui est multirécidiviste. Voir supra note de bas de page N 378.
Voir aussi la lettre N 00003160/DPSP/BUR/DIC/dd du 27 décembre 2013 par laquelle, le Directeur de la Protection et de la Surveillance des pêches, le Capitaine de Vaisseau Cheikh SARR, notifie l'arraisonnement du navire russe aux autorités russes compétentes et réclame le dépôt d'un chèque de caution certifié d'un montant de deux cents (200 000 000) millions F CFA représentant le maximum de l'amende prévue, établi à l'ordre du Receveur des domaines de Ngor – Almadies, publiée sur http://www.dakaractu.com/ Histoire-des-bateaux-russes-arraisonnes-au-large-de-la-Guinee-Bissau-200-et-400-millions-FCFA-reclames-a-la-partie-russe_a58068.html

1019 On assiste à un vieillissement des équipements lourds du volet opérationnel du système de suivi contrôle et surveillance (patrouilleurs et avion). Voir diagnostic du système de suivi contrôle et surveillance des pêches au Sénégal et Stratégie nationale de lutte contre la pêche INN, *op. cit.*, note de bas de page N° 992

1020 Diagnostic du système de suivi contrôle et surveillance des pêches au Sénégal, PRAO Sénégal – DPSP, *op. cit.*, note de bas de page N° 742

Cette situation s'aggrave quand il s'agit de la pêche des ressources thonières qui sont des espèces hauturières, hautement migratrices et se déplaçant au-delà de la ZEE. Leur zone d'évolution fait souvent l'objet de pêche pirate par des navires étrangers ne disposant pas d'autorisation de pêche. Ces ressources peuvent également faire l'objet de pillage à la suite d'incursions transfrontalières de navires. Leur caractère très migrateur et la faiblesse des moyens d'intervention en haute mer constituent des facteurs handicapants pour leur bonne préservation par les autorités sénégalaises[1021].

Aujourd'hui, plus que jamais, le renforcement des capacités logistiques et des moyens navals et aériens de surveillance est nécessaire. L'acquisition d'un patrouilleur de Haute mer[1022] polyvalent, capable de séjourner en mer de façon continue et pendant une période relativement longue, constitue une nécessité réelle pour renforcer le potentiel actuel de la surveillance des pêches et des autres missions et, par la même occasion, produire un effet dissuasif significatif. Il en sera de même de l'acquisition d'un nouvel aéronef de surveillance multifonctionnel équipé de tous les instruments de contrôle et de détection, pour remplacer le BN-2T[1023] ; étant entendu que ces équipements doivent être utilisés suivant une logique d'optimisation des moyens de surveillance.

Au regard de l'apport très significatif du secteur de la pêche dans l'économie nationale et des énormes pertes annuelles constatées, dues à la pêche INN, cette demande d'équipements pour une durée de vie d'au moins 25 ans, reste une requête raisonnable et légitime pour les besoins de protection des écosystèmes marins productifs et des ressources halieutiques ainsi que pour l'approvisionnement en protéines animales des générations futures[1024].

Au-delà, il est nécessaire d'équiper convenablement les stations côtières pour leur permettre de remplir correctement leurs missions. Le choix de ces équipements devra correspondre à la stratégie adoptée pour l'utilisation et le fonctionnement desdites stations afin d'éviter de prendre des équipements peu adaptés et surdimensionnés ou inutiles[1025].

Cet effort d'équiper les stations de surveillance devra s'accompagner d'un renforcement des capacités du personnel pour lui permettre de se familiariser avec le matériel d'équipement et garantir son utilisation correcte. Les agents

---

[1021] PAN INN, *op. cit.*, note de bas de page 657

[1022] Ce patrouilleur de Haute mer de type PHM « *Fouta* », acquis dans la cadre du PSPS pourrait justement contribuer à réduire considérablement les coûts de la surveillance pour le rendre supportable. Voir la Stratégie de lutte contre la pêche INN au Sénégal, *op. cit.*, note de bas de page N° 80

[1023] *Ibid.* Stratégie nationale de lutte contre la pêche INN, PRAO Sénégal – DPSP 2013, *op. cit.*, note de bas de page N° 80

[1024] *Ibid.* Stratégie nationale de lutte contre la pêche INN, PRAO Sénégal – DPSP 2013. *op. cit.*, note de bas de page N° 80

[1025] Stratégie nationale de lutte contre la pêche INN, PRAO Sénégal – DPSP 2013. *op. cit.*, note de bas de page N° 80

des autres structures participant aux missions de suivi, contrôle et surveillance des pêches devraient aussi être concernés par la formation.

Le Sénégal est invité à se doter de moyens adéquats pour réaliser sa politique de lutte contre la pêche INN en définissant des options et des choix qui correspondent à sa propre stratégie, au lieu de se contenter de saisir les opportunités ponctuelles et diverses d'équipements qui s'offrent à lui, sans toujours correspondre exactement aux objectifs visés, et qui finissent par devenir des contraintes[1026].

Sur le plan des ressources humaines, la DPSP, structure chargée à titre principal de la surveillance des pêches maritimes, dispose d'environ dix (10)[1027] inspecteurs des pêches pour effectuer le contrôle journalier de tous les navires de pêche à quai, au Port autonome de Dakar, participer aux opérations conjointes de surveillance navale et aérienne, faire la certification d'origine des captures au Port et à l'Aéroport, et assurer le travail administratif nécessaire à la rédaction des rapports d'inspection et, normalement, l'exploitation des rapports des observateurs. Ces tâches sont appelées à s'accroître lorsque le Sénégal se mettra à exécuter de manière correcte et effective toutes ses responsabilités en tant qu'État du pavillon et État du port.

Au double plan quantitatif et qualitatif, les engagements pris par le Sénégal au niveau international, notamment dans le cadre des MREP, lui imposent d'avoir un personnel d'inspecteurs suffisant et qualifié pour assurer le contrôle nécessaire des navires de pêche qui touchent ses ports[1028]. Les enjeux économiques sont trop importants, et une défaillance quelconque du système de contrôle sera désastreuse pour les opérateurs économiques, le Port et pour l'économie du pays en général[1029].

Il est nécessaire que l'État renforce sa capacité d'inspection des navires de pêche par un recrutement d'agents des pêches ayant des aptitudes, notamment, dans les domaines de l'identification et de la biologie des espèces de poissons, des techniques et engins de pêches, des processus d'aménagement des pêcheries, de l'application des mesures du ressort de l'État du port, de la cartographie et, de manière générale, de la pratique de la pêche responsable[1030].

[1026] Stratégie nationale de lutte contre la pêche INN, PRAO Sénégal – DPSP 2013, *op. cit.,* note de bas de page N° 80

[1027] C'est ce qui ressort de la Stratégie nationale de lutte contre la pêche INN de 2013, supra note de bas de page N° 80.

[1028] Le port de Dakhonga est en cours de construction et sera aussi concerné une fois opérationnel.

[1029] Stratégie nationale de lutte contre la pêche INN, DPSP 2013, *op. cit.,* note de bas de page N° 80.

[1030] Des agents techniques des pêches, des ingénieurs et techniciens supérieurs des pêches sont formés respectivement par le Centre national de formation des techniciens des pêches et de l'aquaculture et l'Institut universitaire de pêche et d'aquaculture, logé à la Faculté des

C'est seulement par cette voie que le Sénégal pourra durablement mettre en place et consolider une expertise et une pratique fiables dans le domaine de la lutte contre la pêche INN.

Les observateurs aussi jouent un rôle non négligeable dans le dispositif de la surveillance et pourtant, les statistiques actuelles montrent que plus de 80 % de ce personnel sera certainement atteint par la limite d'âge dans un avenir très proche[1031]. Le recrutement et la formation de nouveaux observateurs pour pallier les départs et assurer la relève, s'avèrent aujourd'hui nécessaires. Ce sera l'occasion de reprendre le programme Observateur, de le rendre plus crédible et plus performant et de conférer un statut[1032] clair au personnel observateur et permettre sa rémunération à partir du budget de l'État[1033] qui est une source plus indiquée, plus stable et plus durable[1034]. Depuis le 1er janvier 2005, les observateurs bénéficient de contrats à durée indéterminée (CDI) et leur rémunération est prise en charge respectivement dans le Budget Consolidé d'Investissement (BCI) et dans la Caisse d'Encouragement à la Pêche et à ses

---

Sciences de l'UCAD et peuvent parfaitement renforcer le dispositif humain de la surveillance des pêches. Il serait important que la DPSP puisse avoir un statut administratif et financier qui pourra lui permettre d'utiliser des procédures allégées de recrutement de personnel au lieu d'être dépendante de la dotation de la Fonction publique que lui impose son statut de Direction nationale.

[1031] D'ici trois ans d'après la Stratégie nationale de lutte contre la pêche INN.

[1032] Malgré leur participation à une activité de service public depuis 1982, les observateurs n'ont jamais bénéficié d'un statut. L'État devrait se donner les moyens de créer un corps des observateurs par décret et permettre leur intégration dans le statut particulier du cadre des fonctionnaires des pêches maritimes à travers une modification décret n° 77 – 1012 du 24 novembre 1977 qui l'organise.

[1033] De 1982 à ce jour, la prise en charge financière n'a jamais été assurée par le Budget général de l'État du Sénégal. Les premiers contrats de travail à durée déterminée (cdd), du moins pour la première vague d'observateurs, n'ont pas été renouvelés et les observateurs étaient payés sur les « *cautions* » versées par les armateurs ou consignataires de navires astreints à leur embarquement.

[1034] La première génération d'observateurs a eu droit à des contrats de travail à durée déterminée de six mois, suivis de contrats de marée assimilables par certains experts à des contrats de prestations de services, ce qui peut être contestable, et ceci, jusqu'au 31 décembre 2002. C'est à partir du 1er janvier 2003 que la Direction de la Protection et de Surveillance des Pêches a mis en place des contrats de travail, soumis à l'approbation de l'Inspecteur du Travail et de la Sécurité Sociale, conférant ainsi à l'observateur un salaire mensuel, en plus des indemnités de mer perçues à l'issue des marées et une prise en charge au niveau des institutions de prévoyance sociale (IPRES, CSS et IPM). La signature de contrats à durée déterminée (cdd) en 2003 et 2004 et leur transformation systématique en contrats à durée indéterminée (cdi) à partir du 1er janvier 2005, avec prise en charge respectivement dans le Budget Consolidé d'Investissement (BCI) et dans la CEPIA., sans oublier les indemnités de mer payées à l'issue des marées.

[1034] De 1982 à ce jour, la prise en charge financière n'a jamais été assurée par le Budget général de l'État du Sénégal. Les premiers contrats de travail à durée déterminée (cdd), du moins pour la première vague d'observateurs, n'ont pas été renouvelés et les observateurs étaient payés sur les « *cautions* » versées par les armateurs ou consignataires de navires astreints à leur embarquement.

Industries annexes (CEPIA)[1035]; ce qui d'ailleurs est très problématique. En effet, la CEPIA, instaurée par la loi n° 67-01 du 30 janvier 1967, est un compte spécial du trésor et plus particulièrement un compte d'affectation spéciale qui ne peut supporter des paiements de traitements qu'à titre dérogatoire[1036].

Le Sénégal, avec un système de surveillance amélioré, doit pouvoir s'engager à exercer un suivi, un contrôle et une surveillance (SCS) systématiques et efficaces des pêches, du commencement des opérations jusqu'à la destination finale, en passant par les lieux de débarquement[1037]. Ceci a un coût[1038] et le Sénégal devrait s'évertuer à mobiliser les financements nécessaires[1039].

Toutefois, une bonne politique de surveillance des pêches, surtout pour des pays en développement aux moyens limités comme le Sénégal, ne peut produire des résultats acceptables que si elle est sous-tendue par une option de rationalisation et de mutualisation des ressources et moyens disponibles.

Paragraphe II : La rationalisation et l'optimisation du système surveillance de la pêche INN

La lutte contre la pêche INN demande beaucoup de ressources et des capacités d'action importantes et durables, car les navires pirates sont toujours aux aguets et prêts à explorer toute faille. Les pêcheurs INN ne peuvent parvenir à leurs fins que s'ils arrivent à échapper à la détection par les moyens de la surveillance et ils font tout pour passer inaperçus. Les exploitants de navires se livrant à la pêche INN opèrent fréquemment dans des zones où le système de suivi, contrôle et surveillance (SCS)[1040] est faible ou inexistant, notamment dans les pays en développement qui n'ont pas toujours les moyens de faire face à ces pratiques de pêche. Les propriétaires de ces navires

---

1035 Pour plus de développements sur la CEPIA, voir le Mémoire de Monsieur Moussa TRAORE sur « *Les comptes spéciaux du trésor* », Université Gaston Berger de Saint-Louis du Sénégal - DEA 2010. Dans la catégorie: Droit et Sciences Politiques > Droit Public, disponible sur: *HTTP://WWW.MEMOIREONLINE.COM/07/10/3771/M_LES-COMPTES-SPECIAUX-DU-TRESOR5.HTML*

1036 Sauf dérogations prévues par une loi de finances, il est interdit d'imputer directement à un compte spécial du Trésor des dépenses résultant du paiement des traitements ou indemnités à des agents de l'État ou d'autres organismes publics. Article 37 alinéa 2 de la loi n° 2011-15 du 8 juillet 2011 portant Loi organique relative aux lois de finances disponible sur http://www.jo.gouv.sn

1037 Ceci est une recommandation du PAI –INN à son point 24.

1038 Il est chiffré par le PAN – INN de 2014 à 51 831 900 000 F CFA avec 706 900 000 F CFA acquis et un gap de 51 125 000 000 F CFA.

1039 Les différentes actions à entreprendre et leurs coûts respectifs sont détaillés dans le PAN – INN. *Op. cit.*, note de bas de page 657

1040 L'expression Suivi, contrôle et surveillance ou SCS est maintenant communément utilisée à la suite de la consultation d'experts sur les systèmes de suivi, de contrôle et de surveillance pour le gestion des pêches organisée par la FAO en 1981.

s'emploient également à ne pas être détectés au moyen de pratiques commerciales trompeuses. Par exemple, ils créent des groupements d'entreprises étendus et complexes pour gêner l'action des enquêteurs, modifient constamment les noms et les indicatifs d'appel de leurs navires et changent régulièrement de pavillon dans les États qui conservent des registres d'immatriculation ouverts[1041]. Le renforcement des moyens de SCS et leur mise en œuvre effective dans les eaux relevant de leur juridiction ainsi qu'en haute mer, constituent la meilleure possibilité, pour les États, de prévenir, contrecarrer et éliminer la pêche INN. Toutefois, la situation économique d'un pays comme le Sénégal ne peut pas être ignorée dans l'élaboration d'un cadre de surveillance fiable et même si renforcement de moyens il y a, il faut dérouler une politique de surveillance des pêches qui puisse permettre d'obtenir des résultats acceptables tout en minimisant le coût[1042]. Par conséquent, l'institution chargée de la gestion et de la coordination de l'ensemble du système de surveillance des pêches doit se réadapter par rapport à cet environnement pour maintenir un niveau d'efficacité acceptable et optimiser au mieux les moyens disponibles[1043].

Un système efficace de lutte contre la pêche INN doit reposer sur une utilisation rationnelle, optimale et durable des moyens de surveillance avec des interventions ciblées et guidées essentiellement par les résultats et recommandations de la recherche et des autres moyens de détection et de suivi fiables des navires ainsi que par l'implication de tous les acteurs dans la réalisation des objectifs de pêche responsable.

Cela répond même à une recommandation du PAI – INN[1044] de la FAO qui invite les États à veiller à la cohérence des efforts nationaux visant à prévenir, à contrecarrer et à éliminer la pêche illicite, non déclarée et non réglementée.

À cet effet, la recherche scientifique[1045] qui peut avoir des informations fiables et utiles sur l'état et la répartition, en fonction de la période, de la ressource dans les différentes pêcheries, doit être renforcée et privilégiée dans

---

1041 Cf. Directives techniques pour une pêche responsable, N 9 : Mise en œuvre du plan d'action international visant à prévenir, contrecarrer et éliminer la pêche INN, FAO- Rome 2002.

1042 Selon la lettre de politique sectorielle, le système SCS des pêches a absorbé beaucoup de ressources financières à partir de 2000 se traduisant par un effort d'investissement de l'État notamment dans l'acquisition de 6 vedettes de surveillance côtière (4,4 milliards CFA), la construction d'un siège et de stations côtières (0,17 milliards CFA), l'installation d'un système côtier de radars et de radios (0,8 milliards CFA) et du VMS (0,2 milliards CFA). Cependant, les résultats obtenus sont jugés insuffisants. Dans le cadre de la gestion durable des pêches, la LPS préconise que l'accent soit moins mis sur l'augmentation des investissements qui accroit les capacités de pêche que sur leur valorisation à travers une utilisation rationnelle des moyens existants.

1043 Diagnostic du système de SCS au Sénégal, *op. cit.*, note de bas de page N° 742

1044 Point 27 du PAI – INN

1045 A côté du CRODT/ISRA, d'autres institutions interviennent dans la recherche scientifique qui intègre également les aspects environnementaux, notamment la Faculté des Sciences/UCAD, l'ORSTOM, l'IFAN/l'UCAD, l'IRD.

la détermination des zones à risque où il faut accentuer la surveillance suivant la période concernée, car il est évident qu'une présence en mer tous les jours et vingt-quatre heures sur vingt-quatre est illusoire; l'État n'ayant pas les moyens de la supporter et de l'entretenir.

Dans cet objectif, les institutions de recherche, notamment le Centre de Recherches océanographiques de Dakar Thiaroye (CRODT)[1046], ont un rôle essentiel à jouer. Le CRODT est l'une des principales institutions nationales en charge des recherches portant sur l'océanographie et les ressources halieutiques. Ce centre est, à ce titre, chargé de la réalisation des évaluations périodiques des principales ressources halieutiques présentes dans la ZEE sénégalaise ainsi que du suivi des habitats aquatiques dont elles dépendent au sein des écosystèmes concernés. Les principaux bénéficiaires des résultats des programmes de recherche du centre sont le ministère chargé de la Pêche ainsi que les ONG et les partenaires au développement intervenant dans le secteur halieutique[1047].

En sa qualité d'institution de recherches sur les ressources halieutiques, le CRODT appuie également les structures impliquées dans les processus d'élaboration, de mise en œuvre et de suivi des plans d'aménagement et dans les initiatives de cogestion locale des pêcheries et, de manière générale, dans la définition et le suivi des politiques de gestion et de développement des pêches maritimes et continentales. Ce qui lui permet d'occuper ainsi une position privilégiée dans la détermination des orientations de la surveillance des pêches.

Ainsi, de manière plus spécifique, le CRODT appuie la DPSP et la DPM, en particulier dans la lutte contre la pêche INN[1048], à travers le développement de systèmes d'information, l'amélioration des stratégies de suivi, contrôle et surveillance ainsi que dans l'évaluation et la mise en place de cadres réglementaires et de mesures de gestion et de conservation des ressources halieutiques. Les informations sur les périodes d'abondance des ressources et leur répartition spatiale selon les zones de pêche ainsi que la dynamique des flottilles, constituent des éléments essentiels d'orientation de la stratégie de suivi, contrôle et surveillance des pêches. À ce titre, le rôle du CRODT est essentiel dans la stratégie de lutte contre la pêche INN à travers la définition d'opérations de surveillance ciblées.

En retour, la DPSP peut faciliter le travail du CRODT, par l'amélioration de la contribution du suivi, contrôle et surveillance en termes de collecte de

---

[1046] Le Centre de Recherches Océanographiques de Dakar Thiaroye est placé sous la tutelle fonctionnelle et hiérarchique de l'Institut Sénégalais de Recherches Agricoles (ISRA) qui est un Etablissement public scientifique et technologique.

[1047] Diagnostic du SCS au Sénégal, PRAO – DPSP, *op. cit.,* note de bas de page N° 742.

[1048] Diagnostic du SCS au Sénégal, supra note de bas de page N° 742.

données relatives à la pêche. Ceci est le fait des observateurs[1049] qui embarquent à bord des navires de pêche et, ne serait-ce que pour cela, l'exigence de leur embarcation à bord des navires sénégalais est plus que jamais pressante pour une bonne couverture du suivi des opérations de pêche dans la ZEE sénégalaise.

Les données du système de suivi satellitaire ou Vessel Monitoring system (VMS), qui sera étudié en détails plus loin, peuvent aussi permettre d'apporter au CRODT des informations sur la situation de la biomasse et lui permettre ainsi d'améliorer les évaluations.

Toujours dans cette optique de rationalisation et d'optimisation des moyens de la surveillance, l'utilisation judicieuse et l'intégration des nouvelles technologies telles que le système de suivi par satellite[1050], le Système d'identification automatique (SIA) ou, en anglais, AIS[1051], le radar[1052] et le journal de pêche électronique[1053] dans le système SCS peuvent permettre de combattre efficacement, et à moindre coût, la pêche INN.

1049 À l'issue de leur séjour à bord des navires, les observateurs produisent des rapports de marée comportant des informations sur le navire, les moyens de détection, de navigation et de transmission, la description des engins et types de pêche, le mode de conservation, les activités de pêche, les conditions de travail et de vie à bord, les problèmes rencontrés, les infractions constatées, leurs observations et propositions.

1050 C'est la terminologie anglaise « *Vessel Monitoring System* » ou VMS qui est plus usitée.

1051 Le Système d'identification automatique (SIA) ou Automatic Identification System (AIS) en anglais est un système d'échanges automatisés de messages entre navires par radio VHF qui permet aux navires et aux systèmes de surveillance de trafic (CROSS en France) de connaître l'identité, le statut, la position et la route des navires se situant dans la zone de navigation. Le chapitre V de la Convention SOLAS imposait que les navires de jauge brute supérieure à 300 effectuant des voyages internationaux soient équipés de ce dispositif d'ici juillet 2007 au plus tard Pour les navires de commerce, le système doit pouvoir être interfacé à un ordinateur externe pour une éventuelle utilisation par un pilote. Source : *http://fr.wikipedia.org/wiki/Syst%C3%A8me_d%27identification_automatique*

1052 Le radar (de l'anglais Radio Detection And Ranging) est un système qui utilise les ondes électromagnétiques pour détecter la présence et déterminer la position ainsi que la vitesse d'objets tels que les avions, les bateaux, ou la pluie. Les ondes envoyées par l'émetteur sont réfléchies par la cible, et les signaux de retour sont captés et analysés par le récepteur, souvent situé au même endroit que l'émetteur. La distance est obtenue grâce au temps aller/retour du signal, la direction grâce à la position angulaire de l'antenne où le signal de retour a été capté et la vitesse avec le décalage de fréquence du signal de retour généré selon l'effet Doppler. Il existe également différentes informations trouvées par le rapport entre les retours captées selon des plans de polarisation orthogonaux. Le radar est utilisé dans de nombreux contextes : en météorologie pour détecter les orages, pour le contrôle du trafic aérien, pour la surveillance du trafic routier, par les militaires pour détecter les objets volants mais aussi les navires, en astronautique, etc. Source : *http://fr.wikipedia.org/wiki/Radar*

1053 Le Sénégal est dans une logique de mise en place d'un système électronique de transmission des données. Le protocole de l'Accord de partenariat pour une pêche durable qui vient d'être signé avec l'Union européenne l'atteste clairement puisqu'il y est indiqué que : « *les deux parties conviennent d'assurer une transition vers un système de déclaration électronique des données de pêche sur la base des spécificités techniques définies à l'appendice 6. Les parties conviennent de définir des modalités communes afin que cette transition se fasse dans les*

Dans cette logique, le Sénégal a institué par arrêté[1054], le Système de positionnement et de localisation des navires de pêche ou VMS opérant dans les eaux sous juridiction sénégalaise ainsi que son mode d'organisation et de fonctionnement.

En 2006[1055], le système de suivi par satellite ou Vessel Monitoring System (VMS) est mis en place et, à cette fin, le Sénégal s'est équipé d'un système de repérage des navires, avec des balises de type Argos[1056] installées sur tous les

---

meilleurs délais. Le Sénégal informe l'UE des que les conditions de cette transition sont remplies. A partir de la date de transmission de cette information, un délai de deux mois est convenu pour rendre le système pleinement opérationnel ».

Les journaux de bord électroniques sont des logiciels utilisés à bord des bateaux, qui permettent la collecte des renseignements de capture et d'effort de pêche. Grâce à eux, l'information ainsi obtenue peut être transmise rapidement au Ministère par voie électronique. De plus, comme ces renseignements sont enregistrés à bord du navire, ils peuvent être consultés au besoin. Cet outil améliore la qualité et la précision des données sur l'effort de pêche et sur les quantités débarquées par pêcheurs, en plus d'accélérer la disponibilité de ces données pour les gestionnaires des pêches. Les journaux de bord électroniques représentent également un avantage intéressant pour les pêcheurs qui désirent s'orienter vers un processus de traçabilité des produits de la pêche et d'écocertification des pêches.

La communication quotidienne des activités de pêche au moyen d'un journal de pêche électronique (JPE) est une obligation déclarative mise en place au sein de l'Union Européenne depuis 2010.

Elle permet de renforcer considérablement le contrôle et la surveillance des navires de pêche communautaires mais aussi d'améliorer la gestion des stocks de poissons, par des déclarations plus fines et plus fréquentes. Cf. site du Ministère de l'Ecologie, du Développement durable et de l'Energie de la République française ; disponible sur : *http://www.developpement-durable.gouv.fr/-Journal-de-peche-electronique-.html*

Selon Pêches et Océans, le Canada a introduit en 2005 les journaux de bord électroniques dans les pêcheries canadiennes. L'utilisation de ces journaux de bord s'imposait comme un choix d'avenir pour tous les intervenants de l'industrie. Cf. Simon Richard et Chantale Thiboutot « *Gestion des pêches* » in Infoceans, Bulletin d'information de la région du Québec, juin – juillet 2012/volume 15/numéro 3 disponible sur le site Pêches et Océans Canada au *http://www.qc.dfo-mpo.gc.ca/infoceans/201206/article1-fra.html*

[1054] Arrêté N° 007958 du 05-12-2005, portant organisation et fonctionnement du Système de positionnement et de localisation des navires de pêche opérant dans les eaux sous juridiction du Sénégal.

[1055] Selon l'article 4 de l'Arrêté N° 007958 du 05-12-2005 : l'Etat réalise, à ses frais, l'équipement en système de positionnement et de localisation des navires de pêche sénégalais recensés au plus tard le 31 décembre 2005. A compter du 1er janvier 2006, pour tous les navires de pêche visés par ses dispositions et sans limite de temps, les couts d'installation, de maintenance opérationnelle des balises ainsi que les communications satellites (abonnement service notamment) sont à la charge des armateurs.

[1056] Cf.: *http://fr.wikipedia.org/wiki/Syst%C3%A8me_Argos*. Le système Argos est un système mondial de localisation et de collecte de données géopositionnées par satellite. Le système Argos permet de localiser les balises n'importe où à la surface de la Terre avec une précision d'environ 150 mètres. La balise peut être installée sur un voilier, un canot de sauvetage, des bouées, une station météo automatique dérivante, etc. comme sur un animal.

Voir aussi : *http://suivi-animal.u-strasbg.fr/technique.htm*: Argos est un système de localisation et de collecte de données par satellite dont l'utilisation est réservée à l'étude et à

navires de pêche. L'obligation[1057] est faite à tout navire souhaitant obtenir une autorisation de pêche dans les eaux sénégalaises de détenir à bord une balise conforme au système sénégalais et un suivi permanent des navires de pêche concernés est maintenant possible.

Le VMS est un système de géo localisation des navires de pêche, fournissant un rapport sur leur position actuelle ou antérieure à des intervalles réguliers et destiné à la surveillance des pêches et à la sécurité en mer. Toutefois, le champ d'application[1058] de l'arrêté l'organisant ne permet pas au Sénégal, à travers ce système, de jouer son rôle d'État du pavillon et les commentaires qui suivent, méritent d'être soulevés sur les dispositions prévues dans cet arrêté.

Dans la perspective de l'application des mesures internationales de conservation et de gestion prévues par l'Accord de conformité, par les navires battant son pavillon, le Sénégal, dans le cadre de la lutte contre la pêche INN, devrait prévoir aussi pour tous les navires de pêche battant son pavillon l'obligation d'installer un VMS. En effet, il arrive que certains navires battant pavillon du Sénégal pêchent exclusivement dans les eaux d'autres pays ou en haute mer[1059].

Ceci pose le problème de la généralisation de l'application du système, mais au-delà, le recours au VMS peut être plus utile si les informations transmises par un système de localisation et de détection des navires peuvent être utilisées comme des moyens de preuve en cas d'infraction au même titre que par les moyens aériens. En effet, pour ces derniers, la loi portant Code de la pêche maritime[1060] a déjà prévu qu'en matière de surveillance des pêches « *dans le cas particulier de la recherche et de la constatation des infractions*

---

la protection de l'environnement de notre planète. Argos permet de localiser les émetteurs compatibles (ou balises) n'importe où à la surface de la terre avec une précision d'environ 150 mètres. Les biologistes peuvent ainsi étudier la migration et la biologie de nombreux animaux dans leur milieu naturel, sur terre, en mer ou dans les airs, tels que les albatros, les manchots, les baleines, les caribous, etc. Il est ainsi aujourd'hui possible de déterminer les migrations avec une précision de quelques centaines de mètres, et d'afficher les résultats quasiment en direct sur les écrans des micro-ordinateurs des utilisateurs de ce service. Ce système est également utilisé pour suivre des bateaux, mesurer les vitesses des courants ou localiser du matériel sensible. Pour plus de détails sur le fonctionnement du système, consulter : *http://www.cls.fr/manuel_fr/;http://www.cls.fr/html/argos/documents/newsletter/nslan58/anl_58.pdf* *http://www.ac-strasbourg.fr/microsites/hist_geo01/localisation/index.htm;* *http://www.cls.fr/html/argos/welcome_fr.html*

[1057] Article premier de l'arrêté N° 007958 du 05-12-2005, portant organisation et fonctionnement du Système de positionnement et de localisation des navires de pêche opérant dans les eaux sous juridiction du Sénégal

[1058] Il est circonscrit sur celui du Code de la pêche maritime.

[1059] Il est proposé d'inscrire l'obligation d'installer le VMS dans la loi portant Code de la pêche maritime. Cf. Aly SAMB, *op. cit.*, note de bas de page N° 124

[1060] Article 55, alinéa 3

par un aéronef, les renseignements pertinents sont relevés par l'équipage. Ces renseignements constituent des moyens de preuve faisant foi jusqu'à preuve contraire »[1061].

Cette même capacité doit être reconnue par la loi portant Code de la pêche maritime aux informations relevées par les agents habilités à rechercher, constater et dresser des procès-verbaux d'infractions lorsque la surveillance est exercée à l'aide d'un système de localisation et de détection des navires (VMS, radar, AIS et autres). C'est à cette condition que les informations des systèmes de localisation et de détection des navires deviendront des moyens de preuves légaux.

Si de telles dispositions ne sont pas prévues par la loi, les informations recueillies auprès des systèmes de localisation et de détection des navires ne pourront être considérées que comme de simples indices[1062].

La combinaison des résultats de la recherche et des informations obtenues à partir des systèmes de localisation et de détection des navires peut permettre d'amoindrir les coûts de la surveillance par une utilisation rationnelle des moyens navals et aériens disponibles. Les missions de présence en mer pourront ainsi se faire vers des points stratégiques et réputés fréquentés, choisis en fonction des informations obtenues. Grâce aux renseignements fournis par le VMS et l'AIS, les patrouilleurs pourront maintenant identifier facilement les zones cibles qui nécessitent d'être contrôlées ou non et réduire les parcours inutiles. En dehors de ces missions de présence en mer, les moyens navals et aériens peuvent être sollicités pour des missions ponctuelles et précises, organisées dans la plus grande confidentialité, sur des cibles identifiées grâce à des informations crédibles et confirmées[1063].

Si le recours à la recherche et aux moyens technologiques peut avoir des impacts réels sur l'optimisation des moyens de surveillances à travers des interventions ciblées basées sur des indications fiables, l'implication de tous les acteurs, et surtout ceux à la base, est nécessaire pour renforcer la phase opérationnelle de la surveillance des pêches.

[1061] Ceci entre dans le cadre de la procédure de recherche et de constatation des infractions à vue qui, rappelons-le, ne peut intervenir que pour la constatation des infractions de défaut de licence, de refus d'obtempérer à l'ordre de stopper, de pêche pendant une période interdite, de pêche dans une zone interdite et de réalisation d'opérations connexes à la pêche non autorisées.

[1062] Aly SAMB, *op. cit.,* note de bas de page N° 124

[1063] Le Sénégal à travers la coopération bilatérale ou sous régionale devra amener le pays frère et voisin membre de la Commission Sous Régionale des Pêches, à asseoir une forme de coopération juste et équitable avec échange automatique des informations VMS et application des mesures du ressort de l'État du Pavillon pour combattre valablement et ensemble ces incursions transfrontalières des deux côtés. Voir Stratégie de lutte contre la pêche INN au Sénégal, *op. cit.,* note de bas de page N° 80

Cette intervention des acteurs est aujourd'hui effective à travers la démarche participative développée avec l'approche dite de cogestion dans le cadre d'une amélioration de la gouvernance du secteur des pêches et de la mise en œuvre de politiques de conservation de la ressource et de l'environnement marin et qui concerne les pêcheries artisanales.

La cogestion trouve sa source dans la loi n° 98 - 32 du 30 mars 1998 portant Code de la pêche maritime[1064] avec la possibilité qu'elle offre d'instaurer des Conseils locaux de pêche artisanale (CLPA) dans les différentes régions. Le Code de la pêche maritime encourage ainsi la cogestion des ressources maritimes et la gouvernance locale des pêches.

À ce sujet, 33 CLPA[1065] ont été créés au niveau national. De même, des comités locaux de pêcheurs (CLP)[1066] ont également été créés dans les sites du programme de Gestion Durable des Ressources Halieutiques (GDRH)[1067].

[1064] Selon les articles 12 de la loi N° 98- 32 du 30 mars 1998 portant Code de la pêche maritime et 7 de son décret d'application : « *Des conseils locaux des pêches maritimes peuvent être institués dans les régions. Les conditions de leur création, composition, attributions et mode de fonctionnement seront définies par voie réglementaire* ».

[1065] Voir l'exposé de Monsieur Mamadou THIAM, un professionnel de l'administration des pêches et étudiant en 1ere année à l'Institut universitaire de pêche et d'aquaculture sur « *L'état actuel de la gestion des ressources halieutiques : la cogestion locale* », sous la Direction de Madame Fatou DIOUF, disponible à l'IUPA

[1066] Les CLP ont été créés avant la mise en place des CLPA devant la nécessité de mettre en place des organes de gestion locale pour accompagner le programme de Gestion Durable des Ressources Halieutiques (GDRH).

[1067] Le projet Gestion concertée pour une Pêche durable future au Sénégal (*USAID/COMFISH*) est une initiative de cinq ans (14 février 2011 - 30 septembre 2016) financée par l'Agence pour le Développement International des États-Unis (USAID). Elle est mise en œuvre à travers un Accord de collaboration entre l'USAID et l'Université de Rhode Island (URI). Les principaux partenaires de la mise en œuvre du projet sont entre autres: des structures gouvernementales, le secteur privé, des organisations non gouvernementales basées le long de la côte et dans le secteur de la pêche, le WWF-WAMER, la FENAGIE, l'ENDA, le CSE, et l'IUPA. Le but du Projet USAID/COMFISH est d'appuyer le Gouvernement du Sénégal dans sa tentative de réformer le secteur de la pêche tel que mentionné dans la Lettre de Politique Sectorielle de la Pêche et de l'Aquaculture, en renforçant les conditions nécessaires pour améliorer la gouvernance et en promouvant l'utilisation d'outils et d'approches efficaces de gestion. La définition des activités du projet s'articule autour de quatre composantes: • Le renforcement des capacités institutionnelles et des acteurs à tous les niveaux de la gouvernance pour la mise en œuvre de la cogestion pour une gestion durable des pêcheries et empêcher la surpêche; • La mise en place des stratégies et politiques pour éliminer l'utilisation des pratiques destructrices et non durables sur les ressources halieutiques et sur la conservation de la biodiversité; • L'évaluation de la vulnérabilité et le renforcement des capacités des communautés côtières vulnérables pour l'adaptation aux impacts des changements climatiques; • La gestion durable des pêcheries favorise l'augmentation des bénéfices sociaux et économiques au profit des communautés de pêcheurs. Voir Projet USAID/COMFISH - PENCOO GEJ : Gestion concertée pour une pêche durable au Sénégal, Plan de Travail Annuel (1 octobre 2011-30 septembre 2012), Accord de Collaboration Non 685-A-00-11-00059-00 Soumis à:

L'USAID/Sénégal Par : L'Université de Rhode Island (URI) En partenariat avec : Centre de Ressources Côtières, L'Université de Rhode Island; Agence pour le Développement

Pour plus de synergie dans l'action de ces deux catégories d'organes locaux, le ministre en charge de la Pêche a conféré, par arrêté[1068], aux CLP le droit de prendre des initiatives de cogestion, avec l'approbation des CLPA concernés et sous réserve du respect des dispositions juridiques en vigueur.

L'approche de cogestion des pêcheries est considérée comme un processus qui mutualise les synergies entre les organisations de pêcheurs locaux, les administrations, les collectivités locales et les partenaires au développement[1069]. Elle favorise la gestion collective et durable[1070] des

---

International des États-Unis/Sénégal; Ministère de l'Économie Maritime; Fonds Mondial pour la Nature, Programme Marin pour l'Afrique de l'Ouest; Environnement et Développement en Afrique-Energie; Centre de Suivi Ecologique; Institut Universitaire de Pêche et d'Aquaculture/Université Cheikh Anta Diop de Dakar; Centre de Recherches Océanographiques de Dakar-Thiaroye; Fédération Nationale des GIE de Pêche.
Au Sénégal, la cogestion, sous sa forme actuelle, est mise en œuvre depuis 2004 à Nianing avec la JICA, à travers l'OAFIC. D'autres initiatives ont suivi, notamment le GIRMaC/GDRH avec la BM, Wula Nafaa puis Comfish avec l'USAID. Il faut cependant reconnaître que la tradition existait depuis longtemps, notamment avec les repos biologiques et interdictions de pêche pratiquées durant l'hivernage et les travaux champêtres ou avec les expériences menées à Kayar pour la gestion des Pageots ou encore l'interdiction de pêche de la crevette immature, en particulier au niveau du district de Foundiougne et des îles du Saloum. Voir l'exposé de Monsieur Mamadou THIAM, *op. cit.*, note de bas de page 1066

1068 Arrêté n° 02884 du 31 mars 2010.

1069 Selon l'article 8 du décret d'application du Code de la pêche maritime : « *Chaque conseil est composé de représentants locaux de l'administration, d'élus, de notables, de pêcheurs artisans, d'associations de pêcheurs artisans, de transformateurs, de mareyeurs et d'aquaculteurs. Les membres du conseil sont désignés par le Ministre chargé de la pêche maritime sur proposition du chef du service régional de la pêche maritime en concertation avec les organisations professionnelles de pêche maritime locales. Les séances du conseil sont présidées par le chef de l'exécutif régional ou son représentant. Le président peut inviter à participer aux séances du conseil, toute personne dont il juge la présence utile compte tenu de l'ordre du jour* ».

1070 La direction des pêches maritimes a abrité la 9ème réunion du comité de pilotage de la Cogestion des Pêcheries artisanales au Sénégal (Cogepas), un projet de coopération technique financé par la Coopération japonaise (Jica). La discussion a porté sur le rapport final qui présente les résultats obtenus grâce à la cogestion dans les sites de Cayar, Joal, Djifère et Lompoul. Une enquête réalisée par le projet de cogestion des pêcheries artisanales au Sénégal (Cogepas) a révélé que 87 % des pêcheurs au site de Lompoul, dans la région de Louga, ont affirmé qu'il y a eu une hausse notable des débarquements. Cela est confirmé également par les statistiques du service régional des pêches. Selon Ibrahima Diouf, chef de service régional des pêches et de la surveillance de Louga, entre 2010 et 2012, il y a eu une augmentation très significative des captures à Lompoul et de manière générale dans la région. Dans la seule localité de Lompoul, de 856 tonnes en 2010, les mises à terre ont atteint 1357 tonnes en 2011, pour s'élever à 1788 tonnes en 2012. Dans la seule région de Louga, de 1694 tonnes, les débarquements sont passés à 2153 tonnes en 2011 pour atteindre 2269 tonnes l'année dernière. Ces performances du secteur ont été obtenues avec l'expérimentation de la cogestion qui a vu une bonne appropriation ces 4 dernières années par les pêcheurs. Les différentes techniques de régénération et de protection des espèces introduites par le Cogepas, dont les activités ont démarré en 2009, seront bouclées à la fin de ce mois de mars. Hier, la dernière réunion d'évaluation du comité de pilotage a permis de mesurer les importants résultats obtenus par l'approche cogestion qui a été développée ces 4

ressources halieutiques. Ses principales caractéristiques[1071] sont le partage du pouvoir décisionnel, l'identification d'initiatives communautaires et leur mise en œuvre, de manière consensuelle et en synergie avec les scientifiques, les gestionnaires des pêches et les autres utilisateurs des ressources.

En accompagnement du processus de cogestion des pêcheries artisanales, le concept de surveillance participative[1072] est apparu dans le secteur artisanal

---

dernières années dans les sites de Cayar, Joal, Djifère et Lompoul. Une expérimentation qui a montré que ce qui s'est, pendant longtemps, avéré impossible, est aujourd'hui une belle réalité. Grâce à la coopération japonaise (Jica) le projet de Cogestion des pêcheries artisanales au Sénégal (Cogepas) a révolutionné les mentalités chez les pêcheurs qui ont eux-mêmes reconnu leur entière satisfaction. « *Le projet n'est pas venu pour faire des infrastructures, mais il a essayé de changer le comportement de l'homme qui utilise les engins non conformes et développe des pratiques irresponsables sur la ressource. Et c'est là où le projet est intervenu et a donné beaucoup de satisfactions.*

Réduction des filets dormants

Ils sont parvenus à conscientiser, de manière très significative, les pêcheurs qui ont accepté eux-mêmes de réduire le nombre d'engins qu'ils utilisent en mer et d'augmenter les mailles des filets », *a reconnu le régional des pêches de Louga. À la place des mailles non règlementaires de 32 mm alors que la règlementation prévoit un maillage de 50 mm, le projet a réussi à faire adopter progressivement le maillage règlementaire aux pêcheurs. Grâce à la sensibilisation, le Conseil local de pêche artisanale (Clpa), qui a été institué par un arrêté ministériel et qui été dynamisé dans le cadre du projet, intervient dans la gestion des ressources en contrôlant régulièrement les engins de pêche qui sont utilisés dans la localité. Ce qui a permis de booster considérablement les captures.*

Le même constat est également valable pour les autres sites de Kayar, Djifère et Joal où les mesures innovantes de gestion, notamment la réduction des filets dormants, l'introduction de branches artificielles, la réalisation d'aires marines protégées, l'élargissement de la dimension des mailles, etc. ont entrainé une baisse notable de la pression sur les démersaux en état de surexploitation. Pour son collègue, Naohiko Watanuki, chef d'équipe du Cogepas, le Sénégal peut être fier aujourd'hui des résultats dans ce domaine et la diversification des espèces ciblées comme le thiof, le poulpe, le cymbium, la seiche, etc. Mais aussi de la régionalisation des activités de gestion dans le département de Mbour dans laquelle les trois comités locaux de gestion (Clpa) de Joal, Sindia et Mbour ont joué des rôles importants. Selon lui, pour sa continuation et sa pérennisation, le projet s'est basé sur des activités peut coûteuses, l'utilisation du matériel local, des techniques simple et à risque très faible. « Nous avons préparé les principes directeurs de cogestion des pêcheries qui contribuent à la vulgarisation des activités de cogestion et nous avons appris aux Clpa comment obtenir des aides financières et techniques de la part de l'administration, des institutions de recherche, des entreprises de pêche, des donateurs et des ONG », a affirmé M. chef d'équipe du Cogepas. Il reste aussi que les activités génératrices de revenus (Agr) qui accompagnent les initiatives de cogestion des Clpa devront être bien soutenues et développées car sans elles, il n'y a pas de cogestion. Cf. Site Décentralisation et Développement local au Sénégal au: *http://www.sendeveloppementlocal.com/Peche-artisanales-au-Senegal-La-co-gestion-favorise-le-retour-du-poisson_a4704.html*

[1071] Différentes formules peuvent exister selon le degré d'implication et/ou de partage des responsabilités entre partenaires. Dans tous les cas, la ressource à cogérer doit être bien définie, les acteurs identifiés, le partage de responsabilités clairement précisé et les dispositifs règlementaires définis pour un bon encadrement des activités à mener.

[1072] Cf. Sidya DIOUF : « *Surveillance participative des pêcheries artisanales maritimes au Sénégal : contribution à la lutte contre la pêche INN* » et qui présente la surveillance

pour tenter de mieux suivre et contrôler les activités de la pêche artisanale qui est très portée sur les pratiques INN[1073]. L'approche par une surveillance participative dans les processus de cogestion connaît, toutefois, des difficultés du fait de l'absence de mesures d'accompagnement en matière de suivi, contrôle et surveillance dans ce processus[1074].

L'encadrement juridique des activités de cogestion, une appropriation et une application rigoureuse des textes législatifs et réglementaires par les acteurs de la pêche artisanale dans le cadre de ce processus sont plus que jamais une nécessité[1075].

À ce sujet, les accords de cogestion conclus entre le ministère de l'Économie maritime et les comités locaux des pêcheurs[1076], portant sur des domaines particuliers qui diffèrent cependant selon la localité et consistant « *à définir le cadre d'intervention de chaque Comité local dans la mise en œuvre des initiatives de cogestion* » sont très décriés[1077] sur le plan juridique, en

---

participative comme un moyen de maitrise de la pêche artisanale en ce sens qu'elle permet notamment le renforcement de l'engagement des acteurs, l'efficacité des mesures, les échanges d'informations plus faciles, la réduction considérable des coûts de surveillance, la réduction sensible des infractions, la réduction de la pauvreté, la protection de l'environnement marin. Dans fishing for developpement: a joint session of the COFI, DAC, FAO and WB on policy coherence for development in fisheries and aquaculture, du 10 au 11 avril 2014, disponible sur: www.oecd/org

1073 Plusieurs acteurs sont concernés, notamment la DPSP, le GIRMAC, le GDRH, les ONG et les administrations locales des pêches.

1074 Diagnostic du SCS au Sénégal, *op. cit.*, note de bas de page N° 742

1075 A ce titre, Kayar a toujours été cité en exemple.

1076 Betenty, Ouakam, Ngaparou et Foundioungne

1077 Selon Monsieur Aly SAMB : « *les accords ont été pris essentiellement pour déterminer les obligations que l'on voudrait mettre à la charge de chaque partie (État et Comité local de pêcheurs) pour la mise en œuvre de la cogestion dans le domaine particulier qui est visé. Qui dit obligations dit contraintes. Dès lors, il convient de se poser la question de savoir si des contraintes peuvent naître de tels accords. La réponse à cette question passe par l'étude de la nature des parties et la détermination de la valeur juridique des accords.*
Sur la nature des parties, le Ministre d'État ministre de l'Economie maritime a signé les accords au nom de l'État. Qui est le Ministre de l'Economie maritime ? C'est un membre du gouvernement ! Le Ministre de l'Economie maritime est nommé par le Président de la République qui fixe ses attributions. Le décret n° 2009-538 du 05 juin 2009 fixe les attributions du Ministre de l'Economie maritime. Dans ce décret les seuls accords que le Ministre de l'Economie maritime peut signer sont les accords de pêche conclus entre le Sénégal et les pays étrangers.
Les Conseils locaux de pêcheurs sont des associations de pêcheurs. Conformément au Code des Obligations civiles et commerciales. Pour pouvoir être dotées de la personnalité juridique, les associations doivent avoir des statuts, être déclarées auprès du ministère de l'intérieur et recevoir un récépissé à la suite de la déclaration. Ce sont les conditions préalables à remplir par les associations pour avoir une existence juridique. Sans existence juridique une association ne peut pas s'engager dans un contrat. Les Conseils locaux de pêcheurs ne sont pas déclarés, n'ont pas de récépissé et n'ont pas d'existence juridique donc elles ne peuvent pas s'engager dans un contrat civil ou dans un accord avec une autorité administrative ». *op. cit.*, note de bas de page N° 124.

raison des obligations qu'ils imposent aux parties et de la nature de ces derniers. En l'état actuel, ces accords qui sont assimilés à des codes de conduites qui contiennent de simples promesses[1078], doivent être mieux reformulés et mieux encadrés.

Comme cela a été fait pour les observateurs, le décret d'application de la Loi portant Code de la pêche maritime doit prévoir de manière claire et précise la participation des CLPA au système de suivi, contrôle et surveillance des pêches au niveau local. Mieux, pour une bonne gouvernance[1079] des pêches, la participation des conseils locaux de Pêche artisanale doit aussi être prévue dans l'élaboration et l'exécution des plans d'aménagement locaux des pêcheries ; dans la promotion des bonnes pratiques d'hygiène, de salubrité et de conservation des produits de la pêche ; et dans la promotion des initiatives locales en matière de cogestion des pêcheries. Les CLPA devraient aussi avoir la possibilité de demander un avis au Conseil national consultatif des pêches maritimes sur toutes questions relatives à la pêche dans leurs localités respectives ou demander assistance audit Conseil en vue de résoudre les problèmes liés à la pêche dans leurs zones d'intervention[1080].

[1078] *Ibid.* Aly SAMB, *op. cit.*, note de bas de page N° 124.

[1079] « *La bonne gouvernance renvoie au « mieux-Etat » qui vise à mettre en place des modes de pilotage et de régulation plus souples, répondant mieux aux besoins des sociétés actuelles et fondés sur un réel partenariat entre les différents acteurs (administration, politiques, société civile) et aux différents niveaux (local, national et international). Cette conception de la bonne gouvernance véhicule un ensemble de valeurs et de principes sociétaux comme l'accès à l'information, la lutte contre la corruption, la gestion efficace des ressources, le développement durable pour les générations actuelles et à venir (des points de vue social, économique et environnemental), le dialogue entre les différents acteurs pour asseoir la décision et son appropriation collective, etc. Appliquée au secteur de la pêche, la notion de bonne gouvernance est souvent invoquée comme étant une condition essentielle à l'atteinte de l'objectif d'une pêche durable aux plans bioécologique, social et économique, et responsable.*

La bonne gouvernance demande avant tout que les responsables croient et agissent au mieux des intérêts du secteur, et qu'ils appuient une culture faite de transparence et d'efficacité. Elle demande des réglementations claires et transparentes. Elle exige enfin des institutions capables de minimiser la probabilité d'une interférence politique indue et de comportements dictés par la recherche de rentes.

Une bonne gouvernance est atteinte lorsque le cadre de gouvernance incorpore progressivement un ensemble de principes reconnus que sont notamment l'ouverture et la transparence, la responsabilité, l'efficacité (et l'efficience), la participation, la cohérence, l'adaptabilité-réactivité et la subsidiarité –proportionnalité ». cf. Note d'Introduction au panel sur la Gouvernance de la Pêche artisanale maritime au Sénégal organisé le 20 Mars 2013 par l'Association pour la Promotion et la Responsabilisation des Acteurs de la Pêche Artisanale de Mbour, disponible sur le site web : www.aprapam.org

[1080] Selon l'article 9 du décret d'application de la loi portant Code de la pêche maritime : « *Les conseils locaux de pêche artisanale ont, notamment, pour rôle : (a) de donner, sur demande du Ministre chargé de la pêche maritime ou de son représentant, des avis sur toutes les questions relatives aux activités de pêche artisanale et de culture marine dans la localité concernée ; (b) d'assurer l'information des pêcheurs artisans et des aquaculteurs sur toutes les mesures relatives à la pêche maritime et à la culture marine dans leur localité ; (c)*

Dans le cadre de la pratique de cogestion, différentes formules peuvent exister selon le degré d'implication et/ou de partage des responsabilités entre partenaires. Dans tous les cas, la ressource à cogérer doit être bien définie, les acteurs identifiés, le partage de responsabilités clairement précisé et les dispositifs réglementaires définis pour un bon encadrement des activités à mener.

Ceci permettra de renforcer les pouvoirs des acteurs locaux dans le système de suivi, contrôle et surveillance de la pêche artisanale, dans la mise en œuvre des actions de formation, d'information et de sensibilisation sur la pêche INN et de faciliter l'appropriation par ces derniers des initiatives prises et des résultats obtenus. La surveillance participative dans le cadre de la cogestion, associée à une bonne étude des options d'intervention suivant des cibles prédéfinies à partir des résultats de la recherche et des informations obtenues grâce aux moyens technologiques, pourrait permettre d'asseoir un système efficace et fiable de lutte contre la pêche INN au Sénégal.

---

d'organiser les pêcheurs de la localité de manière à réduire et à régler les conflits entre communautés de pêcheurs et entre pêcheurs employant différentes méthodes de pêche ; (d) d'organiser les pêcheurs artisans afin qu'ils puissent assister l'administration dans les opérations de suivi et contrôle des activités de pêche ».

Conclusion de la deuxième partie

En ratifiant la Convention de Montego Bay, l'Accord de conformité de la Fao de 1993 et l'ANUP de 1995 et en s'engageant dans l'Accord MREP à travers une participation active aux négociations et par le biais de la Convention sur les conditions minimales d'accès conclue dans le cadre de la CSRP, l'État du Sénégal se doit d'assurer la conservation à long terme et l'exploitation durable des ressources biologiques marines et des écosystèmes marins de sa zone économique exclusive ; mettre en place un système de contrôle et de surveillance des pêches efficace pour protéger les ressources halieutiques ; et coopérer, si possible, avec les autres États, et plus particulièrement avec les États voisins, pour la gestion des stocks chevauchants et des grands migrateurs. Il s'agit pour le Sénégal qui s'est approprié le PAI-INN de la FAO, d'œuvrer à prévoir et à appliquer, de manière effective, les dispositions pertinentes contenues dans ces accords et, par là même, de faire un diagnostic sans complaisance de l'environnement juridique national de lutte contre la pêche INN.

Ceci permet de constater que, malgré les efforts consentis, le cadre juridique national de lutte contre la pêche INN demeure inadapté et les dispositions législatives et réglementaires de lutte contre cette forme de pêche restent très générales.

Ainsi, si le Code de la pêche maritime traite de l'activité de pêche en général, les autres législations nationales touchant le secteur maritime ne traitent de cette question que de manière incidente et leur application au cas spécifique de la question INN ne peut se faire qu'au prix d'innombrables efforts et déductions.

Pour autant, le Code de la pêche maritime n'est pas sans critique, car prenant en compte de manière insuffisante, pour ne pas dire tout simplement inexistante, la question de la pêche INN. À titre d'illustration, malgré sa popularité, l'expression « *pêche illicite, non déclarée et non réglementée* » ne figure nulle part dans la loi n° 98 - 32 du 14 avril 1998 portant Code de la pêche maritime et dans le Décret n° 98-498 fixant les modalités d'application de la loi portant Code de la pêche maritime. De fait, beaucoup de comportements qui entrent dans la définition de la pêche INN telle qu'inscrite dans le PAI-INN de la FAO, ne sont pas répréhensibles au Sénégal, car ne constituent pas des infractions au sens donné par le Code de la pêche maritime ou, quand ils constituent des infractions, la possibilité de les sanctionner se heurte aux limites spatiales fixées par cette même loi. Ceci constitue un sérieux handicap lorsqu'il s'agit pour le Sénégal d'honorer ses engagements en tant qu'État du pavillon ou État du port.

L'autre facteur limitant de l'application de la législation en matière de pêche INN est intrinsèque au secteur de la pêche du Sénégal lui-même où l'on note une propension à contourner ou à ignorer les règles aussi bien du côté des acteurs de la pêche que de celui de l'administration[1081].

À cela s'ajoute la nécessité d'améliorer le cadre institutionnel de lutte contre la pêche INN en dotant la structure chargée du suivi, contrôle et surveillance des pêches d'un statut juridique qui lui permette d'être plus entreprenante et plus opérationnelle. Cette amélioration doit aussi toucher le cadre judiciaire local de lutte contre la pêche INN par la formation[1082] de ses acteurs, mais aussi par l'optimisation de l'intervention[1083] des agents chargés de la recherche et de la constatation des infractions et l'extension de la liste de ces agents[1084].

Ce diagnostic permet d'entrevoir quelques contraintes à lever à savoir la nécessité de combler les lacunes de la législation sénégalaise par la transposition des mesures internationales de lutte contre la pêche INN, d'une part ; et la garantie de l'effectivité de son application tout en tenant compte de la particularité de la pêche artisanale pour y apporter des solutions durables et définitives, d'autre part.

Ces actions nécessaires peuvent se réaliser dans le cadre de la mise en œuvre du plan d'action national de lutte contre la pêche INN déjà validé techniquement par les acteurs et qui, par le renforcement et l'optimisation des moyens de surveillance peut permettre d'aboutir à des résultats appréciables.

1081 Embarquement d'observateurs, non-application des accords issus de la transaction etc.

1082 Selon le point 24. du PAI – INN, les États devraient s'engager à exercer un suivi, un contrôle et une surveillance (SCS) systématiques et efficaces de la pêche, du commencement des opérations jusqu'à la destination finale, sans oublier le lieu de débarquement, notamment par, entre autres, les moyens suivants: 24.5 en assurant la formation et la sensibilisation de toutes les personnes participant aux opérations de suivi, contrôle et surveillance ; 24.8 et en faisant mieux connaître les questions de suivi, contrôle et surveillance dans le cadre des systèmes judiciaires nationaux.

1083 La DPSP monopolise de fait le SCS des pêches là où d'autres agents énumérés dans le Code de la pêche n'interviennent quasiment pas. C'est le cas des administrateurs des affaires maritimes qui pourraient bien mettre à profit les contrôles qu'ils effectuent sur les navires de pêche en matière sécuritaire pour exercer leurs missions de surveillance des pêches. Ceci, d'autant plus qu'en dehors du Code de la pêche maritime, la constatation des délits de pêche est pour eux une compétence statutaire qui découle du statut particulier du cadre des fonctionnaires de la marine marchande qui organise leur corps.

1084 Cette liste est dressée au niveau de l'article 48 du Code de la pêche maritime. Elle n'inclut, par exemple, pas les agents des parcs nationaux qui pourtant, jouent un rôle très actif dans la protection des espèces protégées et dans les processus de mise en place et de gestion des parcs nationaux et réserves et qui, dans ce cadre, interviennent dans la surveillance au niveau de ces périmètres qui empiètent généralement sur les zones de pêche. Pour l'efficacité globale de la lutte contre la pêche INN, il est essentiel qu'il y ait une synergie dans les rôles des agents des Parcs nationaux (DPN) et de ceux de la DPSP.

L'optimisation et la rationalisation des moyens de surveillance sont nécessaires, car si l'État peut renforcer les moyens de surveillance, il ne peut pas donner tous les moyens à la surveillance.

Si ces actions sont importantes, car favorisant une application effective des règles et surtout des sanctions en matière de pêche, elles ne doivent pas orienter les autorités dans une logique purement répressive. Il s'agira d'allier la répression à la persuasion à travers la poursuite et le renforcement des actions d'information et de sensibilisation sur la pêche INN. La sensibilisation, la bonne circulation des informations et la coordination des actions des parties prenantes sont des conditions de performance et de réussite de la stratégie nationale de lutte contre la pêche INN. A cet effet, il s'agira d'organiser des réunions périodiques avec les différentes parties prenantes sur le suivi – évaluation[1085] du PAN – INN, notamment les professionnels de la pêche (pêche artisanale, pêche industrielle, organisations de pêcheurs et structures impliquées) et de redynamiser et reconstituer[1086] l'équipe d'arraisonnement[1087] instituée au Port autonome de Dakar.

[1085] Selon le point 26. du PAI – INN, au moins tous les quatre ans, à partir de l'adoption des plans d'action nationaux, les États devraient examiner leur état d'avancement afin d'identifier des stratégies économiquement rationnelles permettant d'en accroître l'efficacité et de s'acquitter de leurs obligations en matière d'établissement de rapports destinés à la FAO au titre de la Section VII du Plan d'action. En application de cela, Il est prévu dans le point 3.7 du PAN – INN intitulé « *Suivi -Evaluation* » que: « *Le présent plan d'action doit faire l'objet de mise en œuvre et suivi et d'évalué* ».

[1086] Cette équipe a été mise en place par la note circulaire, N° 00247 MEMTMPP/DITPIPNK du 15 février 2008 du Ministre de la Pêche Souleymane Ndéné NDIAYE, relative aux formalités d'arrivée des navires de pêche étrangers. Elle précise ainsi que dans le cadre de la sécurisation et de la facilitation des opérations portuaires pêche, il est institué, à compter de sa signature, une procédure simultanée des formalités d'arrivée des navires de pêche étrangers. La préparation de l'escale se déroulera en deux étapes : - avant l'arrivée du navire de pêche étranger ; - à l'accostage du navire de pêche étranger.

1) Formalités avant l'arrivée du navire de pêche étranger: Il est demandé aux consignataires de navires de pêche étrangers de déposer un avis d'arrivée « AVARNAPE » à la capitainerie du Port de Pêche, soixante-douze heures avant l'arrivée de navire au port de Dakar. Un formulaire est établi à cet effet. Des réunions journalières se tiendront dans la salle de conférence du Port de Pêche à partir de 9 heures précises. À cette occasion, il sera procédé à la lecture et à l'examen des « AVARNAPE » reçus, en vue d'établir la programmation et la planification des escales des navires devant arriver du Port les 24 heures. Les consignataires sont invités à assister à ces réunions.

2) Formalités à l'arrivée du navire de pêche étranger: À l'arrivée du navire, l'équipe technique d'arrondissement se rend à bord en vue de son inspection par les administrations compétentes. Elle émet un avis technique qui peut être favorable ou défavorable ou débarquement des produits halieutiques dans le territoire sénégalais.

Composition de l'équipe d'arrondissement : L'équipe technique d'arrondissement est composée de : La douane du Port de pêche, la santé, la police de l'immigration du Port de Pêche, la Direction de la Marine Marchande, la direction de la protection et de la surveillance des pêches, la direction des industries de transformation de la pêche

La direction des pêches maritimes, la capitainerie du Port de Dakar (capitainerie du Port de pêche) et la direction du commerce Extérieur

Tout ceci devrait permettre de mettre davantage en valeur le rôle principal de coordonnatrice de la DPSP dans la mise en œuvre des actions d'une lutte plus efficace contre la pêche INN.

Au-delà, le Sénégal doit renforcer la coopération bilatérale et sous-régionale pour une intervention concertée, basée sur un système d'échange automatique d'informations ; ne serait-ce que pour préserver les stocks d'intérêt commun.

La nouvelle approche, tout en reconnaissant la nécessité d'un système de suivi, contrôle et surveillance des pêches efficace, étend son champ au renforcement des actions dans les ports et au contrôle des opérations commerciales liées aux produits halieutiques. À cet effet, l'État du Sénégal en général et l'institution chargée de la coordination de l'ensemble du système SCS des pêches en particulier, doivent se mettre en conformité avec les nouvelles normes internationales de lutte contre la pêche INN et tirer profit des opportunités offertes.

Vu que la lutte contre la pêche INN nécessite un système de veille permanente, les ressources humaines et matérielles nécessaires doivent être déployées. Ainsi, la DPSP, désignée pour coordonner les opérations de surveillance des pêches et certifier l'origine licite des captures, devra être assez outillée pour contrôler les activités de tous les navires battant le pavillon[1088] ou utilisant les ports sénégalais et, par la même occasion, mettre en œuvre les mesures commerciales de lutte contre les activités de pêche illicite[1089].

La coordination de l'équipe est assurée par la Capitainerie qui peut être contactée par téléphone au 849 79 17 ou par appel VHF au canal 16, tous les jours ouvrables et 24/24.

1087 Cette équipe d'arraisonnement a été mise en place à l'occasion du refus de débarquement opposé par le Port autonome de Dakar (PAD) à des navires panaméens en 2007. En effet, le Directeur général du (PAD) informé de *« certaines pratiques non réglementaires »* par lesdits navires, a interdit, par lettre circulaire, tout débarquement de leurs produits en attendant que des contrôles plus approfondies soient opérés. Celles – ci s'étant révélées satisfaisantes (ils étaient effectivement inscrits sur la liste positive de l'ICCAT), le Directeur général du PAD a levé la mesure par une autre lettre circulaire. C'est ce cas qui a d'ailleurs servi de prétexte à la mise en place d'un comité de contrôle composé de toutes les administrations concernées, de près ou de loin (DPM, DPSP, DITP, Douane, PAD, DMM, Santé, Police). Ceci peut être rangé dans les préoccupations de l'Accord de 2009 sur les mesures de l'État du port. Voir rapport Talla, juriste consultante et Makane Diouf NDIAYE, consultant en SCS, supra note de bas de page 143

1088 Ceci, pour garantir de la fiabilité des certificats de capture établis et bénéficier de la confiance des partenaires de l'UE.

1089 Pour cela, il peut être envisagé notamment le renforcement du système de certification des captures, l'application de mesures commerciales nationales et internationales, la mise en place d'exigences multilatérales d'homologation des captures (ICCAT CTOI). Voir Diagnostic du Système de Suivi, Contrôle et Surveillance des pêches au Sénégal. PRAO/Sénégal, *op. cit.,* note de bas de page N° 742

En ce moment-là seulement, l'engagement du Sénégal à exercer un suivi, un contrôle et une surveillance (SCS) systématiques et efficaces de la pêche, du commencement des opérations jusqu'à la destination finale, sans oublier le lieu de débarquement[1090], pourra être sans équivoque.

[1090] Point 24 du PAI – INN, *op. cit.,* Première partie, titre I, Chapitre I, Section I, paragraphe 2, *op. cit.,* note de bas de page 109

CONCLUSION GÉNÉRALE

Les effets dévastateurs de la pêche INN dans le monde ne sont plus à démontrer. Il est clair que les navires de pêche INN, en plus de piller la ressource, ne respectent aucune norme, notamment la réglementation sur les engins de pêche, les zones de pêche, les périodes de pêche ou les espèces pêchées. Ces navires ne se préoccupent d'aucune mesure de gestion, de conservation ou d'aménagement des pêcheries et ils ne sont guidés que par l'objectif de la recherche du gain démesuré, facile et frauduleux. Cette pratique produit des conséquences socio – économiques très désastreuses sur les pays et populations dépendant de la pêche, mais aussi sur les opérateurs ayant opté pour une pêche responsable. Elle cause également des dégâts environnementaux très importants dont l'impact sur les écosystèmes et les habitats est encore très loin d'être maîtrisé.

Les océans et les ressources qu'ils contiennent, sont déjà très menacés et très éprouvés par des risques de dommages irréversibles du fait notamment du changement climatique, de l'augmentation de la pollution, du développement non viable des zones côtières et des effets indésirables de l'extraction des ressources. Ils vont se fragiliser davantage si on y ajoute l'action destructrice de la pêche INN et, le tout combiné va produire des conséquences irréparables en termes de perte de biodiversité, de diminution de l'abondance des espèces, de la dégradation des habitats et de la perte de certaines fonctions écologiques[1091].

Aujourd'hui, les pêcheries océaniques qui offrent à l'humanité l'une de ses meilleures chances de procurer des aliments à haute valeur nutritive à une population croissante, doivent être protégées.

Les États, directement ou par le biais d'arrangements internationaux aux niveaux bilatéral, régional ou multilatéral, ont développé beaucoup de règles, contraignantes et non contraignantes, dont l'application correcte et effective par la communauté internationale sera très bénéfique pour l'avenir des pêcheries dans le monde.

Toutefois, la pêche INN doit être combattue de manière efficace si l'on veut mettre en place des arrangements de conservation et de gestion durables et responsables à long terme. Il s'agit d'une question capitale pour le secteur et à laquelle s'attaquent de nombreuses administrations nationales et

[1091] Voir le rapport du Comité des pêches en sa Trentième session à Rome (Italie), du 9 au13 juillet 2012, disponible sur : l'adresse *www.fao.org. ME108/f*

organisations régionales des pêches, et qui restera probablement encore longtemps à l'ordre du jour.

Les travaux relatifs à la pêche INN doivent être intensifiés. Il reste encore beaucoup à faire, notamment : élaborer des critères d'évaluation des performances des États du pavillon; sensibiliser les États qui fournissent des pavillons de complaisance aux conséquences des activités des navires bénéficiaires sur la conservation et la gestion des ressources biologiques; évaluer de façon plus approfondie les liens entre les subventions au secteur, la capacité de pêche et la pêche INN; et renforcer les réseaux régionaux et internationaux de suivi, contrôle et surveillance (SCS) pour partager et diffuser, en temps réel, les informations sur les opérations de pêche clandestines[1092].

Dans la mise en œuvre des règles de lutte contre la pêche INN et de la sanction de leur irrespect, les États, suivant leurs situations, sont individuellement responsabilisés et doivent de leur côté adopter des règles, au besoin même plus contraignantes, pour faire respecter les mesures internationales de conservation et de gestion.

Les États côtiers doivent ainsi s'assurer que les ressources halieutiques se trouvant dans la zone relevant de leur juridiction nationale sont exploitées conformément à leurs lois et règlements.

Les États du pavillon ont une double responsabilité qu'ils doivent s'évertuer à exécuter. La première est relative à des critères rigoureux d'octroi de leur nationalité pour ne pas paraitre comme des pavillons de complaisance et donc complices de la pêche INN. C'est d'ailleurs ce qui leur permettra de garantir la fiabilité des navires portant leur pavillon quant à leur engagement et leur comportement en faveur d'une pêche responsable. La deuxième responsabilité est de veiller à ce que les navires battant leur pavillon exercent leurs activités conformément aux lois et règlements de l'État côtier lorsque ceux - ci sont autorisés à pêcher dans la zone économique exclusive de ces derniers, et le cas échéant, aux mesures édictées par les ORGP dans les zones internationales. Si dans le premier cas, l'État du pavillon vient en appoint à l'État côtier, dans le second cas, son intervention est essentielle pour favoriser une utilisation responsable et durable des ressources dans les zones ne relevant pas de la juridiction nationale.

L'Etat du port quant à lui, peut beaucoup apporter en raison de sa position stratégique et incontournable et de l'intervention de ses infrastructures dans la circulation des produits de la pêche. Toutefois, n'ayant pas d'intérêt immédiat à contrôler des activités de pêche effectuées hors des eaux relevant de sa

---

[1092] Des développements à ce sujet sont disponibles sur : http://www.fao.org/fishery/topic/3195/fr

juridiction, son intervention, pourtant indispensable, a nécessité le recours à de règles contraignantes pour le responsabiliser et l'obliger à agir[1093].

Au surplus, l'État du marché peut favoriser l'utilisation et la conservation durables des ressources, de la biodiversité et des services écosystémiques à travers des mesures commerciales restrictives pour les produits de la pêche dont l'origine licite ne peut pas être valablement certifiée. Bien évidemment, il est important que de telles mesures soient élaborées de manière concertée et leur application doit obéir au principe de la réciprocité pour permettre sa généralisation.

Tout ceci permet d'entrevoir l'ampleur de la tâche qui attend le Sénégal dans la lutte contre la pêche INN et pour lesquelles, il faut l'admettre, il n'est pas encore suffisamment outillé.

Aujourd'hui, dans le contexte de la pêche INN, le Sénégal qui est ainsi appelé à intervenir sur plusieurs fronts, est confronté à de nombreux défis. En effet, ses 718 kilomètres de côtes contiguës à 360.000 km^2 de zone économique exclusive (ZEE) s'étalant sur la pointe continentale la plus avancée dans l'Océan atlantique, conjugués à des atouts géo-climatiques et biochimiques spécifiques, ont créé des conditions favorables à l'abondance des ressources halieutiques qui font de la pêche sénégalaise un des secteurs contribuant de manière hautement significative au développement économique et social[1094] du pays. À l'opposé, et c'est le revers de la médaille, cette zone fait l'objet de beaucoup de convoitises et d'assauts de la part de bateaux pirates, ne disposant pas d'autorisation de pêcher, mais aussi non pirates, mais peu ou pas respectueux de la réglementation. Ceci est surtout aggravé par la situation géographique du Sénégal qui a en face de lui cinq frontières maritimes à surveiller (frontières avec la Mauritanie, la Gambie, la Guinée-Bissau, la Guinée-Conakry et le Cap-Vert), notamment en matière de lutte contre les incursions de navires pirates pratiquant une pêche illicite et non autorisée. Ceci alourdit considérablement les missions de surveillance et cette situation n'est pas sans conséquence. Surexploitées par l'industrie de la pêche, les ressources halieutiques sénégalaises sont en danger et des menaces pèsent de plus en plus sur certaines espèces notamment les stocks démersaux, et surtout ceux côtiers. Par manque de moyens, les autorités sénégalaises peinent à faire respecter leur zone économique exclusive.

Dans un souci de préservation et de protection de cette ressource, le Sénégal est dans l'obligation et dans l'urgence de développer un système de suivi, contrôle et surveillance des pêches capable de faire face de manière durable à la pêche INN. De même, l'importance de la pêche et des intérêts à

1093 C'est l'objet de l'Accord MREP de 2009 qui s'adresse aussi bien aux États adhérants que ceux non adhérants.

1094 Pour les développements sur ce point, voir le rapport national à l'atelier sous régional sur le système de suivi des navires, organisé à Saly Portudal au Sénégal, du 14 au 16 octobre 2002.

préserver expliquent à suffisance pourquoi la protection des pêcheries doit être une priorité pour le Sénégal.

Les engagements internationaux du Sénégal dans la lutte contre la pêche INN exigent de mettre en place un système de veille permanente, de disposer de moyens matériels adéquats et d'être en mesure de déployer les ressources humaines nécessaires, à temps utile, pour les besoins des opérations de surveillance. Cela demande des réformes en profondeur aussi bien sur le plan institutionnel que sur celui de l'adaptation des textes.

Le dispositif législatif et réglementaire doit couvrir les activités de tous les navires battant pavillon sénégalais quels que soient leurs lieux d'intervention et de tous les navires utilisant ou désirant utiliser les ports sénégalais. L'activité des navires intervenant dans le transport des produits de la pêche doit aussi être clairement réglementée de manière à minimiser les risques de contournement des produits issus de la pêche INN. L'application des mesures de lutte contre la pêche INN doit aussi être étendue aux embarcations de pêche artisanale, dont les activités sont très loin d'être maîtrisées[1095].

Sur le plan institutionnel, les différentes administrations concernées doivent dérouler leurs efforts de lutte contre la pêche INN dans un cadre unique et fonctionnel et, pour plus de résultats, les moyens de la surveillance doivent être renforcés de manière à réduire, voire éradiquer les pratiques de pêche INN. En particulier, les moyens des structures d'appui à la surveillance (armée de l'air et marine nationale) doivent être accrus pour une meilleure coordination des actions dans la lutte contre la pêche INN[1096]. Cela justifiera sans doute la nécessité d'associer, dans les formations dispensées aux agents de contrôle, toutes les parties prenantes des autres structures concourant à la lutte contre la pêche INN.

La coopération avec les États du pavillon, les États côtiers, les États du port et les organes de gestion des pêches doit être renforcée notamment, avec la mise en place de moyens permettant une communication instantanée.

De manière spécifique, les orientations stratégiques et opérationnelles de la lutte contre la pêche INN au Sénégal doivent reposer sur un certain nombre de réalisations qui seront déroulées dans les développements successifs.

Sur le plan des moyens, l'action de la surveillance peut être rendue plus efficiente par la mise en place d'un programme Observateur performant et effectif, le renforcement de la capacité d'intervention des stations côtières,

---

[1095] Sur la surcapacité de la pêche artisanale sénégalaise et la nécessité de réduire l'effort de cette pêche, il faut voir l'intervention de Mme Dyhia Bilhabib, chercheur au niveau du projet « Sea Around Us », basé à l'Université de British Columbia au Canada disponible sur| Ferloo.com le Mercredi 18 décembre, 2013 17:21

[1096] Voir l'article du journal la Gazette intitulé : « *Moyens de surveillance insuffisants, la pêche en danger* », publié le lundi 5 août 2013 et disponible sur : *http://www.lagazette.sn/spip.php?article4716*

l'utilisation et l'intégration des nouvelles technologies dans le système SCS et l'utilisation du registre des navires comme banque de données et instrument de contrôle.

Sur le plan institutionnel et normatif, il urge d'adopter une réglementation des pêches souple pour les usagers de la mer et de mettre en place un cadre institutionnel adapté pour permettre à l'administration chargée, à titre principal, de la lutte contre la pêche INN de disposer d'une plus grande flexibilité dans la coordination avec tous les acteurs et les interventions en matière de surveillance.

Concernant la coopération interne dans le cadre de la surveillance des pêches, le renforcement des moyens de la recherche et une meilleure utilisation de ses résultats ainsi que la participation active et la responsabilisation des acteurs de la pêche dans la surveillance de leurs zones respectives par une meilleure approche de la cogestion, ajoutés à un système de partage d'informations performant entre toutes les parties prenantes de la surveillance, permettront d'aboutir à des résultats appréciables.

Sur le plan opérationnel, l'utilisation rationnelle des moyens navals et aériens existants ainsi que leur renforcement peuvent permettre au Sénégal d'assurer la couverture en surveillance de toutes ses pêcheries, même les plus éloignées.

Tout ceci ne sera réalisable que lorsque conçu à partir d'un système de financement sûr et pérenne permettant de mobiliser les fonds nécessaires pour couvrir les frais récurrents de la surveillance et, de manière générale, par la possibilité de capter et d'obtenir des financements au profit du système SCS.

Dans le cadre du système intégré de coopération en matière de surveillance, la participation active aux interventions de la Commission sous régionale des Pêches, notamment par la mise à disposition des moyens pour des actions de patrouilles combinées et conjointes, est une exigence et une condition d'intervention de cette organisation auxquelles, aussi bien le Sénégal que les autres États membres doivent satisfaire.

Sur le plan de la démarche, le Sénégal doit s'approprier le Plan d'Action international sur la pêche INN et appliquer effectivement les dispositions de l'Accord sur les mesures du ressort de l'État du Port et du règlement de l'Union européenne sur le système de certification des captures. Mieux, pour ce dernier cas, le Sénégal doit généraliser le recours aux mesures commerciales dans la lutte contre la pêche INN.

La combinaison optimale de ces différents instruments devrait permettre de concevoir un système de suivi, contrôle et surveillance des pêches reposant sur une stratégie efficace et efficiente et basée sur des axes opérationnels bien ciblés afin de faire face aux menaces essentielles de la pêche INN. Le Sénégal pourra ainsi sanctionner la pêche illicite côtière exercée par les navires nationaux et les embarcations de pêche artisanale, les navires des États voisins évoluant le long des frontières, et celle exercée au large par des navires totalement étrangers à la sous-région.

De manière générale, les sanctions sont essentielles dans la lutte contre la pêche INN et il faut s'attendre à ce qu'elles soient durcies dans le monde. Il est évident que les pays de pêche, en particulier ceux qui pratiquent la pêche dans les eaux internationales ou avec des accords d'accès ou des autorisations, vont finir par s'entendre sur la nécessité de prendre des mesures vigoureuses et efficaces[1097]. Le Sénégal doit dès maintenant s'inscrire dans cette perspective en commençant par évaluer, en vue de la reformer, le degré et la rigueur des sanctions qu'il a prévues.

Toutefois, force est de constater que les sanctions et leur application constituent le talon d'Achille du système mis en place par le Sénégal pour la lutte contre la pêche INN. Les sanctions sont non seulement trop faibles par rapport à la gravité de l'infraction de pêche INN que d'aucuns qualifient même de crime économique, mais aussi elles ne sont pas toujours appliquées. Les autorités par manque de moyens, par léthargie ou parfois même, dans une attitude complice, assistent passives à la commission des infractions[1098] et, dans un cas extrême, à l'inapplication des sanctions pourtant prononcées[1099]. Le Sénégal qui, au lendemain des indépendances, a joué un des rôles pionniers[1100] dans l'élaboration du droit de la mer, ne doit pas décevoir aujourd'hui et, il est tout à fait légitime de s'attendre à l'application et à la

---

[1097] Sur le durcissement des sanctions, de grands groupes activistes internationaux mettent la pression et l'on a constaté que les sanctions commerciales pouvaient avoir des effets directs sur plusieurs types de pêche. Voir : « *La situation mondiale des pêches et de l'aquaculture* », FAO – 2012, *op. cit.*, note de bas de page N° 68

[1098] Dans l'émission Dine Ak Diamono du jeudi 08 mai 2014 sur Walf TV, consacrée au nouvel accord de pêche avec l'UE, certains pêcheurs artisans ont reconnu leur refus d'honorer le paiement de la redevance due au titre des permis de pêche, pour la simple raison que l'État ne leur reverse pas la quote part de soixante pour cent de ces fonds qui devaient revenir à l'appui de pêche artisanale par le biais des CLPA. De même l'émission décryptage diffuse deux jours avant sur la 2S TV a permis de montrer l'absence d'informations (DPM) sur le merlu qui est aussi pourtant objet de l'Accord et la dépendance de la recherché du financement extérieur dont la contrepartie financière de l'Accord.

[1099] Ainsi en est-il en matière de transaction, par exemple.

[1100] Cf. Jean Pierre Quéneudec « *la remise en cause du droit de la mer* », in Actualités du droit de la mer, colloque de Montpellier, Société française pour le droit international, édition A. Pedone, Paris 1973: « *Il n'est pas douteux que pendant très longtemps les règles du droit de la mer ont été posées, voire même imposées, par les États maritimes, c'est à dire ceux qui avaient les flottes les plus importantes…Si l'on met à part le cas du Liberia, dont le pavillon couvre aujourd'hui la flotte commercial la plus considérable et qui n'exerce pratiquement aucune influence sur le droit maritime international, force est de reconnaitre que les pays que les pays traditionnels dont les marines marchandes et militaires sont les plus importantes, n'ont plus la prédominance dans la formulation des règles juridiques. Le Brésil, le Chili et Sénégal, pour ne citer que ceux-là, n'ont aucune flotte notable mais exerce une action essentielle dans l'apparition de nouveaux principes juridiques. Tout ce passé comme si la prise en compte de l'importance du littoral était l'élément déterminant* ».*op. cit.*, note de bas de page N° 7

pérennisation de bonnes pratiques de pêches dans les eaux relevant de sa juridiction. Ceci nous amène à nous questionner sur la viabilité de la méthode de lutte contre la pêche INN au Sénégal. En effet, en permettant l'inapplication flagrante et sans crainte des règles qu'elles ont elles-mêmes édictées, les autorités sénégalaises ne favorisent-elles pas, par leur attitude, le développement de la pêche INN ? Les relations entre les différents acteurs de la pêche sénégalaise sont – elles clairement définies ? Les rôles et responsabilités sont – elles bien situées ? La réponse à toutes ces questions nous permettra d'apprécier le niveau d'engagement réel du Sénégal dans la lutte contre la pêche INN. Au-delà même de la lutte contre cette forme de pêche, c'est tout le système sénégalais de gestion des pêches qui doit être évalué. Dans cette logique et dans le contexte actuel des débats passionnés suscités par l'Accord de partenariat[1101] dans domaine de la pêche durable[1102]

[1101] L'accord abroge celui entre le gouvernement du Sénégal et la Communauté économique européenne concernant la pêche au large de la côte sénégalaise entré en vigueur le 1er juin 1981. Il est conclu pour 5 ans et comporte un protocole, un annexe et sept appendices portant sur : 1- la demande d'autorisation de pêche, 2- une fiche technique, 3- des modèles de journal de pêches et de déclaration de captures, 4- les coordonnées géographiques des zones de pêche, 5- la communication des messages VMS au Sénégal – format des données – rapport de position, 6- les lignes directrices pour la mise en œuvre du système électronique de communication des données relatives aux activités de pêche (système ERS ou electronic reporting system), 7- les coordonnées de contact du Sénégal. Il ressort de ces textes que les possibilités de pêche accordées aux navires de pêche de l'Union sont fixées comme suit : pour les espèces hautement migratrices (espèces énumérées à l'annexe 1 de la CMB de 1982) à l'exclusion des espèces protégées ou interdites par la CICTA : (a) 28 thoniers senneurs congélateurs, (b) 8 canneurs ; pour les poissons démersaux profondes : (c) 2 chalutiers. Pour ce dernier cas, les espèces ciblées sont les merlus noirs (Merlucciussenegalensis et Merlucciuspolli). Des captures accessoires sont autorisées à hauteur de 7 pour cent pour les céphalopodes, 7 pour cent pour les crustacés, et 15 pour cent d'autres poissons démersaux profonds. La valeur totale estimée du protocole se chiffre, pour les 5 ans, a 13 930 000 euros, répartis comme suit : 1) 8 690 000 euros au titre de la contrepartie financière visée à l'article 6 de l'Accord et 2) 5 240 000 euros correspondant au montant des redevances dues par les armateurs au titre des autorisations de pêche délivrées en application de l'article 4 de l'accord.
La contribution financière pour l'appui sectoriel est dissociée des paiements relatifs aux couts d'accès. Elle est déterminée et conditionnée par la réalisation d'objectifs de la politique sectorielle de la pêche sénégalaise selon les modalités prévues au protocole et au terme d'une programmation annuelle et pluriannuelle de mise en œuvre.
L'accord établit les principes, les règles et les procédures régissant : a) les conditions dans lesquelles les navires de pêche de l'Union peuvent exercer des activités de pêche dans les eaux sénégalaises sur le reliquat disponible ; b) la coopération économique, financière, technique et scientifique dans le secteur de la pêche, en vue de la promotion d'une pêche durable dans les eaux sénégalaises et du développement du secteur sénégalais de la pêche ; c) la coopération relative aux modalités de contrôle des pêches dans les eaux sénégalaises en vue d'assurer le respect des règles et conditions précitées, l'efficacité des mesures de conservation et de gestion des ressources halieutiques, et la lutte contre la pêche INN. Ainsi, dans le but de renforcer la surveillance de la pêche en haute mer et la lutte contre la pêche INN, les navires de pêche de l'Union signaleront la présence dans la zone de pêche

entre l'Union européenne et la République du Sénégal qui vient d'être signé[1103], le secteur de la pêche est fortement secoué. Par conséquent, on est en

---

sénégalaise, de tout navire qui ne figure pas sur la liste des navires étrangers autorisés à pêcher au Sénégal, fournie par le Sénégal.

[1102] La PCP de l'UE reformée (pour la deuxième fois) vise, pour 2014, à faire évoluer les APP vers des accords davantage centrés sur le développement et la durabilité des pêcheries des pays partenaires, mieux coordonnés avec les autres politiques européennes pertinentes en matière de pêche responsable. On passé ainsi des *Accords de partenariat de pêche (APP) aux accords de partenariat de pêche durable (APPD) qui supposent l'abandon des impératifs purement économiques.* Le passage de la politique extérieure de l'Union européenne en matière de pêche d'une approche axée sur le maintien de la flotte communautaire au plan international, dans le but de garantir l'approvisionnement du marché des produits de la pêche, à une politique centrée autour de la promotion des principes d'une pêche responsable et durable au niveau international, se reflète indéniablement dans les relations bilatérales de l'Union. Il semblerait en effet que les APP s'inscrivent dans une démarche positive par rapport aux accords précédents. Cependant, leur objectif principal, qui était de contribuer efficacement à la conservation et à la gestion des ressources halieutiques en dehors des eaux européennes, tout en favorisant l'intégration des pays en voie de développement dans l'économie mondiale, n'a pas été atteint de manière satisfaisante. Les lacunes notées dans les AP, ressortant des évaluations demandées par la Commission elle-même, ont été comprises et intégrées dans le cadre de la nouvelle réforme de la PCP, tout comme les critiques énoncées à l'égard des premiers accords avec les PVD avaient été reçues et intégrées dans la dernière réforme de la PCP en 2002. En effet, *« la réforme de la politique commune de la pêche vise à assurer une exploitation durable des ressources vivantes de la mer tout en en contribuant à la réalisation de bonnes performances économiques, d'une croissance qui profite à tous et d'une plus grande cohésion dans les régions côtières (...) au niveau international et de contribuer à la mise en place d'un système international de gouvernance des pêches qui soit responsable, de manière à parvenir d'ici 2015 à une exploitation durable des stocks halieutiques à l'échelle mondiale (...) tout en atténuant l'incidence des activités de pêche sur l'écosystème marin ».*

Les accords avec les pays en développement sont alors des instruments privilégiés de la réalisation de ces objectifs, qui se placent en totale conformité avec les obligations de l'Union européenne en matière de développement durable des pêches. La nouvelle dénomination retenue pour les nouveaux accords de pêche est d'ailleurs révélatrice de l'évolution de la politique extérieure de l'Union européenne puisque les APP sont appelés à devenir des accords de partenariat de pêche durable (APPD), axés sur la conservation des ressources, la durabilité environnementale, l'amélioration de la gouvernance et l'efficacité du soutien sectoriel. Cf. Communication de la Commission du 22 avril 2009, Livre vert, *Réforme de la politique commune de la pêche*, COM(2009) 163 final, *Synthèse de la consultation sur la réforme de la politique commune de la pêche*, SEC (2010) 428 final du 16 avril 2010 et Communication de la Commission du 13 juillet 2011, *relative à la dimension extérieure de la politique communautaire de la pêche*, COM (2011) 424 final et Proposition de règlement du Parlement européen et du Conseil relatif à la réforme de la politique commune de la pêche du 13 juillet 2011, COM (2011) 425 final, 2011/0195/COD; COM (2011) 424 final p. 5. Cf. aussi Diane Vernizeau « Vers des pêcheries mondiales durables : contribution de l'Union européenne au concept de pêche responsable», thèse doctorat, UBO, 2013, 415 p.

[1103] L'Accord n'est pas encore ratifié mais les débats contradictoires qu'ils suscitent permettent de mettre à nu les carences et failles, à plusieurs niveaux, dans l'exercice des rôles et responsabilités des différents acteurs de la pêche sénégalaise en général (non-paiement des redevances sur les permis de pêche, usage d'engins de pêche prohibés, pratiques de pêche

droit de se demander s'il ne s'agit pas là d'une belle opportunité pour les autorités sénégalaises de prendre leurs responsabilités, d'analyser et de repenser sérieusement tout le système de la gouvernance[1104] des pêches au Sénégal ?

non responsables, absence de concertation, beaucoup de mesures incitatives et forte subvention du secteur au vu des résultats obtenus etc.).

[1104] La gouvernance du secteur halieutique, entendue comme un cadre juridique institutionnel, doit assurer que les pêches de capture ont le rôle que la société dans son ensemble considère approprié. Elle doit aussi définir les règles qui garantissent une concurrence loyale et un accès équitable aux ressources dans ce secteur. La gouvernance des pêches définit les principes et objectifs essentiels du secteur, met au point les cadres politiques et règlementaires et assure la liaison entre le gouvernement et la société civile en harmonisant les perspectives individuelles, sectorielles et sociales, en maintenant l'ordre social et les systèmes socio-écologiques productifs. Elle légitime et équilibre les interactions des parties prenantes, assure la mise en application des décisions et des règlements et maintient la cohérence entre les échelons juridictionnels et spatio-temporels. Enfin, elle définit les conditions de l'attribution des pouvoirs, des ressources et des avantages et fait en sorte que le système de gouvernance conserve sa capacité d'apprentissage et d'évolution. cf. Note d'Introduction au panel sur la Gouvernance de la Pêche artisanale maritime au Sénégal organisé le 20 Mars 2013 par l'Association pour la Promotion et la Responsabilisation des Acteurs de la Pêche Artisanale de Mbour, disponible sur le site web : *www.aprapam.org*

ANNEXES

Annexe I

Etats membres de la Commission sous régionale des Pêches (CSRP)

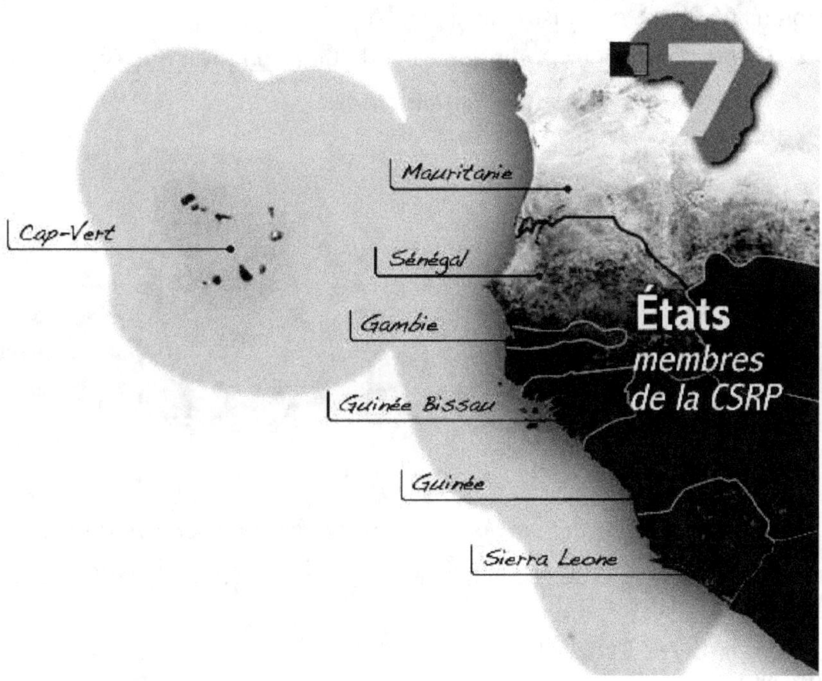

Source : CSRP

Annexe II
Les Organisations régionales de gestion des pêches dans le monde

1- ORGP gérant les espèces hautement migratoires (principalement le thon):

- ICCAT - Commission internationale pour la conservation des thonidés de l'Atlantique (CICTA)
- IOTC - Commission des thons de l'océan Indien (CTOI)
- WCPFC - Commission des pêches pour le Pacifique occidental et central (COPACO)
- IATTC - Commission interaméricaine du thon tropical (CIATT)
- Accord relatif au programme international pour la conservation des dauphins (APICD, organisme lié à la CIATT)
- Commission pour la conservation du thon rouge du Sud (CCSBT)

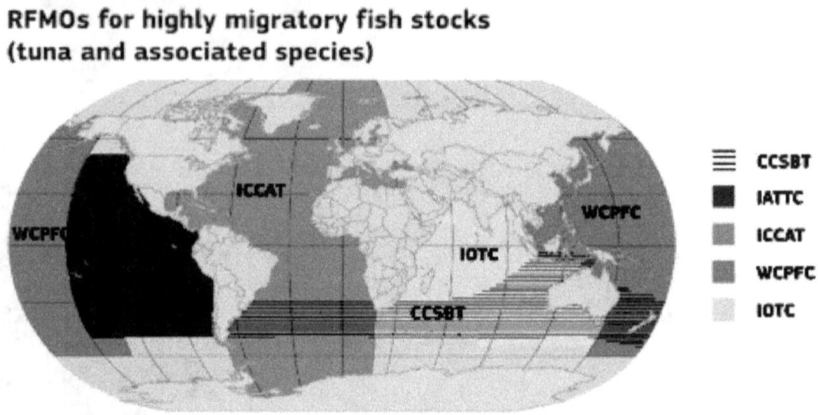

2- ORGP gérant les stocks de poissons par zone géographique:

- NEAFC - Commission des pêches de l'Atlantique du Nord-Est (CPANE)
- NAFO - Organisation des pêches de l'Atlantique du Nord-Ouest (OPANO)
- NASCO - Organisation pour la conservation du saumon de l'Atlantique Nord (OSCAN)
- SEAFO - Organisation des pêches de l'Atlantique du Sud-Est (OPASE)
- Accord relatif aux pêches dans le sud de l'océan Indien (SIOFA)
- SPRFMO - Organisation régionale de gestion des pêches du Pacifique Sud (ORGPPS)
- Convention sur la conservation de la faune et de la flore marines de l'Antarctique (CCAMLR)

- GFCM - Commission générale des pêches pour la Méditerranée (CGPM)
- CCBSP - Convention sur la conservation et la gestion des ressources en colin dans la partie centrale de la mer de Béring (CCPMCBS)

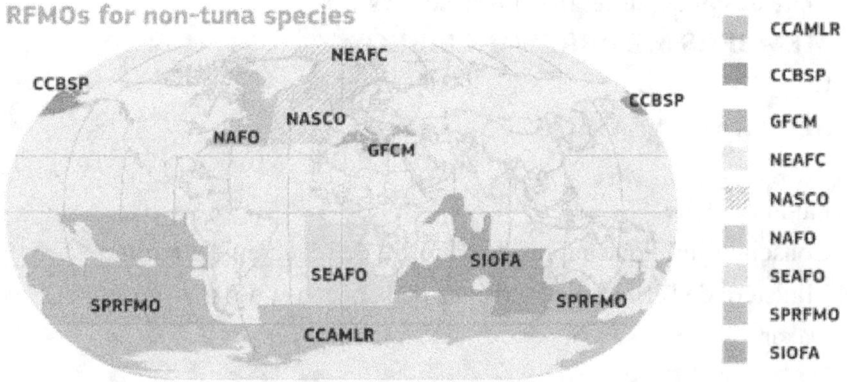

3- il existe aussi des ORGP ayant un rôle purement consultatif comme:

- Commission des pêches pour l'Atlantique Centre-Ouest (COPACO)
- Comité des pêches de l'Atlantique Centre-Est (COPACE)

Source: Commission européenne, DG Affaires maritimes et pêches, http://ec.europa.eu/fisheries/cfp/international/rfmo/index_fr.htm

Annexe III

Liste des membres de la délégation sénégalaise ayant pris part à la Consultation technique destinée à la rédaction d'un instrument juridiquement contraignant relatif aux mesures du ressort de l'État du port visant à prévenir, à contrecarrer et à éliminer la pêche illicite, non déclarée et non réglementée (la Consultation technique). Rome, 23–27 juin 2008, 26–30 janvier 2009, 4–8 mai 2009 et 24–28 août 2009

Liste des délégués et des observateurs

MEMBERS/MEMBRES/MIEMBROS

[…]

SENEGAL – SÉNÉGAL

Fatou DIOUF
Conseiller juridique auprès du Ministre de l'économie maritime
Ministère de l'économie maritime, de la pêche et des transports maritimes
Dakar

Demba KANE
Conseiller Technique
Ministère de l'économie maritime, de la pêche et des transports maritimes
Dakar

Dame MBOUP
Directeur de la Protection et de la
Surveillance des Pêches
Ministère de l'économie maritime,
de la pêche et de la pisciculture
Building administratif, 4ème étage
Dakar

Marième Diagne TALLA
Juriste des Droits de la Mer
Ministère de l'Économie maritime
Direction des pêches maritimes
Dakar

Source : FAO, *Rapport FAO sur les pêches et l'aquaculture* n° 914 FIEL/R914 (Fr) ISSN 2070-6995, Rome, 2009, disponible sur : www.fao.org/docrep/012/i1122f/i1122f00.htm

BIBLIOGRAPHIE

Actes et documents internationaux

Conventions internationales

Conventions internationales non spécialisées dans la pêche

Charte des Nations Unies, signée à San Francisco le 26 juin 1945, entrée en vigueur le 24 octobre 1945, publiée au *JORF* du 13 janvier 1946.

Acte constitutif de l'Organisation des Nations unies pour l'Alimentation et l'Agriculture (FAO) signé à Québec le 16 octobre 1945 et entré en vigueur le 16 octobre 1945, in FAO, *Textes fondamentaux de l'Organisation des Nations unies pour l'Alimentation et l'Agriculture*, Vol. I et II, 2013.

Convention de Genève pour l'amélioration du sort des blessés et des malades dans les forces armées en campagne du 12 Août 1949, disponible sur : https://www.icrc.org/fre/assets/files/other/icrc_001_0173.pdf.

Convention de Genève pour l'amélioration du sort des blessés, des malades et des naufragés des forces armées sur mer du 12 août 1949, disponible sur : https://www.icrc.org/fre/assets/files/other/icrc_001_0173.pdf.

Convention sur la haute mer, signée à Genève, le 29 avril 1958 et entrée en vigueur le 30 septembre 1962, *RTNU*, vol. 450.

Convention sur le plateau continental, signée à Genève, le 29 avril 1958 et entrée en vigueur le 10 juin 1964, *RTNU*, vol. 499.

Convention sur la mer territoriale et la zone contiguë, signée à Genève, le 29 avril 1958 et entrée en vigueur le 10 septembre 1964, *RTNU*, vol. 516.

Convention de Vienne sur le droit des traités, signée le 23 mai 1969 à Vienne et entrée en vigueur le 27 janvier 1980, *RTNU*, 1980, vol. 1155.

Convention des Nations Unies sur le droit de la mer, signée à Montego Bay le 10 décembre 1982 et entrée en vigueur le 16 novembre 1994, *RTNU*, vol. 1834.

Accord relatif à l'application de la Partie XI de la Convention des Nations Unies sur le droit de la mer du 10 décembre 1982, signé à New York le 28 juillet 1994, entre en vigueur provisoirement le 16 novembre 1994, conformément au paragraphe 1 de l'article 7 et définitivement le 28 juillet 1996, conformément au paragraphe 1 de l'article 6, Doc. A/RES.48/263, *RTNU*, vol. 1836.

Accord de Marrakech instituant l'Organisation mondiale du Commerce (OMC) signé le 15 avril 1994 à Marrakech, entre en vigueur le 1° janvier 1995, *RTNU*, vol. 1867.

Accord de partenariat entre les membres du groupe des États d'Afrique, des Caraïbes et du Pacifique, d'une part, et la Communauté européenne et ses États membres, d'autre part, dit « Accord de Cotonou », signé à Cotonou le 23 juin 2000, et entré en vigueur le 1er avril 2003, *JOCE n° L 317 du 15 décembre 2000.*

Conventions internationales sur la pêche

Convention sur la pêche et la conservation des ressources biologiques de la haute mer, signée à Genève, le 29 avril 1958 et entrée en vigueur le 20 mars 1966, *RTNU*, vol. 559.

Convention internationale pour la conservation des thonidés de l'Atlantique, signée le 14 mai 1966 à Rio de Janeiro, Brésil, entrée en vigueur le 21 mars 1969, *RTNU*, vol. 673.

Protocole de Paris du 10 juillet 1984 amendant les articles XIV à XVI de la CICTA, entré en vigueur le 14 décembre 1997, *JOUE n° L 162 du 18 juin1986.*

Convention sur la future coopération multilatérale dans les pêches de l'Atlantique nord-ouest. (NAFO/OPANO), signée à Ottawa le 24 octobre 1978 et entrée en vigueur le 1er janvier 1979, *RTNU*, vol. 1135.

Convention sur la conservation de la faune et de la flore marines de l'Antarctique (CCAMLR), signée à Canberra, le 20 mai 1980, entrée en vigueur le 7 avril 1982, *ILM*, vol. 19, 1980.

Accord visant à favoriser le respect par les navires de pêche en haute mer des mesures internationales de conservation et de gestion, approuvé lors de la XXVIIème Conférence de l'Organisation des Nations unies pour l'alimentation et l'agriculture le 24 novembre 1993 publie *in* VIGNES (D.), CATALDI (G.) et CASADO RAIGON (R.), *Le droit international de la pêche maritime*, Bruxelles, éditions de l'université de Bruxelles, Bruylant, 2000, collection de droit international, 616.

Accord portant création de la Commission des thons de l'Océan Indien, signé à Rome le 24 novembre 1993 et entré en vigueur le 27 mars 1996, *RTNU,* vol. 1927.

Accord aux fins de l'application des dispositions de la Convention des Nations Unies sur le droit de la mer du 10 décembre 1982 relatives à la conservation et à la gestion des stocks de poissons dont les déplacements s'effectuent tant à l'intérieur qu'au-delà de zones économiques exclusives (stocks chevauchants) et des stocks de poissons grands migrateurs, signé le

4 août 1995 à New York, entre en vigueur le 11 décembre 2001, *RTNU* vol. 2167.

Convention relative à la conservation et la gestion des stocks de poissons grands migrateurs dans le Pacifique occidental et central, signée à Honolulu le 5 septembre 2000, entrée en vigueur le 19 juin 2004, *JORF n° 237 du 11 octobre 2005.*

Accord de la FAO relatif aux mesures du ressort de l'État du port visant à prévenir, contrecarrer et éliminer la pêche illicite, non déclarée et non réglementée, signé le 22 novembre 2009, non encore entré en vigueur, *JOUE L 191 n° 22 juillet 2011.*

Conventions internationales sur l'environnement

Convention sur le commerce international des espèces de faune et de flore sauvages menacées d'extinction (CITES) signée à Washington le 3 mars 1973 et entrée en vigueur le 1° juillet 1975, *RTNU*, vol. 993.

Protocole d'amendement à la Convention sur le commerce international des espèces de faune et de flore menacées d'extinction (CITES), signé à Gaborone, le 30 avril 1983, non entrée en vigueur, *IELMT* 973 : 18/B.

Convention sur la conservation des espèces migratrices appartenant à la faune sauvage, signée à Bonn, le 23 juin 1979, entrée en vigueur le 1er novembre 1983, modifications des annexes I et II du 26 octobre 1985 et du 14 octobre 1988, *RTNU* 1991, vol. 1651.

Convention sur la diversité biologique, signée le 5 juin 1992, à Rio de Janeiro, entrée en vigueur le 29 décembre 1993, *R.J.E.*, n° 1 1993, p.141, *RTNU* vol. 1760.

Accord de Lusaka sur les opérations concertées de coercition visant le commerce illicite de la faune et de la flore sauvages, signé le 8 septembre 1994, entré en vigueur le 10 décembre 1996, *RTNU,* vol. 1950.

Jurisprudence de la Cour Internationale de Justice

CIJ, Affaire du plateau continental de la mer du Nord, 20 février 1969, Rec., 1969.

CIJ, Affaire de la compétence en matière de pêcheries, R.-U. c. Islande, 25 juillet 1974, Rec., 1974.

CIJ, Affaire de la compétence en matière de pêcheries, RFA c. Islande, 25 juillet 1974, Rec., 1974.

CIJ, Affaire du Sahara occidental, avis consultatif du 16 octobre 1975, Rec., 1975.

CIJ, Compétence en matière de pêcheries (Espagne c. Canada), compétence de la Cour, 4 décembre 1998, arrêt, Rec., 1998.

Jurisprudence et documents du Tribunal International du Droit de la Mer

TIDM, Affaires du navire « SAIGA », Saint-Vincent-et-les-Grenadines c. Guinée, arrêt du 4 décembre 1997 ; Affaire « SAIGA » n° 2, arrêt du 1er juillet 1999. www.itlos.org.

TIDM, Affaires du thon à nageoire bleue (Nouvelle-Zélande c. Japon ; Australie c. Japon). Demandes en prescription de mesures conservatoires, Arrêt du 27 août 1999, ILM 38, 1999.

TIDM, Affaire du Camouco (Panama c. France), Arrêt du 7 février 2000, ILM 2000.

TIDM, Affaire du Monte Confourco, (Seychelles c. France), Arrêt du 18 décembre 2000, TIDM, Rec. 2000.

TIDM, Affaire du Grand Prince (Belize c. France), Arrêt du 20 avril 2001, *TIDM,* Rec. 2001.

TIDM, Affaire Mox Plant (Irlande c. Royaume-Uni), mesures conservatoires, Ordonnance du 3 décembre 2001, ILM 41, 2002.

TIDM, Affaire du Juno Trader (Saint-Vincent-et-les-Grenadines c. Guinée-Bissau), Arrêt du 18 décembre 2004, www.itlos.org.

TIDM, Affaire du « HOSHINMARU » (Japon c. Fédération de Russie), Arrêt du 6 août 2007, www.itlos.org.

TIDM, Affaire concernant la conservation et l'exploitation durable des stocks d'espadons dans l'Océan Pacifique Sud-Est (Chili c. Union européenne), Ordonnance du 16 décembre 2009.

Communiqué de presse ITLOS/Press 190 à cette date et relatif à « Une demande d'avis consultatif soumise au Tribunal international du droit de la mer par la CSRP, le 28 mars 2013 ». www.itlos.org.

Ordonnance du 24 mai 2013, ITLOS/Press 194 du Tribunal invitant les Etats Parties à la Convention, la Commission sous régionale des pêches et d'autres organisations intergouvernementales à présenter jusqu'au 29 novembre 2013 des exposés écrits sur la pêche INN.

Ordonnance du 20 décembre 2013 au 14 mars fixant la date d'expiration du délai dans lequel des exposés écrits sur les exposés présentés.

Ordonnance du 3 décembre 2013 portant report de l'échéance du délai dans lequel des exposés écrits sur les exposés doivent être présentés au 19 décembre 2013.

Ordonnance du 14 avril 2014 fixant au 02 septembre 2014 la date d'ouverture de la procédure orale.

Note technique de la CSRP du 06 avril 2013, sur la demande d'avis consultatif adressée au TIDM.

Exposé écrit version 1 du Japon du 29 novembre 2013 sur la demande d'avis consultatif de la CSRP au TIDM.

Exposé écrit version 1 datant de novembre 2013 transmis par la CSRP au Tribunal international du droit de la mer.

Exposé écrit version 2 datant de mars 2014 transmis par la CSRP au Tribunal international du droit de la mer.

Strengthening regional Fisheries Management. The Application of the Duty to cooperate under the Law of the Sea Convention, Intern's Report, ITLOS, Hamburg 2010.

Déclarations et résolutions

Résolution A/RES/174 (II)) du 21 novembre 1947 de l'Assemblée générale des Nations Unies créant la Commission du droit international (CDI).

Résolution 1105 (XI) du 21 février 1957 de l'Assemblée Générale des Nations Unies soumettant un rapport d'ensemble comportant 73 articles élaboré par la CDI au cours de sa huitième session (avril – juillet 1956) comme base de ses travaux à la conférence internationale de plénipotentiaires qu'elle décida de convoquer.

Résolution 2340 (XXII) du 18 décembre 1967 et Résolution 2467 – A (XXIII) du 21 décembre 1968 de l'Assemblée Générale des Nations Unies créant respectivement un comité spécial de 35 membres et un comité permanent de 42 membres aux fins de « *l'examen de la question de l'affectation à des fins exclusivement pacifiques du lit des mers et des océans ainsi que leur sous-sol, en haute mer, au-delà des limites de la juridiction nationale, et de l'exploitation de leurs ressources dans l'intérêt de l'humanité* ».

Résolution 3016 (XXVIII) de l'Assemblée Générale des Nations Unies, « *Souveraineté permanente des pays en voie de développement sur leurs ressources naturelles* » adoptée le 18 décembre 1972.

Résolution 2749 (XXV) du 17 Décembre 1970 l'Assemblée Générale des Nations Unies « *Déclaration des principes régissant le fond des mers et des océans au delà des limites de la juridiction nationale* ».

Résolution A/RES/65/2763208 (XXIX) de l'Assemblée Générale des Nations Unies, *Participation de l'Union européenne aux travaux des Nations Unies,* adoptée le 11 octobre 1974.

Résolution A/RES/36/161 de l'Assemblée générale des Nations Unies « *Élaboration d'une étude sur les perspectives de l'environnement jusqu'à l'an 2000 et au-delà* ». Séance plénière, adoptée le 19 décembre 1983.

Résolution A/RES/44/225 de l'Assemblée générale des Nations Unies du 22 décembre 1989, *La pêche aux grands filets pélagiques dérivants et ses conséquences sur les ressources biologiques des océans et des mers.*

Résolution 4/95 du 31 octobre 1995 de la Conférence de la FAO lors de sa vingt-huitième session, adoptant le Code de conduite pour une pêche responsable. Annexe 2 de « *Code de conduite pour une pêche responsable* », publiée par la FAO. Rome, FAO. 1995. 46p.

Résolution 58/14 du 24 novembre 2003 de l'Assemblée générale des Nations Unies portant création du « *Fonds d'assistance* » (« le Fonds »), au titre de la partie VII de l'Accord de New York.

Résolution A/RES/61/105 de l'Assemblée générale des Nations Unies du 8 décembre 2006, *La viabilité des pêches, notamment grâce à l'Accord de 1995 aux fins de l'application des dispositions de la Convention des Nations Unies sur le droit de la mer du 10 décembre 1982 relatives à la conservation et à la gestion des stocks de poissons dont les déplacements s'effectuent tant à l'intérieur qu'au-delà de zones économiques exclusives (stocks chevauchants) et des stocks de poissons grands migrateurs, et d'instruments connexes.*

Résolution n° 12/2009 du 22 novembre 2009 de la Conférence de la FAO approuvant l'Accord MREP à sa trente-sixième session, Rapport de la Conférence de la FAO, 18-23.11.2009, www.fao.org/docrep/meeting/019/k6302f.pdf

Résolution A/RES/64/61 de l'Assemblée générale des Nations Unies du 12 mars 2010, *Les océans et le droit de la mer.*

Résolution A/RES/64/72 de l'Assemblée générale des Nations Unies du 19 mars 2010 « *Assurer la viabilité des pêches, notamment grâce à l'Accord de 1995 aux fins de l'application des dispositions de la Convention des Nations Unies sur le droit de la mer du 10 décembre 1982 relatives à la conservation et à la gestion des stocks de poissons dont les déplacements s'effectuent tant à l'intérieur qu'au-delà de zones économiques exclusives (stocks chevauchants) et des stocks de poissons grands migrateurs et à des instruments connexes* ».

Résolution 65/3857 de l'Assemblée générale des Nations Unies « *Assurer la viabilité des pêches, notamment grâce à l'Accord de 1995 aux fins de l'application des dispositions de la Convention des Nations Unies sur le droit de la mer du 10 décembre 1982 relatives à la conservation et à la gestion des stocks de poissons dont les déplacements s'effectuent tant à l'intérieur qu'au-delà de zones économiques exclusives (stocks chevauchants) et des stocks de poissons grands migrateurs et à des instruments connexes* » [en ligne]. A/RES/65/38. New York, États-Unis d'Amérique. [Cité le 29 novembre 2011]. http://daccess-dds-ny.un.org/doc/UNDOC/GEN/N10/514/83/PDF/N1051483.pdf?Open Elément

Déclaration de Paris sur la guerre maritime de 1856, Martens, Nouveau Recueil Général des Traités et autres Actes relatifs aux Rapports de Droit international, première série, Vol. XV, pp.791-792, 2-, http://fr.wikipedia.org/wiki/Declaration_de_Paris

Déclaration concernant les lois et coutumes de la guerre, élaborée en 1874 par la Conférence de Bruxelles.

Déclarations Truman portant respectivement sur les pêcheries côtières, et les ressources biologiques de la mer et sur le plateau continental, du 28 septembre 1945.

Déclaration du 23 mai 1970 du président Nixon relative à la politique des Etats unis concernant les océans.

Déclaration des principes régissant le fond des mers et des océans au delà des limites de la juridiction nationale, AGNU, résolution 2749 (XXV) du 17 Décembre 1970 ; Réf. A/RES/2749 (XXV).

Déclaration de la Conférence des Nations Unies sur l'environnement, Stockholm 16 juin 1972, *RGDIP*, vol. 77, 1973.

Plan d'action pour l'environnement humain *in* rapport des Nations Unies de la Conférence sur l'environnement humain qui s'est tenue à Stockholm des 5 au 16 juin 1972 A/Conf. 48/14/Rev.1.

Déclaration de Nairobi sur l'état de l'environnement mondial, adoptée le 19 mai 1982, UNEP/GC.10/INF.5.

Charte mondiale de la nature, New York, 28 octobre 1982, Résolution AGNU 37/7, *RJE*, 1983.

Déclaration de Cancun sur une pêche responsable adoptée lors de la Conférence Internationale sur la pêche responsable à Cancun, Mexique, les 6- 8 mai 1992, FAO, 1992, Document COFI/93/Inf.7.

Résolution 3 de l'acte final de la Conférence de Nairobi pour l'adoption du texte convenu de la Convention sur la diversité biologique, adoptée le 22 mai 1992.

Déclaration de Rio sur l'environnement et le développement, adoptée le 12 août 1992, A/CONF.151/26 (Vol. I), *Revue générale de droit international public*, vol. 96, 1992.

Agenda 21 adopté à l'issue de la Conférence des Nations Unies sur l'Environnement et le Développement (dite Conférence de Rio) Rapport de la Conférence des Nations Unies sur l'Environnement et le Développement, (Rio de Janeiro, 3-14 juin 1992), A/CONF.151/26 (Vol. I, II et III), 12 août 1992. http://www.agora21.org/rio92/ A21_html/A21_1.html

Résolution MEPC.67 (37) du Comité de la protection du milieu marin de l'OMI du 15 septembre 1995, *Guidelines on incorporation of the precautionary approach in the context of specific IMO activities.*

Code de conduite pour une pêche responsable, approuvé par la XXVIII° Conférence de l'Organisation des Nations unies pour l'Alimentation et l'Agriculture le 31 octobre 1995, publié *in* VIGNES (D.), CATALDI (G.), CASADO RAIGON (R.), *Le droit international de la pêche maritime*, Bruxelles, éditions de l'université de Bruxelles, Bruylant, 2000, collection de droit international, 616 p.

FAO, *Plan d'action international visant à réduire les captures accidentelles d'oiseaux de mer par les palangriers. Plan d'action international pour la conservation et la gestion des requins. Plan d'action international pour la gestion de la capacité de pêche*. Rome, 1999.

FAO, *Plan d'action international pour la gestion des capacités de pêche,* Rome 1999.

FAO, *Plan d'action international pour la gestion et la conservation des requins,* Rome 1999.

FAO, *Plan d'action international visant à réduire les captures accidentelles d'oiseaux de mer par les palangriers,* Rome 1999.

FAO, *Plan d'action international visant à prévenir, à contrecarrer et à éliminer la pêche illicite, non déclarée et non réglementée*, Rome, 2001.

CSRP, Déclaration de Nouakchott sur *la pêche illicite, non déclarée et non réglementée*, adoptée le 20 septembre 2001 à l'issue de la Conférence des Ministres de la CSRP, qui s'est tenue dans la même ville du 19 au 20 septembre 2001.

Déclaration de Reykjavik sur *une pêche responsable dans l'écosystème marin* adoptée par la Conférence de Reykjavik sur *une pêche responsable dans l'écosystème* marin qui s'est tenue à Reykjavik (Islande) du 1er au 4 octobre 2001, publiée *in* le document d'information C 2001/INF/25 (annexe 1) à la 31° session de la Conférence des Parties de la FAO qui s'est tenue à Rome, du 2 au 13 novembre 2001.

Plan de mise en œuvre du Sommet mondial pour le développement durable, Rapport du Sommet mondial pour le développement durable, Johannesburg (Afrique du Sud), A/CONF/199/20**, 26 août-4 septembre 2002, p. 6-82.

Rapports et documents officiels

Rapports et documents des Nations Unies

Troisième Conférence des Nations Unies sur le Droit de la Mer, *Le droit de la mer : texte officiel de la Convention des Nations Unies sur le droit de la mer et de ses annexes accompagné d'un index : acte final de la troisième Conférence des Nations Unies sur le droit de la mer : précédés de plusieurs textes relatifs à la Convention et à la Conférence,* New York : Nations Unies, 1984, xxiv + 267 p.

Assemblée générale des Nations Unies, *Rapport de la Conférence d'examen de l'Accord aux fins de l'application des dispositions de la Convention sur le droit de la mer du 10 décembre 1982 relatives à la conservation et à la gestion des stocks de poissons dont les déplacements s'effectuent tant à l'intérieur qu'à l'extérieur de zones économiques exclusives (stocks chevauchants) et des stocks de poissons grands migrateurs*, New York, 22-26 mai, 2006, A/CONF.210/2006/15, 41 p.

Rapport du Secrétaire général, Les océans et le droit de la mer, « *Accord aux fins de l'application des dispositions de la Convention des Nations Unies sur le droit de la mer du 10 décembre 1982 relatives à la conservation et à la gestion des stocks de poissons dont les déplacements s'effectuent tant à l'intérieur qu'au-delà de zones économiques exclusives (stocks chevauchants) des stocks de poissons grands migrateurs* », A/56/357, 14 septembre 2001, 28 p.

« Bilan et mise en œuvre de l'Accord aux fins de l'application des dispositions de la Convention des Nations Unies sur le droit de la mer du 10 décembre 1982 relatives à la conservation et à la gestion des stocks de poissons dont les déplacements s'effectuent tant à l'intérieur qu'au-delà de zones économiques exclusives (stocks chevauchants) et des stocks de poissons grands migrateurs (Accord sur les stocks de poissons) et son incidence sur les instruments connexes ou proposés dans l'ensemble du système des Nations Unies, eu égard en particulier à la mise en œuvre de la partie VII de l'Accord sur les stocks de poissons relative aux besoins des pays en développement », A/58/215, 5 août 2003, 58 p.

Rapport du Secrétaire général, Les océans et le droit de la mer, « *La pêche hauturière au grand filet dérivant, la pêche non autorisée dans les zones relevant de la juridiction nationale et en haute mer ; la pêche illégale, non déclarée et non réglementée ; prises accessoires et déchets de la pêche et autres faits nouveaux* », A/57/459, 9 octobre 2002, 40 p.

Rapport du Secrétaire général, Les océans et le droit de la mer, *« La viabilité des pêches, notamment grâce à l'Accord de 1995 aux fins de l'application des dispositions de la Convention des Nations Unies sur le droit de la mer du 10 décembre 1982 relatives à la conservation et à la gestion des stocks de poissons dont les déplacements s'effectuent tant à l'intérieur qu'au-delà de zones économiques exclusives (stocks chevauchants) et des stocks de poissons grands migrateurs, et d'instruments connexes »* :

A/61/154, 14 juillet 2006, 53 p. : « *L'impact de la pêche sur les écosystèmes marins vulnérables : mesures prises par les États et les organisations et arrangements régionaux de gestion des pêches pour donner effet aux dispositions des paragraphes 66 à 69 de la résolution 59/25 de l'Assemblée générale sur la viabilité des pêches, concernant l'impact de la pêche sur les écosystèmes marins vulnérables* ».

A/62/260, 15 août 2007, 75 p.

A/63/128, 14 juillet 2008, 63 p.

A/64/305, 17 août 2009, 63 p. *« Mesures prises par les États et les organismes et arrangements régionaux de gestion des pêches pour donner effet aux paragraphes 83 à 90 de la résolution 61/105 adoptée lors de l'Assemblée générale datée du 8 décembre 2006 sur la viabilité des pêches, notamment grâce à l'Accord de 1995 aux fins de l'application des dispositions de la Convention des Nations Unies sur le droit de la mer du 10 décembre 1982 relatives à la conservation et à la gestion des stocks de poissons et des stocks de poissons grands migrateurs, et d'instruments connexes ».*

Rapport du Secrétaire général, *Les océans et le droit de la mer*, A/65/69, 29 mars 2010, 97 p.

Additif, A/65/69/Add.1, 30 avril 2010, 14 p.

Additif A/65/69/Add.2, 31 août 2010, 114 p.

Rapport de la commission mondiale sur l'environnement et le développement (dit rapport Brundtland du nom de la présidente de cette commission Gro Harlem Brundtland), *Notre avenir à tous* (« *Our common future* »), A/42/427, 4 août 1987, publie à Montréal : édition du fleuve (Les Publications du Québec), 1988, 454 p.

Rapport du Groupe de travail spécial officieux à composition non limitée chargé d'étudier *les questions relatives à la conservation et à l'exploitation durable de la biodiversité marine dans les zones situées au-delà de la juridiction nationale*, Les océans et le droit de la mer, A/61/65, 20 mars 2006, 32 p.

DOALOS, *The Law of the Sea, Multilateral Treaties, a Reference Guide to Multilateral Treaties and Other International Instruments Related to the United Nations Convention On the Law of the Sea,* New York : UN, 1997, 184 p.

Millennium Ecosystem Assessment, *Ecosystems and Human Well-being: Biodiversity Synthesis*, World Resources Institute, Washington, DC, 2005, 86 p.

Millennium Ecosystem Assessment, *Ecosystems and human well-being: Wetlands and Water Synthesis*, World Resources Institute, Washington, DC, 2005, 68 p.

Rapports et documents de la FAO

Directives techniques

FAO, *Directives techniques pour une pêche responsable, n° 2, L'approche de précaution appliquée aux pêches de captures et aux introductions d'espèces,* Élaboré par la Consultation technique sur l'approche de précaution appliquée aux pêches de captures (et aux introductions d'espèces), Lysekil, Suède, 6-13 juin 1995, Rome, FAO, 1997, 73 p.

FAO, *Directives techniques de la FAO pour une pêche responsable, n° 9, Mise en œuvre du Plan d'action international visant à prévenir, à contrecarrer et à éliminer la pêche illicite, non déclarée et non réglementée*, Rome, 2002, 150 p.

FAO, *Directives techniques pour une pêche responsable. No. 4, L'approche écosystémique des pêches,* Département des pêches, Aménagement des pêches, 2, Suppl. 2. Rome, 2003, 120 p.

FAO, *Directives techniques de la FAO pour une pêche responsable, n° 4, Les aires marines protégées et la pêche*, Aménagement des pêcheries. 4, Suppl. 4, Rome, 2011, 198 p.

Rapports techniques

FAO, Département des pêches et de l'aquaculture, *Rapport de la Conférence Technique de la FAO sur la Pollution des Mers et ses Effets sur les Ressources Biologiques et la Pêche*, Rome, 9-18 décembre 1970, *FAO Rapport sur les pêches*, n° 99, FAO, Rome, 1971, 206 p.

FAO, Comité des Pêches (COFI) Dix-neuvième Session, Rome, 8-12 avril 1991, *Environnement et durabilité des pêches,* (COFI/91/3), Rome, 1991, 23 p.

FAO, *La réglementation de la pêche au filet maillant dérivant en haute mer : questions juridiques,* Étude législative 47, Rome, 1991, 87 p.

FAO, *Rapport de la Conférence de Reykjavik sur une pêche responsable dans l'écosystème marin*, Reykjavik, Islande, 1-4 octobre 2001, FAO Rapport sur les pêches, n° 658, Rome, 2002, 128 p.

FAO, *Rapport de la 25° session du comité des pêches sur les pêches*, Rome du 24 au 28 février 2003, No 702, FIPL/R702 (Fr), 90 p.

FAO, *Stratégie visant à améliorer l'information sur la situation et les tendances des pêches de capture*, Rome 2003.

FAO, Rapport sur les pêches n° 780, *Rapport de la vingt-sixième session du Comité des pêches, Rome*, 7-11 mars 2005, FIPL/R780 (Fr), Rome, 2005, 116 p.

FAO, Fisheries Report, No. 772, *Report on DEEP SEA 2003, an International Conference on Governance and Management of Deep-Sea Fisheries, Queenstown, New Zealand 1 - 5 December 2003*, Rome, 2005, 84 p.

FAO, *Rapport de la 27° session du comité des pêches, Renforcement des organisations régionales de pêches et de leur fonctionnement, notamment des résultats de leurs réunions sur les thons de 2007*, Rome 5-9 mars 2007, COFI/2007/9 Rev. 1, 14 p.

FAO, Rapport sur les pêches et l'aquaculture. n° 914. Rome, FAO. 2009. 79 p.

Règlement intérieur du Comité des pêches, in *Textes fondamentaux de l'Organisation des Nations unies pour l'alimentation et l'agriculture,* vol. I et II, Rome, FAO, 2011, p. 109

FAO, Département des pêches, *La situation mondiale des pêches et de l'aquaculture*, Rome, 2012, 241 p.

Comité des pêches de la FAO, 38ème session, *Gouvernance des océans et conclusions de la Conférence Rio+20*, Rome, 9-13 juillet 2012, COFI/2012/6, 16 p.

Autres documents de la FAO

Northridge, S.P. *La pêche aux filets dérivants et son impact sur les espèces non visées : étude mondiale*, FAO, Document technique sur les pêches, n° 320, Rome, 1992. 124 p.

Alverson, D.L., Freeberg M.H., Pope, J.G. et Murawski, S.A. *A global assessment of fisheries bycatch and discards.* FAO Fisheries Technical Paper, n° 339, Rome, 1994. 233 p.

Flewweling, P. *Suivi, contrôle et surveillance : un outil au service de l'aménagement des pêches*, FAO Document technique sur les pêches, n° 338, Rome, 1996, 208 p.

Caddy, J. F. et Griffiths, R.C. *Les ressources marines vivantes et leur développement durable : quelques perspectives environnementales et institutionnelles*, FAO Document technique sur les pêches, n° 353, Rome, 1996, 174 p.

Molenaar, E. J. et Tsamenyi, M. *Satellite-based Vessel Monitoring Systems, International legal aspects and developments in State Practice*, FAO Legal Papers, n° 7, April 2000, 43 p.

Shotton, R. *Use of property Rights in Fisheries Management*, FAO Fisheries, Technical Paper 404, n° 1 and 2, Rome, 2000, 25 p.

Stewart, Christine. *Legislating for property rights in fisheries*, FAO Legislative study, Rome 2004

Kelleher, K. *Les rejets des pêcheries maritimes mondiales. Une mise à jour.* FAO Document technique sur les pêches, n° 470, Rome, 2008, 147 p.

Rapport de la *Consultation technique destinée à la rédaction d'un instrument juridiquement contraignant relatif aux mesures du ressort de l'État du port visant à prévenir, à contrecarrer et à éliminer la pêche illicite, non déclarée et non réglementé*, Rome, 23–27 juin 2008, 26–30 janvier 2009, 4–8 mai 2009 et 24–28 août 2009, www.fao.org/docrep/012/i1122f/i1122f00.htm

Kuemlangan, Blaise. et Press, Michael. *Prévenir, contrecarrer et éliminer la pêche INN : Mesures du ressort de l'Etat du port*, Etude juridique de la FAO en ligne No. 87, 2011

Doulman, D. « *Global Overview of IUU fishing and its impacts on national and regional efforts to manage fisheries sustainably: The rationale for the conclusion of the 2001 FAO International Plan of Action* », Appendix D, FAO Fisheries Report n° 722

Documents de l'OCDE

OCDE, *Pourquoi la pêche pirate perdure : les ressorts économiques de la pêche illégale, non déclarée et non réglementée*, 2005

OCDE, *Renforcement des organisations régionales de la pêche*, Paris, Décembre 2009, 132 pages.

DIOUF, Sidya. *Surveillance participative des pêcheries artisanales maritimes au Sénégal : contribution à la lutte contre la pêche INN*, fishing for development : a joint session of the COFI, DAC, FAO and WB on policy coherence for development in fisheries and aquaculture, du 10 au 11 avril 2014, www.oecd/org

Divers

Commission Mondiale Indépendante sur les Océans, *L'océan, notre avenir,* Paris : Pédone, 1998, 265 p.

High Seas Task Force, *Closing the net: Stopping illegal fishing on the high seas*, Governments of Australia, Canada, Chile, Namibia, New Zealand, and the United Kingdom, WWF, IUCN and the Earth Institute at Columbia University, 2006, 112 p.

Lodge, M. W., Anderson, D., Lobach, T., Munro, G., Sainsbury, K. et Willock, A. *Recommended Best Practices for Regional Fisheries Management Organizations: Report of an Independent Panel to Develop a Model for Improved Governance by Regional Fisheries Management Organizations*, Chatham House, Londres, 2007, 141 p.

Walmsley, S.F., Barnes, I.A. Payne, Howard, C.A. *Comparative Study of the Impact of Fisheries Partnership Agreements – Technical Report*, MRAG, CRE & NRI, May 2007, 183 pages. p. 35

Dudley, N. *Lignes directrices pour l'application des catégories de gestion aux aires protégées*, Gland, Suisse, 2008, UICN. 96p.

UICN, *Vers une meilleure gouvernance de la Méditerranée*, 2010, 39 p.

Guide de la pratique sur *les réserves aux traités*, adopté par la Commission du droit international à sa soixante-troisième session, et soumis à l'Assemblée générale dans le cadre de son rapport sur les travaux de ladite session (A/66/10), Annuaire de la Commission du droit international, 2011, vol. II (2).

Rapports et documents issues des Conventions sur l'environnement

Rapports et documents de la Convention sur la diversité biologique (CDB)

Rapport de la dixième réunion de la conférence des parties à la convention sur la diversité biologique, UNEP/CBD/COP/10/27 du 6 janvier 2011, 375 p.

CDB, *Plan stratégique pour la diversité biologique 2011-2020*, CoP10, Décision X/2, UNEP/CBD/COP/DEC/X/2 du 27 octobre 2010

Rapports et documents de la Convention internationale sur le commerce international des espèces de faune et de flore sauvages menacées d'extinction (CITES)

CITES, CoP15, Proposition n° 19, Inscription à l'Annexe I de *Thunnus thynnus* (Thon rouge)

CITES, CoP16, Proposition n° 42, Inscription à l'Annexe II de *Carcharhinus longimanus* (Requin longimane)

CITES, CoP16, Proposition n° 43, Inscription à l'Annexe II de *Sphyrna lewini, S.mokarran et S.zygaena* (Requin marteau halicorne, grand requin-marteau et requin-marteau lisse)

CITES, CoP16, Proposition n° 44, Inscription à l'Annexe II de *Lamna nasus* (Requin-taupe commun)

Rapports et documents de la Convention sur les espèces migratrices (CMS)

Rapport de la dixième session de la Conférence des parties à la convention sur la conservation des espèces migratrices appartenant à la faune sauvage, PNUE/CMS/COP10/RAPPORT, 60 p.

Rapport de la neuvième session de la Conférence des parties à la convention sur la conservation des espèces migratrices appartenant à la faune sauvage PNUE/CMS/COP9/Rapport, 298 p.

Documents de la CSRP

Convention portant *création de la Commission Sous Régionale des Pêches* (CSRP) du 29 mars 1985

Convention relative à la *Détermination des Conditions d'Accès et d'Exploitation des ressources halieutiques au large des côtes des États membres*, signée le 14 juillet 1993 en République du Cap-Vert

Convention relative à la *détermination des conditions d'accès et d'exploitation des ressources halieutiques au large des côtes des Etats membres,* signée à Dakar, le 08 juin 2012

Amendement à la Convention instituant la CSRP, le 14 juillet 1993 à Praia, au Cap-Vert

Convention sur *la coopération sous régionale dans l'exercice du droit de poursuite maritime* du 1er septembre 1993

Protocole relatif aux *modalités pratiques de coordination des opérations de surveillance dans les Etats membres de la Commission sous régionale des Pêches (CSRP)* du 1er septembre 1993

Plan d'action CSRP 2002-2010 : http://spcsrp.org/medias/csrp/documents/Plan_dAction_Strategique_2002-2010.pdf

Plan stratégique 2011-2015 de la CSRP

Les Accords de Pêche et la Gestion de la Capacité dans les Etats Membres de la Commission Sous Régionale des Pêches (CSRP), Archives et documents de la FAO, Département des pêches ; disponible sur : www.fao.org/DOCREP/005/Y4643F07.htm//

Rapport Atelier sur la lutte contre les pêches illicites, non déclarées et non réglementées (PINN), organisé les 25 et 26 février 2013 à Dakar, par la Commission Sous Régionale des Pêches (CSRP), avec l'appui du Projet « *Appui à la gestion des ressources halieutiques en Afrique de l'Ouest* » financé par la GIZ

Renforcement des capacités pour la gouvernance des pêches en Afrique de l'Ouest : mise en œuvre du dispositif type relatif aux mesures du ressort de l'Etat du port dans le contexte de la lutte contre la pêche INN, à l'occasion de Juin 2008 de l'atelier sur mesures du ressort de l'Etat du port, co – organisé par la CSRP et la FAO à Dakar, Sénégal, les 12 – 13 juin 2008

Documents de la COMHAPHAT

Convention Régionale sur la Coopération Halieutique entre les Etats Africains Riverains de l'Océan Atlantique, adoptée le 05 Juillet 1991 à Dakar au Sénégal, disponible sur : www.comhaphat.org

Protocole relatif au cadre institutionnel de la COMHAFAT, adopté le 19 Octobre 1999 à Conakry en Guinée, www.comhaphat.org

Rapports et documents des Organisations régionales de gestion des pêches (ORGP)

Rapports et documents de la Commission internationale pour la conservation des thonidés de l'Atlantique (CICTA/ICCAT)

CICTA, *Rapport de la période biennale 2006-2007, IIe partie, 2007, Vol.1*, Madrid, 2008, 292 p.

CICTA, *Rapport de la période biennale 2008-2009, IIème partie, 2009, Vol. 1*, Madrid, 2010, 367 p.

CICTA, *Rapport de la période biennale 2010-11, IIème partie, 2011, Vol. 1* Madrid, 2012, 502 p.

Résolution de la CICTA concernant la coordination avec les Parties non contractantes [94-6], adoptée à la 9ème réunion extraordinaire de la CICTA en 1994

Résolution de la CICTA sur l'accès au statut de Partie, Entité ou Entité de pêche coopérante [01-17], adoptée à la 17ème réunion ordinaire de la CICTA en 2001

Recommandation de l'ICCAT sur les critères visant à l'octroi du statut de partie, entité ou entité de pêche non-contractante coopérante à l'ICCAT, [03- 20] adoptée à la 18ème Réunion Ordinaire de la CICTA en 2003.

G.D. Hurry, M. Hayashi, J.J. Maguire, *Rapport de l'évolution indépendante des performances de l'ICCAT*, Commission Internationale pour la Conservation des thonidés de l'Atlantique, Madrid, 2009, 339 p.

Rapports et documents de la Commission des pêches du pacifique ouest et central (WCPFC)

The Commission for the Conservation and Management of Highly Migratory Fish Stocks in the Western and Central Pacific Ocean, Fourth Regular Session, Tumon, Guam, USA, 2–7 December 2007, 151 p.

The Commission for the Conservation and Management of Highly Migratory Fish Stocks in the Western and Central Pacific Ocean, Fifth Regular Session, 8- 12 December 2008, Busan, Korea, Western and Central Pacific Fisheries Commission, 2008, 206 p.

The Commission for the Conservation and Management of Highly Migratory Fish Stocks in the Western and Central Pacific Ocean WCPFC, Sixth Regular Session, Papeete, 7-11 December 2009, 226 p.

The Commission for the Conservation and Management of Highly Migratory Fish Stocks in the Western and Central Pacific Ocean WCPFC, Seventh Regular Session, Honolulu, 6-10 December 2010, 212 p.

The Commission for the Conservation and Management of Highly Migratory Fish Stocks in the Western and Central Pacific Ocean, Eighth Regular Session, Tumon, Guam, United States of America, 26-30 March 2012, 206 p.

The Commission for the Conservation and Management of Highly Migratory Fish Stocks in the Western and Central Pacific Ocean, Ninth Regular Session, Manila, Philippines, 2-6 December 2012, 61 p.

Conservation and Management Measure 2004-02 on Cooperating Non-Members adoptée à la session inaugurale de la WCPFC du 9-10 December 2004

Rapports et documents de la Commission des thons de l'Océan Indien (CTOI/IOTC)

CTOI. *Rapport de la Onzième session de la Commission des thons de l'océan Indien.* Grand Baie (Maurice), 13 au 18 mai 2007. *IOTC-2007-S11-R[F].* 61 pp.

CTOI. *Rapport de la Douzième session de la Commission des thons de l'océan Indien*, Mascate (Oman), 7 au 11 juin 2008. *IOTC-2008-S12-R[F]. 56 pp.*

Commission des thons de l'océan Indien, Collectif, *Rapport du comité d'évaluation des performances de la CTOI*, janvier 2009, 55 pp.

CTOI, *Rapport de la Treizième session de la Commission des thons de l'Océan Indien*, Bali (Indonésie), 30 mars-3 avril 2009. *IOTC-2009-S13-R[F]. 81pp*

CTOI, *Rapport de la Quatorzième session de la Commission des thons de l'Océan Indien*, Busan (République de Corée), 1-5 mars 2010. *IOTC-2010 S14-R[F]. 114pp*

CTOI, *Rapport de la Quinzième session de la Commission des thons de l'océan Indien,* Colombo, Sri Lanka, 18-22 mars 2011, *IOTC –2011–S15–R[F],* 112 pp

CTOI, *Rapport de la Seizième session de la Commission des thons de l'océan Indien,* Fremantle, Australie, 22–26 avril 2012, *IOTC –2012–S16–R[F],* 134 pp.

CTOI, *Rapport de la Dix-septième session de la Commission des thons de l'océan Indien*, Maurice, 6–10 mai 2013, *IOTC–2013–S17–R[F], 129 pp*

Résolution 98/05 de la CTOI relative à la coopération avec des parties non Contractantes

Résolution 03/02 de la CTOI sur les critères visant à l'octroi de statut de partie non-contractante coopérante.

Droit de l'Union européenne

Textes de droit positif

Traités

Traité instituant la Communauté économique européenne (CEE), signé à Rome le 25 mars 1957 et entré en vigueur le 1er janvier 1958, Bureau d'information des communautés européennes, Paris, 1969, p.32

Traité sur l'Union européenne, (dit « Traité de Maastricht ») signé à Maastricht le 7 février 1992 et entré en vigueur le 1er novembre 1993, *JOCE n ° C 191 du 29 juillet 1992, p.1*

Règlements

Règlement (CEE) n° 2141/70 du Conseil du 20 octobre 1970 portant établissement d'une politique commune des structures dans le secteur de la pêche, *JOCE, n° L236 du 27 octobre 1970, p.1*

Règlement (CEE) n° 2142/70 du Conseil, du 20 octobre 1970, portant organisation commune des marchés dans le secteur des produits de la pêche, *JOCE n° L 236 du 27 octobre 1970, p. 5*

Règlement (CEE) n° 101/76 du Conseil, du 19 janvier 1976, portant établissement d'une politique commune des structures dans le secteur de la pêche, *JOCE n° L 20 du 28 janvier 1976 p. 19*

Règlement du Conseil n° 170/83, du 25 janvier 1983 instituant un régime communautaire de conservation et de gestion des ressources de pêche, *JOCE, n° L 24 du 27 janvier 1983, p. 1*

Règlement (CEE) n° 3760/92 du Conseil du 22 décembre 1992 instituant un régime communautaire de la pêche et de l'aquaculture, *JOCE n° L 389 du 31 décembre 1992, p.1*

Règlement (CEE) n° 2847/93 du Conseil, du 12 octobre 1993, instituant un régime de contrôle applicable à la politique commune de la pêche, *JOCE n° L 261 du 20 octobre 1993, p.1*

Règlement (CE) n° 2719/95 du Conseil, du 20 novembre 1995, modifiant le règlement (CE) n° 3699/93 définissant les critères et les conditions des interventions communautaires à finalité structurelle dans le secteur de la pêche et de l'aquaculture ainsi que de la transformation et de la commercialisation de leurs produits, *JOCE n° L 283 du 25 novembre 1995,* p.3

Règlement (CE) n° 338/97 du Conseil du 9 décembre 1996 relatif à la protection des espèces de faune et de flore sauvages par le contrôle de leur commerce, *JOCE n° L 61 du 3 mars 1997,* p. 1.

Règlement (CE) n° 2792/1999 du Conseil, du 17 décembre 1999, définissant les modalités et conditions des actions structurelles de la Communauté dans le secteur de la pêche, *JOCE n° L 337 du 30 décembre 1999*, p. 10.

Règlement (CE) n° 1936/2001 du Conseil du 27 septembre 2001 établissant certaines mesures de contrôle applicables aux activités de pêche de certains stocks de poissons grands migrateurs, *JOCE n° L 263 du 3 octobre 2001,* p. 1

Règlement (CE) n° 2371/2002 du Conseil du 20 décembre 2002 relatif à la conservation et à l'exploitation durable des ressources halieutiques dans le cadre de la politique commune de la pêche, *JOCE n° L 358 du 31 décembre 2002,* p. 59.

Règlement (CE) n° 1461/2003 de la Commission du 18 août 2003 établissant les conditions applicables aux projets pilotes relatifs à la transmission électronique des informations concernant les activités de pêche et à la télédétection, *JOUE n° L 208 du 19 août 2003,* p.14.

Règlement (CE) n° 2244/2003 de la Commission du 18 décembre 2003 établissant les modalités d'application du système de surveillance des navires par satellite, *JOUE n° L 333 du 20 décembre 2003,* p.17.

Règlement (CE) n° 768/2005 du Conseil du 26 avril 2005 instituant une agence communautaire de contrôle des pêches et modifiant le règlement (CEE) n° 2847/93 instituant un régime de contrôle applicable à la politique commune de la pêche, *JOUE n° L 128 du 21 mai 2005,* p. 1.

Règlement (CE) n° 1905/2006 du Parlement européen et du Conseil du 18 décembre 2006, portant établissement d'un instrument de financement de la coopération au développement, *JOUE n° L 378 du 27 décembre 2006,* p. 41.

Règlement (CE) n° 520/2007 du Conseil du 7 mai 2007 prévoyant des mesures techniques de conservation pour certains stocks de grands migrateurs et abrogeant le Règlement CE n° 973/2001, *JOCE n° L123 du 12 mai 2007,* p.3

Règlement (CE) n° 1533/2007 du Conseil du 17 décembre 2007 modifiant les règlements (CE) n° 2015/2006 et (CE) n° 41/2007 en ce qui concerne les possibilités de pêche et les conditions associées applicables à certains stocks halieutiques, *JOUE n° L 337 du 2 décembre 2007,* p. 21.

Règlement (CE) n° 1528/2007 du Conseil du 20 décembre 2007 appliquant aux produits originaires de certains États appartenant au groupe des États d'Afrique, des Caraïbes et du Pacifique (ACP) les régimes prévus dans les accords établissant ou conduisant à établir des accords de partenariats économiques, *JOUE n° L 348 du 31 décembre 2007,* p.1.

Règlement (CE) n° 199/2008 du Conseil du 25 février 2008 concernant l'établissement d'un cadre communautaire pour la collecte, la gestion et l'utilisation de données dans le secteur de la pêche et le soutien aux avis scientifiques sur la politique commune de la pêche, *JOUE n° L 60 du 5 mars 2008,* p.1.

Décision de la Commission du 6 novembre 2008 adoptant un programme communautaire pluriannuel conformément au règlement (CE) n° 199/2008 du Conseil concernant l'établissement d'un cadre communautaire pour la collecte, la gestion et l'utilisation de données dans le secteur de la pêche et le soutien aux avis scientifiques sur la politique commune de la pêche, *JOUE n° L 346 du 23 décembre 2008,* p. 37.

Décision de la Commission du 18 décembre 2009 adoptant un programme communautaire pluriannuel pour la collecte, la gestion et l'utilisation de données dans le secteur de la pêche pour la période 2011-2013, notifiée sous le numéro C (2009) 10121, *JOUE n° L 41 du 16 février 2010,* p. 8.

Règlement (CE) n° 1005/2008 du Conseil du 29 septembre 2008 établissant un système communautaire destiné à prévenir, à décourager et à éradiquer la pêche illicite, non déclarée et non réglementée, modifiant les règlements (CEE) n° 2847/93, (CE) n° 1936/2001 et (CE) n° 601/2004 et abrogeant les règlements (CE) n° 1093/94 et (CE) n° 1447/1999, *JOUE n° L 286 du 29 octobre 2008,* p. 1.

Liste des États membres et de leurs autorités compétentes à propos des articles 15(2), 17(8) et 21(3) du règlement (CE) n° 1005/2008 du Conseil, *JOUE n ° C 320 du 24 décembre 2009,* p.17.

Liste des ports des États membres de l'UE où les opérations de débarquement et de transbordement de produits de la pêche sont autorisées et les services portuaires accessibles pour les navires de pêche de pays tiers, en conformité avec l'article 5(2) du Règlement (CE) n° 1005/2008 du Conseil, *JOUE n ° C 320 du 24 décembre 2009,* p. 13.

Règlement (CE) n° 1006/2008 du Conseil du 29 septembre 2008 concernant les autorisations pour les activités de pêche des navires de pêche communautaires en dehors des eaux communautaires et l'accès des navires de pays tiers aux eaux communautaires, modifiant les règlements (CEE) n° 2847/93 et (CE) n° 1627/94 et abrogeant le règlement (CE) n° 3317/94, *JOUE n° L 286 du 29 octobre 2008,* p.1.

Règlement (CE) no 391/2009 du Parlement européen et du Conseil du 23 avril 2009 établissant des règles et normes communes concernant les organismes habilités à effectuer l'inspection et la visite des navires, *JOUE n° L 131 du 28 mai 2009,* p. 11.

Règlement (CE) n° 1010/2009 de la Commission du 22 octobre 2009 portant modalités d'application du règlement (CE) n° 1005/2008 du Conseil établissant un système communautaire destiné à prévenir, à décourager et à éradiquer la pêche illicite, non déclarée et non réglementée, *JOUE n° L 280 du 27 octobre 2009,* p. 5.

Règlement (CE) n° 1224/2009 du Conseil du 20 novembre 2009 instituant un régime communautaire de contrôle afin d'assurer le respect des règles de la politique commune de la pêche, modifiant les règlements (CE) n° 847/96, (CE) n° 2371/2002, (CE) n° 811/2004, (CE) n° 768/2005, (CE) n° 2115/2005, (CE) n° 2166/2005, (CE) n° 388/2006, (CE) n° 509/2007, (CE) n° 676/2007, (CE) n° 1098/2007, (CE) n° 1300/2008, (CE) n° 1342/2008 et abrogeant les règlements (CEE) n° 2847/93, (CE) n° 1627/94 et (CE) n° 1966/2006, *JOUE n° L 343 du 22 décembre 2009,* p. 1.

Règlement (UE) n° 86/2010 de la Commission du 29 janvier 2010 modifiant l'annexe I du règlement (CE) n° 1005/2008 du Conseil en ce qui concerne la définition des produits de la pêche et modifiant le règlement (CE) n° 1010/2009 de la Commission en ce qui concerne l'échange d'informations relatives aux inspections des navires des pays tiers et les arrangements administratifs pour les certificats de capture, *JOUE n° L 26 du 30 janvier 2010,* p. 1.

Règlement (UE) n° 395/2010 de la Commission du 7 mai 2010 modifiant le règlement (CE) n° 1010/2009 de la Commission en ce qui concerne les dispositions administratives relatives aux certificats de capture, *JOUE n° L 115 du 8 mai 2010,* p. 1.

Règlement (UE) n° 468/2010 de la Commission du 28 mai 2010 établissant la liste de l'UE des bateaux engagés dans des activités de pêche illicite, non déclarée et non réglementée, *JOUE n° L 131 du 29 mai 2010,* p. 22

Règlement (UE) n° 1026/2012 du Parlement européen et du Conseil du 25 octobre 2012 concernant certaines mesures aux fins de la conservation des stocks halieutiques en ce qui concerne les pays autorisant une pêche non durable, *JOUE n° L 316 du 14 novembre 2012*, p. 34.

Directives

Directive 92/43/CEE du Conseil, du 21 mai 1992, concernant la conservation des habitats naturels ainsi que de la faune et de la flore sauvages, *JOCE n° L 206 du 22 juillet 1992,* p. 7.

Directive 97/62/CE du Conseil du 27 octobre 1997 portant adaptation au progrès technique et scientifique de la directive 92/43/CEE concernant la conservation des habitats naturels ainsi que de la faune et de la flore sauvages, *JOCE n° L 305 du 08 novembre 1997,* p. 42.

Directive 2001/105/CE du Parlement européen et du Conseil du 19 décembre 2001 modifiant la Directive 94/57/CE du Conseil établissant des règles et des normes communes concernant les organismes habilités à effectuer l'inspection et les visites des navires et les activités pertinentes des administrations maritimes, *JOCE n° L 19 du 22 janvier 2002.*

Directive 2001/106/CE du Parlement européen et du Conseil du 19 décembre 2001 modifiant la directive 95/21/CE du Conseil concernant l'application aux navires faisant escale dans les ports de la Communauté ou dans les eaux relevant de la juridiction des États membres, des normes internationales relatives à la sécurité maritime, à la prévention de la pollution et aux conditions de vie et de travail à bord des navires (contrôle par l'État du port) *JOCE n° L 019 du 22 janvier 2002.*

Directive 2002/59/CE du Parlement européen et du Conseil 27 juin 2002 relative à la mise en place d'un système communautaire de suivi du trafic des navires et d'information, et abrogeant la directive 93/75/CEE du Conseil, *JOCE n° 208 du 5 août 2002,* p. 10.

Directive 2009/15/CE du Parlement européen et du Conseil du 23 avril 2009 établissant des règles et normes communes concernant les organismes habilités à effectuer l'inspection et la visite des navires et les activités pertinentes des administrations maritimes, *JOUE n° L 131 du 28 mai 2009,* p.47.

Directive 2009/16/CE du Parlement européen et du Conseil du 23 avril 2009 relative au contrôle par l'État du port, *JOUE n° L 131 du 28 mai 2009,* p.57.

Directive 2009/17/CE du Parlement européen et du Conseil du 23 avril 2009 modifiant la directive 2002/59/CE relative à la mise en place d'un système communautaire de suivi du trafic des navires et d'information, *JOUE n° L 131 du 28 mai 2009,* p.101.

Directive 2009/21/CE du Parlement européen et du Conseil du 23 avril 2009 concernant le respect des obligations des États du pavillon, *JOUE n° L 131 du 28 mai 2009,* p.132.

Directive 2011/15/UE de la Commission du 23 février 2011 modifiant la directive 2002/59/CE du Parlement européen et du Conseil relative à la mise en place d'un système communautaire de suivi du trafic des navires et d'information, *JOUE n° L 49 du 24 février 2011,* p. 33.

Documents des institutions de l'Union européenne

Déclarations du Conseil

Déclaration conjointe du Conseil et des représentants des gouvernements des États membres réunis au sein du Conseil, du Parlement européen et de la Commission sur la politique de développement de l'Union européenne intitulée *« Le consensus européen », JOUE n ° C 46 du 24 février 2006,* p. 1.

Documents préparatoires de la Commission

Propositions

Proposition de règlement du Parlement européen et du Conseil relatif à la réforme de la politique commune de la pêche, COM (2011) 425 final du 13 juillet 2011, COD 2011/0195.

Communications

Communication de la Commission du 5 mai 1995 - *Évaluation de l'impact biologique de la pêche*, COM (95) 40 final.

Communication de la Commission, du 8 décembre 1999, *Participation de la Communauté européenne aux Organisations régionales de pêche (ORP)*, COM (1999) 613 final.

Communication de la Commission du 2 février 2000 *sur le recours au principe de précaution,* COM (2000) 1 final.

Communication de la Commission du 8 novembre 2000, *Pêcheries et réduction de la pauvreté*, COM (2000) 724 final.

Communication de la Commission du 28 mai 2002, *définissant un plan d'action communautaire pour l'intégration de la protection de l'environnement dans la politique commune de la pêche,* COM (2002) 186 final.

Communication de la Commission du 23 décembre 2002, *relative à un cadre intégré applicable aux accords de partenariat dans le domaine de la pêche conclu avec les pays tiers,* COM (2002) 637 final.

Communication de la Commission du 21 mars 2003, *Vers une application uniforme et efficace de la politique commune de la pêche*, COM (2003) 130 final.

Communication de la Commission du 5 février 2007, *sur l'amélioration des indicateurs de la capacité de pêche et de l'effort dans le cadre de la politique commune de la pêche,* COM (2007) 39 final.

Communication de la Commission du 26 février 2007, *relative aux instruments de gestion fondés sur les droits de pêche,* COM (2007) 73final.

Communication de la Commission du 28 mars 2007, *sur une politique visant à réduire les prises accessoires et à éliminer les rejets dans les pêcheries européennes,* COM (2007) 136 final.

Communication de la Commission du 17 octobre 2007 *relative à une nouvelle stratégie communautaire en vue de prévenir, de décourager et d'éradiquer la pêche illicite, non déclarée et non réglementée,* COM (2007) 601 final.

Communication de la Commission du 17 octobre 2007, *relative aux pratiques de pêche destructrices en haute mer et à la protection des écosystèmes vulnérables d'eaux profondes,* COM (2007) 604 final.

Communication de la Commission du 11 avril 2008, *Le rôle de la PCP dans la mise en œuvre d'une approche écosystémique de la gestion du milieu marin,* COM (2008) 187 final.

Communication de la Commission du 14 novembre 2008, *relative à la proposition de règlement du Conseil instituant un régime communautaire de contrôle afin d'assurer le respect des règles de la politique commune de la pêche,* COM (2008) 718.

Communication de la Commission du 22 avril 2009, *Livre vert, Réforme de la politique commune de la pêche*, COM (2009) 163 final.

Synthèse de la consultation sur la réforme de la politique commune de la pêche, du 16 avril 2010, SEC (2010) 428 final.

Communication de la Commission du 17 mai 2010, *Consultation sur les possibilités de pêche pour 2011,* COM (2010) 241 final.

Communication de la Commission du 3 mai 2011, *La biodiversité, notre assurance vie et notre capital naturel, stratégie de l'UE à l'horizon 2020,* COM (2011) 244 final.

Communication de la Commission du 13 juillet 2011, *La réforme de la politique commune de la pêche,* COM (2011) 417 final.

Communication du 26 novembre 2011, *sur un plan d'action communautaire visant à réduire les rejets en mer,* (COM (2002) 656.

Communication de la Commission du 13 mai 2013, *Plan d'action pour une stratégie maritime dans la région Atlantique-Pour une croissance intelligente durable et inclusive*, COM (2013) 279 final.

Actes législatifs, réglementaires et documents nationaux

Sénégal

Constitution

Constitution de la République du Sénégal du 22 janvier 2001, disponible sur : www.gouv.sn

Lois organiques

Loi organique n° 2008-35 du 7 août 2008 portant *création de la Cour suprême.*

Loi n° 2011-15 du 8 juillet 2011 portant loi organique *relative aux lois de finances*, http://www.jo.gouv.sn

Lois

Loi n° 63-40 du 10 juin 1963 réglementant la pêche dans les eaux continentales.

Loi n° 65-60 du 21 juillet 1965 portant Code pénal du Sénégal, modifiée.

Loi n° 65-61 du 21 juillet 1965 portant Code de procédure pénale du Sénégal, modifiée.

Loi n° 67-01 du 30 janvier 1967 instaurant un compte d'affectation spéciale dénommé Caisse d'encouragement à la pêche et à ses industries annexes (CEPIA).

Loi n° 70-33 du 13 octobre 1970 autorisant le Président de la République du Sénégal à ratifier la Convention internationale sur la protection des thonidés de l'Atlantique, signé à Rio de Janeiro, le 14 mai 1966.

Loi n° 85-14 du 25 février 1985 portant délimitation de la mer territoriale, de la zone contiguë et du plateau continental.

Loi n° 96-21 du 28 août 1996 autorisant le Président de la République à ratifier la Convention sur la Coopération sous régionale dans l'exercice du droit de poursuite maritime, signée à Conakry, le 1er septembre 1993.

Loi n° 98-32 du 14 avril 1998 portant Code de la pêche maritime.

Loi n° 2002-22 du 16 août 2002 portant Code de la Marine marchande, publiée au J.O. n° 6060 du samedi 17 août 2002.

Loi n° 2010 – 09 du 23 avril 2010 relative à la police des ports maritimes, J.O. n° 6559 du samedi 4 décembre 2010.

Loi n° 2014-10 du 28 février 2014 portant Code des Douanes du Sénégal.

Décrets

Décret n° 65-342 du 19 mai 1965 portant approbation du Règlement d'exploitation du Port autonome de Dakar.

Décret n° 69-132 du 12 février 1969 relatif au contrôle des produits de la pêche.

Décret n° 75-1091 du 23 octobre 1975 fixant dans les estuaires navigables, les limites entre les zones de pêche maritime et continentale.

Décret n° 77-1011 du 24 novembre 1977, portant statut particulier du cadre des fonctionnaires de la Marine marchande.

Décret n° 77-1012 du 24 novembre 1977 portant statut particulier du cadre des fonctionnaires des pêches maritimes.

Décret n° 98-498 du 10 juin 1998 fixant les modalités d'application de la Loi n° 98-32 du 14 avril 1998 portant Code de la pêche maritime.

Décret n° 2000-833 du 16 octobre 2000 portant organisation du Ministère de la pêche.

Décret n° 2004-283 du 5 mars 2004 fixant les modalités d'application de la loi n° 2002-22 du 16 août 2002 portant Code de la marine marchande.

Décret n° 2009-583 du 18 juin 2009 portant création, organisation et fonctionnement de l'Agence nationale des Affaires maritimes (ANAM).

Décret n° 2011-1255 du 23 août 2011 portant organisation du Ministère de l'Economie maritime.

Décret n° 2012-645 du 4 juillet 2012 relatif aux attributions du Ministre de la Pêche et des Affaires maritimes

Arrêtés

Arrêté ministériel n° 5952 du 25 août 1999 fixant les sanctions complémentaires relatives aux filets fabriqués à partir d'éléments monofilaments et multi monofilaments en nylon

Arrêté n° 7503 MEM-DPSP en date du 10 septembre 2004 portant obligation d'embarquement et de port du Gilet de sauvetage à bord des embarcations non pontées

Arrêté Ministériel n° 853 du 3 mars 2005 portant création, organisation et fonctionnement du registre national des navires de pêche

Arrêté ministériel n° 005916 du 25 octobre 2005 portant instauration d'un permis de pêche artisanale

Arrêté n° 007958 du 05-12-2005, portant organisation et fonctionnement du Système de positionnement et de localisation des navires de pêche opérant dans les eaux sous juridiction du Sénégal

Arrêté interministériel n° 001808 du 15 mars 2006 fixant pour l'année 2006 les montants et les modalités de paiement des redevances du permis de pêche artisanale

Arrêté ministériel n° 2466 du 19 avril 2006 portant organisation et fonctionnement de la DPM

Arrêté ministériel n° 001718 du 19 mars 2007 portant immatriculation et marquage des embarcations de type artisanal.

Arrêté ministériel n° 09388 du 05 novembre 2008 portant création organisation et fonctionnement de Conseils locaux de Pêche artisanale maritime : l'arrêté crée huit conseils locaux de pêche artisanale, décrit leur composition et fixe leurs attributions ainsi que leur mode de fonctionnement.

Arrêté ministériel n° 0777 du 23 novembre 2009 portant réglementation de l'utilisation des palangres à KAYAR : l'arrêté réglemente l'utilisation des palangres côtières dans des zones de pêche de KAYAR.

Arrêté n° 02884 du 31 mars 2010 du Ministre en Charge de la Pêche conférant des initiatives de cogestion au CLPs, avec l'approbation des CLPAs

Arrêté n° 01975 du 05 mars 2010 instituant le certificat de capture

Arrêté préfectoral n° 11465 du 28 octobre 2011 portant validation des initiatives locales de la gestion des petits pélagiques dans le département de Mbour

Arrêté n° 012967 du 23 novembre 2011 portant création, organisation et fonctionnement d'une Commission nationale de gestion des petits pélagiques

Arrêté n° 002202 du 5 mars 2012 fixe les règles d'organisation et de fonctionnement de la Direction des Industries de Transformation de la pêche

Arrêté ministériel n° 09077 du 08 novembre 2010 portant création organisation et fonctionnement de Conseils locaux de Pêche artisanale maritime

Arrêté ministériel n° 006397 du 29 août 2012 portant gel de l'immatriculation des embarcations de type artisanal

Arrêté interministériel n° 004676 du 02 février 2013 fixant pour l'année 2013 les montants, les modalités de paiement et de répartition des redevances du permis de pêche artisanale

Circulaire

Note circulaire n° 00247 MEMTMPP/DITPIPNK du 15 février 2008 du Ministre de la Pêche Souleymane Ndendé NDIAYE, relative aux formalités d'arrivée des navires de pêche étrangers

Accords bilatéraux

Accord de gestion et l'exploitation de la zone commune maritime entre le Sénégal et la Guinée, du 14 Octobre 1993

Accord entre le Cap-Vert et le Sénégal, signé le 29 mars 1985 (Accès réciproque et nombre de bateaux opérationnels)

Accord entre la Gambie et le Sénégal, signé le 14 avril 2008 (Accès réciproque)

Accord entre la Guinée-Bissau et le Sénégal, signé le 22 décembre 1978 (Accès réciproque)

Accord entre la Guinée-Bissau et le Sénégal, signé le 2 mai 1997 (Aménagement et Exploitation des ressources halieutiques de la zone commune)

Accord entre la Mauritanie et le Sénégal du 25 février 2001.

protocoles relatifs aux modalités pratiques de coordination des opérations de surveillance des pêches et au droit de poursuite maritime

Protocole relatif aux modalités pratiques de coordination des opérations de surveillance des pêches et à la poursuite maritime entre le Sénégal et le Cap-Vert signé le17 novembre 1994 à Dakar

Protocole relatif aux modalités pratiques de coordination des opérations de surveillance des pêches et à la poursuite maritime entre le Sénégal et la Gambie du 29 mars 1993

Protocole relatif aux modalités pratiques de coordination des opérations de surveillance des pêches et à la poursuite maritime entre le Sénégal et la Mauritanie, signé le 14 janvier 2000 à Dakar

Protocole relatif aux modalités pratiques de coordination des opérations de surveillance des pêches et à la poursuite maritime entre le Sénégal et la Guinée-Bissau du 2 mai 1997

Accord de partenariat dans le domaine de la pêche Durable entre l'Union européenne et la République du Sénégal, 2014

Protocole de mise en œuvre de l'Accord de partenariat dans le domaine de la pêche Durable entre l'Union européenne et la République du Sénégal, 2014

Documents

Lettre de Politique Sectorielle des Pêches et de l'Aquaculture, Document du Ministère charge de la pêche, Avril 2007.

Diagnostic du système de suivi contrôle et surveillance des pêches au Sénégal, PRAO Sénégal – DPSP

Etude diagnostique du système de suivi, contrôle et surveillance des pêches au Sénégal - DPSP 2013, par Mr Aly SAMB, juriste consultant, ancien conseiller juridique du Ministère de la Pêche.

Stratégie de lutte contre la pêche INN au Sénégal, Document DPSP- 2013.

Plan d'action national de lutte contre la pêche illicite, non déclarée et non réglementée au Sénégal, financé par le Programme PRAO- Sénégal. DPSP – 2013.

Projet de plans d'aménagement poulpe et crevettes profondes, DTA projet ADuPeS 22-566 14 3 2011 final anté QSG, 19 p.

Rapport d'évaluation des Conseils locaux de pêche artisanale, décembre 2011, Document réalisé par la Division Pêche Artisanale de la Direction des pêches maritimes dans le cadre des activités de la Cellule opérationnelle du Projet régional des pêches en Afrique de l'Ouest (PRAO)

Projet USAID/COMFISH, PENCOO GEJ, *Gestion concertée pour une pêche durable au Sénégal*, Plan de Travail Annuel (1 octobre 2011-30 septembre 2012), Accord de Collaboration Non 685-A-00-11-00059-00.

Cohérence des politiques et changement climatique au Sénégal, Ndiaga Diop, Chargé de programmes au Réseau sur les Politiques de Pêche en Afrique de l'Ouest (REPAO), Atelier du RCD 2013, Guinée.

Rapport du 1er Forum des Professionnels de la pêche artisanale de Mbour, du 31 juillet 2010, Thème : Bonne *gouvernance (cas de la cogestion) ; Problématique du financement du secteur de la pêche : Valorisation des captures*, organisé par la Coalition des Professionnels de la pêche artisanale de Mbour,

La cogestion selon le programme GIRMaC, par Modou THIAM et Youssoupha Mbengue, Bulletin d'information Diiso Pages 8 et s.

Vue générale du secteur des pêches national : la République du Sénégal, Profils des pêches et de l'aquaculture par pays, FAO, FID/CP/SEN, janvier 2008.

Manuel de congestion des pêcheries : *Des théories et des études de cas au Japon, aux Philippines, et au Sénégal*, par Naohiko Watanuki, Spécialiste international en Cogestion des Pêcheries, Programme de Gestion Intégrée des Ressources Marines et Côtières (GIRMaC), Dakar, Février 2007, 33 p.

Renforcement des capacités pour la gouvernance des pêches en Afrique de l'Ouest : *Mise en œuvre du dispositif type relative aux mesures du ressort de l'Etat du port dans le contexte de la pêche illicite, non déclarée et non réglementée, cas du Sénégal*, Juillet 2008, Atelier sur les mesures du ressort de l'Etat du port, co-organisé par la CSRP et la FAO, Dakar, Sénégal, 17 – 18 juillet 2008, Rapport présenté par : Marième Diagne Talla, Consultante juriste et Makane Diouf NDIAYE, Consultant SCS, 28 p.

Le secteur des pêches au Sénégal : *Tendances, enjeux et orientations politiques*, Par Moustapha Kébé, Economiste des pêches, Juillet 2008, Programme KURUKAN FUGAN (Union européenne/Gouvernement du Sénégal/Enda Graf/GRET).

France

Décret n° 2012-1148 du 12 octobre 2012 portant création d'une zone économique exclusive au large des côtes du territoire de la République en Méditerranée, JORF, n° 0240 du 14 octobre 2012, p. 16056, texte n° 5.

République Française, Premier Ministre, *Livre Bleu, Stratégie Nationale pour la mer et les Océans*, Décembre 2009, www.sgmer.gouv.fr/IMG/pdf/2009-12- 08_-_Livre_bleu.pdf.

Sentences arbitrales

France-Royaume-Uni, décision du 30 juin 1977, *affaire de la délimitation du plateau continental en mer d'Iroise*, Doc. Fr., 1977, p. 73 ; commentaire P.H. Imbert, *A.F.D.I.* 1978, p.29-58.

Sentence arbitrale du 14 février 1985 sur l'affaire de la *délimitation de la frontière maritime entre la Guinée et la Guinée Bissau*, Cf. Recueil des sentences arbitrales : Delimitation of the maritime boundary between Guinea and Guinea-Bissau. 14 February 1985. Volume XIX pp. 149-196. Nations Unies – United Nations. Copyright (c) 2006.

Sentence arbitrale du 31 juillet 1989 relatif à la délimitation de la frontière maritime entre la République de Guinée Bissau et la République du Sénégal.

L'Affaire du *filetage à l'intérieur du Golfe du Saint-Laurent* l'affaire opposant la France et le Canada du Filetage dans le Golfe de Saint-Laurent, Sentence du Tribunal arbitral du 17 juillet 1986, in RGDIP, 1986, pp. 713-786, spéc. p. 745.

Ouvrages

Manuels

Droit international

Combaceau, Jean. et Sur, Serge. *Droit International Public*, Paris : Montchrestien, 9ème édition, 2010

Daillier, Patrick. Forteau, M. et Pellet, A. *Droit International Public,* Paris : L.G.D.J., 8ème édition, 2009

Gidel, G. *Le droit international Public de la mer*, Vol. 1, Topos Verlag AG, Vaduz : Lichtenstein, 1981, 1ère édition, 1932

Kiss et Beurier, J-P. *Droit International de l'environnement,* Paris : Pedone, 4ème édition, 2010.

Lucchini, L. et Voelckel, M. *Droit de la Mer : la Mer et son Droit, Les Espaces Maritimes, Tome I,* Paris : Pedone, 1990.

Lucchini, L. et Voelckel, M. *Droit de la Mer : Délimitation, Navigation, Pêche, Tome II, Volume 1, Délimitation,* Paris : Pedone, 1996.

Lucchini, L. et Voelckel, M. *Droit de la Mer : Délimitation, navigation et pêche, Volume 2, navigation et pêche, Tome II* Paris : Pedone, 1996, 717 p.

Vignes, D., Cataldi, G. et Casado Raigon, R. *Le droit international de la pêche maritime,* Bruxelles : Bruylant, Collection de droit international, 2000.

Droit maritime

Beurier, J.-P. *Droits maritimes*, 2009-2010, collection Action, Paris : Dalloz, 2ème édition, 2008.

Droit de l'environnement

Prieur, Michel. *Droit de l'environnement,* Paris : Dalloz, Précis, droit public, sciences politiques, 6ème édition, 2011.

Romi, R. *Droit de l'environnement*, Paris : Montchrestien, Domat droit public, 7ème édition, 2010.

Mélanges

Mélanges offerts à Laurent Lucchini et Jean-Pierre Quéneudec. La mer et son droit, Paris : Pedone, 2003.

Mélanges offerts à Daniel Vignes. L'évolution et l'état actuel du droit international de la mer, Bruxelles : Bruylant, 2009.

Ouvrages divers

Droit international et droit de la mer

Beer-Gabel, J. et Lestang, V. *Les commissions de pêche et leur droit : la conservation et la gestion des ressources marines vivantes,* Bruxelles : Bruylant, 2003.

Boczek, B. A. *Flags of Convenience : An International Legal Study,* Cambridge: Harvard University Press, Mass., 1962.

Borgese, E. *Ocean Governance and the United Nations,* Halifax: Dalhousie University, 1995.

Churchill, R.R. et Lowe, A.V. *The Law of the Sea*, Manchester Univ. Press, 1988.

De Yturriaga, J. A. *The International Regime of Fisheries: From Unclos 1982 to the Presential Sea,* Publication on Ocean Development: Martinus Nijhoff Publishers, vol. 30, 1997.

Dupuy, R-J. et Vignes D. *Traité du nouveau droit de la mer,* Bruxelles, Paris : Bruylant, Economica, collection droit international, 1985.

Dupuy, René Jean. *Dialectiques du droit international : souveraineté des États, communauté internationale et droits de l'humanité,* Paris : Pedone, 1999.

Grotius, Hugo. *Mare Liberum*, 1609-2009, texte original en latin et traduction anglaise de R. Feenstra, Leiden : Martinus Nijhoff Publishers, 2009.

John, Selden. *Mare clausum*, paru en 1635.

Kaye, S.M. *International Fisheries Management,* Kluwer Law International, 2001.

Langavant, E. *Droit de la mer - le droit des richesses marines,* Paris : Cujas.

Levy, J. P. *La Conférence des Nations Unies sur le droit de la mer : histoire d'une négociation singulière,* Paris : Pedone, 1983.

Mensah , T.A. *Ocean Governance : Strategies and Approaches For the 21st Century: Proceedings,* Honolulu : The law of the sea institute, 28° annual conference in cooperation with East-West Center, Honolulu, Hawai, 11-14 July 1994, 1996.

Mochtar, K.A., Mensah, T.A. and Oxman, B.H. *Sustainable Development and Preservation of the Oceans: the Challenges of UNCLOS and Agenda 21,* Honolulu: Law of the Sea Institute, 1997.

Nordquist, M.H. *United Nations Convention on the Law of the Sea 1982 a Commentary,* Dordrecht, Boston, Lancaster: Martinus Nijhoff Publishers, 1991.

Nordquist, M.H. et Moore, J.N. *Entry Into Force of the Law of the Sea Convention,* The Hague: Martinus Nijhoff Publishers, 1995.

Nordquist, J.N., Moore. M.H. et Mahmoudi, S. *The Stockholm Declaration and Law of the Marine Environment,* The Hague, Londres : Kluwer Law International, 2003.

Payoyo, P.B. *Ocean Governance: Sustainable Development of the Seas,* Tokyo, New York, Paris: United Nations University Press, 1995.

Payoyo, P.B. *Cries of the Sea: World Inequality, Sustainable Development and the Common Heritage of Humanity,* The Hague, London, Boston: Martinus Nijhoff Publishers, série: publications on ocean development, 1997.

Rayfuse, Rosemary. *The Challenge of Sustainable High Seas Fisheries*, Leiden: in N. Schijver, F. Weiss, Martinus Nijhoff Publishers, 2004.

Rayfuse, R. Gail *Non-flag State Fisheries enforcement in High Seas fisheries*, Leiden: Martinus Nijhoff Publishers, 2004.

Rosenberg, D. *Le principe de souveraineté des États sur leurs ressources naturelles,* Paris : LGDJ, Bibliothèque de droit international n° 93, 1983.

Scheiber, H.N. *Law of the Sea - the Common Heritage and Emerging Challenges,* The Hague, Londres, Boston : Martinus Nijhoff Publishers, series publications on ocean development, 2000.

Sibert, M. *La police en haute mer*, Paris : Pédone, 1927.

Stokke, O. S. *Governing High Seas Fisheries the Interplay of Global and Regional Regimes,* Oxford, New York: Oxford University Press, 2001.

Vallejo, S. M. *New structures for decision-making in integrated ocean policy in* P. B. Payoyo, (Ed.), *Ocean governance, sustainable development of the seas*, Tokyo, New York, Paris: United Nations university Press, 1994.

Van Der Mensbrugghe, Y. *Le pouvoir de police des États en haute mer*, Bruxelles : éditions de l'Université libre de Bruxelles, 1975.

Van Dyke, Pr., Zaelke, D. et Hewison, G. *Freedom For the Seas in the 21st Century : Ocean Governance and Environmental Harmony,* Washington: Island Press, 1993.

Vicuna, F. O. *The Changing International Law of High Seas Fisheries,* Cambridge: Cambridge University Press, Cambridge Studies in International and Comparative Law, 1999.

Dictionnaires et lexiques

Salmon, Jean. *Dictionnaire de droit international public, Bruxelles : Editions* Bruylant, 2001.

Cornu, G. *Vocabulaire juridique*, Paris : PUF-Quadrige, 9ème édition, 2011

Encyclopedia universalis, http://www.universalis.fr/encyclopedie.

Wikipédia, http://fr.wikipedia.org.

Articles de doctrine

Droit international

Diaité, Ibou. « Le règlement du contentieux entre la Guinée-Bissau et le Sénégal relatif à la délimitation de leur frontière maritime », *Annuaire français de droit international*, Volume 41, Numéro 41, 1995, pp. 700-710.

Ndiaye, Tafsir Malick. "The Advisory Function of the International Tribunal for the Law of the Sea", *Chinese Journal of International Law*, Advance Acess published July 22, 2010 by Oxford University Press, doi : 10.1093/Chinesejil/jmq022 ; spec. §§ 58-89.

Bardonnet, Daniel. « La dénonciation par le gouvernement sénégalais de la Convention sur la mer territoriale et la zone contiguë et de la Convention sur la pêche et la conservation des ressources biologiques de la haute mer de Genève, en date du 29 avril 1958 », *Annuaire français de droit international*, 1972, Volume 18, Numéro18, pp. 123-180.

Ndiaye, Tafsir Malick. et De Pinho, Tavares. « Une expérience africaine de coopération halieutique : la Commission Sous Régionale des Pêches », in 8 *Espaces et Ressources Maritimes*, 1994, pp. 237-252.

Clark, Elise Anne. Strengthening regional Fisheries Management, the Application of the Duty to cooperate under the Law of the Sea Convention, Intern's Report, ITLOS, Hamburg 2010.

PATEY, Jaques. « La conférence des Nations unies sur le droit de la mer : Genève, 24 février – 27 avril 1958 », *RGDIP* 1958.

Freidmann, Wolfgang. "Selden redivivus : toward a partition of the seas ?", *AJIL* 1971, pp. 757-770.

QUENEUDEC, Jean- Pierre. « La remise en cause du droit de la mer », *Actualités du droit de la mer*, pp. 9 - 47.

Graillot, H. « Les mers, théâtre et enjeu des conflits internationaux », *Revue française de Science politique*, 1970.

Fischer, Georges. et Dehaussy, Jacques. « Travaux de la CDI des Nations unies » in *Organisations internationales générales*, Annuaire français de droit international, 1956, Volume 2, Numéro 2, pp. 588-601.

Anderson III, H. E. "The Nationality of Ships and Flags of Convenience: Economics, Politics and Alternatives", *Tulane Maritime Law Journal*, n° 21, 1996, pp.139-70.

Andreone, G. « Le principe de précaution en matière de pêche après l'accord sur les stocks chevauchants et sur les espèces hautement migratrices », in R. Casado Raigon, (dir.), *L'Europe et la mer (pêche, navigation et environnement marin),* Bruylant : Bruxelles, 2005, pp. 87-107

Beurier, Jean-Pierre. « La police de la conservation des ressources vivantes de la haute mer : problème d'actualité », *Revue Juridique Neptunus*, Vol 1.3, été 1996.

Cannizzaro, E. « Pouvoirs discrétionnaires des États et proportionnalité dans le droit de la mer », *RGDIP*, 1 juillet 2002, n° 2, pp. 241-268.

Carroz, J. et Savini, M. « Les accords de pêche conclus par les États africains riverains de l'Atlantique », *AFDI*, vol. 29, 1983, pp. 674-709.

Corbier, « Montego Bay et pratiques nationales déviantes », *DMF*, 2006, pp. 952-962.

Corcelle, G. « 20 ans après Stockholm : la conférence des Nations Unies à Rio de Janeiro sur l'environnement et le développement : point de départ ou aboutissement », *RMCUE*, 1 février 1993, n° 365, pp.107-135.

Dejeant-Pons, M. « Les conventions du Programme des Nations Unies relative aux mers régionales », *AFDI*, vol. 33, 1987, pp. 689-718.

De Marffy, Mantuano, « La gouvernance des mers », *Annuaire de Droit de la mer*, 1998, Tome 3, pp. 71-86.

Ellis, J.D. "The Straddling Stocks Agreement and the Precautionary Principle as Interpretative Device and rule of Law", *Ocean Development and International Law*, vol. 32, 2001, n°4 pp. 289-311.

Hayashi, M. "Enforcement by Non-Flag State on the High Seas Under the 1995 Agreement on Straddling and Highly Migratory Fish Stocks", *Georgetown International Environmental Law Review*, vol. 1, 1996-1997, n°9, p.1 et s.

Huglo, C. « Rio+20 : quel bilan pour l'évolution du droit de l'environnement ? », *Environnement*, n°8, août 2012, étude n°11, pp. 16-22.

Jacobson, John L. "Managing Marine Living Resources in the 21st Century: the next level of Ocean Governance?" in M. Nordquist and J.N. Moore (eds.), *Entry into Force of the Law of the Sea Convention*, Martinus Nijhoff Publishers, La Haye, 1995, pp. 319-320.

Kamto, Maurice. « La nationalité des navires en droit international, in La mer et son droit », *Mélanges offerts à L. Lucchini et J.-P. Quéneudec*, Pédone, 2003, n° 20, p. 348.

Marinesque, S. et al. "Global implementation of Marine Protected Areas: Is the developing world being left behind?" *Marine Policy*, n° 36, 2012, pp. 727- 737.

Örebech, P., Sigurjoonsson, K. et McDormon, T.L. "The 1995 United Nations Straddling and Highly Migratory Fish Stock Agreement: management, enforcement and dispute settlement", *The International Journal of Marine and Coastal Law,* Vol. 13 1998, n° 2, pp. 119.

Orrego Vicuna, F. « Une mer de présence : le nouveau développement en droit international à l'égard de la pêche en haute mer », *Espaces et ressources maritimes*, n° 7, 1993, pp. 32-46.

Rayfuse, R. "To Our children's children's Children: from promoting to achieving compliance in High Sea Fisheries", *International Journal of marine and Coastal law*, Vol. 20, 2005, n° 3-4, pp. 509-532

Rochette, J. et Billé, R. "Strenghtening the Western Indian Ocean regional seas framework: a review of potential modalities", *Studies* n°21/12, IDDRI, Paris, 2012.

Savini, M. « La réglementation de la pêche en haute-mer par l'Assemblée générale des Nations Unie : à propos de la Résolution 44/225 sur les grands filets maillants dérivants », *AFDI*, vol. 36, 1990, pp.777-817.

Momtaz, Djamchid. « L'Accord sur les stocks chevauchants », *Annuaire français de droit international*, Année 1995, Volume 41, Numéro 41, pp. 676-699.

Treves, T. « Intervention en haute mer et navires étrangers », *AFDI*, vol. 41, 1995, pp. 651-675.

Voelckel, M. « La Convention du 1er juin 1967 sur l'exercice de la pêche dans l'Atlantique Nord », *AFDI*, 1967, vol. 13, pp. 647-672.

Articles divers

« Lutte contre la pêche illicite, non déclarée et non réglementée (INN) », thème développé à l'occasion de l'Événement organisé en marge de la 16e Assemblée parlementaire paritaire (APP) ACP-UE de Port-Moresby le Mardi 25 novembre 2008 de 12h30-14 h45

Blanchet, N. « Réflexions sur le mouvement de patrimonialisation des ressources halieutiques », *ADMO*, n° 22, 2004, pp. 395-422.

Carroz, J. « Le nouveau droit des pêches et la notion d'excédent », *AFDI*, vol. 24, 1978, pp. 851-865.

Féral, F. « L'administration des aires marines protégées en Afrique de l'Ouest », *Mondes en développement*, n° 138, Février 2007, pp. 43-60.

Jennings, S. *et al.*, "Long term trends in the trophic structure of the North Sea fish community: evidence from stable isotope analysis, size spectra and community metrics", *Mar. Biol.*, n° 141, 2002, pp. 1085-1097.

Juste-Ruiz, J. « Océans et mers », *Revue juridique de l'environnement*, n° 4, 1er octobre 2012, pp. 669-672.

Kell, L. and Fromentin, J.-M. "Evaluation of the robustness of maximum sustainable yield based management strategies to variations in carrying capacity or migration pattern of Atlantic bluefin tuna (Thunnus thynnus)", *Canadian journal of fisheries and aquatic sciences*, n° 64, mai 2007, pp. 837- 847.

Laulier, R. « Vers une appréciation différenciée de la patrimonialisation des droits d'accès aux ressources halieutiques », *ADMO*, n° 28, 2010, pp. 291-318.

Proutière-Maulion, G. « De la nature juridique des droits de pêche et de leur influence sur le concept traditionnel de res nullius », *Revue du droit rural*, 1er novembre 1999, n° 277, pp. 519-525.

Punt, A.E. "Extinction of marine renewable resources: a demographic analysis", *Popul. Ecol.*, n° 42, 2000, pp. 19-27.

Weigel, J.-Y, Failler, P., Féral, F. et Worms, J. « Gouvernance et options de politique publique des aires marines protégées : concilier conservation des ressources et développement économique et social », *in* P. Failler, M. Bâ, A. Doumbouya et N. Lécrivain (Eds.), 2002. *Initiative de recherche halieutique ACP-UE. Compte-rendu du séminaire de travail : La recherche halieutique et le développement durable des ressources naturelles marines de l'Afrique de l'Ouest : quels enjeux ?* Bruxelles, Rapp. Rech. Halieut. ACP-UE, n° 11, Conakry, Guinée, 24-26 septembre 2001, 160 p.

Molenaar, J. "Port State Jurisdiction : Toward Comprehensive, Mandatory and Global Coverage", 38:1 *Ocean Development & International Law* (2007).

Articles et rapports en ligne

Diagne, Abdoulaye. « Le Règlement de l'UE contre la pêche INN : une préoccupation internationale appréciée de manière unilatérale », in Revue « *Eclairage sur les Négociations* » ICTSD - International Centre for Trade and Sustainable Development, Numéro 01, Volume 8. Février 2009 Disponible sur : *www.ictsd.net/news/eclairage ou www.acp-eu-trade.org/ eclairage.*

Balinoff, N. « La liberté de la pêche en haute mer n'est plus », *Revue en ligne Neptunus*, Université de Nantes, Centre de Droit maritime et océanique, 2005, Vol. 11-1, consultable à l'adresse : www.droit.univnantes.fr/labos/

cdmo/centre-droit-maritimeocéanique/
cdmo/neptunus/nept/nep31/nep31_3pdf.

Chabason, L. « 20 ans après Rio, un développement qui n'a rien de durable », Iddri, Working Paper, n° 10-11Octobre 2011, p.10, consultable à l'adresse : http://www.iddri.org/Publications/Collections/Idees-pour-ledebat/P%201211_chabason_web.pdf

CTA, Agritrade, « Note de synthèse : Les aspects OMC des relations ACP-UE dans le secteur de la pêche », 2011, 9 p., p.3 consultable à l'adresse : http://agritrade.cta.int/fr/Peche/Sujets/Accord-de-l-OMC/Note-de-synthese mise-a-jour-2011-Les-aspects-OMC-des-relations-ACP-UE-dans-le-secteur de -la-pêche

Thiam, Modou. Bangoura, Souleymane Nabi. et Touellib, Chérif Ould. Communication IV : *Les Accords de Pêche et la Gestion de la Capacité dans les Etats Membres de la Commission Sous Régionale des Pêches (CSRP)*, Archives et documents de la FAO, Département des pêches ; disponible sur : www.fao.org/DOCREP/005/Y4643F07.htm//

Demartini, C. et Santiquet, M. « Les organisations internationales de pêche et leurs limites », *Revue en ligne Neptunus*, Université de Nantes, Centre de droit maritime et Océanique, 2002, vol. 8-1, consultable à l'adresse : http://www.droit.univ-nantes.fr/labos/cdmo/centre-droit-maritimeoceanique/cdmo/neptunus/nept/nep24/nep24_1.pdf

Guilloux, B. et Blanchet, N. « Le droit international permet-il une gestion durable des ressources vivantes de l'océan ? », *Revue en ligne de l'Université de Nantes, Neptunus*, 2003, vol. 9-2, consultable à l'adresse : http://www.droit.univnantes.fr/labos/cdmo/centre-droit-maritimeoceanique/cdmo/neptunus/nept/nep27/nep27_2.pdf

Guyader, O. et al., « Marché des navires d'occasion et coût d'accès à la ressource, application à la Bretagne », Les publications AMURE, Série Document de travail, Brest, Ifremer, 2006, 10 p., consultable à l'adresse : http://www.univ-brest.fr/gdr-amure/documents/gdr-amure-D-17-2005.pdfMarche_navires_occasion.pdf

Hannesson, R. "ITQs for Bycatches, Lessons for the Tuna-Dolphin Issue, Paper given at a workshop organized by the Inter-American Tropical Tuna Commission", October 10-12, 2006, consultable à l'adresse : http://www.iattc.org/PDFFiles2/Dolphin-ITQs2.pdf

Lefebvre, C. Conservatoire du littoral/UICN, « Aires marines protégées, les enseignements du premier congrès mondial, pour la stratégie nationale », Geelong - Australie - 24 au 28 novembre 2005, consultable à l'adresse : http://www.uicn.fr/IMG/pdf/UICN_France_-_enseignements_de_Geelong.pdf

Pinault, T. « Les accords de pêche conclus par l'Union européenne », Université de Nantes, *Revue en ligne Neptunus*, 1998, vol 4-1, consultable à l'adresse : http://www.droit.univ-nantes.fr/labos/cdmo/centre-droit-maritimeoceanique/cdmo/neptunus/nept/nep14/nep14_4.pdf.

Proutière-Maulion, G. et Beurier, J.-P. « Quelle gouvernance pour la biodiversité marine au-delà des zones de juridiction ? » Iddri-Idées pour le débat, n° 07/2007, 73p., p. 18, consultable à l'adresse : http://www.iddri.org/Publications/Collections/Idees-pour-ledebat/id_0707_gpm_gouvmarine.pdf

Rapport de *l'International programme on the State of the Ocean,* Juin 2011 : http://www.stateoftheocean.org/pdfs/1906_IPSO-LONG.pdf

Thèses et mémoires

GUEYE, Babacar. P*olitique des pêches maritimes au Sénégal et nouveau droit de la mer,* Thèse pour le Doctorat d'Etat, FSJP, Université Cheikh Anta Diop de Dakar, 1988.

Apollis, G. *L'emprise maritime de l'État côtier en droit international public : problématique des zones maritimes sous « juridiction nationale »,* Thèse, Université de Montpellier, 1978.

Vernizeau, Diane. *Vers des pêcheries mondiales durables : contribution de l'Union européenne au concept de pêche responsable*, Thèse, Université de Bretagne occidentale, 2013.

Carotenuto, C. *La participation de la communauté européenne et de ses Etats membres aux organisations internationales*, Thèse, Université de Strasbourg, 1999.

Chambron, D. *Les aires marines protégées en droit international et en droit comparé,* Thèse, Université de Nice, 1994.

Constantinesco, V. *Compétences et pouvoirs dans les Communautés européennes. Contribution à l'étude de la nature juridique des Communautés européennes*, Bibl. de droit international, tome 74, LGDJ, Paris, 1974.

Contartese, C. *La participation de l'union européenne aux organisations internationales*, Thèse, Université de Strasbourg, 2010.

Cudennec, Annie. *L'organisation des marchés des produits de la pêche dans la Communauté économique européenne*, Thèse, Université de Bretagne Occidentale, 1989.

Chambron, D. *Les aires marines protégées en droit international et en droit comparé,* Thèse, Université de Nice, 1994.

Degroote, F. *Droit de la mer et souveraineté de l'État,* Thèse, Université de Paris I, Panthéon Sorbonne, 1996.

Guywarc'h. *Les aspects juridiques de la protection de la biodiversité,* Thèse, Nantes, 1998.

Labrot, V. *Réflexions sur une « incarnation progressive » du droit, l'environnement marin, patrimoine naturel de l'humanité,* Thèse, Université de Bretagne Occidentale, 1994.

Le Hardy, M. *Que reste-t-il de la liberté de la pêche en haute mer ? Essai sur le régime juridique de l'exploitation des ressources biologiques de la mer*, Pédone, Paris, 2002.

Marques, C. *La stratégie communautaire de conservation du milieu marin depuis 1986 – contribution à l'étude des principes d'intégration et de coresponsabilité,* Thèse, Université de Bretagne Occidentale, 2005.

Moukoko, P. *L'obligation de coopération en matière de conservation et de gestion des stocks chevauchants et des grands migrateurs*, Thèse, Université d'Aix-Marseille, 2003.

Ndoye, N. *Les accords de pêche : manifestation de la volonté des « Etats » d'une gestion équilibrée des ressources halieutiques ? L'exemple des accords de pêche conclus entre la Communauté européenne et le Sénégal*, Thèse, Université de Paris, 2005.

Pillet, C. *Les accords de pêche dans le nouveau droit de la mer*, Thèse, Université de Nice, 1987.

Proutière-Maulion, G. *La politique communautaire de réduction de l'effort de pêche. De la liberté de pêche au droit d'exploitation des ressources,* Paris, L'Harmattan, 1998.

Roux, J.-M. *Les pavillons de complaisance*, Université de Paris, Thèse, 1959.

Soudjay, S. *La FAO, Organisation des Nations unies pour l'alimentation et l'agriculture*, L'Harmattan, Paris, 1996.

Quéffelec, Betty. *La diversité biologique : outil d'une recomposition du droit international de la nature, l'exemple marin*, Thèse, Université de Bretagne Occidentale, 2006.

NERI, Kiara. *L'emploi de la force en mer,* Thèse, Université Lyon III publiée par les éditions Bruylant en 2012.

Traore, Moussa. *Les comptes spéciaux du trésor*, Mémoire de DEA : Droit et Sciences Politiques - Droit Public, Université Gaston Berger de Saint-Louis du Sénégal, 2010, disponible sur : HTTP://WWW.MEMOIREONLINE.COM/07/10/3771/M_LES-COMPTES-SPECIAUX-DU-TRESOR5.HTML

Table des matières

L'HARMATTAN ITALIA
Via Degli Artisti 15; 10124 Torino

L'HARMATTAN HONGRIE
Könyvesbolt ; Kossuth L. u. 14-16
1053 Budapest

L'HARMATTAN KINSHASA
185, avenue Nyangwe
Commune de Lingwala
Kinshasa, R.D. Congo
(00243) 998697603 ou (00243) 999229662

L'HARMATTAN CONGO
67, av. E. P. Lumumba
Bât. – Congo Pharmacie (Bib. Nat.)
BP2874 Brazzaville
harmattan.congo@yahoo.fr

L'HARMATTAN GUINÉE
Almamya Rue KA 028, en face du restaurant Le Cèdre
OKB agency BP 3470 Conakry
(00224) 60 20 85 08
harmattanguinee@yahoo.fr

L'HARMATTAN CAMEROUN
BP 11486
Face à la SNI, immeuble Don Bosco
Yaoundé
(00237) 99 76 61 66
harmattancam@yahoo.fr

L'HARMATTAN CÔTE D'IVOIRE
Résidence Karl / cité des arts
Abidjan-Cocody 03 BP 1588 Abidjan 03
(00225) 05 77 87 31
etien_nda@yahoo.fr

L'HARMATTAN MAURITANIE
Espace El Kettab du livre francophone
N° 472 avenue du Palais des Congrès
BP 316 Nouakchott
(00222) 63 25 980

L'HARMATTAN SÉNÉGAL
10 VDN en face Mermoz, après le pont de Fann
BP 45034 Dakar Fann
33 825 98 58 / 33 860 9858
senharmattan@gmail.com / senlibraire@gmail.com
www.harmattansenegal.com

L'HARMATTAN BÉNIN
ISOR-BENIN
01 BP 359 COTONOU-RP
Quartier Gbèdjromèdé,
Rue Agbélenco, Lot 1247 I
Tél : 00 229 21 32 53 79
christian_dablaka123@yahoo.fr

Achevé d'imprimer par Corlet Numérique - 14110 Condé-sur-Noireau
N° d'Imprimeur : 121404 - Dépôt légal : septembre 2015 - *Imprimé en France*

www.ingramcontent.com/pod-product-compliance
Lightning Source LLC
LaVergne TN
LVHW011147061026
849535LV00003B/636
* 9 7 8 2 3 4 3 0 7 3 0 9 5 *